成长性公司的
融资与资本运作模式

[美] 肯尼思·H·马克斯（Kenneth H. Marks） 拉里·E·罗宾斯（Larry E.Robbins） 冈萨罗·费尔南德斯（Gonzalo Fernandez） 约翰·P·芬克豪斯（John P. Funkhouser） D·L·威廉斯（D.L.Williams） 著

周沅帆 译

THE MODE OF
GROWING COMPANY'S FINANCING
AND CAPITAL OPERATION

中信出版集团 · CHINACITICPRESS · 北京

图书在版编目（CIP）数据

成长性公司的融资与资本运作模式／（美）马克斯等著；周沅帆译．—北京：中信出版社，2016.2（2019.7重印）

书名原文：The Handbook of Financing Growth：Strategies，Capital Structure，and M&A Transac

ISBN 978-7-5086-5893-3

Ⅰ.①成…　Ⅱ.①马…②周…　Ⅲ.①公司－融资－研究②公司－资本运作－研究　Ⅳ.①F276.6

中国版本图书馆 CIP 数据核字（2016）第 028413 号

成长性公司的融资与资本运作模式

著　　者：［美］肯尼思·H·马克斯　拉里·E·罗宾斯　冈萨罗·费尔南德斯　约翰·P·芬克豪泽　D·L·威廉斯

译　　者：周沅帆

策划推广：中信出版社（China CITIC Press）

出版发行：中信出版集团股份有限公司

（北京市朝阳区惠新东街甲4号富盛大厦2座　邮编　100029）

（CITIC Publishing Group）

承 印 者：北京诚信伟业印刷有限公司

开　　本：787mm×1092mm　1/16　　印　　张：32　　字　　数：458 千字

版　　次：2016 年 2 月第 1 版　　印　　次：2019 年 7 月第 2 次印刷

京权图字：01－2009－7906　　广告经营许可证：京朝工商广字第 8087 号

书　　号：ISBN 978-7-5086-5893-3/F·3592

定　　价：88.00 元

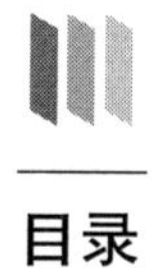

目录

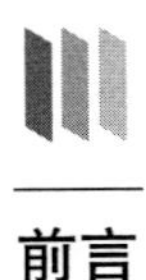

前言

过去的20年里，由于股票市场和信贷市场的流动性放松及紧缩的起起伏伏，初创的和中等规模的企业资本市场之旅也摇摆不定。尽管互联网经济经历了繁荣和破灭，在其存在的过去9个月里，互联网经济的可行性并未受到限制。在我们修订本书第二版时，我们同样经历了自大萧条以来未曾见过的一段时期的金融体系的挑战。同时存在大量备受争议的资本集中于新兴发展的企业和中等规模的企业，资金多达上千亿美元，获取资金的门槛高过往常。

当前的不同是获取资本市场准入的其中一个方面，而不是获得更好的交易或更好的条款之一。该种差异同样适用于多种融资渠道中的债务和权益融资：从商业银行到资产担保贷款人（asset - based lender）、特别金融公司（speciality finance companies）；从发展权益资本投资者（growth equity investors）到风险投资者（venture capitalists）和战略合作伙伴。

尽管当前的经济仍有动荡，本书的作者仍继续分享其对美国新兴的和中等规模公司的热情，以及公司未来发展和生命力的乐观前景。我们相信对于那些积极变革和充分准备的公司来说，存在找到资金的可能性；对那些需要帮助其实现井然有序、加强市场地位和经营重点的企业来说，我们在书中的几处增加了对于融资工具和观点的讨论，旨在帮助和指引你、你的团队或你的客户进入正确的发展方向。

在本书中，我们介绍了对于新兴公司和中等规模公司可行的全部融资方案，并在你考虑资本化和你的或你客户的公司发展时，介绍一些实际可行的策略和技巧。除此之外，我们还进一步丰富了发展公司以备交易的内容，并引入一个新的章节专门阐述收购和市场退出的内容。因为商业银行领域存在着快速的革新，我们同时也新增了几个案例来特别介绍传统银行债务自然演变的替代方案。

我们对于公司筹资、公司收购或创造股东流动性的方法，以资金使用、公司所处的产业阶段、投资者目标和始终对价值创造的关注为基础，并受这些因素的推动。这本书的形成主要来源于实际的经验和实证的数据。我们加入了公司金融的一些基础理论，其对于理解本书讨论的若干话题是大有裨益的。

本书关注的重点是年收入从零到约 5 亿美元的公司，即初创的到中等规模的企业。代表性的公司是那些 INC 500 强企业和福布斯 100 强小企业，风险投资的公司以及那些成千上万由朋友和家庭财产以及辛苦赚得的储蓄和劳动权益股（sweat equity）。

我们发现有许多有能力的成功的商人常常误用一些专业术语，对公司金融的一些基本内容存有误区。很多次我们听到一家公司的领导在讨论企业下一步发展的融资方案时提及风险资本。事实上很少有公司寻求风险投资，实际获得风险投资的企业数量则更少。根据听说来的数据，我们估计提交给风险投资机构的商业计划的成功融资比率在 0.2% ~0.5% 范围内。即使出现这么低的融资率也不要放弃，我们也从一些企业创办者那里听说了一些故事，这些企业创办者就是不理解为什么银行不愿意贷款给他们用于雇用更多员工来满足企业的发展。要是这些企业主能明白银行的职能或风险投资机构实际投资的企业类型，理解融资方案的全部系列及如何在恰当的时间获得其所需的合适的资金类型就好了。

本书旨在阐述这些问题，并提供公司金融的基础知识及在公司生命周期的不同阶段用以为所有可行经营方案融资的策略。此外，我们探究细节来说明如何执行一个融资方案。我们期望为读者提供一个坚实的基础和阐述资本结构问题及公司融资需求的视角。

你会注意到一系列不断重复的有关融资的主题。这些适用于公司的运营经理和那些为公司提供顾问和支持的人。这些话题有点啰唆，却是成功融资的关键。

1. 建立并遵循一个流程。

2. 在需要资金之前先开始筹集。

3. 找到投资者并向其介绍比获得资金相对容易，准备那些难以回答或棘手的问题，对公司情况了如指掌（把房间整理得井井有条）。

- 清楚你的市场和竞争（详细情况）。
- 清楚你的弱势并找到解决办法。
- 清楚资金的使用（这决定了可替代的资本结构和融资途径）。
- 能够解释你的发展战略。
- 辨别关系和杠杆（这有时体现了融资渠道和合伙人）。
- 组建管理团队，演练展示技巧。

4. 仅选择几个方案，否则是浪费时间并被认为是比较各种方式。

5. 知道你需要哪一种资金以及在公司的整体资本结构中如何运用。

6. 开展市场测试以明确市场的接受程度和存在的问题，听取批评并从中学习。直接通过你有关系可获得迅速且诚实的反馈意见的渠道，寻找趋势。

7. 公司估价、问题、优势、劣势和时机等要现实。

8. 有其他备选方案且有创造力。

9. 遵从“做你打算做的事情”和“不必大惊小怪”的经营原则。

所有的这些可以总结成一个词：可信。实际的经营表现无可替代，一旦明确了其重要性，我们引入我们的做法并将其描述为商业规划、战略与融资流程中的渠道、支持和突出前端的联合。

在互联网企业不考虑公司经营的实施而筹资资金的情况下，我们相信互联网泡沫的发生并不常见，那个时期已经过去。可能有一些在读这本书的人认为他们获得任意一种形式的融资都将是很幸运的。我们要求你注意这些基本问题的其中一些以明确你努力争取融资的根本原因。很多次机构投资者的严格要求（股权或债务）迫使管理者阐述这些根本性的问题以更好地经营企业。如果作为一家公司的经营者或领导，你可以在获得外部融资之前就这么做，你可能处于一个更有利的地位来选择你的融资方和防止更为激进的估值。再次重申，我们在讨论公司管理者和领导的可信度的问题。

我们的受众是公司领导、经理层、投资者、公司的内外部顾问和那些立志成为建立这些公司时众多发挥重要作用中的一员。再具体一点，根据本书的书名，这是一本写给企业主、公司发起人、董事长、首席执行官（CEO）、首席财务官（CFO）、专家顾问委员会成员（board of advisors）和董事会成员、贷款机构、投资者、律师、会计师、咨询顾问、投资银行家、商业银行家、监管者和高级管理人员的书。此外，我们相信本书对高校学生和专门讲授企业发展专业课程是非常有用的资源。

但是与百科全书类或单纯的手册和指南不同，本书要努力超越那些内容体系，其既可以用作参考，也囊括了实际信息和应用研究，为两者的结合。本书内容涵盖了基于连续风险报酬的比较融资工具列表、详细的资本工具定义和真实的案例研究。我们一致认为，脱离实际的理论分析会对读者的看法（思维方式，视角）产生潜在的影响，更坏的结果可能会提供不完整的信息。为进一步把关键问题解释清楚，我们尽可能地增加了来自成功和不成功企业全面的案例来丰富书本的内容。

本书的融资增长部分加强了我们对企业发展方面和何种融资方案最合适的关注。资本结构不仅因行业和企业生命周期而异，而且也因管理团队和投资者的风险容忍度而异。较债务和股权的最优组合，甚至是最大限度地利用资产杠杆以获得价值最大化的策略，思想的平静和企业的安全在短期来看可能更合适。当然，这些管理者同时必须平衡他们的心理需求和投资者需求、内部报酬率和实际的股东收益。

本书的第一部分“融资流程”详细介绍了一个理想情况下企业应遵循的步骤。我们先从全面地了解战略和定义公司及各种利益方的目标的重要性着手，然后再转向讨论资金的使用和阐述风险问题。作为这部分的辅助学习材料，我们在附录 A 中提供了公司金融内容的回顾或总结，多数内容来自阿斯沃斯·达莫达拉（Aswath Damodaran）所著的应用公司金融的教科书。

阿斯沃斯·达莫达拉是一名金融学教授，纽约大学商学院戴维·马戈利斯（David Margolis）的助教。他曾获得多个奖项，包括 1990 年纽约大学卓越教学奖，1988 年 Stern 商学院杰出教师奖，1988 年、1991 年和 1992 年年度教授奖。他同时也在德意志银行、瑞士银行、瑞士瑞信银行、摩根大通和所罗门美邦从事公司金融和估价项目的培训，在国内多家主要的财经期刊上业已发表了多篇文章。

在涉及基础理论方面我们不“闭门造车”，而是使用达莫达拉在该领域的广泛研究成果。我们提供围绕资本构成的理论和实践的讨论（资产负债表的设计，如符合股东目标的债务和股权的组合）。根据使用第三方专家的建议，我们强调融资工具、渠道和预期收益率的系列范围。最后，我们阐述交易的完成，管理与投资者或贷款机构的关系和资金的退出或偿还。

第二部分“案例研究”介绍了不同发展阶段和不同行业的企业真实交易的案例，为开展有意义的讨论提供背景。

在附录 B 中，我们增加了关于财务报表和报告的简短教程。附录 C 包含了关于对私人持有的新兴发展和中等规模企业估价时所使用的贴现率计算的说明。附录 D 是名为“你的公司能承受多快的发展”的文章的再版，其描述了对依靠内部产生的现金流的一家公司如何去决定其最大的增长率。在附录 E 中我们列出了关于初创企业融资的一些观察和思考。增加的附录 F 提供了一般公认会计准则的概览和向国际标准接轨的一些看法。

我们想让本书成为你在制订和执行公司融资策略和计划时的参考书和指南。而且，在读完本书后，我们希望你会拥有一些基本的工具来构建公司资产负债表，以达到目标和确定找到所需资金的方向。

值得注意的是，在本书适用的情况下，我们对选自不同领域内专家的文章进行了改编，尽管我们已熟知融资流程的各个方面，但我们仍然想要保证读者获得从当代视角看来最有质量的信息。此外，我们将本书内容延伸至投资和信贷领域，作为获得当前数据、实际案例和行业视角的主要研究的组成部分，以抵减我们自身经验和偏见之不足。

我们乐于接受各种问题和建议，您可直接通过以下邮箱给我们写信：khmarks@HighRockPartners.com，lrobbins@Wyrick.com，gfernandez@HighRockPartners.com，jfunk@HighRockPartners.com 或 swilliams@HighRockPartners.com。

关于作者

肯尼思·H·马克斯（Kenneth H. Marks）是高岩合伙公司（High Rock Partners）的创始人和执行合伙人。高岩合伙公司为新兴发展和中等规模的公司提供战略咨询、投资银行和临时领导服务。作为CEO，他创立了一家高速发展的电子公司，带领公司发展并将一技术公司出售给一家财富500强企业。作为顾问，他和超过24家的管理者及董事会成员一道制订和执行公司发展、融资、转亏和退出战略。马克斯以往担任的职位包括JPS通信公司的总裁、Raytheon公司一家快速发展的技术附属公司的总裁，以及他自己创立的一家资产规模已达2 200万美元的电子制造公司的总裁/CEO。

马克斯在北卡罗来纳州立大学创办了名为“早期的和中等规模公司的融资”的MBA选修课程，并亲自授课；在波士顿Hult国际商学院（前身为Arthur D. Little管理学院）创立并教授“管理新兴发展企业”的工商管理硕士（MBA）选修课程。他是《新兴发展公司战略规划：管理指南》一书的作者（Wyndham出版社，1999）。

马克斯是青年总裁组织（Young Presidents Organization，简称YPO）的一名成员，北卡罗来纳三角研究园青年企业家组织（Young Entrepreneurs Organization，简称YEO，现简称EO）创办YPO的发起人，公司发展协会的一名成员和北卡罗来纳科技协会董事会的一名董事。马克斯获得北卡罗来纳大学堂山分校凯南－弗拉格勒商学院的MBA学位。

拉里·E·罗宾斯（Larry E. Robbins）是威里克罗宾斯耶茨 & 庞顿，一家位于北卡罗来纳州三角研究园的最大的律师事务所的创办合伙人。他是风险投资和公司金融方面的讲师，服务于创业扶持组织、技术贸易协会和慈善和艺术组织的董事会。罗宾斯在北卡罗来纳大学堂山分校分别取得了学士、MBA 和 JD（Juris Doctor，意为法律博士）学位。他也是北卡罗来纳大学一名默海德学者。

冈萨罗·费尔南德斯（Gonzalo Fernandez）是北卡罗来纳州 ITT's 电信公司的一名已退休的副总裁和控制人。其后的 15 年时间里，他一直作为新兴发展公司的一名财务主管，还兼任其他公司的会计和商业顾问。他是管理会计师机构罗利分部的前总裁，他从古巴的哈瓦那大学获得其会计专业学士学位。他曾写有《财务报表》一书（墨西哥：UTEHA，第三版，1997）。

约翰·P·芬克豪泽（John P. Funkhouser）曾是两家风险投资基金的合伙人，并在从零售业到高科技行业的 4 家公司中担任过首席执行官。在风险投资领域方面，他是超过 12 家公司的董事，并担任两家风险投资公司的总负责人。他所引领的从初始的概念到上市公司的最近的公司是一家医疗诊断和设备企业。在商业银行业领域芬克豪泽曾工作于纽约化学银行，投资银行业领域曾服务于 Wheat First 证券，在风险投资方面曾服务于 Hillcrest 集团。他拥有普林斯顿大学的学士学位和弗吉尼亚大学达顿商业管理研究院的 MBA 学位。

D·L·威廉斯（D. L. "sonny" Williams）是高岩合伙公司的一名执行合伙人。作为 CEO，他在逾 25 年的职业生涯中引领三家全球制造/技术公司经历了主要的发展阶段；作为一名顾问，他与众多行业内的公司一道创造了价值并实施了变革。威廉斯拥有超过 30 年在工程、制造、销售/营销和高级管理者角色方面的成功运营经验。在担任汽车、消费、工业、飞机和医疗器件行业的 CEO/总裁/董事长的 20 年内，他通过引领三家全球性制造/技术企业（业务范围包括 9 个国家，收入在 5000 万美元到 3.3 亿美元之间）实现转亏为盈，他的职业生涯大放光彩。威廉斯的领导成就包括成功地实现大量的消减的企业成本结构、低成本的国家扩张/采购及通过战略价值定位加速了企业系统的增长，并结合主要的 8 项收购/合并/合资谈判/企业整合。威廉斯创造价值的经历使其成功地重新定位两家公司并成为具投资吸引力的管理收购对象。

威廉斯获得了凯特林大学电机工程学士学位和北卡罗来纳大学堂山分校凯南－弗拉格勒商学院的 MBA。他是公司发展联合会（Raleigh－Durham 地区）的会长和国内企业董事长联合会的一名成员。

第一部分
融资流程

第一章
简介

我们首先要强调，解决公司融资问题没有一劳永逸的办法。虽然我们也想说所有的公司融资都遵循着同样的流程，但事实并非如此。我们可以画一个图，为你说明需要考虑的几个关键步骤，以及如何走完整个流程。在实际操作中，你会发现，有些步骤是同步执行的，而有些步骤没有被很正式地执行。我们将详尽地介绍这些关键步骤并提供详细说明。

图 1－1 是从发行人角度来看的融资流程图（我们称之为资本增长指南™①，详见 www. GrowthCapitalNavigator. com）。该图综合说明了股权资本筹集的流程；债务融资（如果有）是这个流程的一个小分支。很多时候，你会发现“投资者”这个词被用于交替指代真正的投资者和贷款人，两者的区别并不是很严格。我们将融资流程分为以下几个“环节”加以讨论，它们也正是本书第一部分的组成部分。

- 计划和联合（包括评估）。
- 收购、资本重组和收购退出。
- 资本结构。
- 资金来源。
- 权益和债务融资。
- 专家支持。
- 交易完成。

---

① 资本增长指南是高岩合伙公司（High Rock Partners，Inc.）的业务流程，用于促成公司融资，以推进公司内外部发展、周转、特殊项目、收购和重组。

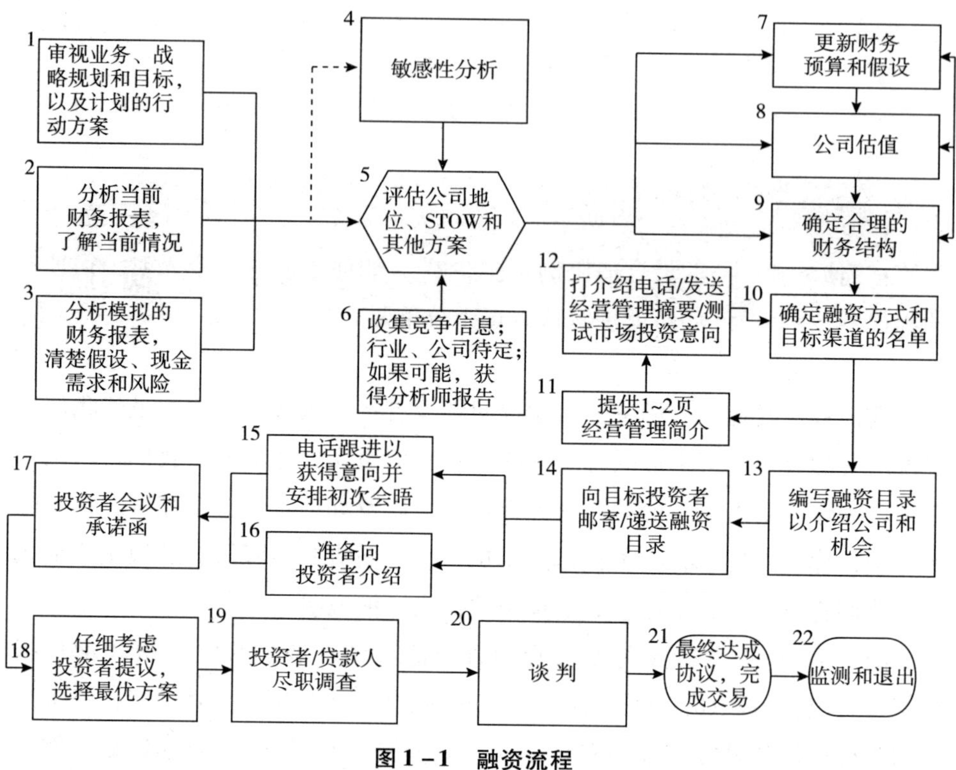

图 1－1　融资流程

步骤 1～步骤 3 让我们了解了公司当前业务和管理者的计划。在步骤 1，我们可检视公司的商业计划、初步策略和股东目标。步骤 2 是分析公司当前的财务状况。在步骤 3，我们要理解公司的预期表现和潜在假设。总之，我们应该能够定义并理解以下内容：

- 公司的财务状况。
- 当前资产负债表的结构。
- 资金的特定用途。
- 公司所处的行业。
- 公司所处的发展阶段。
- 股东的目标。
- 管理者的优势和劣势。
- 管理者的计划及对未来的展望。

在很多情况下，尤其是当股东目标与公司融资相关时，股东目标阐述得并不清晰，需要我们彻底弄清楚。考虑到本书重点关注的是新公司和中等规模的公司（年营业收入最高达 5 亿美元），许多股东也同时是公司的高管，我们将股东目标概括为：（1）公司成长的同时如何提高个人的风险管理能力；（2）股东的流动性。这两个话题也极大地影响着对如下两个经典问题的回答："债务和权益的最合适比例是多少?""如何才能避免个人对公司债务的担保?"在融资开始时就理解这一点十分重要。

步骤 4 ~ 步骤 6 主要是对公司与同行进行比较并决定其差异。这一阶段要求先收集与行业相关的基础信息，然后与管理层讨论出现各种结果的可能性、该公司与同类企业为什么不一样。这个讨论应该能够分析各种可能性的大小，确定实现管理者预期目标的不确定性（风险）。步骤 7 中我们更新了一系列假设条件，并就融资过程中需要使用的财务预测达成一致意见。

步骤 8 评估作为一个实体而存在的公司。这对统一股东、董事、管理人员和外部顾问的期望十分关键。

在前面主要步骤的基础上，我们在步骤 9 形成目标资本结构和一些备用方案。在步骤 10 ~ 步骤 12 中，我们用现实市场来进行检测，并明确我们的既定策略能够成功的可能性。公司在努力寻找潜在投资者或贷款人的兴趣点。这可能是一个迂回反复的过程，其不利之处在于市场可能认为你在"选购公司"。如何拥有充足的替代资源，而不是将公司过度地暴露给潜在的投资者或贷款人，是一个很棘手的问题。如果处理得当，你可能不会被过度关注，或只有次优渠道会密切关注你。第七章阐述了专家在融资过程中的作用，他们在测试市场和潜在方案以及提供（新的）预期等方面，是极有价值的。

一旦融资策略成形并开始测试，接下来就要编写一本融资目录，用以展示公司和寻找目标投资者，这就是步骤 13 ~ 步骤 14 的内容。如果只是需要单一债务的融资，根据债务种类，我们只需要从融资目录中摘取一些简要的信息和财务数据即可。

步骤 15 ~ 步骤 17 重点讲述融资过程中管理者对公司的展示。步骤18 ~ 步骤 22（见第八章）讲述谈判、交易促成、投资者或贷款人的关系管理。

第二章

计划与调整——以终为始

本书的重点并不是专门讲述如何分析一家公司或如何制定公司战略，我们提供的是关于融资流程的总体介绍，在你考虑公司（或你的客户）的融资计划时，可启发你的思维。考虑到融资渠道的监管日益加强以及金融市场全面收紧的情况，我们选择在本书第二版中对公司必须发展的战略和商业计划进行更加深入的讨论，以吸引合适的资金来源。

在当前的市场情况下，当你争取资金时，需要公司的相关利益方共同行动，这一点非常重要。有很多方法可以用来应对公司相关利益方的计划和调整，重要的是，你要找到一个流程或一套适合你的组织的工具，并使用它们。在我们讨论本书中所使用的一些流程和技巧时，也存在维恩·哈尼什（Verne Harnish）在《掌握洛克菲勒的习惯》（*Mastering the Rockefeller Habits*）一书中所介绍的流程和技巧，这些流程和技巧非常有用且经受过检验。我们将介绍并分享我们所使用的被称为“发展战略指南™”①（GSN，更多相关信息请访问 www. GrowthStrategyNavigator. com）的流程，该流程在过去的 20 年中一直在持续发展，并在从新成立的小规模企业到年收入超过 5 亿美元的跨国企业中得到应用。这个流程旨在提供计划和执行之间的最佳平衡，并与目前已有的众多类型的计划模型相关。即使是在面临复杂多变的市场环境和资源的激烈竞争的情况下，商业计划中一个可信、透明并与具有吸引力的增长业绩关联（从过去到现在再到将来）的富有生气、清晰的战略规划，也能够

---

① 发展战略指南是由高岩合伙公司开发和所有的流程。发展战略指南是用于一系列主要商业活动的全球性领导工具，这些主要的商业活动包括战略和经营规划、合并和收购、合营、收购整合、架构重组、高效的企业持续改善项目、新技术和新产品发布，以及新员工招聘等。

使公司将重点放在正确的事情上。

此外，这些相同的计划需要协调公司的相关利益方，以使计划能够成功地执行。我们的经验表明，获得一项真正可持续的竞争优势的核心，是在恰当的时期有一个紧密联合的组织从事正确的事情。目标是实现理想的调整，即吉姆·柯林斯（James Collins）在其著作《基业长青》[①]（*Built to Last*）（Collins Business，2004）一书中所强调的“金牌状态”（Gold Medal status），所有能创造重要价值的调整都是计划的最终目标。

计划流程概览

图2－1列出了商业规划流程的构成要素。我们首先介绍一些背景知识，然后再详细介绍流程。这种计划流程的安排是假定企业高层领导者已经建立了一个具有说服力的愿景和任务，以确保与业务目标有稳固的联系。重新回顾这些基本概念，对每一个计划周期都非常重要。

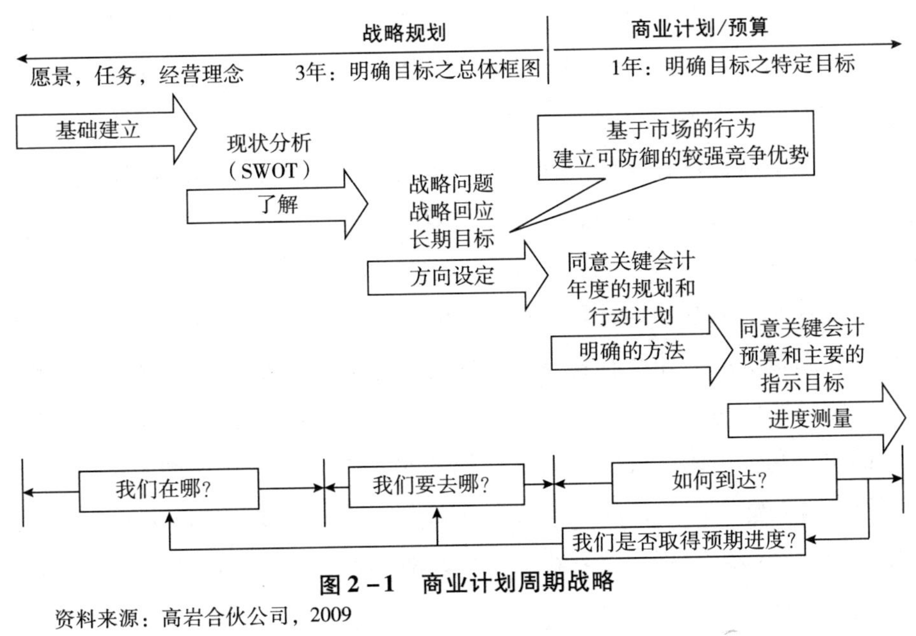

图2－1　商业计划周期战略

资料来源：高岩合伙公司，2009

① 吉姆·柯林斯，杰里·波勒斯．基业长青［M］．真如，译．北京：中信出版社，2009.

从原意来看，“战略”（源自希腊语中的“strategos”一词）是一个军事术语，描述的是军队将领指挥作战的艺术，亦指将领部署和调遣部队从而击败敌人的一系列规划。企业引入这种战略理念，并将其作为领导、控制和运用资源以提高和保障企业关键利益的规划，这一做法不足为奇。理想情况下，一家企业寻求获得竞争优势的大致方案，“……有意识地选择一系列不同的竞争活动，形成唯一的可持续的价值组合”。①我们称之为“重新定义竞赛”，本章后面将会讲到。以公司的愿景、任务和价值作为基石，战略规划是要提供与企业预期的价值创造目标（财务的和非财务的）一致的 3 ~ 5 年的战略行动。

相比之下，商业计划（或者 1 年期的运营计划和财务预算）通过勾画出广泛阐述的战略行动所包含的细节，与战略规划紧密相联。这些战略必须持续实施整个年度以实现 1 年期的目标规划。商业计划的要点包括主要功能的改善计划及与之相应的资源分配、项目里程碑、最终截止日期，以及预期收益和项目成本（资本和花费）。

为让公司利益相关各方对建立年度预算有一个清晰的理解，对制定 1 年期目标规划时的上一年度进行总结是非常必要的。最后，商业计划的开展具备一个相对容易的方式也是非常重要的，通过该方式来追踪项目的进程、主要指标，并对目标进行衡量。在选择的行动没有按事先计划的那样发展的情况下，这一方式对于该阶段产生的“要是……”等一系列假设方案同样关键。

为实现对既定可靠的计划进行必要的重大调整，战略和商业计划需要由对计划实施负责的企业所有者（组织内的各个阶层）共同合作制定。某些情况下，规划团队超出了单个企业的范围，延伸至客户、金融和供应商的业务领域的主要利益团体。最后，商业计划须毫无遗漏地覆盖如图 2 - 2 所描述的所有业务功能。因此，我们建议战略和商业规划应该通过自下而上的方式开发和建立，运用团队合作来确保参与者都能对其在一项成功的商业计划中的角色和责任有着深刻的理解。

---

① 迈克尔・波特. 竞争论. 波士顿：哈佛商业评论. 1998.

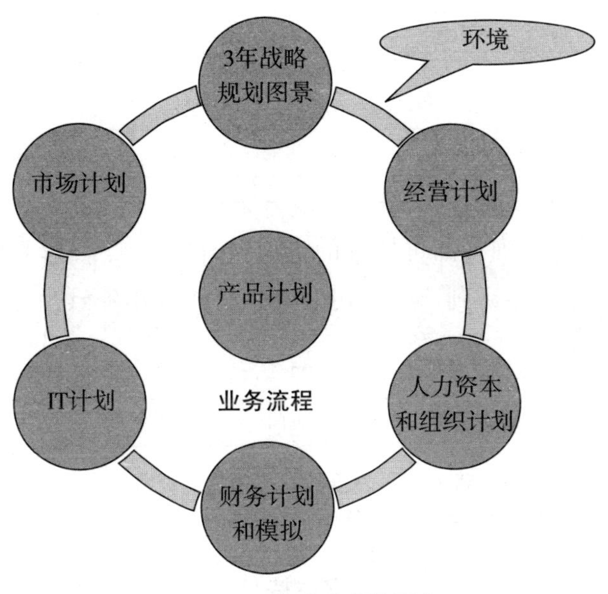

图 2－2　战略联合的要素

战略规划

现代战略规划的目标

在图 2－3 所示的发展战略指南（GSN）中，步骤 0～步骤 4 着重于传统战略规划的关键要素，之前在图 2－1 中已予以反映。步骤 5 提供了详细的 1 年期商业计划，步骤 6 列出了用于监测计划进程的方式。这个流程在解决复杂问题的能力上看似简单。当引领企业实现一个强有力结果的计划开展时，注意到步骤 3～步骤 6 典型的不断重复的特征也很重要。

在过去的大约 30 年里，战略规划的重点已经从管理企业的结构和控制的性质，转向带领企业，这种带领更有挑战性，也更自由和更有效。在这种转变中，价值创造的目标是必须以促进其他人以计划制订者所希望的那种激情来努力实现其成就。而且，公司的相关利益方也想要明确，价值是在促进一个健康、合乎道德和富有成效的环境中创造的。

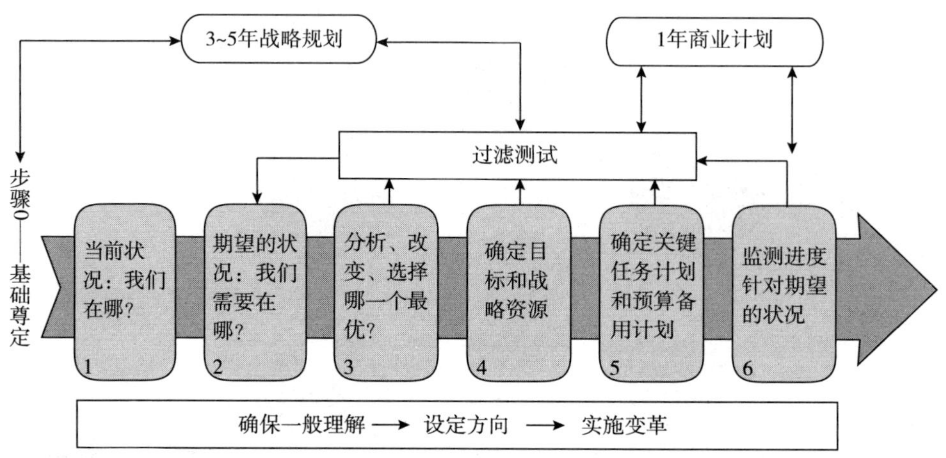

图 2-3　发展战略指南流程概览

资料来源：高岩合伙公司，2009，更多信息可访问 www. GrowthStratedyNavigator. com

通常由首席执行官或首席财务官主持且由一个独立推动者领导的主要的多学科的领导小组所制定的战略规划，将向公司的利益各方提供一个主要包括下列事项的 3 ~5 年的蓝图：

- 公司发展的方向（价值创造的目标）。
- 为什么要以此为发展方向（愿景和任务）。
- 就广泛的意义而言，如何达到目标（竞争的战略计划）。
- 执行计划的同时，我们要如何做（价值）。
- 指导流程的各主要阶段（主要指标）。

战略规划、愿景、价值及主要指标越清晰越好。计划执行良好的话，不管你的公司处于全球哪个位置，这些视觉化的步骤有助于一致性信息的沟通和传递。

进一步说，一个强有力的战略就像是微波粼粼的水面。产生动荡的原因有市场环境较大的和突然的改变（如次贷危机发生时的情况）、客户需求（如汽车产业和不断变化的对汽车特征的偏好）、竞争行为（如低成本国家的竞争），以及产业外部的影响因素（如变化的监管机构需求、商品成本上升、货币汇率变化或资金可获得性的变动）。金融投资者、客户、雇员和供应商都想要看到管理方案已充分考虑过这些情况并对其有所掌控。

在事情并未像预期那样发展的情况下，你的计划是否因意外情况和可能的差错而具有弹性？用杰克·韦尔奇的话说，你的计划是否考虑到“和的力量”？我们怎样才能克服这些意想不到的障碍且抓住原定的目标？我们所能接受的未知的情况是什么？

除此之外，考虑可能的结果、相对的重要性和图2－4中关键管理因素的重要性，以及它们与你的战略和经营规划有着怎样的联系。尼尔·丘吉尔（Neil Churchill）和弗吉尼娅·刘易斯（Virginia Lewis）的研究阐述了这些因素在从初创到中等规模的处于发展中的企业中的重要性：

- 现金和商业资源。
- 公司和所有者个人目标的匹配。
- 所有者/经理人胜任程度及其放权的能力。
- 管理质量和多样性。
- 系统和控制（基础实施）。
- 战略规划。

一项战略不需要非常好，只要它正确，经过周密思考并能避免明显的错误，关键是不要犯低级的错误。下面是制定战略规划过程中常见的八种陷阱，在你制定一项规划时可用于检查清单。

1. 在竞争的环境下没有能够识别和弄清楚事件和不断变化的环境因素。
2. 战略的建立基于一套错误的假设。
3. 追求一项不能形成或维持长期竞争优势的一维战略。
4. 所有错误原因导致的多样化。基于自身发展的考虑不周的多样化战略或投资组合管理战略，常常会造成负面的协同效应和股东价值的损失。
5. 没有组织和执行以协调和整合跨组织边界的核心流程和主要职能的机制。

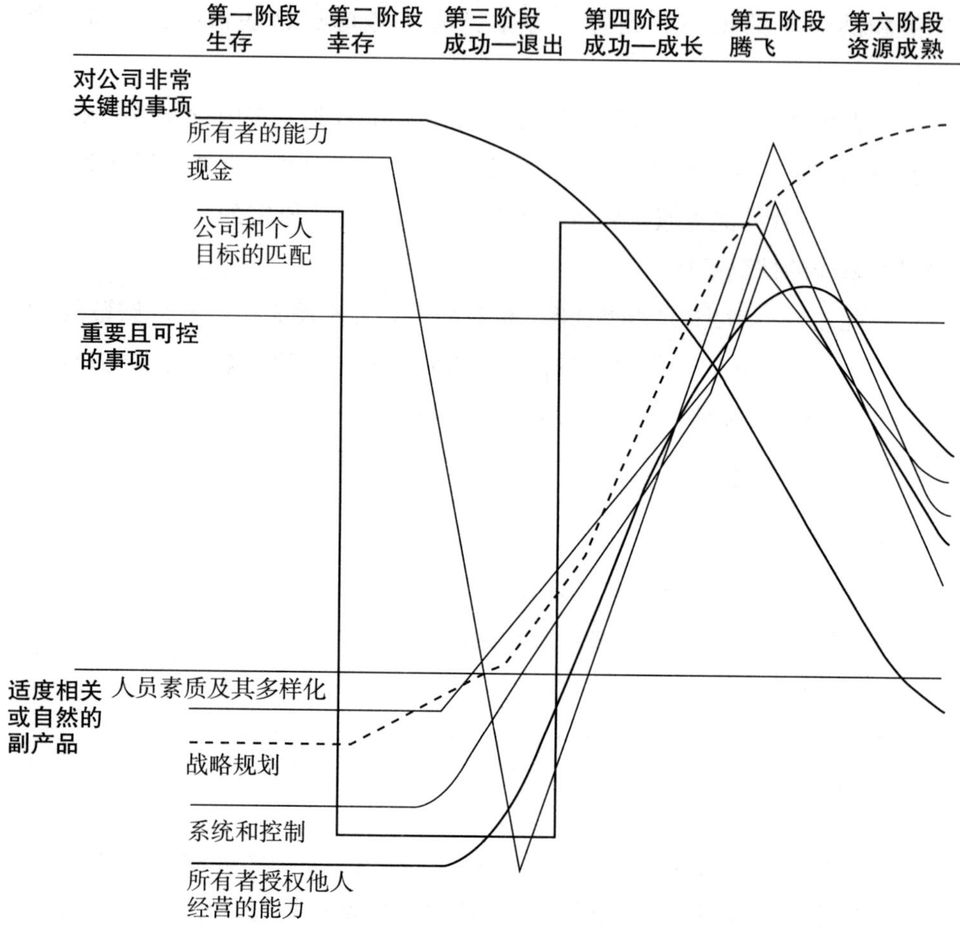

图 2－4　管理因素和发展的阶段

资料来源：小企业发展的五个阶段．尼尔·丘吉尔，弗吉尼娅·刘易斯．哈佛商学院出版公司：1983

6. 设定任意的和缺乏弹性的目标，执行一套不能在文化、报酬和界限之间实现平衡的控制系统。

7. 不能够预计在公司发展的下一阶段通过引入新的人才来克服和改进公司内部缺陷以升级管理技能的需求。

8. 不能够提供对于公司战略变化成功实施起着关键作用的企业领导者。

综上所述，作为领导者，我们的工作是建立推动和实现企业价值创造目标的联合，而不管这个过程中出现何种情况。为此，战略规划必须清晰，可随环境变化灵活调整，并且最终可被视为一个值得的和可行的挑战。在发展联合和沟通已完成目标两方面，战略规划是充当建立必要联合的主要工具。成功的蓝图在于规划发展的过程。

从这个总体计划出发，你还可以制定深层次的战略产品、市场营销、运营、IT、人力资源和财务计划。如果公司想要达到其目标，所有这些计划的制订标准须一致，这一点说起来容易做起来难（许多情况下常常做不到）。当管理者将来自组织内部不同部门（如财务、销售、工程、运营、人力资源等）的团队安排到一个特别纪律孤岛时，领导地位的确立便开始了，尽管有些时候这些团队之间是竞争性的合作关系。

决策模板和团队准则

聚合、打破和平衡利益的发展战略指南的核心在于做出关键决策的方式，在此情况下，多种观点最终被综合、协调为几个观点，以确保一个合理的关注水平。

最大的挑战可能是保证所有重要的参与者都加入制定决策。协调人必须推动多数沉默的参与者积极参与会议。在头脑风暴过程中不允许讨论。当团队开始集齐共同的奇思妙想并对关键决策的输入点进行优先级排序，目的是清除那些意义不大的信息，最终得到少数关键的信息，这时才开始讨论。在得出所有人口头上都保证遵守的一致决策之前，任何人都不许离开。

注意，在每个团队中，总是有一两个人早已知道全部的答案，他们往往对缺乏效率感到沮丧。他们错误地把快速决策和效率等同起来，想直接跳至步骤 5——详细的商业规划。我们把这样的团队成员称为“一次跨两步的人”，他们对获得步骤 0 ~ 步骤 4 所提供的扎实的基础缺乏耐心。为节约时间，他们听取步骤 5 所描述的做法，该做法最终在执行阶段已大打折扣（那时已经太迟了）。这个流程可以帮助我们与那些在我们对向何处发展达成一致之前提供解决方案，或那些当我们没有考虑到潜在的选择方案时表明他们没有任何资源的合伙人和参与者一起约束团队。有些人认为，一次公开会议中的矛盾冲突是流程安排不当的标志，这绝对是不正确的。建设性的和有利的冲突、相左的观点和经验，是永续经营的公司最优决策的关键和核心。优势在于团队内部的差异化。没能确保有一场生动的讨论，长期看来会减少有效决策通常所需的激情和差异化，这个流程应该使所有重要的规划参与者获得公平的发言机会。

建立基础

在开始战略规划的核心工作之前，也就是在步骤 1 ~ 6 之前有一个步骤 0，即建立基础，它是最困难但又非常必要的一个步骤，以保证所有制定规划的成员在开始工作前同意“以始为终”的原则。一个强有力的计划的难易程度，通常取决于建立基础阶段的工作是否开展良好，并牢记所有的步骤都建立在这个基础之上。这一步骤对战略规划团队（特别是来自不同职能部门的重要的组织决策制定者）“以始为终”的工作方法提出了质疑。听起来很简单，但通过头脑风暴，我们发现这一步骤常常暴露出公司在何去何从及其原因的意识形态方面的主要差异。因此，在独立协调人的多次帮助下，这一步团队公开表达以下事项：

- 3 ~ 5 年后我们想要达到什么阶段（根据一般的定量和定性原则）。
- 我们首要的价值主张。
- 我们主要的担忧和潜在的障碍。
- 关键计划的驱动因素和预期结果的概览。

这一步骤也需要给出在制定规划过程中所期望的会议准则的纲要。虽然听起来是老调重弹，但我们发现这一步在保持目标不偏移，以及鼓励活跃、有张有弛的讨论上非常有价值。

建立基础阶段必须事先明确领导小组成员对战略规划的价值创造预期有着共同的理解以及一致的决心和努力。这个过程可能需要几分钟到几个小时，取决于其复杂程度、专业成熟程度和团队的分工协作。这个过程对于新的团队或分拆后的团队（思想根深蒂固的组织）可能是痛苦的，但这种痛苦在此时此处是必要的，要不然公司在围绕其愿景、不具备分工协作情况下试图执行规划，会遭受无法挽回的损失。

对价值观念的特别注意

在吉姆·柯林斯的《基业长青》一书中，他强调一个组织需要明白其价值理念，价值理念是制定一项强有力战略的根本。对于所有的企业，不管他们生产何种产品或提供何种服务，有三个基本的价值观需要考虑：

- 低成本和经营优势。
- 创新的产品或服务。
- 基于客户亲密程度的所有解决方案。

像吉姆·柯林斯一样，每个企业都应该在所有这三个价值方面努力争取持续的改善，如果你选择一项价值并将此定为业绩的标准，你获得突出的金牌业绩的机会将成倍增加。因此，在步骤 1 和再次重复的步骤 2 中，我们要求组织评价和判断所有解决方案、经营优势以及产品/服务创新三个价值之间的分配。

步骤 1：当前的状态

我们相信一项对公司当前所处状态的清晰的、有数据支持的和客观的评价。当前的状态旨在获得对公司当前战略健康程度的共识，战略健康程度被归纳为优势、劣势、机遇和威胁（SWOT）。SWOT 分析包括正式会议之外大量的信息收集。如图 2－5 中所反映的，以下方面的信息要予以收集并呈现：

- 当前的和过去的表现（财务和其他主要的指标）。
- 外部因素（新立法规、经济环境或竞争性的技术）。
- 相对竞争地位（市场份额、差异化因素区分者、相对自身的 SWOT 成功或失败的原因）。
- 客户需求（价格、质量、物流、支持等）。
- 细分市场信息（人口统计信息、市场规模和相对产品的市场细分、客户类型、地理条件等。）

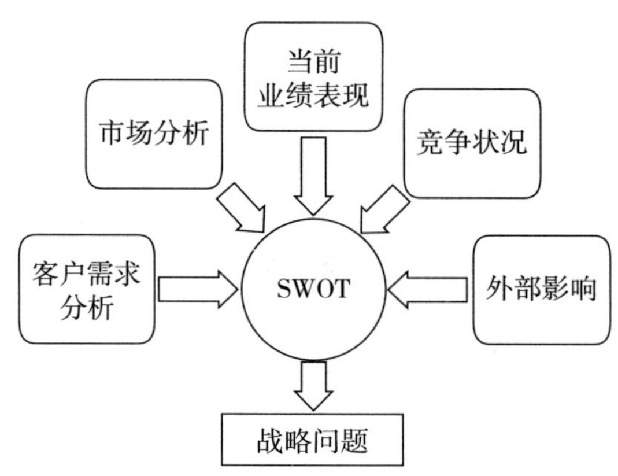

图 2－5　当前状况分析

资料来源：高岩合伙公司，2009 年

对于你想实现目的数据的关联性，可以形成来自 SWOT 分析中关键战略问题的一个完整的摘要。当你开始考虑各种不同的战略回应和过滤掉那些带给你最大回报的投资——我们应把精力集中用在何处？这些优先考虑的战略问题将在第 3 步得到应用。

考虑到本书的性质和融资的重心，我们接下来将特别突出对公司当前实际的财务状况透彻了解的需要。

当前财务状况　对一家运营中的公司进行财务评价（相对于处于发展阶段不能产生收入的公司）应该从资产负债表、利润表和现金流量表的分析开始着手，你需要了解公司相对其同业或其他行业企业的财务状况。相关信息示例如下：

- 未偿应付账款的平均天数和与行业相关的事项。
- 应收账款中平均销售天数和应建立在一组可比较公司基础上的事项。
- 与同规模企业相比，公司拥有多少存货？
- 在影响现金流的程度上，基础商业模式有什么样的差异？
- 其他待列的内容。

行业准则或同类企业的信息可从类似于邓白氏咨询公司（Dun & Bradstreet）、风险管理联合会（前身为罗伯特莫瑞斯联合会）和美国证券交易委员会的 EDGAR 数据库等各种各样的数据渠道获得。此外，询问以下事项也很重要：

- 公司运用杠杆的程度如何（例如债务股权比率）？
- 当前的投资者和贷款人是谁？
- 同类公司的资本结构如何？

进行财务报表分析时需要获得的其他信息包括：

- 公司当前是否要向现有贷款人偿还贷款？
- 过去的 2～3 年里公司是否存在债务违约或到期不能支付的现象？
- 从历史角度来看，公司能承受的债务水平是多少？
- 是否有其他影响历史现金流或营业收入的重大活动或项目——营业外收入或其他一次性减少项目？

当前的、历史的和预测的财务报表遵守美国公认会计准则（GAAP）是很重要的，特别是用于与其他公司比较以及向外部贷款人和投资者报告时。对于上市公司，遵守 GAAP 是一个基本的要求，但不适用于众多的私营企业。此外，与所有者相关的支出和资产需要标准化。由于主要的股东也是公司雇员，并且领取对于其职位高于或低于市场价值的报酬，因此围绕所有者报酬的常见问题就出现了。在各种情况下，该报酬需要根据规划的目的调整为市场价值。其他常见的问题包括：未能累积公司的所有负债，或以正确的配比和时期记录支出和收入。公司通常也可以找到一家公共的会计师事务所，或每年审计财务报表，以建立检查和资产负债表数据公正性的平衡，并为考虑向公司贷款或投资的外部成员提供公司更多的信誉。

最后，财务报表应该反映公司的战略和经营，当与行业内同类企业相比较时，财务报表也应该作为公司有效管理实践的一项证明。然而，成熟的公司经历了新产品发布和其他产品过时情况下的发展阶段的转变。研发成本可以是周而复始的。初期阶段的公司进入到一个企业的生命周期，带领企业历经各发展阶段，特别关注于这些阶段中的研发、生产效率、质量体系、销售和营销等。财务报表反映了公司过去及现在的状况，预测和估计反映公司未来预期发展状况。

步骤2：期望的状态

步骤2（以头脑风暴的形式）开始为促成者和与步骤0建立基础阶段相关联的最终结果分配可量化的计量单位（主要指标）。在建立期望的状态下，我们建议团队能识别出主要指标的有意义的标准和最佳的实践数据以及财务表现（步骤1中讨论的），以便确保最优的和可持续的竞争地位。虽然有必要确立中期目标，但该组织必须在给定的表现分类中密切关注“精益求精”。在这一步骤中，我们同样要建立一些必要的事项，例如我们不能违背公司价值。期望的状态目标要予以优先考虑，这一点非常重要（可能的话，给予一个重要的权重）。对于优先且获较大权重目标的总结，在随后步骤3～步骤6进行过滤测试时会被使用到。同时使用步骤1中SWOT分析的结果，团队应总结出在向期望状态努力的过程中所发现的障碍。

筹集资金最重要的是快速理解股东的目标及其优先考虑的事情。公司资产负债表的结构直接受公司所有者类型、所有者目标和关于公司发展目标的影响。清楚地理解每一位所有者（或受益股东①）的目标，需要明确的表述和获得一致同意。一些特定的期望包括预计的股份持有期限、参与管理决策的愿望、期望的分红或支出、接受所投入资金可能产生的风险的意愿、公司估价（当前的和预期的）、与社会或社区相关的期望、对未来的愿景等。

举一个例子，一些工程师在10年内将一家公司从零开始发展到市值1 000万美元，现在他们都接近退休年龄，追求流动性和低风险。这一现象影响了新设备、运营资金和公司潜在资本重组的融资活动。行业退出是明显的目标，他们聘请了一名专业的CEO，该CEO在短期内出售公司方面有很多成功的经验。

另外一个例子是，一个年收入2 500万美元的处于发展期的公司由一个拥有大多数股份的股东持有，该股东想要把公司交给其子女。对于投资者类

① 受益股东包括在开展分析的阶段那些可能不直接拥有所有权的股东，但他们可能拥有既得利益或拥有所有者的资格（如，可转换票据的持有者、股票期权的持有者、权证的持有者，或拥有公司利益的信托受益人）。

型和融资渠道，该公司有着特定的要求，既然公司所有者的目标不是将公司永久性地出售或退出市场，他可以借助这些融资渠道为公司融资并支持公司的继续发展。

正如你开始注意到的，存在许多公司的情况和例子，其导致不同的资本结构。对股东目标和所需的资金用途的认识，对于步骤 3 中的过滤测试是至关重要的一个组成部分。

步骤 3：过滤——决定最佳的战略行动

步骤 3 的有效性建立在认识下列事实的基础上：

- 通常有多种多样的行动可以推动一个项目迈向成功。
- 以期望的状态目标（筛选）来衡量最佳的流程。
- 最终的选择必须只关注核心问题——那些最重要的战略反应。

步骤 3 中的头脑风暴和讨论迫使团队（与步骤 4 一起）通过执着于关注少数的关键问题来认识“和的力量”。如何能做到这一点“和”那一点？步骤 3 和步骤 4 不可避免地改变团队在项目一开始可能遭遇的渠道限制条件的范例。如前所述，关注目标是最重要的。

图 2 – 6 是一张用于测试潜在战略替代方案的工作列表。为了形成最优替代方案，避免简单地判断事先形成的战略导致的错误，以下要素对完成步骤 3 很关键（顺序非常重要）：

- 归纳并优先处理关键的战略问题（赋予较大权重）。
- 总结期望的状态结果（较大权重，优先考虑）。
- 以头脑风暴的形式制定和最终确定对于战略问题的潜在的战略响应的优先级列表。最终确定该列表，寻找重叠的部分，但小心不要过早地去掉一项独立的潜在的响应。
- 开始将与每一个战略回应对比筛选每一期望的状态目标的过程。通过目标筛选，而不是以每一项战略回应，以便你可以对每一个观点有相对的感受，从而有助于确定目标。在回顾流程时颜色编码大有

战略问题（总结）	潜在反应	谁	过滤元素								优先级
			近期利润增长	近期现金	长期投资回报率	高品质的工作生活	价值调整	市场地位	风险	资源密集度	

图2-6 过滤—测试工作表

资料来源：高岩合伙公司，2009

帮助：绿色表示符合或超过目标，黄色表示吸引力较差但仍可以发挥积极作用，红色表示对特定筛选成分无任何裨益。

- 随着决策矩阵编码的完成和变得非常清晰，你现在可以强化和优先处理那些最有可能达到预期结果的战略回应。再次强调，这必须通过使用广泛的列表和共识工具中的任意一个来执行。不允许投票表决，在继续下一步前达成团体共识是一个必要条件。

在每一种期望状态和随后的过滤流程中，财务和人力资本限制可作为过滤要素。在这个过滤阶段，在你对财务和人力资本构成做出“好—尚好—不好”的评估时，建议不要太过勉强。一个主观的“直观感受”是这个阶段有必要讨论的全部事项。假如财务和人力资源资本分析显示一个战略回应的转变，步骤 4 和步骤 5 将提供足够的数据和时间允许按照优先列表做出调整。好消息是：我们仅就相关的战略回应进行更加详细的分析（这比较费时）。理想状况下，你将获得 5 ~ 8 个战略响应。记住，这些响应最终会转变成步骤 4 和步骤 5 中预算规模下的具体行动。战略响应的数量越少越好，这样你就有可能以更高的效率执行更少的战略响应。

步骤 4：渠道分析

战略和规划失败的一个主要问题是缺乏基于事实和有效假设的决策。许多快速发展的公司的 CEO 有着宏伟的计划，但没有能现实地决定用于渠道和人力资本配置的资金来源，而这是宏伟计划执行和实施的先决条件。战略的制定基于数据，而不是“凭空想象”。步骤 4 中，对关键战略行动的一个常用的成本/利益分析摘要被制定出来，这些成本被归纳到具体的计划中，在步骤 5 中再一次进行筛选，以作为最终计划的现实测试。

随着关键战略行动方案的建立，分配行动小组的流程就完成了，随后对所需要的技能和渠道时间投资估计进行评价。通常在步骤 3 和步骤 4 之间，为优化“和的力量”存在一些反复的过程。也就是说，渠道限制条款可能意味着更大程度的焦点关注（放下或延迟一项战略行动方案）。这个时候，评价和突显通过培训和新聘员工（永久的或暂时的）可填补的技能缺口同样很重要。

记住，凡事总有对策。

步骤5：商业规划

商业规划用来提供管理和领导企业的平衡——提供一个严密而明确的，需要在短期内（1年）产生以实现战略规划目标，包含度量标准、时间轴和有关责任的策略的纲要。我们现在不可避免地花费更大量的时间来弄清楚计划前后的数字和引领我们达到目标的桥梁。

当然，商业规划应该反映一个战略规划的自然延伸（自然发展）。这使得我们在执行计划时持续抓住所有组成部分的重大调整成为可能。商业规划通常由主要的信息客户决定，这些客户包括金融机构、公司总部和审计师等。形式通常包括通用利润表、资产负债表和现金流量表，并把它们作为价值创造的最终指标。不要受这些规划设计要求的约束，更重要的是企业领导者应花时间安排规划，使该规划的所有组成部分一天、一月、一季度的联合变得可行。最重要的是他们对规划中关键策略的理解和承诺（从一线员工到董事会成员），这种关联越强，成功的可能性就越大。

为建立与战略规划的密切联系（通常由高层管理团队以自上而下循环的方式获得），商业规划的制定应该运用自下而上循环的方式，这就是领导权和管理平衡的关键之处。企业领导者把人员部署在正确的方向，在提供开展该项工作必要的工具的同时描绘了关键的策略和主要的测量预期，主要的价值和边界与战略规划相一致。在经理们和一线员工的两个层面上通过反复方式进行协调，这是在所提供的战略指导方针下的必要手段，并能持续地报告战略实施过程中相对目标的状态。

一个关于商业规划的定论：鉴于财务报表的格式和主要的指标可能发生变化，我们发现运用图2-7中的“桥式概念”来编排数字非常有用。也就是说，当设立公司未来经营的目标时，这一目标应该通过“桥”（创造期望状态所必需的行动）与当前和过去的经营表现存在一个逻辑关系，该信息越简单、越有凝聚力，我们对商业规划的评价就越轻松。

一旦当年的规划行动获得团队的一致同意，就有必要制订规划期的季度支出和投资计划，列示所需的现金流。表2-1是一个单一行动方案的例子。

成长公司					
	2008（当前年度实际值）		简短评价	2009（计划年度预算）	战略目标/影响
驱动低于产品线	销售 毛利率（%）	⇨	产品划分 客户类型划分 分销渠道 价格±假设 新业务假设 一般的市场影响 重大的一次性事件影响 已售商品成本假设 精益经营行动的影响	____美元	
资产负债表项目	经营费用 管理费用	⇨	通胀假设 重要的一次性事件 精益经营行动 通胀假设 一般重大一次性事件 一般精益经营行动		
	流动资金 应收账款天数 应付账款天数 存货周转速度 固定资产 资金成本	⇨	客户组合的变化 供应商的行动和计划 新的和退出的资产 利益假设		

图 2－7　预算桥

资料来源：高岩合伙公司，2009

这项练习的价值是强迫管理人员分阶段清晰地表达其计划。实际上，团队已经为项目产生了资金的一项用途。对一家公司而言，这些项目可以归集来明确累积的现金需求和需要用于发展企业或满足其需求的资金用途，包括这些资金使用的恰当时机。在分阶段分析后对计划进行调整是很常见的（很像步骤 4 中的渠道评估）。

很多情况下，这项工作产生了对实际所需融资额、融资时机和获得现金流的替代方案的一个新的看法。从编译版本中获得的信息将在以后讨论的步骤中予以综合。前面介绍的做法，结合当前的财务状况和对未来的预测，为我们提供了确定全部资本需求的方法。

举个例子，假设某公司表示其需要更多的流动资金，接下来的问题是“流动资金用于何处?”答案可能是用于存货、支付客户的应收账款，或聘请新员工来增加服务。这些回答直接影响了关于融资渠道所追求目标的决策，

表 2-1　战略行动现金流列表　　（单位:美元）

	年度总结		季度详情							
	Y1	Y2	Q1Y1	Q2Y1	Q3Y1	Q4Y1	Q1Y2	Q2Y2	Q3Y2	Q4Y2
人员（总成本）	785 500	1 296 000	45 500	140 000	300 000	300 000	324 000	324 000	324 000	324 000
MARCOM	160 000	240 000	10 000	30 000	60 000	60 000	60 000	60 000	60 000	60 000
软件	25 000	10 000	20 000	—	5 000	—	5 000	—	5 000	—
设备	574 000	120 000	125 000	329 000	110 000	10 000	—	—	—	120 000
差旅	155 000	210 000	5 000	30 000	60 000	60 000	60 000	50 000	50 000	50 000
顾问	223 330	267 996	22 333	66 999	66 999	66 999	66 999	66 999	66 999	66 999
其他外部服务	250 000	150 000	—	50 000	50 000	150 000	150 000	—	—	—
设施	150 000	180 000	15 000	45 000	45 000	45 000	45 000	45 000	45 000	45 000
最大值	2 322 830	2 473 996	242 833	690 999	696 999	691 999	710 999	545 999	550 999	665 999
最小值	1 434 122	1 476 396	102 750	487 374	413 499	430 499	435 099	327 099	327 099	387 099
可能值	1 769 181	1 855 497	209 183	518 249	522 749	518 999	533 249	409 499	413 249	499 499

并且这个问题在之前讨论的流程中已得到了部分回答。

考虑到我们这里提倡的做法，显然这些问题的答案将成为融资计划的一部分。记住我们在整本书中都会讨论的资金用途，它是获得恰当的融资途径的关键部分。

步骤6：规划的监管

如前所述，我们建议一家公司应简单、清楚地展示其公司战略和分析，这种表达旨在说明联合所必要的目的的清晰程度。这种战略模型的经常性的交流可以实现对经营方向的实质性的理解。战略越清晰和强烈，联合发展的过程就越有激情。图2－8显示了一家寻求目标清晰的国际制造型科技公司战略经营规划模型的例子。

尽管是流程的最后一步，但这一步同样重要。随着公司的发展，管理人员需要实时观察并及时纠正行动方案。我们已使用如项目操作列表和计分卡这类工具来观察主要的指标和经营表现。总结或快照管理列表应提供远景、基准战略目标、预算、战略反应管理列表和平衡经营计分卡的视觉化的表现。一幅画面将给所有人提供对规划流程之间的联系、预期结果、进展情况和真实价值创造的追踪的直观感受。

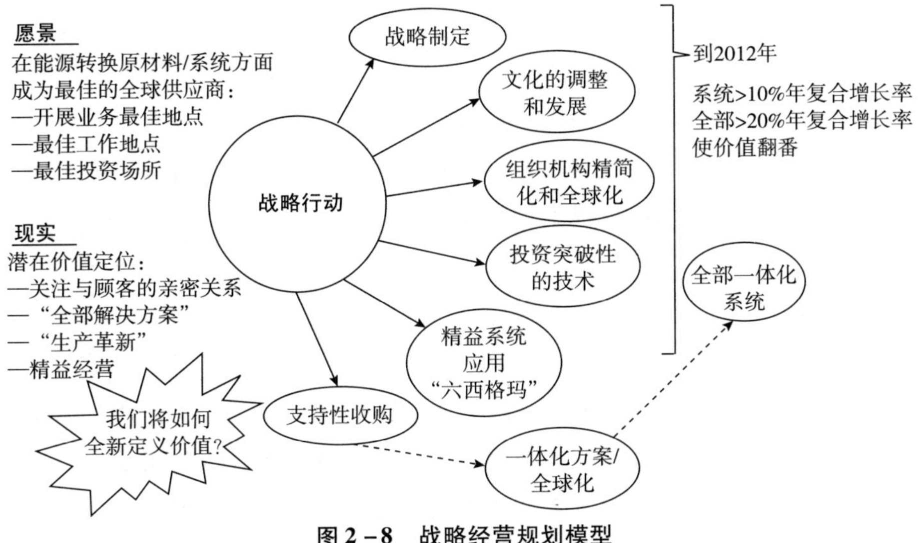

图2－8　战略经营规划模型

资料来源：高岩合伙公司，2009

小结

2008 年 7 月，麦肯锡公司对全球 3 100 余名 CEO 进行了调查，发现仅有 1/3 的公司实现了主要战略过渡项目的预定目标。此项研究还进一步调查了那些产生积极结果的阶段所共有的成功因素，特别强调了以下这些因素：

- 确保非常清晰和具有激励性的目标获一致认同。
- 在规划流程的最初阶段，尽可能让承担不同层次责任的人员参与。
- 促进一个标准化且具有灵活性的方法（一个标准不可能适合所有的情况）。
- 拥有干脆、清晰的后续实证研究，以及完全开放的交流会。
- 清晰可辨——应用 C 级管理。

在制定战略和经营规划的过程中，本书描述的方法结合和阐述了这些关键要素，为内部生成资金和增加公司获得想要的外部资金的机会打下了坚实的基础。

更新的预测

按照图 1－1 中的融资流程，我们已经讨论了步骤 1～步骤 6，现在我们准备以客观的第三方的角度看一下目标公司的预测。根据敏感性分析的结果，以及竞争性的行业信息的应用要求，我们可以做出相关变化，同时保证与清晰定义的经营战略和规划的关联。更新后的预测及其支持计划和工作为公司估值和资本结构的讨论提供了基础。

公司估值

在融资流程的最初阶段要阐述的一个关键问题就是公司的评估。在这一节中，我们将讨论关于估值的几个核心概念，以及如何看待公司及其股份权益。你会发现，评估表现为一系列的价值，而不是单一的数据，且建立在假设和不同的方法之上。如果公司及其股东没有现实的预期，那么公司评估可能就会成为交易的破坏者。不现实的评估预期或者对相同事项的过分强调可能转移潜在投资者或买家的注意力，当所有条件相同时，我们认为评估通常是次于交易条款问题的。

鉴于本书的写作目的，我们介绍一些与融资流程相关的基本概念，目的不是让读者成为评估的专家，而是让其熟悉评估的相关问题。评估是图1－1所示的理想融资流程中的步骤8。

从概念上看，评估的含义很简单；但在实践中，评估既复杂又具主观性。我们会建议管理层和股东寻求客观的第三方的帮助，以根据公司特定的需求和经过深思熟虑的交易进行一系列实事求是的评估。

为什么要评估？

评估的第一步要明确评估的对象和原因，情况不一样，原因也不一样，但通常包括公司的出售提议、向公众或私人投资者出售公司的部分资本发行、激励计划、形成现实的期望、合并、诉讼，或者形成一项用以改善公司经营业绩或检测一项特定战略的标准。

需要说明的是，公司实体的价值等于权益的市场价值加上债务的市场价值。有些情况下，公司的资产（不管表内还是表外）价值可能超过其运营的价值，这种资产被称为非运营资产，在讨论和谈判中，明确这些术语非常重要，可以避免对价值（公司实体的、债务的或两者兼有的）和资产（不管是运营的还是非运营的）种类的混淆。

评估方法

评估一家公司及其实体有几个基本的方法。评估初创的公司则有些不同。我们将在第五章关于天使投资者和风险资本部分对此进行详细阐述。对于正在运营的公司，有三个主要且彼此相关的方法：

1. 调整后的账面价值（净资产）。

2. 市场价值。

3. 折现现金流。

调整后的账面价值方法（净资产）

调整后的账面价值常被认为是与一家公司相关联的最小权益（股本）价值。股东持有的一家公司的权益是以历史成本计价（折旧和摊销的净值）的，即资产负债表中的资产与负债之差，这个差值有时被当作公司的账面价值。

不同种类的资产，如不动产、机器和设备，可以调整至其当前的市场价值，非运营资产或表外资产也可以调整至其当前的市场价值。不同的债务也可以进行类似调整，未记录的负债，如升值资产中的隐含所得税也要予以注意。

被调整至当前市场价值的资产和负债之差被称为调整后的账面价值。调整后的账面价值通常是对一公司权益价值谈判中的基准（参考）值。以低于调整后的账面价值出售一家公司，可能会导致财务和心理上的不情愿。

当其他的评估方法或谈判产生超过账面价值的权益价值时，便产生了无形资产，有时候我们把它归为一个单一的概念：商誉。

市场法（市场比较法）

市场法是以将目标公司的价值与在一段合理的时间内实际发生交易的其他公司的价值进行比较，在该合理的时期内公司的价值已被确定。在涉及竞争对手公司或同一行业内的公司时，个案比较的方法经常被用到。

折现现金流

折现现金流（Discounted Cash Flow，简称 DCF）是对于持续经营公司最普遍的估值方法之一，常用于确定一家公司的实体价值或企业价值。该方法假定公司的资产和负债的组合是为了创造收入和现金流。DCF 价值是通过预测公司未来的经营业绩和在为保障公司持续运营做出所有必需的投资后，确定产生于未来每一段时期内的现金流量（如，可供分配给公司债务和权益所有者的现金）而得出。这些预期产生的未来现金流按照投资者购买类似资产所需的回报或以对于计划的现金流合理的折现率计算其现值。附录 A 中有关于 DCF 的更多讨论。

折现现金流估值方法的关键要素是所应用的折现率、对终值的假设和公司预期产生的现金流。公司的折现率通常通过计算加权平均资本成本（WACC）得到，加权平均资本成本是以公司资本构成中债务和权益的相对数量为权重进行加权而获得的债务成本和权益成本的结果。股东权益预期的回报率也被称为股东权益的折现率，来自一个名为资本资产定价模型（CAPM）的公式，其受利率、股票市场以及公司特有风险影响。私人企业的债务成本通常是票据条款中所提及的成本。我们在附录 C 中提供了对于新兴发展和中小规模企业的折现率的全面介绍。

金融投资者常常根据 DCF 或净资产价值进行投资。拥有一些其他方法从一家公司获取价值的战略和产业投资者，可能愿意就包括某种协同效应或战略成分的价值达成交易，第五章的公司风险资本部分所提及的统计资料证明了这一点，由此公司风险投资者有时会根据明显高于传统创业基金投资者提供的价值进行投资。

息税折旧摊销前利润（EBITDA）乘上一个倍数，常被用作 DCF 估值的替代或估计。EBITDA 的引入常被用作确定一家公司初始价值的实用估算方法。基于 EBITDA 相关的讨论目的，其需要进行非经常的和非反复发生的经营表现和所有者过高的报酬（高于市场工资）方面的标准化。

根据来自“每日交易”（Daily Deal，www. thedeal. com）关于公司交易的数据，过去几年所出售的新兴发展公司和中等规模公司的历史 EBITDA 倍数平均为 5.1 ~ 8.0。从其他渠道来看，我们发现许多交易的 EBITDA 倍数低于 5.1。数据表明，当公司规模上升时，所支付的 EBITDA 倍数增加。

在绝大多数交易中，投资者或买方会建立 DCF 或净资产所确定的财务价值，以用作谈判和制定基准的基础，尽管他们最终提出了一个更高的估值。除了确定一家公司的净资产价值外，在公司经营出现亏损时还可使用其他的替代估价技术，如期权定价方法。

估价的流程

一个正规公司估价的主要步骤如下所示：

1. 明确估价的目的。

2. 评估当前的经济环境。

3. 详细了解目标公司的以下情况：

（1）行业。公司处于何种行业？行业内通常正在发生什么？看得到的趋势是什么？行业的盈利性如何？有哪些主要的参与者？行业的威胁因素包括哪些？目标公司如何适应市场环境？

（2）目标公司的经营。公司在哪些方面可为客户增加价值？关键的商业流程如何？公司独特的表现如何？管理如何？市场定位如何？

（3）公司财务表现。为所有者相关报酬和补贴调整的重新编制的财务报表，关联方交易和符合 GAAP。

4. 明确管理的前景和预测。包括对管理预测中一些假设的评估。预测能否解释所需资本、员工和新设备？管理者是否拥有一个销售计划？如果有，可行性如何？预测较竞争对手的表现如何？

5. 分析类似的交易和类似的公司（包括许多上市公司）。包括对同类公司交易的分析，同类公司公开交易的分析——对于首次公开募股（IPO）最为重要，以及类似公司交易的分析。

6. 评价和解释结果。这包括根据规划的未来现金流对一家独立的公司进行一系列估价，根据一个战略买家或投资者最大的协同效应形成估价的环境，以及根据买家/投资者类型和交易类型总结估价的范围。

折扣和溢价

另一个需要了解的概念是，与评估和投资一家公司相关的折扣和溢价的关系。图 2 -9 描述了建立在许多上市公司基础上的这些折扣的相关关系。这可以帮助读者了解为什么间接比较许多上市公司与私人企业通常是不正确的。

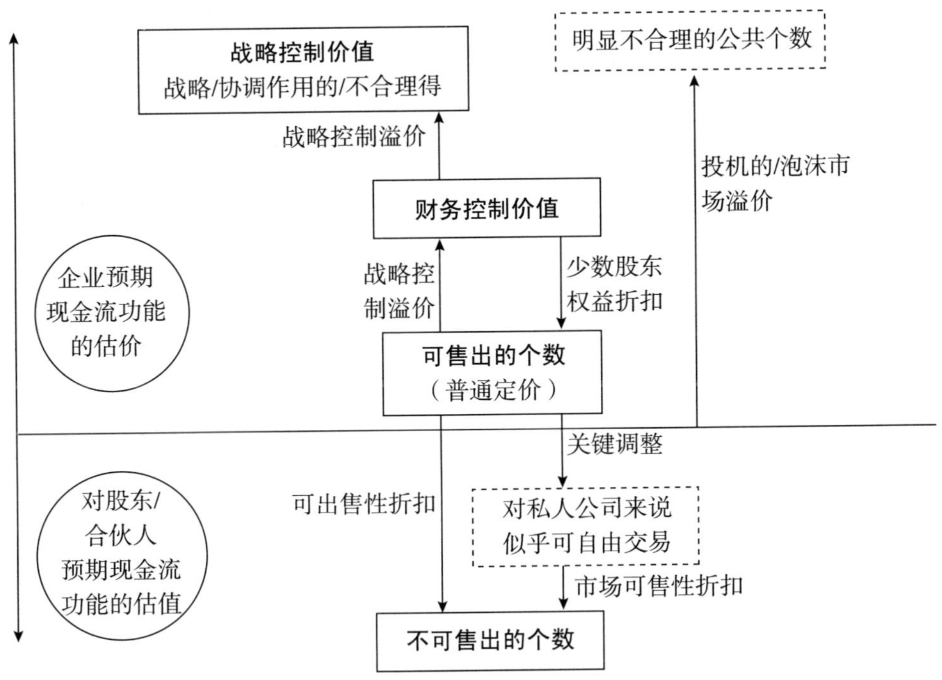

图 2-9　估值的折扣和溢价

资料来源：Z. Christopher Mercer 设计的图表。© Mercer Capital and Z. Christopher Mercer，2004，www. mercercapital. com。摘自：Z. Christopher Mercer，ASA，CFA，*Valuing Enterprise and Shareholder Cash Flow*：*The Integrated Theory of Business Valuation*（Memphis，TN：Peabody Publishing，LP，2004），363，www. integratedtheory. com

许多上市公司因下列原因不适用私人公司的交易：

- 私人公司的股权缺乏流动性。
- 许多上市公司通常以税后盈利来说明，如前面所提及的，私人公司交易通常考虑 EBITDA，而这是一个税前的数值。此外，许多私人公司的建立是为了税收效率，并且为了能与上市公司直接比较，需要重新编制利润表。
- 特定行业内的上市公司一般保持大致相近的资本结构（债务/股权组合），这意味着，这些公司之间的相对市盈率（PE ratios）（盈利包括支付债务的利息）通常是可比较的。同一行业内的私人公司在资本结构上可能千差万别，因此对私人公司的估值常常依据企业价值或实体价值或者公司的债务前价值，而不像上市公司那样是依据公司股票的价值。这是私人公司通常基于税前利润，以及不能与上市公司市盈率直接比较的另一个原因。

- 考虑到公司规模和资本市场的进入便利，上市公司通常被认为风险小，但对于新兴发展中的公司和中等规模的公司来说，这不总是正确的。

对初创企业和快速发展企业的估值

如果你考虑风险投资（VC）这一融资途径，请阅读第五章关于风险投资估值部分的内容，同时参考第五章关于评估定位于天使投资的早期企业的讨论部分。

少数股权由于其控制力的问题有着与此相应的折价，通常这种理解是正确的。然而，实践中常会出现反转的曲线，在一些点上，相反的情况是正确的。比如，在一些未以预期的比率产生现金流的早期和快速发展的企业中，通过出售公司中少数权益而筹集的资金有时以高于相同时间公司整体出售情况下所能实际获得的价值定价。这种现象的一个可能和部分的解释是实际意义上这些投资轮中的条款由于合同权利的取得而向投资者提供了对公司有效的控制。

另一个可能和部分的解释是可以出售公司整体获得的估值可能会高于少数投资价值，但仅仅限于控制权的出售可获得一笔可观收益的情况，这一情况是基于公司未来经营表现面临支付的风险。在该种情况下，这些文件的价值可能高于少数投资的计算的权益（控制权），但以当前美元计算的公司实际的货币价值低于其控制价值。

在评估少数权益估值所存在的这种差异时，另外一个需要考虑的关键特征是，在我们讨论的环境类型下外部投资者向少数权益进行的现金支付是公司中新的权益，现金作为新的资本进入公司，而不是为了购买出售整体公司情况下支付给第三方的未清偿权益。对于少数投资可协商的价值的其他决定因素是投资者类型和丰富的经验以及他们为何投资（一些天使和个人投资者可能同意接受相同阶段比风险投资或机构投资者更高的估值)。公司的管理者应该谨慎，不要允许投资者以一个事后被证实过高的估值而后被迫在后续的融资中以较低的估值出售来购买公司的股权，这会产生一个尴尬且有争议的情况（被称为估值较低的一次融资)。

通常情况下，在盈利为负的初创企业中，除非使用一个非常大的折现率（很难做出评价)，否则折现现金流的方法往往会高估公司的价值，引出了对第五章中所介绍的风险投资所使用的估值方法的讨论。

交易估值

交易估值①是企业合并和收购情况下公司估值的一个替代方法。从概念上看，交易价值是同时满足买卖双方多重目标的最优价值，其使用折现现金流技术，通常也叫收入法，但其执行和应用包括额外的价值驱动因素。

交易估值方法使用 DCF 技术，但不像当前的方法，其应用符合折现的基本原则，即货币的时间价值。折现应该应用于现金流出和流入，而不是可用的现金流。为计算分散的现金流，一家公司必须考虑债务摊销和债务优先次序。这些变量是当前所用的绝大多数其他技术中所没有的，而且，交易估值认为买方和卖方在资本充足和债务按期付息情况下才会交换所有权资产。交易估值的特征表现为:

- DCF 应用于分散的现金流，而不是可用的现金流。
- DCF 适用于买方现金流，而不是卖方现金流。
- 卖方的资本结构或行业平均资本结构不予使用，因为该种使用违背了莫迪利亚尼—米勒定理（MM 定理)。
- 加权平均资金成本（WACC）不作为折现率，因为 WACC 折现忽略了债务偿还和不断变化的资本结构。

---

① 迈克·阿德希凯瑞（Mike Adhikari）设计了交易估值的方法。迈克从 1986 年起一直是一名并购顾问和投资银行家，他是西北大学凯洛格商学院企业金融班的客座讲师，合并和收购顾问联盟（AM&AA，一家全国性并购协会）的总裁；他教授交易估值课程，作为并购顾问资格考试项目的组成部分，他开发了“公司价值快车”（Business ValueXpress™）估值软件，其中融入了交易估值的方法。

- 终值的计算不通过戈登增长模型（Gordon Growth Model）或资本化方法，或者通过假定一个退出价格倍数的方法，而是通过认为价格倍数是永恒不变的一个反复过程。
- DCF 是必要的但不足以确定价值，价值受类似债务可偿还性、债务还本付息、权益有效性、交易结构、组织架构和税收政策等额外的市场驱动变量的影响，这些变量是交易估值方法不可或缺的组成部分。
- 交易估值方法满足了卖方价值最大化的目标，同时满足了买方权益注入最小化、实现目标股权回报、为所有交易提供资金能力，以及债务还本付息和满足贷款人要求的能力。
- 交易估值方法决定了企业价值、所需的买方权益、可得到支持的债务金额和最优的资本结构。

交易估值方法通过优化算法和循环执行以满足公司卖方价值最大化目标来实施，卖方的价值最大化同时受满足买方多样化要求的影响。

使用交易估值方法的一个商业软件套装为公司价值快车（Business ValueXpress™，简称 BVX）。BVX 使用标准的会计方法准备买方的模拟财务报表，通过现金流量表计算现金流入、流出基础上实际的股权收益。BVX 然后测试为实现买方、卖方和贷款人多样化需求的财务报表。如果所有的需求得不到满足，BVX 通过改变权益和企业价值准备一套新的形式报表，继续执行测试直到找到符合所有需求的价值和权益的组合。结果是对于卖方来说实现企业价值的最大化，买方又支付得起同时最小化权益、取得目标收益并满足其他条件。

其他估值因素

其他影响私人公司估值的因素包括：

- 公司的周期性质（对金融买家缺乏吸引力）。
- 经济环境（影响买方的数量和盈利倍数）。
- 让买方或投资者充分相信可获得预期的现金流，这是一个关键问题。

- 公司的资本结构（债务相对股权的数量）。
- 资本的可获得性（供给与需求）。

增长的公司价值

提高一家公司的价值有两种方法：

1. 寻求提高盈利和资本回报的战略（净资产减去非计息债务）。
2. 寻求减少投资公司的风险从而减少资金成本的战略。

提高资本投资收益的特定做法包括建立一支强有力的管理团队，建立清晰的估值不断变化的里程碑、设定或推动行业标准、实现超过行业利润（利润总额和营业利润）、建立核心盟友或伙伴以获得竞争优势、提高利润增长率或提高现有资本的现金流。

为减少投资于一家公司的风险，可寻求建立一支强有力的管理团队，减少公司对任何个人或关键人员的依赖，建立合理的资本结构（债务和股权的比例），开发不断创造收入的途径，提供经营基础，实施规模化经营和减少客户集中度。

若想阅读更多关于公司估值的材料，我们向您推荐克里斯托弗·默瑟（Christopher Mercer）所著的《评估企业和股东现金流：公司估值的完整理论》（*Valuing Enterprise and Shareholder Cash Flow*：*The Integrated Theory of Business Valuation*）一书，由 Peabody 出版社于 2004 年出版发行。

第三章

收购、资本结构调整和退出

并购交易对于在创办新兴企业和中等规模企业以及实现价值的情况下完成一些战略目标是一个可行的方案。这一章要介绍买方流程、卖方流程，以及考虑和规划以交易融资为重点的行动方案的总体执行情况。

收购

如果一个公司将收购作为其长期战略的一部分，那么该项收购可以实现许多目标。企业管理者寻求收购的一些常见原因包括：

- 加速收入的增长。
- 进入一个新的市场区域或在新的市场内扎根。
- 进入新的市场或找到新的目标客户。
- 获得技术。
- 加强人才和能力的集中。
- 补充一条生产线（服务线）。
- 减少成本。
- 获得市场份额。
- 阻止竞争对手获得这些优势。

图 3 – 1 显示了收购流程的总体概况。第一阶段确定要购买的目标公司，这一过程从形成战略规划开始，为明确许多参数和流程的关键环节奠定基础。注意，这个流程实际上是图 1 – 1 中我们所描述的基本融资流程的压缩

版，图 1 – 1 突出了一项具体的战略行动方案（收购）。收购流程的第二阶段是组织交易、完成交易和整合公司（再次强调，是基本融资流程的继续）。

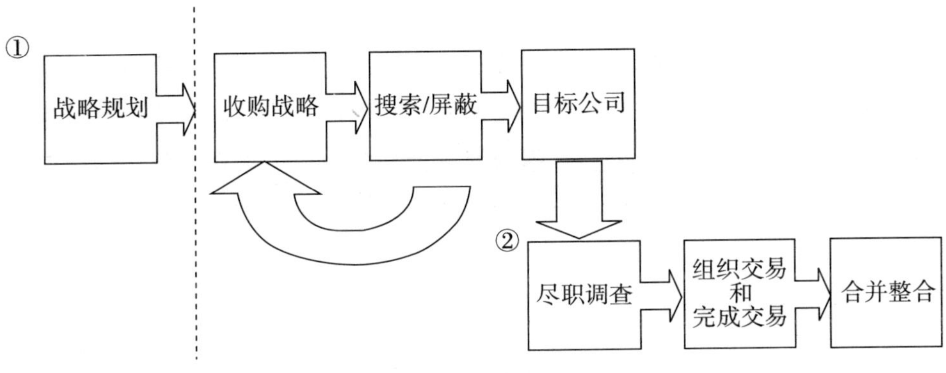

图 3 – 1　收购流程

资料来源：高岩合伙公司，2009

清楚了企业收购流程在从市场获取知识的情况下会不断演化和有些反复，在整个收购流程中，应该首先考虑融资策略，并将其定义为收购战略的一个组成部分。如果收购方现金充裕或者收购目标在价值上对于收购方是无关紧要的，融资策略可能就像用经营现金流或现金储备为交易融资一样简单。然而，如果交易需要资金，我们必须考虑一项融资策略，通常该策略首先要清楚收购或购买的公司，这包括：

- 明确其估值和财务优势。
- 建立财务目标和用以审查可能收购的标准。
- 明确有关收购方最大支付能力的范围。
- 围绕理解的或优先的交易结构进行内部讨论。
- 与融资渠道建立关系，并获得有关收购方计划的认同。
- 为潜在的卖方取得关于买方融资和完成交易的能力的数据。

从这些参数来看，我们在考虑为一特定的目标公司融资时，是以下其中一项的函数：

- 目标价值。

- 目标可能的现金流。
- 交易结构。
- 一体化战略。

我们建议首先把目标价值作为使用传统估值方法（见第二章）的一个独立的业务，然后根据收购公司的收购价值，兼顾成本节约以及价值提升来合并获得。另一项在流程中可能有用的度量标准是确定可融资价值，该价值可以基于目标公司的资产和现金流使用外部融资来支付。

交易结构和融资策略

交易结构和融资策略是通过权衡多项因素，以找到满足有关各方目标的最佳解决方案。

整合战略

通过适当调整整合计划与收购方的战略和运营计划，我们通常选择由用以定位收购于最高的成功水平的整合战略开始。图 3 – 2 列出了三种基本的整合方法：保留、吸收和共生。所选择的整合方法会影响并依赖许多方面，比如法律结构、杠杆资产、支付条款和度量（如果有）。

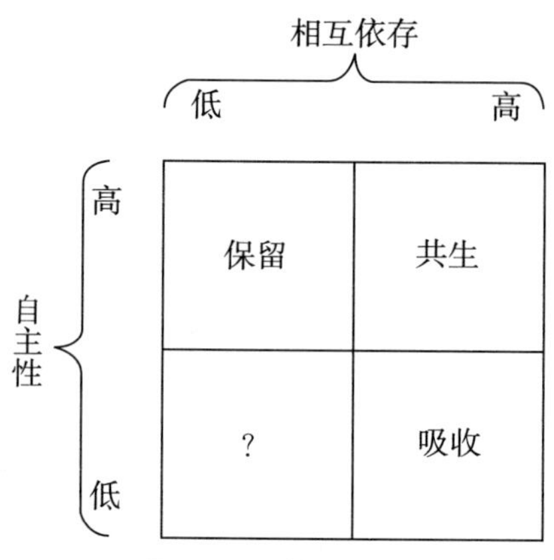

图 3 – 2 整合方法

资料来源："Managing Acquisitions: Creating Value Through Corporate Renewal", 1991, Philippe C. Haspeslagh and David B. Jemison

“整合”是基于收购者以及目标公司的自主性和相互依存的组合需求。“保留”意味着维持被收购公司为一个独立的公司，该方法用来保持公司实体和组织的完整性。允许公司独立经营的诸多原因包括保留企业文化、保持特有的标识、保留成本结构、保证未来经营业绩评估的容易性，以及保留不可转让的合同等。

按照字面含义，“吸收”意味着完全把目标公司融合到收购方企业。思科公司广为人知的收购做法是购买和完全吸收拥有创新产品的公司，将它们加入到其明确的销售和分发系统里，同时扩大其高素质人才基础。

“共生”是前两种方法的结合，因此你可以拥有一个保持独立企业经营的目标，但是其运营的范围被压缩，某些方面直接与收购方整合。比如，销售和营销、财务和管理方面可能与收购方相应职能相整合，产品开发和生产则保持独立。

估值空隙

许多情况下，交易条款和条件比绝对估值更重要。然而，辨别清楚收购方对目标公司价值的评估以及向卖方支付现金的预期金额和时机之间的空隙非常关键。通过明确卖方的真实目标，交易结构和融资可用来填补可能存在的空隙。

其他因素

其他影响融资策略和交易结构的因素包括：

- 债务假设。
- 交易的法律结构。（例如，资产购买、新公司和合并方）
- 目标公司现金流的绝对规模。
- 市场杠杆倍数。
- 会计方面的考虑。（比如，我们需要合并那些数字吗?）
- 当前的贷款人与投资者协议和同意事项。
- 监管的允许范围。

- 卖方融资和盈利能力支付计划。

制定战略

有了以上的信息，我们可以继续组织交易，以满足有着明确限制的各方的目标。这类信息将提供用以确定可行的融资方案的结构。

核心焦点

当管理者制定其外部发展和收购策略时，记住以下核心概念：

- 以终为始；设定清晰的目标和标准来准确衡量潜在目标公司和特定交易的吸引力。
- 事先制定你的融资策略并与可能的融资渠道建立关系。
- 条款可能比绝对估值更重要。
- 用经营/整合计划及交易结构调整融资策略。
- 关注价值创造。

出售公司，创造股东流动性

许多情况下，出售公司和筹集资本的显著区别由所出售的股权数额和买方所获得的合同权利来衡量。融资增长提出了股东长期目标的问题，其在很多情况下涉及最终的流动性。随着美国婴儿潮时期（1946～1965 年）出生的人规划其遗产和继承权推动的公司变迁浪潮的继续，一些股东面临着如何融资以推动公司持续增长、为公司所有者创造流动性，以及为奠定独立于所有者（创办者）公司经营的基础的多重决策。

别人看到的是收购合作伙伴或创造一些流动性的机会，然而留在游戏中被视为是“分一杯羹”。这是一家公司向金融买家（即私人股权集团）出售公司控股权以及延展或者保留少数股权，直到公司在预期价值增长时（在新所有者及其资本的观察下）随后出售或清算事件发生的概念。有太多的例子：在随后的交易中（从第一次交易起3～5年）出售少数权益造成了与原出售给金融买家同样的尽可能多的经济收益。

存在几种可能的解决方案，包括资本重组、出售给金融买家的同时保持少数股权，或者随同未来经营业绩水平的合同权利完全出售给战略或金融买家；同时存在许多的变化。

通常，比起收购（涉及控制权的变化），资本重组对于活跃的所有者将涉及较低程度的套现。资本重组最可能把重点放在改变债务和权益的相对组成，同时关注公司和所需要的后续资本的增长目标。举例来说，一个利用杠杆进行资本重组的公司最有可能增加公司债务，以换取利润分配、股利，或者权益的购买。

流程

不考虑最终的解决方案，我们提倡从图1－1中勾勒的和图3－3中进一步完善的同一流程开始。图1－1中的初始步骤的核心是分析和理解公司目标、财务和竞争地位、增长策略和初步行动方案，以及估值。我们将战略规划和股东目标相连接，构建资本结构和融资/出售方式，然后促使交易完成。

有三种销售方式：（1）与有限数量的潜在收购者协议出售（可能仅有一个）；（2）出于保密和提高流程效率的目的，与少数真实的收购者开展小范围拍卖；（3）为寻求全面的市场反馈和参与，开展大规模的拍卖。根据公司所处的阶段、目标、公司的易售性、可能的交易规模和期望完成的速度等，这些流程中的每一步都有它的适用性。图3－3给出了完整的流程，并根据特定的交易定制。修改后的该流程用于资本重组。

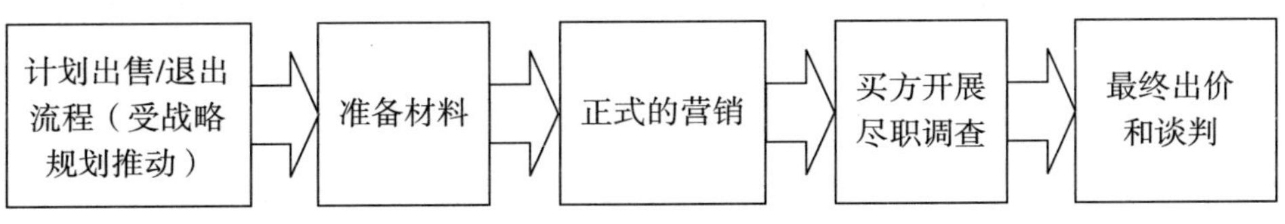

图3－3　退出，卖方流程

记住，不管是出售整个公司或筹集一部分发展资金（以债务或权益的形式），我们实际所出售的是公司未来的现金流。公司以往的业绩表现为管理者的本质需求提供可信性，未来现金流是公司估值的基础，通常也是购买或投资一家公司的最主要原因。

第四章

资本结构和融资策略

资本结构的设计是图 1 - 1 中融资流程的一个组成部分。在管理者清晰地表达公司的经营规划，并能够清晰阐述所需融资的数额、如何使用资金及何时需要资金后，就要制订一个融资计划，同时阐述资本结构。整体的融资策略会产生一个目标资本结构和从各种渠道获得融资的计划。我们将在第五章中详细介绍各种融资渠道，从广义来说还有一些内部融资渠道（比如更好的资产使用和利润），相关利益方融资（比如客户、供应商和行业内企业），以及外部融资渠道（比如商业银行、私人股权投资者等）。

定义资本结构是任何公司都要做出的一个关键决策。公司的资本结构是指债务和权益的数额，以及用于公司经营的债务和权益的类型。选择资本化方案非常重要，这不仅是因为要最大化机构内各共同利益者回报的动力，还包括该决策对公司处理其竞争环境的能力的影响。最早由佛朗哥·莫迪利亚尼（Franco Modigliani）和默顿·米勒（Merton Miller）提出的主流观点（“资金成本、公司金融和投资理论”，《美国经济评论》，1958 年 6 月）是，一个最优的资本结构存在于破产风险和节税的债务的相互平衡之中。换句话说，一个公司应该同时使用权益和债务来为公司运营提供资金，资金结构一旦形成，该结构包括债务和股本的资本结构，在已定的资本结构中，企业应向股东提供比他们投资一个不负债的公司更多的回报。这种战略通过减少权益额和增加债务来完成，因此，理论上会减少整体资金成本。图 4 - 1 列示了完全为权益资本的公司和完全使用债务杠杆的公司，其资金成本均很高的情况。在这两种极端情况中间，理论上存在一种理想的资本结构，它所代表的是资金成本曲线的最低点，这一点说明公司充分发挥了债务和权益的使用，从而实现了最低的资金成本。

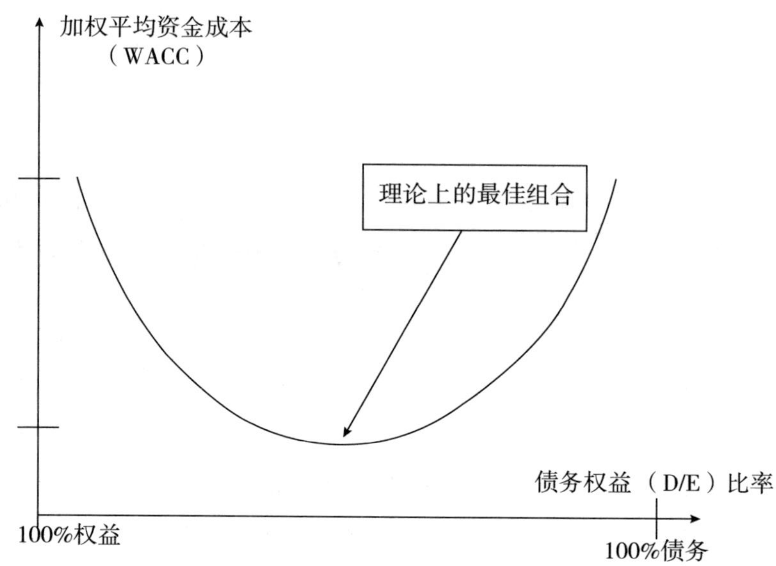

图4-1　加权平均资金成本与债务权益比率（WACC vs D/E）

在决策公司最合理的资本结构时，股东和管理者必须平衡偿还债务的违约风险和追求发展机会的权益资本的可获性。一些初创企业和中等规模的公司可能发现，获得债务比获得权益更容易，从而使得这种决策更加困难（当他们实际想要的是权益时）。如果一家发展中的公司过于保守，且不通过发挥权益杠杆来提供增加的投资资本，那么它可能会错失市场机会，并通过成为市场上一个次要的玩家而侵蚀公司整体价值——市场地位和公司估值中的股份比重。然而，当事情并不按照计划进行时，过于激进和过分利用公司杠杆可能导致错失好的财务表现或经营失败。此外，还有在增加新的权益时放弃控制权的问题（有时候更多是超越现实的看法），参考本章后面的讨论。

尽管经过大量的研究和一些理论上的呼吁，财务管理方面的研究人员仍没有找到最优的资本结构，学者和从业人员所能得到的最佳资本结构是满足短期目标的药方。在一些出版物中，读者都有这样一种印象：杠杆的使用是提高组织业绩表现的一种方式。虽然在某些情况下这可能是对的，但它没有考虑到竞争环境的复杂性、组织长期存续的需求、一家特定公司的管理纪律，或者股东的风险容忍度（尤其是当该情况涉及私人公司时）。

当管理者利益优先于股东利益时，公司股东所丧失的机会就会产生代理成本。股东希望经理人朝股东价值最大化的方向经营公司，而经理人的优先选择可能是通过合并或收购的方式快速扩张以建立一个商业帝国，这种做法可能不会提高公司的股价或价值。在公司内部管理者和股东之间存在着固有的利益冲突，这种冲突导致管理者没有动力使公司经营表现最优。同时也存在一些意外情况，一家私人公司的大股东接受次优的资本结构，在当经理人实施一些经营活动或采取其他一些方式时，股东可以取得更多的和出乎意料的财富。

解决代理成本的一个方法是更多地激励管理者实施和更多地权衡公司的资本结构和债务，这样由于债务偿付义务，现金流会显著收紧。这种债务结构使得公司能按事先设计以满足一定本金和利息的偿还来经营，实际上把管理工作的重点放在伪装成债权人的股东的资本回报上。还有一种说法，无论是约束经理人还是实现经济收益，使用该杠杆都是解决办法之一，但在许多情况下可能导致组织的倒闭。

在制定资本结构时，其决策背后的逻辑有以下几种：考虑“在何种情况下应该使用杠杆使股东的财富最大化？为什么？”，而不是“能带来股东财富最大化的最优债务和权益组合是怎样的”。对于许多初创企业、新兴企业和中等规模的企业来说，问题常常是“我们可获得哪一种资金——债务还是权益？”

从另一个角度看，可以说更适合本书的读者，资本结构最可能取决于公司所处的发展阶段，如表 4 – 1 所示。一般来说，对于初创的公司，权益可能是唯一可行的资金来源，但随着公司的大力发展，融资方案的集合也得到发展。小、中和大市值上市交易的公司比更小的私人公司有着更加广泛的融资渠道。分析师根据行业对上市公司的资本结构进行研究和追踪。对比表4 – 1中的债务和权益类型，我们来看一下将在第五章介绍和讨论的公司不同发展阶段常用的融资渠道。

表 4-1　公司在不同发展阶段的债务和权益类型

融资类型	公司发展阶段 《《 早期——后期 》》			
	初创	新兴成长	低于中等规模的企业	中等规模企业
	0～100 万美元	100 万～1 000 万美元	1 000 万－5 000 万美元	5 000 万～5 亿美元
保理	Y	Y	Y	Y
应收账款融资	Y	Y	Y	Y
存货融资	Y	Y	Y	Y
不动产融资/售后租回		P	Y	Y
设备租赁	Y	P		
带权证的设备租赁	Y	Y	P	
订单融资	P	Y	Y	Y
微型贷款	Y			
过桥贷款		Y	Y	Y
信贷额度	Y	Y	Y	Y
循环贷款		P	Y	Y
佣金融资	P	Y	Y	Y
工业收入债券		P	Y	Y
债务人持有资产		P	Y	Y
定期贷款	P	Y	Y	Y
SBA 保证贷款	Y	Y		
垃圾债券			P	Y
商业票据				P/Y
私募配售优先票据 & 优先无担保债务				Y
优先债务	Y	Y	Y	Y
次优债务			P	Y
次级债务		P	P	Y
私募股权	Y	Y	Y	P
上市股权				P/Y

注：Y = 是，P = 可能取决于公司特点和所处行业。

本章介绍了图 1 –1 中所列的融资流程步骤 9 和步骤 10 的详细方法和视角。我们的期望是初创企业、新兴成长企业和中等规模企业的管理者和顾问积极地组织公司的资本结构，而不是对公司生命周期中一系列事件所产生的现金需求做出被动的反应。我们鼓励读者介绍他们公司的资本结构如何构建的经验，同时使用本书中的概念和信息来建立一个努力争取的资本结构。现实中，对于一家特定公司来说不存在一个理想的资本结构，有一系列的替代资本结构足以运用，它们比其他方式更合适。对本书的目标读者，期望的资本结构将随公司发展阶段的变迁而变化。

利用结论信息来发展获得未来资本结构的交替的情况，并把该信息用作重新塑造和提高公司财务及战略地位持续行动的促进因素，包括在恰当的时间拥有用于发展公司与符合公司需要的合适的资本数量和类型。这是一个预测现金流的问题，以保证在需要现金时就可获得融资。后续的步骤是将合理的融资途径和公司的资金需求相连接，在公司寻求融资时寻找属于你的交易，包括寻找投资者、贷款人和机构。

引入驱动力

图 4 –2 列出了在做资本结构决策时需要分析和考虑的一些因素，这些因素覆盖了从初创企业到中等规模的企业。对于一个依赖其个体环境的公司，通常有多种选择顺序，从中可以找到一些共性，我们将在本章中阐述这些共性。

基础假设

我们通过建立一些假设和流程的潜在前提来分析资本结构的流程。

实现股东目标

对于市值从小到大的上市公司而言，股东目标通常被认为是增加股东价值。这不能笼统地概括为私营公司或生活方式企业的股东目标，很多情况下，这些股东的目标是使向股东分配的货币红利最大化。不管股东目标如何，其直接影响资本结构。举例来说，对于不同目标的公司而言，资本结构

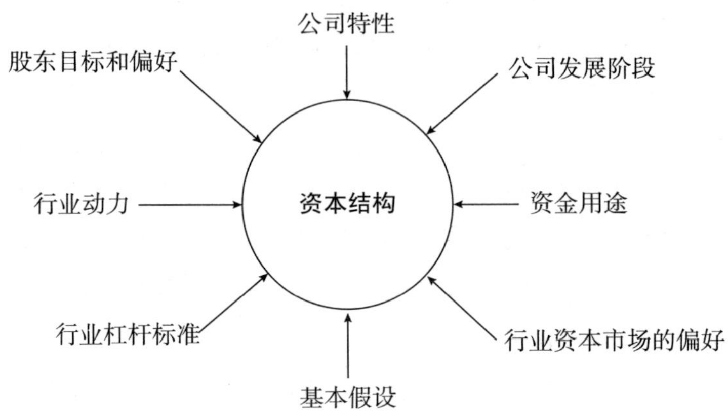

图 4－2 构建资本结构的因素

会有明显的不同，有些公司目标是履行社会责任，如创造就业，满足某种宗教目标，建立下一代继承的遗产，或者是为当前股东的消费创造现金流。这些目标是有限的或受限的，所以所有这些目标都需要详细说明和弄清楚。

寻求成本最低的资本

在上述股东目标和支持本书所列其他假设的情况下，我们主张股东和管理者寻求公司资本结构成本的最小化。运营良好的公司有着明确的发展计划和良好的利润空间，经验丰富的管理者团队可以承担寻找更好融资交易的成本支出。如果公司实力较弱，资本成本则不会这么低，投资者会为增加的风险而要求一个溢价。

寻求所投资金回报的最优

在上述股东目标和支持本书所列其他假设的情况下，我们建议，为使投资资金回报率最优，股东和管理者利用全部合理的资金来经营，并有效利用所选择的资本组合。

向主动模式转变

本书的一个理念是，管理者和股东必须在决定公司资本结构和保证公司发展上保持积极主动的态度。核心的概念：公司在其能够融资时就筹集资金，而不是在其需要资金的时候。为强调这一点，我们引用一句谚语：“当你不需要资金的时候，你可以借入资金；当你真正需要的时候，资金已经无处可借。”

融资途径和资金用途的匹配

资本配置合理的公司，往往其资产或投资的生命周期与用于获得资产或投资的资本的到期日或条款相匹配，这意味着，用同样期限的资金来为持续多年的投资融资。同样，这也意味着短期现金融资就需要使用短期的债务，如信贷额度。表 4 – 2 给出了融资途径和资金用途相匹配的例子。

表 4 – 2　融资途径和资金用途示例

资金用途	潜在资金渠道	说明
购买笔记本电脑和软件	定期债务或租赁(资本化或经营性租赁)	如果笔记本电脑预期使用寿命为 24 个月,那么就对贷款进行分期或租赁 24 个月。不要使用短期信贷额度,它会占用流动资金
采购办公家具和设备	定期债务或租赁(融资租赁或经营租赁)	如果办公家具预期使用寿命为 5 年,则对贷款进行分期或租赁 5 年。不要使用短期信贷额度,它会占用流动资金
用于营业费用支出或日常工资支出	短期信贷额度,应收账款融资,保理	在保持长期流动资金的基础水平之外,短期融资可用于改善现金流或减少现金的短缺
购买存货用于再出售	短期信贷额度,存货融资,延长对供应商的付款期限,进口融资或定单融资	融资仅限用于所需购买的存货

（续表）

资金用途	潜在资金渠道	说明
雇用工程技术人员以开发新的生产线	定期债务或股权	出于某些原因,其取决于新产品线成功开发的确定性和相对获利能力的投资等级。如果存在较高的不确定性,那么公司可能需要额外的股权融资或通过获得一些债务和股权来对冲产品线开发的风险
建造一项新设施	抵押贷款或租赁	抵押贷款分期与设施的使用寿命密切相关。新兴成长和中等规模公司的一个共同问题是偏移设计和建造新设施的用途。尽管这看起来很有趣且富有创造力,设计和管理设施的建设使得管理者从发展其组织和获得继续一个快速增长率的新秩序上分心。快速成长企业的价值可能由于持续关注核心经营和租赁设备用于扩张而获得很大程度的提高
长期流动资金	定期债务或股权	一个常见的错误是单纯依赖信贷额度,没有建立长期流动资金的基础,这使得公司在弱经营周期发生时面临着现金短缺的风险

资金用途

资金用途是决定公司资本结构的一个重要因素。资金用途是财务规划流程的一项输出，要求公司不仅要确定所需的资金额，还要提供何时需要何种资产以及资金来源的详细列表。表 4－2 给出了资金来源和用途的一些例子。

尽管表 4－2 中的某些例子可能看起来像是常识，但我们经常发现许多公司使用短期的信贷额度购买固定资产，这是典型的资金无效率的使用。对于这些例子中的某些情况，很容易直接将融资渠道和资金相连接，而在其他的示例中，融资可能需要考虑获利水平和由此产生的现金流水平。图 4 – 3 中的资产负债表给出了将债务到期期限和资产使用寿命进行匹配的视觉化工具。

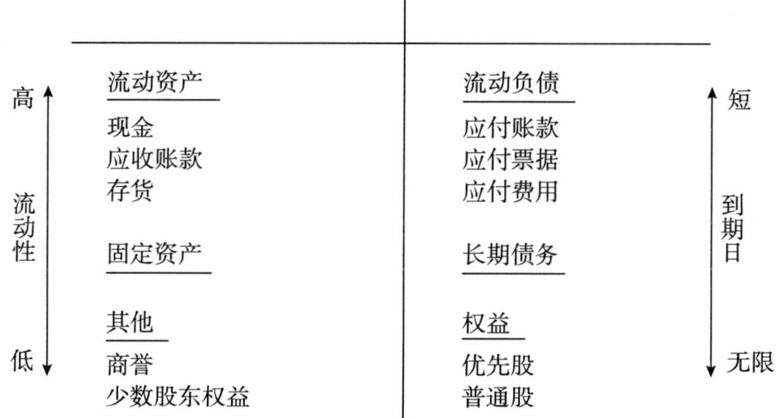

图 4 – 3　资产负债表的设计

公司发展阶段

为便于讨论，我们把公司发展阶段分成 4 种：（1）初创期，收入在 0 ~ 100万美元；（2）新兴发展期，收入在 100 万 ~ 1 000 万美元；（3）中等规模以下时期，收入在 1 000 万 ~ 5 000万美元；（4）中等规模时期，收入在 5 000万 ~ 5 亿美元。表 4 – 1 列出了每个不同发展时期公司可用的融资工具类型。字母 P 表示可用于公司特定发展阶段但不是通用标准的融资类型。注意，在这些情况下，私募股权（private equity）包括了天使投资人（angel investors）、其他个人投资者和风险投资（venture capital）。

公司特性

我们收集了对应公司特定资本结构并影响公司资本结构的推动因素，这些融资动机在债务和股权合理组合的决策流程中有着较大的权重。在筹集资金过程中最具影响力的决定因素是管理者的品质。尽管它不是唯一的决定因素，但一支强有力的管理团队相比一个可能被迫采取限于其所能的决策或者不做任何决策的较弱的管理团队，在选择资金类型和融资渠道上有着更大的弹性。

- 管理者优势。
- 公司的发展阶段和进展。
- 产生现金流的能力。
- 现金流的可预测性和可变性。
- 竞争优势。
- 用以改造资产负债表的必要工作周期（足够的时间来完成一项任务）。
- 公司经营的前景。
- 当前资本结构和所有权。
- 用以抓住预期之外的机会的财务弹性的需求。
- 战略行动和方案（如，收购、联合，新产品线等）。

除了这些公司特征之外，公司获得第三方信用增级的能力将会影响公司整体的资本结构。比如，许多处于初创阶段的公司没有获得债务融资的能力，然而，公司可凭借其股东或战略合作伙伴的银行担保的优势获得信贷额度。

行业动力

从公司的角度来看，较高的债务资本成本可能降低其对各利益相关方的吸引力。向债权人支付所要求的债务利息所产生的巨大的外部压力，可能妨碍公司在其竞争环境内有效地按计划发展，也可能使得公司为了获得用于满足当前债务付息义务的更高回报而从事风险更高的经营活动。一个增加回报的策略的常见结果是公司对于快速变化的竞争环境做出反应的能力的损失，在这一方面，债务融资的过度使用可产生不利的经营效果，并使管理者受制于资本市场对过度运用杠杆的公司所施加的约束和财务制约。

Roy L. Simerly 和 Mingfang Li 开展了关于资本结构和诸如技术变革及其在行业内的普及的环境特征的影响的研究。他们把“环境活力”定义为环境变化率和由变化所导致的组织内部产生的不稳定性。他们的研究表明，以表现出高的环境活力程度为特征的行业内的公司，在具有相对低的债务水平时更加成功（见图4－4）。换句话说，债务与正经历重大技术变革的行业利润水平负相关。他们进一步研究了债务和具有类似结果的创新之间的关系，在具有环境活力的行业内，股东和管理者很少冒险投资于难以预测获利能力的长期项目。

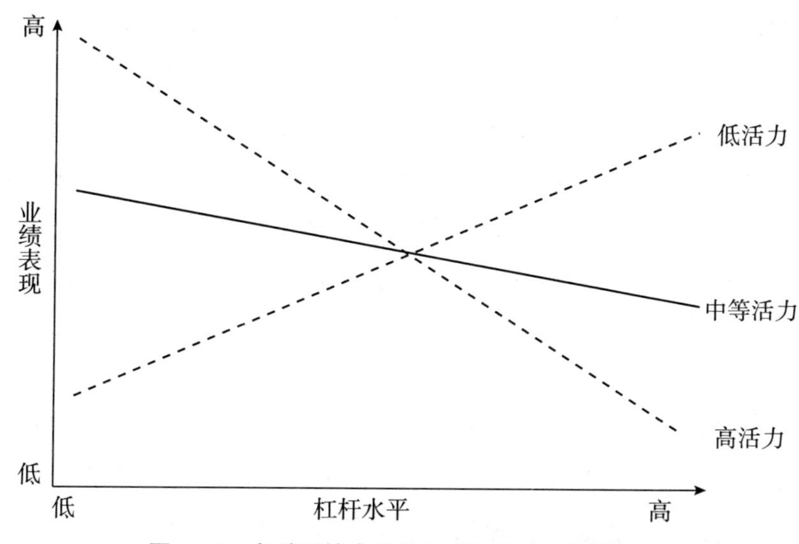

图4－4　各种环境内经济表现和债务之间的关系

资料来源：《重新思考资本结构决策》，Roy L. Simerly，东卡罗来纳州立大学管理学院教授；Mingfang Li，加州州立大学北岭分校管理学院教授

各行业间受环境特征影响的公司存在一些显著的区别，环境活力是同时作用的几种力量的一个产品，包括公司规模的增加和行业内组织数量的扩大。

对于利益相关方（包括高层管理人员、股东、债权人等），随着环境活力的提高，这种现象导致企业不断失去正确评估环境现在和未来状况的能力，这种能力下降的可见性，限制了企业所有者和管理者以任何精确程度决定资本结构方案对当前和未来经营活动潜在影响的能力。随着环境活力水平的上升和可行的备用资本结构方案不再继续，企业所有者和管理者的经验减少了制定重大决策所需的准确的业务和金融预测。

作为私营企业考虑债务和权益平衡的一个结果，这项关于公司债务的研究同样有价值。

行业杠杆标准

描述杠杆的最常用指标是债务权益比率（debt - to - equity ratio，D/E），该比率是将公司资产负债表上的全部负债和公司的权益作比较。在确定所有债务的计算中包括哪类债务时，我们使用了各种定义。然而，大多数定义主要关注于公司所拥有的固定债务的数量。固定债务不包括公司的应付账款，但包括短期债务和长期债务。长期债务被定义为计息日离到期日超过 12 个月的那一部分贷款。权益被定义为投资于一家公司的资本总额，包括公司向股东分配之后的累计净利润。当债务权益比率超过 1.0 时，表示由贷款人提供的外部融资超过投资者提供的资本金。保持债务和权益的平衡，目标维持在类似于行业内其他企业的 D/E 比率并按此调整，是合乎逻辑的。

表 4 - 3 给出了基于纳税申报表信息的一些行业杠杆标准。贷款人和投资者将把这些标准视为测试公司杠杆水平的基准。该信息是基于大约 470 万家联邦所得税纳税申报表的企业的数据计算出来的全国性的债务权益比率。注意，数据包括所有的企业，由于这些行业的权益在收付实现制的基础上会低，所以对于大部分收付实现制纳税人的行业（比如服务业和建筑业）来说，这些比率是高的。因此，这些比率应该在行业内普遍使用的经营和会计方法的环境下去看待。

在分析公司资本结构方面，我们建议读者查阅关于特定资产和负债的行业杠杆标准的更多资料，可登录以下网站：风险管理委员会（www. rmahq. org）、Bizstats（www. bizstats. com）、BizMiner（www. bizminer. com）和 Dun & Bradstreet（www. dnb. com）（邓白氏公司）。

表 4-3 分行业债务权益比率

行　业	债务权益比率
建筑业	**2.05**
一般建筑承包商	3.72
经营建筑商	1.98
大型建设承包商	1.11
水电、暖气和空调	1.90
电路工程	1.69
其他专业贸易承包商	1.90
零售贸易	**2.27**
建筑材料经销商	1.09
五金商店	1.94
园艺供应和移动房屋经销商	2.78
日用品商店	1.82
食品商店	2.94
杂货店	3.00
其他食品商店	2.21
汽车经销商和服务站	3.64
机动车经销商	4.35
加油站	2.10
其他汽车经销商	2.48
服装和饰品商店	1.55
家具和家庭装饰商店	1.56
餐饮场所	2.57
各种各样零售商店	1.58
药店和专卖店	0.92
酒类经销店	2.44
其他零售商店	1.84

（续表）

行　业	债务权益比率
批发和零售贸易	**2.26**
杂货和相关产品	2.61
机器、设备和相关产品供应	2.12
各种批发贸易	2.25
机动车和汽车设备	4.03
家具和家庭装饰	2.24
水电和建筑材料	2.02
体育、摄影、玩具及相关产品供应	4.48
金属和矿产，除石油和橡胶	1.83
电气产品	2.89
五金、水电和供暖设备及供应	1.47
其他耐用商品	2.53
纸及纸制品	1.51
药品、专卖和各种各样药剂	1.70
服装、布匹和针头线脑	1.98
农产品原材料	1.99
化学和合金产品	2.10
石油和石油产品	1.25
酒精饮料	1.50
各种批发贸易	2.39
服务业	**2.44**
酒店和其他住宿	2.36
个人服务	1.79
企业服务	2.07
广告	3.64
企业服务，除广告	1.97
汽车维修和服务	3.93

（续表）

行　业	债务权益比率
各种维修服务	1.72
动画生产和分销	1.67
动画剧院	2.43
娱乐消遣服务	1.75
内科诊所	4.90
牙医诊所	2.85
其他保健诊所	2.05
护理和个人照料服务	3.40
医院	1.15
医疗实验室	1.25
其他医疗服务	2.15
法律服务	3.32
教育服务	2.40
社会服务	3.51
会员组织	1.05
建筑和工程技术服务	2.00
会计和审计服务	3.23
各种各样服务	1.93
制造业	**1.81**
食品和相关产品	1.38
肉类产品	1.30
乳制品	2.48
储藏的水果和蔬菜	1.61
谷类加工产品	1.81
烧烤产品	1.94
糖及糖果巧克力等产品	1.10
麦芽啤酒及麦芽	2.16

（续表）

行 业	债务权益比率
酒精饮料，除麦芽啤酒	0.65
瓶装软饮料和添加剂	2.22
其他食品及相关产品	1.58
烟草生产商	1.08
纺织加工产品	1.62
织造厂和纺织成品	1.54
编织加工厂	1.45
其他纺织材料加工产品	1.72
服装和其他纺织产品	2.42
男士及男童服饰	2.41
女士及儿童服饰	2.20
其他服装和饰品	3.47
各种编织产品	2.25
原木及木制品	1.46
原木、锯木厂和规划加工厂	1.32
木工制品、胶合板和相关产品	1.52
其他木制品，包括移动房屋	1.71
家具和家庭固定装置	1.40
纸及合金产品	1.66
纸浆、纸和板轧加工厂	1.74
其他纸制品	1.47
印刷和出版	1.40
报纸	1.25
期刊	2.65
书本、贺卡和各种各样出版物	1.10
商业和其他印刷服务	1.99
化学品和合金用品	1.85

（续表）

行业	债务权益比率
工业化学材料、塑料和合成材料	1.77
药品	1.63
肥皂、清洁剂和卫浴用品	3.28
油漆和合成产品	1.49
农业和其他化学产品	1.46
石油（包括煤炭产品）	1.10
石油提炼	1.09
石油和煤炭产品——其他	2.55
橡胶和各种各样塑料产品	1.86
皮革和皮革制品	1.35
鞋类（橡胶除外）	1.14
皮革和皮革制品——其他	1.75
石材、陶土和玻璃制品	1.83
玻璃制品	2.35
水泥，水硬性材料	1.00
混凝土、石膏和灰泥产品	1.75
其他非金属矿产品	1.65
主要金属工业	1.60
各种金属产品	2.00
其他不含铁的金属产品	1.32
合成金属产品	1.36
金属容器和集装箱	2.00
餐具、手用工具和五金	0.82
水电和供暖	0.96
合成结构性金属制品	1.53
金属锻造和金属压印	1.66
服装、雕印和合成服务	1.34

（续表）

行　业	债务权益比率
军械和配件	2.85
各种合成金属产品	1.49
机械（电气产品除外）	2.07
农用机械	2.57
建筑和相关机械	2.11
金属锻造机器	1.64
专用工业机械	1.52
通用工业机械	1.70
办公、计算和会计机器	2.39
其他机器（电气除外）	1.84
电气和电子设备	2.42
家用器具	2.45
无线电、电视机和通信设备	1.94
电子元器件和配件	1.08
其他电气设备	4.00
机动车及设备	3.88
飞机、巡航导弹和部件	3.44
船舶建造和维修	1.82
其他交通设备（机动车除外）	1.52
仪器和相关设备	1.53
科学仪器和测量器具，手表和钟表	1.48
光学、医疗和眼科产品	1.09
摄影设备及供应	3.12
各种各样制造	1.54
交通及公用设施	**2.40**
铁路交通	1.24
地方及市际客运	4.00

（续表）

行　业	债务权益比率
卡车运输和仓储	1.88
水上交通	1.70
空中交通	2.91
管道（天然气除外）	4.07
交通服务——其他	2.56
电话和其他通信服务	1.60
无线电及电视广播	3.44
电力服务	1.94
石油生产和分销	1.79
综合公共设施服务	1.94
供水及其他卫生服务	2.18
金融、保险和房地产	**8.07**
银行业	7.52
互助储蓄银行	14.92
银行持股公司	7.25
银行（互助储蓄银行和持股公司除外）	12.90
除银行外的信贷机构	15.87
储蓄和贷款协会	40.51
个人信贷机构	11.29
企业信贷机构	18.57
其他信贷机构，不可分配的融资服务	12.18
证券、商品经纪商和承销商	17.56
证券经纪商：经销商和上市公司	21.27
商品交易合同经纪商和经销商	3.52
人寿保险公司	6.54
互助财产和伤害保险公司	2.48
股票财产和伤害保险	1.79

（续表）

行　业	债务权益比率
保险代理、经纪和服务	1.83
房地产运营商和建筑物出租商	2.61
矿业、石油和类似财产出租公司	0.96
铁路和其他资产出租公司	1.21
公寓和合作住房协会	0.98
分包商和开发商	2.72
其他房地产	2.61
受监管投资公司	0.03
房地产投资信托	0.43
小企业投资公司	1.11
其他控制和投资公司	1.20
采矿业	**1.03**
金属采矿业	1.13
铜、铅、锌，金银矿石	1.14
其他金属采矿业	1.12
煤炭采掘业	1.04
石油天然气开发	0.92
原油和天然气	0.96
石油和天然气勘探服务	0.78
非金属矿产（燃料除外）	0.99
碎石、沙子和砾石	0.93
其他非金属矿产	1.26
农业、养殖业和渔业	**1.93**
农业生产	1.70
养殖业、渔业和狩猎业	2.16

资料来源：BizStats. com

行业趋势

为加强理解，我们再次强调，当公司筹集资本时并非它何时需要资金的功能，而是资本可得或当公司可以筹集时的功能。制订融资计划和策略时有这样一个强烈的理解，公司就可以预测其未来的资金需求，并能够积极主动地抓住和运用市场机会。一些产业部门随投资者和贷款人的看好和看淡而进入或退出，经历了最近一个周期的产业部门是电信业（20 世纪 90 年代末和 21 世纪初）、生物科技、纳米技术和外包服务（outsourcing），当前仍停留于这类产业部门的是清洁技术（clean - tech）和绿色能源。当一个行业被看好时，筹集资金的好处包括促进发展的较大便利和潜在的更好估值。对于处于初创期的公司来说，能否成为受青睐行业的一员，就有着资金筹集过程成与败的天壤之别。

与投资主题和受青睐行业领域相关，了解公司加入到行业周期的哪个阶段，以及公司的资本结构如何是非常重要的。行业是正在扩张还是已经稳固？整个行业表现的前景（供应商、客户，以及他们的增长率和盈利情况）影响着向公司贷款或投资的吸引力，以及债务和权益的结构。

最后，评价行业趋势的首要因素是总体经济和宏观因素，包括利率、通货膨胀、产油国和第三世界市场的稳定性等。

股东目标和偏好

如前面所提到的，公司股东的目标和偏好影响并决定了公司的资本结构。举例来说，如果一家中等规模公司的股东把公司视作个人遗产，并希望公司能遗留给以后的继承人，这样就开始限制和定义哪一种新的权益的发行可能是合适的以及交易条款。在另一种情况下，公司可能是一个由少数人运营或者女性拥有的企业，所有者可能希望保持该地位，这样对于权益融资的类型和条款施加了一些限制，以保证符合特定的监管要求。

尽管让个人偏好来影响公司资本结构方面的决策看起来可能不合适，但现实情况确实如此。在一些实力较弱的公司以及那些其成功与股东积极参与密切相关的公司中，担保公司债务的意愿直接影响了公司可以获得的融资类型。以下是股东偏好或针对股东特定因素的一些例子：

- 公司的重要性在于股东的整体投资组合。
- 股东举借债务方面的经验和他们的信念上的偏好——实际上是股东的风险态度。
- 股东的税收偏好。
- 股东对公司的信心和前景展望。

设定责任限额

从股东和公司的角度来看，存在一些源自股东和公司的确定公司债务和权益类型的限制。在第五章中关于商业银行的部分，我们将介绍在为公司债务提供个人担保时有待考虑的一些概念。什么样的债务和担保多少的决策，为公司所拥有的债务数额提供了一个自然的限制。贷款人对公司的经营和机会缺乏深入的了解，然而许多贷款人拥有向众多类型的公司提供贷款的经验，正如在消费者市场中所表现的那样，公司可以获得超过其为保持稳健运营所能获得的更多的贷款，因此当存在贷款人自身所产生的内在局限时，这些限制加总会达到一个极端。

在公司主要股东被要求为公司债务做担保的情况下，考虑一个对可提供给公司债务最大额的限制，这对于新兴发展和中等规模的公司是一个典型的情况，其目标是要确保股东决不会被要求从其个人账户向贷款人实际支付。为确定公司可借和达到其目标的最大债务额度，我们可以使用图 4 – 5 中的清算平衡表（liquidation balance sheet）来分析一家公司，该图提供了关于公司资产潜在清算价值（liquidation value）和哪些被要求用于支付的一个最坏情况。一般来说，股东不应担保超过资产清算价值的债务，除非股东准备好履行其个人资产之外的不足部分之责任。

图 4 – 5 中我们列出了一家年收入在 1 000 万 ~ 1 500 万美元典型的生产型公司的资产负债表，资产和债务的清算价值根据合理的情况予以提供，包

资产	实际值（2008. 12. 31）	清算价值（2008. 12. 31）	
流动资产			
支票账户	198 500	198 500	100%
应收账款	1 625 000	1 300 000	80%
坏账准备	（20 313）	–	0%
预付费用	7 500	–	0%
存货—原材料	375 587	75 117	20%
半成品	703 634	70 363	10%
存货—人工	118 913	–	0%
产成品	665 214	166 303	25%
存货—间接费用	191 226	–	0%
差错待查存货准备	（53 000）	–	0%
特准储备	（75 000）	–	0%
流动资产合计	3 737 262	1 810 284	48%
固定资产			
家具和固定设施	126 952	12 695	10%
制造设备	234 956	23 496	10%
检测设备	61 367	12 273	20%
办公设备	155 805	10 906	7%
软件	73 409	–	0%
土地	331 821	265 457	80%
建筑物	1 267 956	887 569	70%
建筑物固定设施	63 180	–	0%
累计折旧	（336 001）	–	0%
固定资产合计	1 979 445	1 212 396	61%
其他资产			
员工人寿保险	21 238	14 867	70%
其他资产	5 000	–	0%
商誉（净值）	278 000	–	0%
其他资产合计	304 238	14 867	5%
资产合计	6 020 946	3 037 547	50%

负债和权益	实际值（2008. 12. 31）	清算价值（2008. 12. 31）	
流动负债			
应付账款	438 021	438 021	100%
客户存款&递延收入	74 000	74 000	100%
已收到但未开票的款项	105 112	105 112	100%
银行信贷额度	1 000 000	1 000 000	100%
定期贷款当前摊销	84 046	84 046	100%
资本化租赁当前摊销	43 500	43 500	100%
自行建造当前摊销	55 100	55 100	100%
应付薪金税	41 465	41 465	100%
应付工资	29 098	29 098	100%
应付401K计划	35 000	35 000	100%
应付所得税	128 780	128 780	100%
其他短期负债	134 991	284 991	211%
流动负债合计	2 169 113	2 319 113	107%
长期负债			
定期贷款	584 268	915 954	157%
资本化租赁	131 500	131 500	100%
建筑物抵押贷款	1 147 762	1 147 762	100%
长期负债合计	1 863 530	2 195 216	118%
负债合计	4 032 644	4 514 330	112%
权益			
股本&发行的股本	100 000	–	0%
留存收益	1 164 216	1 160 466	100%
本年利润	824 086	（2 637 249）	–320%
权益合计	1 988 302	（1 476 783）	–74%
负债及权益合计	6 020 946	3 037 547	50%
流动比率	1.72	0.78	
债务权益比	2.03	（3.06）	
投入资本收益率	0.16	n/a	
净资产收益率	41.4%	n/a	

增加以覆盖清算资产的成本（→ 其他短期负债 284 991）

担保债务	负债	担保品清算价值	变动	担保品
银行信贷额度	100 000 000	1 810 284	810 284	流动资产（第一留置权）
定期贷款	668 314	59 371	（608 943）	固定资产+对流动资产的第二
资本化租赁	175 000	23 496	（151 504）	专用设备留置权
建筑物抵押贷款	1 202 862	1 153 026	（49 837）	建筑物&土地
	3 046 176	3 046 176	0	<< 对担保人的个人风险

图4–5　清算分析：中小规模公司

括其他用于资产清算时所产生的额外费用的短期负债的清算价值的增加。我们运用该例子来说明绝大多数公司和股东在考虑愿意提供多少担保时可使用的一个工具。尽管初始的资产负债表是清晰的，且看上去是绰绰有余的，但在清算的情况下，公司必须提供足够的担保覆盖程度以保护担保人，因此图中所列的贷款额提供了一个债务限制，公司债务的增加必须伴随着与之匹配的担保品或权益的增加。

实际来说，资产负债表每月都有变化，这种技术的实际应用应与预测的财务报表合并起来，根据预测的财务报表可执行敏感性分析来确定合理的限制。我们建议股东制订一个谨慎的计划，并确保管理者在根据清算假设初始设定的限制内行事。

尽管没有在该例子中显示，如果公司发行带有普通股股东担保的可赎回优先股，也要根据赎回条款进行敏感性分析。可赎回优先股应理解为债务，在资产负债表上处于权益部分的上方和债务部分的下方。不可赎回优先股的条款允许其归入资产负债表中的权益部分，而且在清算情况下，优先股更像是次级债务，在其他债务清偿后才对其支付，但在向普通股股东分配利润之前。这种分析实际证明是对于特定债务权益比率和其他财务措施的一种有用的工具。

发行和联合

债务

当组织债务融资时，贷款人自然会尽可能地寻求更多担保品来保证本金的收回。从公司角度来看，将可提供给每一个贷款人用作支持每一笔独立贷款要求的担保品分离是很重要的，这样就不会限制今后的融资。

举一个简单的例子：一个寻求定期贷款用于不变流动资本的早期或新兴发展的公司，可能试图仅提供固定资产作为担保。当贷款人最有可能想要一个对公司所有资产的总括留置权，保留作为对未来贷款担保资源的应收账款和存货，将会给公司带来融资的弹性。相比之下，如果公司允许对这些资产的留置权，它就不能通过重新协商定期贷款来获得将来的短期信贷额度，贷款人不会放弃担保。一个替代的方法是同时商谈信贷额度和定期贷款。

随着债务工具及贷款人数量的增加，这些问题会变得更加复杂。一旦开始关于交叉抵押的讨论，可能是担保人的那些人被建议拥有其个人建议，作为谈判的组成部分。公司的最大利益可能和担保人的最高利益相互冲突，这是许多法律上的微妙之处。

权益

许多企业家都有的一个共同担忧是出售公司权益会导致控制权的损失。一些投资者会很清楚地控制他们的投资，或者至少通过签订合同的形式制定具体的控制机制。比如，一个风险投资家在一个早期的交易中可能不需要绝对百分比的控制权，但会要求签订一系列控制权协议，然而大多数投资者不会心存非法动机投资或期望经营一家公司，通常他们希望赚得其所投入资本所产生的合理收益。

从概念上讲，如果股东有绝对的控制权即投票表决控制权，那么控股股东（或者受益控股股东）就可以雇用和解聘董事会成员和管理者，这样就存在着实际的控制。为解决绝对控制权的问题，公司可能考虑寻找习惯于小份额投资以及愿意接受平衡控制权缺失和一些附加动机的具有优先股特色的投资者。如果公司没能实现某些目标或没能采取某些经营措施，解决这个问题有许多创新的方法，其中有些方法通过增加新的投资者来解决逐步升级的所有权问题。

从实践的角度来看，投资者之所以投资，看重的是管理人员和管理者的执行力，他们知道更换一支管理者团队是痛苦的，有时候对他们潜在的收益是有害无益的，因此这不是一个优先考虑的方法。从当前的股东和管理者角度来看，新的资本常常意味着公司正在经历变化，现有的团队需要思想开明并准备好适应新情况，要么大力发展公司至下一阶段，要么在困境下取得成功。

第五章

资金来源与预期收获

本章着重介绍资金的不同来源以及你从中所期望得到的。某些情况下，你会发现我们的主题有点模棱两可，不太明确究竟是在讲资金来源还是在讲融资手段。不管怎样，我们已经尽力去搞清楚它们的不同点并提供所需要的信息。图5－1提供了融资类型和融资来源的一个全面概况，以及在特殊的经济模型和风险预测的基础上它们所决定的收益率范围。为了支持我们的经验和假设，我们利用投资或者贷款模型，然后运用我们的经验和更多当前市场状况下的非正式证据来梳理融资来源的价值范围。

你准备向第三方支付多少目标收益率，取决于你公司的财力、公司所处阶段和所在的行业、计划整体的可信度，以及与你公司业务相关的一些风险。这里的年收益率并不是利用这些融资来源或手段去投资的真正收益，而是在与公司交易开始时就已经计划好的或通过相关模型计算得到的。对于大多数投资者或贷款人来说，实际投资收益回报率的范围可能从负数到25%，但长期来看，25%的投资收益回报是非常罕见的。当然偶尔也有一些大赢家，会获得相对其投资多倍的回报。最近的一个例子就是谷歌。由于媒体倾向于报道那些知名度高的成功案例，却闭口不提那些失败的案例，使得人们认为成功不是例外而是常态。图5－1显示的预期收益率和表5－1所列示的历史实际收益率之间的差距，正是由某种投资组合的费用及其具有的风险所导致的。我们向你展示这方面的信息，正是为了帮你在整个融资过程中设定合理的预期与实现程度。

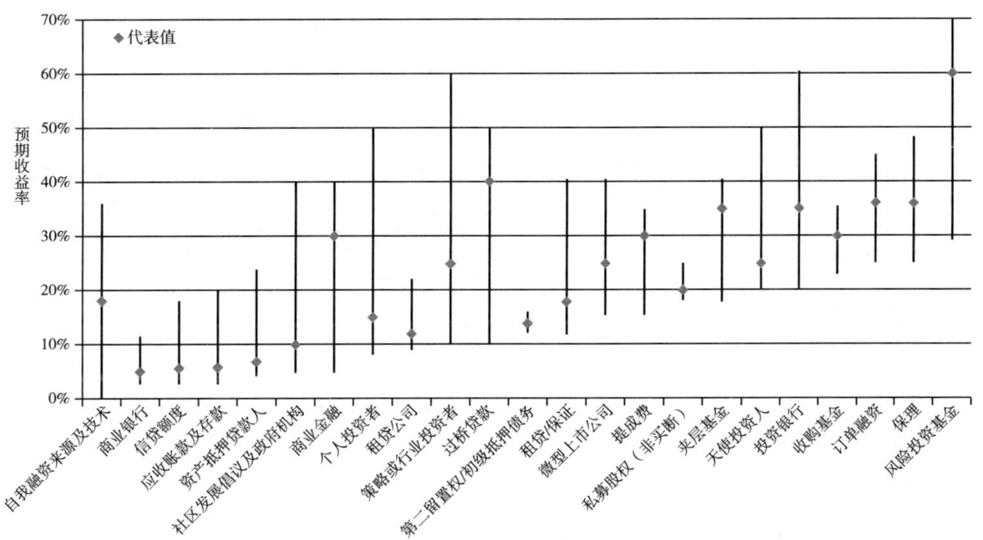

图 5－1　投资者或贷款人交易时，在交易结构模型基础上的年预期收益率

＊在每种资金来源或手段中预期收益的价值都不同，这基于许多因素，其中包括：公司规模和发展阶段、基础资产和现金流，以及总体业务和行业的可信度。

表 5－1　历史实际收益率

基准来源	长期收益率
标准普尔（S&P）500 指数	11.8%
美国风险投资基金	16.3%
美国收购基金	12.3%
美国收购基金——小型	24.5%

资料来源：风险投资和收购数据来源于汤姆森风险经济 VentureXpert 数据库，标准普尔（S&P）500 指数是基于截至 2007 年的过去 20 年的数据

为了有一个整体概述并进一步为以下观点的详细讨论创造条件，表 5－2重点给出了各种融资渠道和最有可能进行投资或贷款的公司发展阶段。

表 5-2 公司每个发展阶段的融资来源

融资来源	公司发展阶段 《《 早期——后期 》》			
	初创 0~100 万美元	新兴成长 100 万~1 000 万美元	中低规模 1 000 万~5 000 万美元	中型规模 5 000 万~5 亿美元
自我融资来源及技术	Y	Y	P	
个人投资者	Y	Y	P	
天使投资者	Y	P		
商业银行	P	Y	Y	Y
资产抵押贷款人	P	P	Y	Y
商业金融		Y	Y	Y
租赁公司	Y	Y	Y	Y
私募股权（非买断）		P	Y	Y
风险投资基金	Y	Y	P	
夹层基金		P	Y	Y
收购基金		P	Y	Y
策略或行业投资者	Y	Y	P	
投资银行		P	P	Y
微型上市公司	Y	Y	P	
社区发展倡议及政府机构	Y	Y	P	
商业报纸				P/Y
私人配售的高级票据和高级无抵押债务			P	Y
高级债务	Y	Y	Y	Y
初级债务			P	Y
次级债务		P	P	Y
私募股权	Y	Y	Y	P
上市股权				P/Y
联合/合伙/并购	Y	Y	Y	Y

注：Y = 是，P = 根据公司的特征和行业可能性。

在找到一个永久的解决方案之前，通常有一些短期的或暂时的措施可以创造现金，搭建资金桥梁。在权衡这些暂时措施的可行性时，要理解和认识什么是合适的永久的资本结构。这取决于公司所处的发展阶段、规模和所处行业。更重要的是，要理解提供资本背后的动机和不同融资渠道的商业模式，这样才能最佳定位你的公司以获得源自这些渠道的融资，同时，确定一个有利的资本成本（与所选择的融资途径类型的标准有关）。

下面我们首先讨论自我融资，然后再讨论可供选择的其他资金来源。

自我融资来源及技术

自我融资是用在公司非传统融资方面的专业术语，是指运用一系列过渡技术和渠道，使公司从一个阶段发展到另一个阶段。自我融资以某种方式表明企业融资是在不期望得到资助或某种程度上不期望能奏效的情况下进行的。这种技巧通常用于初创公司或处于早期发展阶段的公司，它们没有机构或专业的投资者。记住，大部分初创公司以及新兴成长公司不能从机构或专业投资者那里获得融资。

在创业者或商业人士看来，自我融资也许被看作是一种在过渡时期有效地或创造性地满足企业资金需求的方法。在此期间，利用企业内部的现金流，以最低程度地依赖于外部资金，直至企业现金流可以完全支持企业业务经营。由于该情况下超额资金几乎不能发挥作用，自我融资也许有利于公司的管理团队形成财务约束，且形成过程中只专注于对现金流及全部影响因素的管理。这些公司的管理团队逐渐适应了紧密的运营节奏。

自我融资不利的一面在于，现金流决策可以优先于业务决策，因此导致在较长时期内始终以创造价值为第一要务。不仅如此，由于对技术提案的实施付出了相当多的努力和坚持，日常运作的管理将会分散化。最后，在某些行业和市场中，自我融资并不适用。在现实中，自我融资将有效地限制管理团队及流程，正如我们在 1999～2000 年间的互联网股票泡沫中看到的那样，如果缺乏经验的商业人士掌控过剩的资金，那么常常导致浪费和企业的失败。

自我融资可以是下面将要介绍的技术的组合，其中一些是看似简单的常识。自我融资的成本和相关支付款显而易见的不同，是隐藏在参与者的关系中的。自我融资取得成功的关键是对现金流管理和预测的准确把握。许多技术提案规定了交付时间，如果不能准确并始终如一地执行实用的现金计划为业务提供支持，你就不会获得所需的信誉，以维持自我融资中固有的现金流。在大多数情况下，最终的结果是企业的惨败。

自我融资的另一个关键是维持一个稳定的信贷历史以及拥有良好的信贷证明。这并不意味着你不能有特别安排或扩展条款，而是说你要做出可信的承诺并履行那些承诺。假如你发现公司可能会违背承诺，拿起电话或与那些受影响的各方安排一个会议，让他们提前知道你不能履行承诺。准备好重新调整他们的期望和提供一个最新的承诺。

沟通在管理自我融资上是很重要的一个方面。在引进具体的技术和途径时，始终铭记运营资金的定义：流动资产与流动负债的差额。同时要记住，上述部分技术是可以交叉运用的，因此往往对它们进行联合部署。

亲友贷款和投资

在一家初创公司中，公司融资的最常用途径是向朋友、家人及公司所有者等个人寻求借款和投资。有时成功的专业人士也很乐意将他们的部分可支配收入用于投资。这种融资方式建立在某人的关系网络之上，是一种相对非正式的方式。这些资金来自少数几个人，金额一般为 1 000 ~ 250 000 美元，它们往往是企业成立前后的第一笔资金。

其他收入

另一种常见的获得启动资金的方式是，开展一项与最终目标业务相类似的业务或生产线，利用从中产生的收益和现金流来运作真正的业务。举个典型的例子，一群在大公司工作的工程师想要创立一家产品导向的公司，但是没有独立开发和营销新产品的资金。如果产品开发的时间足够长，工程师们也许会通过担任兼职顾问来赚取和积累公司所需的基础费用，同时用剩下的时间来开发新产品。这个时候，他们往往夜以继日地工作，竭尽全力，只为争取成立属于自己的公司。虽然短期内顾问的工作会令人分神，但是它提供了公司存续所需的资金，并为新公司的发展阶段注入了时间和精力。

开发一种备选收入来源（或建立一个混合业务模型）比追求机构投资者或其他选择少操一份心。迈克尔·希恩（Michael Shinn）是美国弗吉尼亚州尚蒂伊的 Secure Software Solutions 公司的创始人和首席执行官（CEO），他说："筹集资本要耗费大量时间，我曾经害怕如果我们不快速进入市场，就会错失机会。"希恩没有花时间去筹集资本，而是创立了一家业务多元化公司，在提供咨询服务的同时，也开发计算机系统安全产品。一个混合型业务模式在大部分风险投资家的书中通常是被认为不可接受的，然而对于希恩而言却做得很好。咨询业务提供了一个即时收入来源，并证明了产品的开发是无价的。希恩说："它让我们与真正的客户合作来测试产品，而不是在一个象牙塔内研究我们的技术，这是当人们得到许多资金后想去做的。"

客户的预付款或贴现应收账款

无论公司处于哪个阶段，一个经常可行的资金来源就是客户的预付款；无论在刚起步的公司中，还是财富 1 000 强的公司中，我们都能看到这种情况。这涉及在提供产品或服务前与客户进行全部或部分付款方式的谈判；在完成某些里程碑事件的基础上也许包括阶段性付款或进度付款。在一些情况下，对于一个公司来说这是一种最廉价的资金来源，尤其是当客户是一家大公司，而它的要求相对少些时。当客户是一个较小或不够成熟的公司时，预付款也可以用来管理信贷风险。

应收提前支付发票也是类似于预付款的一种，尽管在理论上它的费用比较高。许多大公司都积极推行应收账款贴现。切记：买方不是经常那么积极地为应收账款的贴现进行价格谈判，因此，谈判中在价格设定之前不要给予折扣。你也许能够做到贴现费用的垫资，这样不会影响你的毛利并能够加快现金流的进出。典型的应收账款贴现的发票数额是 0.5% ~5%，支付速度从 30 ~40 天缩短到 5 ~10 天。贴现的范围与谈判时的资金成本有关。在低利率时期，贴现在较低的下限内。

供应商融资和延长付款时限

根据采购类型的不同，很多供应商会与采购方协商延长支付周期，或提供特殊安排。这种做法在一段时间内可以获取采购方的忠诚度、促进销售，并且帮助他们的客户发展，这些措施都可以改善公司的现金流。

举个例子：假如要购买的是一台设备，目的是通过租赁或贷款寻求长期融资，那么考虑让供应商马上提供设备，并规定用 60 ~ 90 天的时间来安装设备和筹集资金，这样你就可以落实并开始使用设备以及产生现金流，这一切都应该在做出任何付款前进行。供应商也许会要求，或者让你支付一笔定金来实现这些安排。

尽管许多供应商不会要求长久的延长付款时限，但还是会与客户合作一段时期，通过延长付款期限以获得今后业务的承诺。假如公司将此看作是一个成长机会，而且供应商也想与公司合作，相同的概念是适用的。

另一个策略借用了制造业和零售业经营中的“发货”。这涉及一个供应商在你指定的地点提供货物，供客户使用或转售；不过，直到货物确实销售完你的公司对这批货不能开具发票或负法律责任。换句话说，货物的所有权并没有转到你的名下，除非把货物销售完。这意味着，当你收到客户应收款时，供应商的发票才开始有效，从而用较少的营运资本为产生收入创造可能。戴尔公司（Dell Inc.）就是运用了这个策略，并使用负数运转资本运营其业务，这是因为他们在收到顾客付款之后，才需要支付费用给他们的供应商。

客户和供应商易货安排

如前面所提及的，了解资金的用途是决定投资一个特殊需求项目的重要因素。在某些情况下，你会发现在你的公司和你的客户以及供应商之间存在协同效用，即允许以非现金形式进行商品和服务交易。这种非现金交易，或者叫易货安排，可以有效地减少也许需要从现金融资来源获得的资本额，某些时候更容易获得现金融资。

收入和定价

源自新的或增加的收入中的边际收益是一个常常被忽视的资金来源，这也许是最廉价的来源之一。分析这一选择的方法是，确定你的产品或服务的销售周期，以及用于形成销售所需的营运资金。假如管理层把其时间和精力都用于影响交易，那么就要将这种方法与成功获得新的销售的可能性相联系。比较这种情形和发生于时间、精力上面的可能性及提高新的资金的可能性。尽管其看起来更加棘手（在某些情况下也确实如此），但考虑到许多管理团队从来没有募集过资金，因此，相对于寻求外部融资，通过重点关注新的销售，他们有更多的机会创造属于自身的资金。

我们举一个媒体公司的例子，该公司主要以销售股权来创造收入。在一个时期内，一旦固定成本收回，就会有 50% ~70% 的新的收入流向净利润，并且在这个行业，客户习惯预先支付公司股权。实际上，这家公司可以通过集中力量获得额外的股权来提高资金，而不是通过游说没有利益关系的团体来获得资金。从资金成本的观点看，记住，增加收入的税收影响将根据特定情况下的盈利水平的不同而变化。

新的收入导致价格变动是另一种被忽视的资本增长来源。当一家公司发展和巩固它的市场地位时，某些时候会忘了定价决策，因为管理团队只注重获得新客户和新订单，以实现月度和季度销售目标。在分析一家特定公司的市场和竞争环境后，可能存在这样的情况，公司可以提高其产品或服务的价格，而这对于销量不会有任何影响，因为客户在提高价格后也会继续下订单。就此而言，价格的提高是在客户所能接受的百分比水平上。价格改变的边际收益也许会成为一种新的资金来源。

例如，假设一个特殊行业设备制造商的年销售收入为 2 000 万美元。新上任的董事长与他的销售团队定期碰面并提出这样的问题："我们今年损失了多少订单？如果明年我们将价格提高10%，情况会如何？"出乎意料的是，每个销售经理的回答都是"不可行"。由提价产生的边际收益相当于新收入的近 90%，并创造了税前 180 万美元的新资本，用于第一年的业务增长。

再举个例子：一个小型通信设备公司的收入大约为600 万美元，该公司在一个细分的产品系列上处于强有力的市场地位，由于能够连续两年将产品价格提高 20%，新的订单使公司的收入明显增长；在这几年里公司的收入每年都增长 50% 以上。由于公司的边际收益大约为 60%，这家公司能够创造出 100 万美元以上新的营运资本，并且在减少银行贷款的同时可以支持公司的发展。提高价格的举措并不利于客户，只有调整价格至一个市场公允价格，这样公司就可以在研发未来技术和产品中再投入适当的资本，以巩固公司的市场地位并为已建立关系的客户和股东创造长期价值。

客户和供应商投资

根据相关市场地位以及你所提供的产品和服务的竞争性质，客户或供应商可以是融资增长的一个宝贵来源，尤其当涉及产品或服务的开发时。大部分公司拥有启动和发展公司的风险投资或投资基金。这些公司可以放手去投资或建立伙伴关系，这可以为刚刚启动或还不够成熟的公司提供经验。虽然他们的动机不同，但都有一项重要任务：

- 通过完全展示公司的新技术或市场来提供一个机会窗口（最常见的目标）。
- 寻求机会制造或买卖新产品。
- 确定哪些公司是潜在的合适的收购目标。
- 寻求展示新的制造或业务程序。
- 创造或加强良好的业务关系（如研究合同或联合营销活动）。

一般而言，通过他们的投资，这些资金对扩充知识、技术或扩张产品线比较感兴趣。这些资金在一个既定的市场中可以为他们的投资组合公司提供某些明显的杠杆和约束。在本章后面关于策略投资者和公司风险投资部分，我们将深入探讨这个话题。

除了那些有正式的风险投资或投资项目的公司以外，你也许可以尝试安排与你有着同样或类似追求的客户或供应商见面。这样的安排的表现形式不一而足，但通常被构造为类似联合营销活动、销售协议、转售协议，或者合作协议的战略关系，也可以采用联合投资或联盟的形式，但这些有时需要经过严格的审查和监督，并且花更长时间才能完成。下面举一些例子。

一家小型服务公司专注远程办公，并在市场中开发客户、技术供应商以及与高校的关系，因为这是企业持续发展的组成部分。这样一来，公司就能发现开发软件的机会，以提供一种提升其在医疗和公共安全市场服务质量的技术。公司也可以通过与大学的一个团队接洽来深入开发这个软件并开始资助几名工程师。随着项目的进行，公司从一群已经了解公司管理状况多年的天使投资人那里筹集到一些外部的初始资金。有了这个可行的产品，公司开始寻求客源和潜在合同。这个软件能在好几个计算机平台运行。在对潜在合同的报价过程中，很明显，软件解决方案为计算机制造业提供了价值，有利于与这个小公司建立一定的关系并进入这些市场。这个小公司能够与计算机公司对许可协议的预付款进行谈判，以及通过获得硬件设施和服务来完成软件的开发和初步部署。实际上，这些小公司已经从他们的战略合作伙伴中获得了相当可观的一笔资金，所有这些都通过大型公司的营销和研发部门的预算来完成。

再举一个例子：一个拥有现有产品和客户的成长型公司拥有了一个新产品创意，但需要额外的资金来进行模型设计和开发。管理层制订了一个业务计划草案，并确定现金流量和潜在回收的时机。通过测试资金的使用，可以确定大量的投资将会用于购买供应商的模具和样机、广告以及认证。一个潜在的融资选择是确定现有公司可以在它的初始阶段投入多少钱。下一步的商业计划是接近一些供应商，寻找在起步阶段允许灵活付款以及如果项目失败债务可免除的条款。作为回报，供应商只要维持可接受的产品质量、配送，以及同意成本降低，就有资格获得产品的版权及成为一个首选的供应商。我们看到，这种技巧已经成功地运用在电子设备、工业和制药行业上。

延迟发放雇员的薪酬

对于许多以提供服务和技术为主的公司而言，员工薪酬是现金的唯一最大用途。在公司初创或过渡时期，一些雇员会放弃或降低他们的现金薪酬以换取未来的支付或其他报酬。如果一个雇员愿意接受这种方式，他的薪酬就会延迟支付并作为公司的现金来源。书面协议之所以被推荐，是因为它可以用作清晰地阐明你的期望以及提出法律上的任何豁免要求。另一种选择，假如一个雇员遵守美国国内税务局（Internal Revenue Service，简称 IRS）的规定，一些雇员也许能够成为签约人以提高他们灵活地支持公司需求的能力。需要警惕的是，确保雇员或签约人与公司之间的协议，提供知识产权的明确界定以及一旦毁约的补救方法。无须明确说明，假如雇员的工作成果是公司估值的关键，这将几乎不可能获得股权融资。

我们来看一个初创的软件公司的例子。这个公司刚成立了一个工程师团队，并且打算在公司取得资金之后就雇用他们。假如他们真的决定投入并实施他们的计划，而不是企图在融资后卖掉他们将执行的概念，大多数初创公司会发现投入资金是件简单的事情。为了打破这个明显的困境，初创公司会考虑与个人签订合同，并用延期支付和受限制的股份交换他们的成果。在融资过程中，这些雇员可以与其他公司保持合同关系，或者在一个没有业务相关性的公司当雇员，以赚取生活费用。在获得资金之后，公司会把这些临时雇员转成全职或兼职员工并开始发放正常的薪酬。在协商合同的时候，我们不推荐一次性付清拖欠的工资。相反，不妨考虑在获得资金后的 6 ~ 18 月内有计划地付清。你会发现这样做更合投资者的心意。

如果你的公司已经步入正轨，而不是刚刚起步，你可能会发现员工愿意放弃或者减少他们的酬劳，以换取公司股票，或者以后的更多的奖金。再次声明，我们建议咨询律师，确保符合相关法律法规。

在实践中，延迟发放薪酬是一个棘手的问题。某些雇员有其他收入来源，因此他们可以接受延缓获得收入，但大部分雇员是月光族。让雇员放弃收入等于让他们放弃生活，更何况有些雇员生存都是问题。所以，这种融资方式是公司最后的选择手段。管理层不惜代价要求员工相信他们的理想，它并不像扑克牌那样可以经常或轻松地玩耍。对雇员开诚布公地说明这一点很重要，如果编制工资单存在问题，那么雇员应该提前了解他们的风险，而不是在要做决定时才去了解。如果遇到工资延期支付或没有工资，雇员会对管理层的诚信产生质疑。假如延期获得收入是员工自发的想法，那是最好不过的。因此有一句忠告：即使事情到了绝境，也要支付工资，尤其是薪资税。

与国税局过不去可不是什么有趣的事！

外包

在许多情况下，当需要维持一个可变的成本结构时，实施外包策略可以导致营运资本增加，并伴随正收益过程的可扩展性。在某些情况下，外包能够加快一家公司进入市场的速度。一个共同点是外包公司的非核心业务。在成长型公司里，外包的常规流程包括：

- 工资及福利管理。
- 产品制造。
- 非核心产品和服务设计。
- 信息技术支持和维护。
- 产品和服务的分销及销售。

虽然外包可以增加营运资金，但情况并非经常如此。了解潜在的外包合作伙伴的动机非常重要，并且每个合作伙伴都应该有明确界定条款的合同存档。一个外包合作伙伴的选择通常需要相当周密的考虑和谨慎对待，因为它对公司可以产生积极或消极的影响。了解构建这种关系的成本也很关键，而不仅仅是交易的成本。你可以考虑寻求外包顾问或咨询师的帮助，也可以从外包协会的网站（www. outsourcing. com）获得相关信息。

营运资本管理：存货、应收账款和应付账款

尽管我们在前面提到过营运资本管理，但这里还是有必要重复一下它的重要性：公司现有营运资本的管理至关重要，它可以改善现金流。在大多数公司里，这相当于积极和及时地回收应收账款，恰当地安排应付账款的支付时间，以及谨慎地平衡存货，以使公司的投入最小化，同时获得满足客户需求的充足的供应。

我们还没有讨论的一个概念是逾期应收账款的回收。我们不想用一个完整的章节来讨论应收账款的回收，而是列出几点注意事项供你参考。因为诉

讼耗时较长，并且很多时候会导致公司需要的现金无法按时收取，所以很明显，预先管理信贷风险胜于事后行动。然而当公司面临一个无力支付的客户时，就要开扩思维。公司应加强与客户的沟通，并考虑接受客户的部分付款。假如你公司的产品继续销售给客户，那么结合产品和服务的交货付款，将比仅仅运货获得更多的收益。最后，如果客户提供的一种产品或服务是公司所需的，那么应该确定下来，然后进行抵销欠款的谈判。

经营利润

一家公司显著和传统的融资方法是通过经营利润获得资金。在前面讨论收入和定价的时候，我们已经提到过经营利润。确定可以通过经营利润或自筹资金来维持增长率的关键是清楚经营现金流的周期。

公司经营现金流周期的长短受许多因素影响：公司多久需向供应商支付货款、存货保存多久、每一美元收入的内在利润和客户支付给公司所用的时限。根据经验来看，许多大公司不会允许他们的业务单元每年有超过10% ~15%的快速增长，他们以该增长幅度作为公司自我筹资能力测量的基准。这是一个大的方针：相对于低毛利率业务，如果某个业务有更高的毛利率，公司也许会允许该业务快速增长。通过了解经营利润和现金流，不管公司的规模大小，自我筹资是任何业务的核心。

这里有三种杠杆将影响自我筹资的能力：现金流周转率、成本降低以及价格提高。运用这些杠杆可以推算出定义年增长率的公式，从而利用内部经营现金流来做投资。

在附件D中，我们提供了一篇在《哈佛商业评论》（*Harvard Business Review*）中写得很棒的文章，作者是尼尔·C·丘吉尔（Neil C. Churchill）和约翰·W·穆林斯（John W. Mullins），这篇文章讨论的是，在特定的现金流周期基础上，你或你的客户公司业务增长有多快。

实际情况

大多数创业企业在某种程度上是自我融资。融资渠道来自创业者可以找到的任何途径。大部分资金来自于对其他公司服务的使用，这些公司可能会对那些已经得到充分开发或者已推上市场的产品或服务感兴趣。创业者是很有创造力的，他们怎样处理与其他公司的关系并获得服务就如其个性一样各有不同。对能够开拓这些关系的创业者，风险投资商非常看重。不过，创业者要小心不要建立会影响、阻碍自己今后发展和融资能力的关系，这个问题很重要。一句忠告是：永远不要失去你的知识产权，永远不要建立不良的关系，这些不良关系会阻碍你的公司成为一个独立、快速发展、创造未来价值和成功取得融资的公司。

个人投资者（私募，而不是来自天使投资者或机构投资者）

通常，天使投资人会在新公司的种子期进行投资。然而，有许多个人投资者会选择成长型和中等规模但在天使投资者投资范围之外的公司来投资。这些投资者就是我们在这部分要讨论的。

某些公司会选择在预定交易结构的基础上使用私募直接招揽个人投资者参与来获得融资。这些交易的规模从数十万美元到500万美元不等，这是根据联邦及州的证券法律确定的；这些交易的构成不同。公司会给每位投资者确定一个最小的投资数额以及寻求足够资金打破托管的模式。根据出售证券的类型，有可能是接受投资者的最大数量（通常有35个合格投资者）。

例如，一个处于中低市场的软件公司能产生800万美元的收入，且每年有25%的增长，它需要90万美元来开发或推出一个新的产品系列。让我们假设公司不是机构投资资本的候选者，同时不想增加它的杠杆。如果管理层拥有充足的网络资源来接近个人投资者，他们也许会选择私募来获得那90万美元。这涉及多种类型的个人投资者。

投资者类型

单纯而情绪化的投资者　这些是创业者所熟悉的一些人，实际上他们不会直接投资任何私募，且没有经济实力可以承担投资损失；然而，他们愿意向他们的朋友、家人和团体提供资金支持。我们建议公司不要接受这些个人投资者资金，对于公司管理者来说，他们通常很难伺候。而且，在很多情况下，这是一种错误的做法。

中高收入的个人投资者（未经认可的投资者） 有一部分人不符合成为投资者的标准，但他们有存款并且要求参与到社区内公司的增长中来。请谨慎对待这种类型的投资者，因为该类投资者中的大部分人对于管理层来说也是难伺候的。

被认可的以及高净值个人投资者 这些是符合投资法律规定的群体，可能是较为老练的投资者（但也未必如此）。

专业投资者 十分老练、富有经验和高净值的个人投资者通常投资成长型的公司。他们通常有着一个过去有利于他们的期望的交易结构。他们中的某些人可能也是天使投资者。通过其家庭办公的模式，你可以发现其中一些人以资金经理或信托为代表。

从一个积极的观点看，相比机构投资者，个人投资者对价格和价值不太敏感。他们寻求机会对当地社区内的公司进行投资以及参与到毫无关系的成功团队的增长中去，实际上他们是投资于人。

然而，通过个人的私募投资筹集资金是一个漫长且艰难的过程。后融资阶段，在与投资者核心团队沟通时需要花费大量的时间——让他们加快速度并且知道公司的行动。此外，管理层和大多数的股东负有信托责任来保护少数投资者的利益；因此，公司采取行动可能需要更多的步骤和时间。

天使投资人*

天使投资人是指利用他们自己的现金去投资刚起步的公司的个人。下面将介绍天使投资人的基本知识，与风险投资商的对比，并为创业者提供最佳方案的建议。

---

* 这部分的基本内容节选自2003年《天使投资注释》（*Note on Angel Investing*），作者是达特茅斯大学塔克商学院的迈克尔·霍瓦特（Michael Horvath）教授和弗雷德·温赖特（Fred Wainwright）。笔者衷心感谢私募和企业家精神塔克中心。著作权属达特茅斯大学。

之所以被命名为天使投资人，是因为20世纪初富人们为开展新的戏剧作品提供资金。如同艺术活动资助人一样，这些投资者被戏剧专业从业者看作是“天使”。在美国，活跃的天使投资人的数目估计差别很大，大部分是合格的投资者。美国证券交易委员会（SEC）501规则规定，一个合格的投资者应该拥有至少100万美元的净值，或最近两年的年收入至少达到20万美元，并且当前年度的收入合理预期为20万美元。根据福雷斯特研究公司（Forrester Research，Inc.）的调查结果，美国大约有63万人符合这个标准。

天使投资人填补了朋友、家庭与风险投资商之间一个关键的资金缺口。当一家初创公司需要多于2.5万美元但少于大约150万美元的资金时，天使投资人就是可行的资金来源。这个融资水平低于大多数风险投资商的底线，尽管他们中的某些人偶尔会投资一个处于种子期的公司，但至少也需要具有50万美元的资金。

在过去几十年间，风险投资商已经汇集了越来越大的资金池，考虑到审查和向一家公司融资的时间和费用不论公司规模大小都是一样的，风险投资商为大规模交易融资更有效率。尽管天使投资人和风险投资商的分界线模糊，但他们很少在同样的交易上竞争。表5－3列出了他们之间主要的区别。

表5－3　天使投资人与风险投资商之间的主要区别

	天使投资人	风险投资商
融资额	2.5万～150万美元	50万美元以上
投资的动机（吹牛权，指导的心理好处，匆匆参与快速成长的初创企业）	不仅是回报驱动，还有强烈的情感因素	大多数是回报驱动，伴随着调整与其他风险投资商的关系及创业者的声誉
可访问性	喜欢匿名，经推荐获得或通过天使团队	高度可见，通常只会看经他们的关系网（律师等）推荐的商业计划
集中地理位置	区域性的，4小时驾驶时间内	根据公司不同，可以是区域性的、国家的或国际的

（续表）

	天使投资者	风险投资商
投资的主要原因	与创业者的个人关系，详细的市场分析，可持续的竞争优势	即将开发出的产品，经营历史，强大而且有经验的团队，可持续的竞争优势
条款发布	较快（一天至3个星期），条款略微可协商（较风险投资商而言）	可以快，但通常以一个适中的步伐（几个星期）推进；条款相当标准并且不太可能协商
投资工具	普通股或优先股，偶尔是可转换债券（债券转换为权益股份）	优先股（转换为普通股）
权益百分比	10%~30%	20%以上
初创公司通常的投资后估值	25万~1 000万美元	500万美元以上
尽职调查	比较快且轻松	比较慢且有系统的
融资流程	一次性投入或分阶段投入	一次性投入或分阶段投入
长期增值	经营经验，常识建议，特殊行业专业知识	有增长管理、雄厚财力、额外资金来源的网络、关系网的经验，有管理IPO和出售退出的经验
对坏消息的反应	伸出手帮助解决问题，打开关系网	热烈的沟通和指导；打开关系网；帮助构建合营企业，进行新的一轮融资或合并；开除管理人员
目标退出时间	5~7年	3~5年
目标IRR回报	15%~17%	20%~40%

资料来源：迈克尔·霍瓦特，弗雷德·温赖特，天使投资注释，2003，塔克商学院达特茅斯学院出版

天使投资人是不尽相同的

天使投资人在某些时候可以为初创公司增加巨大的价值。清楚对于公司及融资时的需求具有重要意义的价值是非常重要的。记住，天使投资人的风格取决于他们的个人特质。他们可能具有以下一个或多个特征：

守护天使。这种类型的投资者拥有相关的行业知识，并且会帮助刚起步的公司获得成功。此外，他拥有强大的客户基础，以及如同董事会成员能显著增加价值那样的经验。

经营天使。这类天使就像大公司里拥有丰富经验的高级行政人员。对于一个企业家，这种类型的投资人可以增加更多价值，因为为了扩大经营规模他知道公司需要的是什么。然而，需要注意的是，由于这类天使不具备在较大公司显著的管理深度，可能不知道如何经营一家小公司。他们中的某些人在量化管理方面已很成功，使得其可能在财务信息的要求上较为苛刻。

创业天使。对于一个创业新手而言，“去过那儿，做过那些”的投资者也许很有价值。例如，一个企业家可以在投资者期望什么以及怎样有效谈判融资条件的问题上给创办人开拓视野。一个拥有经营经验的创业天使是理想的选择！

放手天使。一个富有的医生、律师或类似专业的人会把重点放在他的日常职业生涯上。这种类型的投资者愿意投入资本，但通常没有时间或专门技术来帮助刚成立的公司。

控制狂。一些投资人相信他们是万事通，因为他们已经获得了一定的财富，或者他们拥有说服自己的个性，他们什么都知道。买者自慎！

旅鼠型。一些天使投资人不会轻易做决定，除非是天使团队中的非正式领导者，或者这些天使投资人会对刚成立的公司发表积极的意见。成功孕育着成功，即使是一个或两个小投资者的投资意向书也可以让企业家接近大投资者，当他们发现投资者伙伴已经做出承诺时，这些大投资者通常也会越来越感兴趣。一些旅鼠投资者异常狡猾，他们喜欢利用其他投资者的劳动成果；但其他旅鼠只是盲目地相信尽职调查报告以及投资者伙伴的投资意向书。通常，这些投资者不会干预公司的经营决策。

天使联盟

越来越多的天使投资人参与一个或更多的非正式或正式的团队，因为在团队中工作有多方面的优势：

- 社会关系和社交网络。
- 获取资格预审的交易流。
- 利用知识资本以及个别成员的专长。
- 相互学习有关项目评估的技能。
- 更全面地开展尽职调查的能力。
- 成员利益的协调。

天使团队可以有多种组织形式：

- 每个成员拥有法人实体的一部分来代表团队。
- 有限责任实体是由个人投资形成的特定交易。
- 团队是一个非营利机构，并由个人天使独立投资。

通常，创业者必须完成一份调查问卷并递交一份行动纲要或者完整的商业计划书。一个积极主动的创业者会去了解天使投资的程序。在允许创业者对投资团队阐述计划之前，一些团队要求成员与创业者接触，并确定计划是否切实可行。而其余团体则会让行政人员和总经理审核计划书，在排除其他竞争者后邀请创业者正式会面。调查问卷通常包括以下项目：

- 公司名称。
- 成立时间和法人结构［C 公司，S 公司，有限责任公司（LLC），等等］。
- 谁向您介绍的这个天使团队。
- 业务概要（用 3 句话或少于 3 句话概括）。
- 您的产品或服务可以解决什么样的问题？
- 市场规模多大，过去几年的增长情况，以及增长计划。
- 描述市场竞争情况（公司及替代产品）。

- 公司的竞争优势。
- 从长远来看，公司成功的原因是什么？
- 公司或发起人是否拥有任何相关的专利或专有技术（请不要透露具体的专利信息）。
- 管理层每个成员的相关经验是什么？请附上一页关于首席执行官的简历。
- 公司的销售和推广策略是什么？
- 假如您有一个网站，那网址是什么？
- 您打算实现的短期、中期和长期的经营发展目标是什么？
- 如表 5－4 所示的财务信息。
- 50% 或以上的收入是否来源于一个或两个客户？
- 创业的三大风险是什么？
- 除了经营应付账款和利息外，其余的负债是什么？尤其是一些表外项目。
- 您的资本结构如何？（发起人和投资者目前各拥有多少股份？到目前为止，投资了多少资金？投资人是谁？）
- 您想寻求获得多少资金？如何使用这些资金？
- 您期望进行多少轮投资？需要多少资金？
- 您的退出策略是什么？
- 请列出您专业顾问团队的名字和公司［代理人，注册会计师（CPA）或者顾问］。
- 公司的主要联系人是谁？请提供地址、固定电话、手机以及传真号。

一旦公司介绍完毕（一般在 10～30 分钟内，包括问答环节），创业者就会被要求离开现场，天使投资者开始讨论这个投资机会。假如一个或多个天使投资者对此表示兴趣，根据团队的决定，创业者会被邀请回来，以对计划做一个详尽的检查和审核，或者在一周内形成一个初步的条款清单，提交给创业者。一个典型的条款清单如表 5－5 所示。

表 5－4　财务信息

	上一年度	计划 本年度 （没有投资者投资）	计划 本年度 （有投资者投资）	计划 下一年度 （有投资者投资）
收入				
收入成本				
经营支出				
利息支出				
负债				
全职员工人数				

资料来源：迈克尔·霍瓦特，弗雷德·温赖特，天使投资注释，2003，塔克商学院达特茅斯学院出版。

表 5－5　标准的条款清单项目

条　款	样本的详细情况
证券类型	可转换优先股（A 系列）
股利	6% 非累积
可转换	优先股在任何时候可转换成普通股，转换比率 1∶1；优先股也可转换成至少 1 500 万美元的 IPO
稀释保护	加权平均法。由于来自其他投资者在未来融资轮中的投入，对于投资者而言，这种方法可以使公司持股比例的损失最小化
投票权	每股 1 票，如优先股转换为普通股。修改公司章程、发行新股、借债、出售公司或关闭公司需要 2/3 的投票通过
赎回	股东有权力迫使公司在 6 年后购回股份
登记权	假如公司完成 IPO，股东在法律的允许下将能出售其股份的登记权
按比例的股份提供	投资者可以在未来融资轮中投资，目的是为了在公司保持同样的所有权百分比
董事会参与	投资者将有董事会代表
先决条件	只有尽职调查完成、所有法律文件已签署，以及公司满足了投资者要求的特殊条件，融资才会发生

（续表）

条　款	样本的详细情况
条款	公司管理层同意每月提供现状报表以及财务记录以供随时查阅，公司同意遵守所有法律并保持适当的保险
支出	公司支付所有涉及这次融资轮的法律上和尽职调查上的费用支出
收益用途	聘请首席财务官（CFO）和销售经理，购买存货，支付应付账款，满足其他营运资金需求

资料来源：迈克尔·霍瓦特，弗雷德·温赖特，天使投资注释，2003，塔克商学院达特茅斯学院出版

假如创业者的阐述表达能力稍差，但创业想法具有价值，那么创业者将会接受指导，以便能够在日后的会议上做出详细的阐述。有时候，创业者会被配备一个愿意指导他的天使投资人（非正式的或收费的），以提高公司业务的质量和改善可融资的条件。甚至有一些天使们专门帮助创业者撰写商业计划和制定战略。

天使团队有时候会与其他天使团队联合起来，他们可以共同进行尽职调查，然后投入足够的资金来完成一轮融资。

商业计划评估

企业不是自成系统，是靠人来建立的，因此最根本的是天使投资人要选择一个管理团队。优秀的团队可以令业绩平平的公司实现一定的成功，相反，一家技术卓越的公司在平庸的团队指导下可能不会取得成功。

表 5－6 列出了商业计划中能提升初创公司成功潜力的一些关键因素。这些成功因素同样适用于传统的风险投资。

表 5－6　商业计划的成功因素

因　素	描　述
管理层	在类似行业有多年经验 有类似商业模式的初创公司经验可以使企业成功退出 愿意被指导

（续表）

因　素	描　述
市场	已进入细分市场和成长型市场
技术	专利保护——创建战略防御地位
竞争	不管产品或服务如何，公司具有某些竞争优势 清楚地总结竞争对手和主要威胁
商业模式	成功企业使用过的类似的一个或多个模式 表明客户有对产品或服务的真正需求（“必须有”相对于“有了更好”）
退出策略	确定收购目标——显示收购的历史交易以及带有主要财务倍数和比率的 IPO
风险	客观评估风险并介绍用于降低、缓和或消除风险的行动
财务预测	显示每个假设中保守的、期望的及针对性数字 关注现金流和盈利能力
资本结构	详细的 最好显示发起人和不专业或缺乏经验的小部分投资者的所有权情况
投资要求	表明意图——表明估值 详细说明资金的使用 详细列出预计未来的融资轮以及每一融资轮中资金的使用

资料来源：迈克尔·霍瓦特，弗雷德·温赖特，天使投资注释，2003，塔克商学院达特茅斯学院出版

商业计划本身要适应变化。若对未来的预测有变化，团队也要随之变化。而竞争对手要么猛增，要么渐渐减少。当管理者发现企业的现状与他们对企业的最初期望存在冲突时，大部分成功企业会进行彻底的变革。因此，就战略层面而言，一个管理团队的经验对突发事件的处理是十分重要的。商业计划的更新要求能够随时跟上大环境的变化。而合适的天使投资人在指导管理团队及协助他们进行创业融资方面扮演了非常重要的角色。

在投资的初期，估价在很大程度上是可协商的

估价不仅是一门科学，更是一门艺术，对没有收入和利润的公司来讲更

是如此。理论上讲，公司价值基于其未来创造现金的能力。运用基本的财务公式对这些未来现金流量的贴现，从而计算出所有未来现金流的当前现值。

对于那些拥有收入或净利润但缺乏正现金流的公司而言，可与同行业内的上市公司作比较。例如，初创公司 ABC 属医疗软件行业，同行业上市公司的年销售额约是它的两倍，那么我们有理由估计，ABC 的价值略低于同行业年销量的两倍。通常私营企业会给 20% ~40% 的折扣，原因是他们不公开交易自己的股票，并且私人股票自愿买卖双方匹配的可能性相当低。

投资者所指的公司估价是指收到第一轮投资之前的估价。一旦投入资金，公司的价值会立即随资金数量上升而上升，并决定后期投资价值。例如，一家公司交易前估值是 100 万美元，而随着 20 万美元资金的注入，其交易后估值会上升到 120 万美元。投资者在这轮投资中拥有公司 1/6 的股份。

如果一个初创公司没有收入，那么它的估价易受谈判的制约，并且更多的会依赖于投资天使和风险投资商的投资惯例。拥有专利或竞争优势，且有数亿美元销售潜力的热门公司当然渴望拥有比上千万销售潜力更大的价值，但在投资者圈内很难建立严格的硬性规定。天使投资通常很看重种子期，估值为 50 万 ~100 万美元的概念型的公司刚起步时，早期风险投资商给它的交易前估值是 200 万 ~300 万美元。

天使融资的最新发展

2000 年年初的股市崩溃，使天使投资团陷入困境。由于早期阶段的融资枯竭，许多刚创立不久的公司出现现金短缺。而那些幸存下来的公司，不得不向风险投资商伸手求助，但这些风险投资商坚持较大幅度地降低原有投资者的持股比例，包括发起人和天使投资人的持股比例。

在从一轮融资到下一轮融资的过程中，初创公司估值经历大的下降的各个时期，风险投资商给早期投资者的基本信息是“假如您在这一轮新的融资中对公司投资并保持公司的存续，那么您不应该拥有更多的股份”。这与一种扑克牌游戏相似：不愿意加大赌注的玩家输掉前面投注中所投入的所有资金，尽管结果残酷，但也公平。

为了确保新公司在接下来的融资轮次中拥有足够的资金以促进公司增长，一些较大的天使团要么已组建了自己的基金，要么与风险投资基金建立合资企业。这样一来，在初创公司实现更好发展时，天使投资者可以更好地监管他们的投资。

举个例子，Tenex Greenhouse 是加利福尼亚的一个天使投资团队，它创办了一个 2 000 万美元（目标）的风险投资基金，利用天使和机构的资金资助天使投资成功的新公司。此外，Tenex Greenhouse 也提供知识资本，就是利用其他成员的职能专长以及行业经验来为新的公司提供支持。

众所周知，天使联盟 1995 年创建于美国的硅谷，目前已拥有 5 000 万美元的风险投资基金，这些资金都来源于机构投资者。此外，风险投资管理公司 LLC（VIMAC）是一家波士顿的投资风险基金，拥有超过 200 个天使的网络，这些天使们可以在选择交易上共同投资，而对于那些需要更多咨询业务的天使们尤为如此。

天使们和风险投资商的想法及组织架构的相互促进，已经使典型的融资条件浮现出来（见表 5 - 4）。标志性的融资是普遍的。投资者可以通过设定业务目标来为初创公司降低风险，但需要在另一部分资金到位前做到。标志性融资的定价以及条款需要事先调整，因为可以避免随后过多的谈判。

风险投资基金在过去的 8 ~ 10 年已经得到大规模的增长，使得天使们需要寻求更大的投资者和成熟期的融资轮。这也在市场上创造了一个真空，适合于种子期的资本和增加天使们的投资机会。但对于创业者来说，遗憾的是，这已经使高度分割的融资市场因公司刚成立和早期投资而进一步分散。

创业者的最佳实践

在本书前面的内容中我们已经提到过，递交至天使投资人或风险投资机构手中的商业计划书，只有极少数（大约为 0.2% ~ 0.5%）能够最终获得投资资金。创业者们必须阅读注意事项，与拥有融资经验或技术的人员沟通，这样一旦遇到表现机会，他们就可以做好充分准备向投资者们传达其商业构想。不完整的商业计划在今天的竞争环境中是不被接受的。

仅有概念是不值钱的。可以付诸实践的业务是那些证明其产品和人员能够进入可识别的市场并从中占有相当份额的公司所提供的。

也可使用非正式网络，把计划提交给个别天使和风险投资家。这将极大地增加商业计划被考虑的机会。

为你刚创立的公司投入资本，不然就只是为投资者摇旗呐喊。无论对谁，尤其是在公开场合，都不要称天使投资人的钱是“傻瓜资金”。信不信由你，这种事情确实发生过。这类“业余的”错误会纠缠你，因为投资者和风险投资商之间的关系非常密切。

在初次和天使团交谈以及向他们介绍的过程中，创业者有必要找出谁才是真正的决策者。这是很难知道的，却是十分有价值的信息。因为天使投资人也是人，处在团体中才感到安全。创业者应该将主要精力放在最有经验的天使投资人和天使团核心人物身上。

如果有一部分投资者产生兴趣了，让他们以有限责任公司的形式投资要比以个人身份投资更好。风险投资商讨厌复杂的资金结构，而且企业风险损失会导致大额的资金流失。此外，如果有大量的投资者或所有人需要顾及，公司有关重大事件的决策将难以制定。

寻找一个天使投资人就像寻找一个配偶，个人关系非常关键，因为这是一种长期的关系。这种关系需要时间来建立，因此最好在结识天使后的黄金时间段进行投资。假如你面对的是一个天使团，那么最重要的天使就会在你的董事会上，或者会代表其他你所关注的投资者来管理你的投资。对于企业家而言，从长远来看，当还没有建立这种个人关系并等待一个更好的匹配天使时，最好拒绝某个天使的投资（尽管这个天使可以提供资金，但这也是罕有的做法）。

如果不能保证每周向投资者汇报公司的发展进程，至少也应每个月向投资者汇报情况。如果有问题，应该尽早提醒投资者，并且通知投资者可能的解决办法。如果投资者拥有合适的投资技能或者门路，可以让他们参与开发解决方案或者寻找合适的人来提供帮助。假如你选择等待直到揭露主要问题的最后一分钟，你可能会失去公司投资团对你的信心。

实际情况

创业者对天使投资人怀着巨大的感激之情。天使投资是资金构成的中流砥柱，它们让概念开花结果，让管理者成为公司领导者，还提供了就业岗位。

一般情况下，天使投资人是成功的企业家或投资者，他们想要在公司发展过程中分享某个新构想的能量及其成长潜力。他们通常对假定风险的投资回报要求不高，因为他们是乐于开拓投资的信徒。但这并不代表他们没有知识和能力——每一分钱的筹集都是来之不易的。

在大多数情况下，天使投资人是你的最佳投资者，因为他们像企业家一样致力于开发方案。机构投资者的兴趣在于尽可能快地实现利润。相比之下，天使们显得更有耐心。这很可能是因为他们本身也处在发展初期，是促进概念商品化的一分子，他们更容易为情感所左右。

商业银行

众所周知，商业银行是公司进行债务融资的一个来源。它们通常提供信用贷款、定期贷款以及循环贷款。从传统意义上来讲，商业银行是基于公司现金流的贷款人，并将抵押物视作偿还的第二来源；但从经验来看，银行家的行为并不总是能证明这个思想。商业银行关注的焦点在于，要把贷款放给那些有持续发展能力以及现金流可预测的企业。

为了向公众确保流动性和稳定性，银行受到如联邦存款保险公司（FDIC）这样的国家级银行监管委员会或类似机构，以及货币审计署（OCC）的严格管控。银行必须在资本金、收益性、流动性、信贷质量以及管理等方面接受详细检查，并按要求用质量准则和风险等级对每一项贷款进行监控。这些准则由银行制定，并与贷款的抵押类型、贷款资产价值、现金流偿债能力和担保人相关。这些因素影响着银行对借款者收取的费用、资金成本或利率，以及在银行投资组合中贷款的情况。

如果其中某些因素为条例所限，银行条规可能迫使银行零息放款或签下一个完全履约贷款。这种条例监管是一大决定因素，可以被视为一个可以接受的风险。这种运作模式加上银行业务本身固有的特性，在协助企业成长的银行业者的文化和心态中以保守行为的形式表现出来，尤其在已知对方是现金消耗大于现金积累的高增长型企业时更为明显。而对于初创公司，抵押物变得越来越重要，这是因为大多数刚创立的公司在成立之初的5年夭折率十分高。

大多数的贷款是基于公司历史财务状况和资产抵押品的最低价值。贷款的决策基于三个信贷原则：公司特点、抵押物，以及能力，其中能力指的是能够且愿意支付的能力。

银行不是投资者，也不会调整其回报以承受较大风险。银行本质上就是低风险贷款人。你会发现大多数银行不会向一家债务权益比大于2.0~3.0且没有更多的担保或抵押物的企业放款。

与资产抵押贷款人（ABL）相反，银行贷款首先取决于基础资产的质量，其次是现金流。事实上，有很多的专业债权人和商业融资公司，他们可以提供不同形式的债务；这些债权人往往非常了解债务的某个特殊形式，并且拥有管理其风险的业务流程，或者他们拥有一个特定行业的专业知识，以及能够调整他们的借款方案或结构以适应该业务的细微差别。

需要注意的是，许多较大的地区银行和州银行现在有了资产抵押贷款部门，以及提供私人股权投资的资本市场团队。选择一个融资工具需考虑的关键是内部文化、最终与你接触的人以及能够做出影响你们之间关系的决策的人。因此，我们建议应该对分派给公司的贷款团队进行从业经验及商业背景的确认。许多商业银行在客户的业务遭遇困难或偏离轨道之前，会让资产抵押贷款人在借贷关系中表现良好。之后他们就恢复到保守状态，甚至可能比之前更加保守。这不一定是件坏事，只是这种直觉反应有可能使你的公司采取并非最优的行动，银行可能会对你的信用额度有所要求，从而迫使你陷入保守的模式。

现在看看与之相反的观点：许多大银行已拥有强大可靠的资产抵押公司，并允许它们独立运行。这些贷款人带来专业技术、性情，并将流程当作真正的资产抵押贷款来监管。但我们认为，了解你的债权人以及他的真正意图关系到你的业务很可能要用到的服务，这取决于你的公司规模、所处阶段及所在行业。

对公司和管理者的信任来自很多方面。很多时候这种信心源于熟识的专业人士，例如律师及会计师，以及财务数据的质量。随着时间的推移，将你所说的话付诸行动就成了最重要的信心来源。和其他许多资金渠道一样，银行往往关注企业的背景资料和管理深度，管理者对客户的重视程度，客户类型以及企业对于他们的价值，客户购买的原因，深思熟虑后的可行的商业计划。最终银行将寻找愿意“在逆境中奋斗”的管理人。对许多债权人来说，他们最担心的是管理团队在面临业务偏离轨道或处于低谷时会采取怎样的行动。

对于公司管理层而言，财务契约比利息或与银行建立一个信用贷款所支付的其他预付费用更为重要。财务契约需要用一种方式结构化，这将对公司的业务和经营提供最小的约束。很难预见未来，以及预测一个当前不存在但可能会在某天出现的问题。通常条款会迫使公司对不太好的业务采取行动，以避免贷款违约。

接下来我们要探讨的是个人担保的运用。我们都知道，银行会提出要求，可能是时间方面的限制、主要负责人的个人担保、对新兴发展的和中等规模的客户公司的管理等。这些担保一般包括婚姻担保，银行希望从中寻得个人资产作为后备担保。这种担保一般可确保在公司出现麻烦时管理者不会一走了之，或逃避对银行的义务。一项资产的个人担保给放贷者带来了便利，当公司运营陷入困境时，这些资产将保证恰当行动或正常清算的实施。

构建个人担保的策略

为构建和管理个人担保制定有效策略是从了解贷款人的目标和看法开始的。下一步，了解公司相对于联邦破产法下的清算的当前和预测的财务状况也非常重要。

我们所倡导的思想是，将公司经营的风险与个人资产相隔离，甚至包括个人担保。这要求对个人和公司进行财务规划。假如你是大股东和新兴成长公司或中等规模公司的经理，并预计你将被要求签署一份个人担保协议，那么你可能会考虑聘用非常了解个人和公司破产程度的律师。作为个人破产方面的律师，该律师不能同时兼任你公司的法律顾问，以防止出现内部利益冲突。从公司的角度，我们建议同样的做法：你要聘请经验丰富的破产方面的律师来专门审查你的债务策略。我们在第四章已详细讨论过清算资产负债表的概念。

当与银行和其他贷款人协商确定债务条款时，这些贷款人在签署一项保证协议时的目标通常是根据要求履行最少的承诺事项。以下是可供参考的 6 种做法：

1. 寻求一个明确说明某种担保条款会根据公司改善了的财务业绩而变化的书面协议。举个例子，假如你的公司将有一个债务权益比为 3∶1 的后续融资，要同意当公司的债务权益比降至低于 2∶1 的水平时减少或限制你的担保。同时根据银行和你公司持续的关系，也要考虑让担保随着时间的推移变得不那么繁重。

2. 不要求你的配偶签字，设法限制担保，这样该项担保就单一地基于对你个人的担保。准备好提供一份只体现你个人资产和债务的财务报表。在美国大部分州，这种担保将风险只限于你名下单独持有的资产，而不涉及你与配偶共同的或你配偶的资产。

3. 无论是在相对条款还是绝对条款中，设法对担保金额进行量化限制。例如，你可能获得总计 200 万美元的有效贷款额度。你会设法限制你的风险到余额只有 20% 或最多 20 万美元。这特别适合许多所有者，让你可以根据你的持股比例设法限制风险。

4. 寻求除以个人资产或房地产为标的的任何转让或留置权。

5. 设法限制任何风险，除非你在管理公司时实施了欺诈，这种做法有时被称为信托保证。

6. 在贷款人寻找担保人收回贷款之前，确保贷款人必须穷尽所有对于潜在贷款抵押品的补救措施。全额担保通常允许贷款人直接去找担保人并且忽略抵押物，他们会选择最快的清算途径。

实际情况

除非银行家们对公司的营运和公司所做的保证感到安心，否则银行会要求公司提供担保。作为一个借款者，你可以选择不签署保证书，但银行知道这是不可能的。在这个环节，银行拥有明显的谈判优势。如果没有违反信托，银行一般不会追究个人资产，尤其是房屋或个人财产。他们只是想让你用心并尽力经营好公司，使公司获得成功。

银行业有一句关于担保的常用语叫“谁拥有谁?”。在大多数情况下，贷款远远多于担保人资本净值的价值，且往往是个人高净值，因为他们的权益不是变现；在私人公司里，个人资本就是不动产或股票。如果事情搞砸，通常是在考虑双方利益的前提下确定一个相互能接受的计划，以救助或保护银行和公司。假如你已经签署一份保证书，并且是用你的一小部分资产净值作为担保，那么贷款才有意义。你的净资产的倍数越高，你越需要与银行一起合作（担保常常会随着时间的推移而被取消），至少这是银行所希望的。对于作为偿贷对象的银行，其需要管理者的专长来解决企业经营的问题。

银行业务

公司通常都想与银行发展一个良好的业务关系，希望得到银行的支持。但我们建议你应该与更多的银行发展业务关系，而不只是跟一家银行合作并拒绝其他银行，这样可以减少银行政策改变的风险，以及当你有需要且不适应现有的关系时，可以保证你的公司有其他选择。银行业务是建立于个人关系之上的，但出现困难的情况或有需要时，你不能足够快地建立这种关系。此外，银行职员有较高的流动性，你很难预测这种流动什么时候会发生。因此你不会愿意停留在建立的一个新的关系或者有危机发生的早期阶段。

有时，当银行管理者引领其贷款机构快速增加其账面上的贷款数量时，银行就会陷入困境。这是常常发生的事情，主要是因为银行现有的贷款组合未能达到行业的预期收益。为什么我们会关心这些？如果你公司的贷款在银行正常经营模式下处在岌岌可危的情况下，一旦这种快速增加贷款的风潮结束，你的贷款很可能被认为是问题贷款，即使你每次都按时偿还。当银行要求你还款或提升财务状况，而速度超出你的预期时，很可能对你的企业造成压力。最坏的情况，银行甚至会提前催还贷款。

除此之外，一些阶段性的情况及其他宏观因素，都有可能影响银行对信贷风险的取向。虽然这些因素并非你所能控制，但它们会影响你及你的企业。

最后，在选择与哪家银行建立合作关系时，你必须考虑该银行的资本额。因为每家银行对每一风险系数下所能提供的授信额度均有限制（此系数是银行单独为你或你的企业制定）。若选择一家规模小的银行作为借贷人，你可观察几年后再确定它的贷款限额是否足以支持公司可预见的信贷需求。

不管贷款条款如何，记住，多数贷款文件都规定了还款要求，这是因为银行会觉得不安全。如果银行没有选择，这会是一个很主观的条款并且回避了公司的风险。这样一来，我们又回到之前所说的，就是要与一个以上的银行建立好关系。

资产抵押贷款人

资产抵押贷款人（ABL）包含的公司范畴非常广，其通过以公司资产为抵押向客户提供贷款融资。正如我们在其他一些金融领域所看到的，公司之间的资金使用缺乏一个统一的标准；因此，我们将尝试提供一个合理水平的差异。通常，ABL 是不受监管的非银行贷款人（尽管他们可能归银行所有），根据公司的业务经营情况和抵押物，在提供更高的杠杆贷款方面，ABL 更具灵活性。不管公司经营状况如何，真正的资产抵押贷款会用清偿抵押物来偿还。抵押品履行（还贷）往往比公司履行（还贷）更为重要。一个 ABL 的关键问题是其贷款的相关资产的清算价值以及潜在的管理层的欺诈行为。这些问题都导致了对其抵押品的控制和严密监测。

比较大型的 ABL 往往有具体的融资方案，这些方案是基于公司的行业类别、经营所处阶段，以及融资类型来制定的。资产抵押贷款的分类会在后面讨论。记住，我们讨论的是这些融资的通用版本，还有一种混合版本包含一些条款或特征的组合。

权衡后面要讨论的资产抵押贷款和一些潜在的负面特质之后，我们重点强调资产抵押融资的以下 4 个优点：

1. 资产抵押贷款的全部成本以税前美元支付，这与多数股权成本不同。
2. ABL 不会在公司董事会上寻求一个席位或对公司有任何控制，它只是调节风险以及寻求得到公平的投资收益。
3. 通常可以通过付清未偿还债务余额以及任何应计利息和手续费来结束与 ABL 的关系，但股票和其他来源可能很难退出。
4. 资产抵押贷款是永续的，没有固定的分期付款或还款时间表。与其他许多融资形式不同，这种融资方法可以随着公司的发展而发展。

无论对运行良好的公司还是陷入困境的公司，资产抵押的信用贷款都是很有价值的。由于商业银行信贷工具重点关注现金流，产生了要保持良好绩效的压力，而资产抵押贷款的贷款人对抵押物的重点关注则减轻了这些压力，因此，对于没有太多确定的或可预测的季度收入和现金流的公司，或者账面有来自银行的高利率贷款的公司来说，在转型或高速增长期，你会发现资产抵押贷款具有更大的灵活性和利用价值。

与其他融资来源一样，各种各样的资产抵押贷款人关注各个具体的细分市场。表 5－7 举例说明了市场细分以及可能的定价。

表 5－7　ABL 细分市场和定价

细分市场（如：信贷额度/循环贷款规模）	利率	平均服务费	贷款费用	审计和其他
<100 万美元	>优惠利率 +2%	每月 0.75%	总额度的 1.5%	每年余款的 3.6%
100 万～300 万美元	>优惠利率 +1%	每月 0.2%	总额度的 1%	每年余款的 1.2%
300 万～500 万美元	>优惠利率 +0.5%	每季 2%	总额度的 1%	每年余款的 1%

（续表）

细分市场（如：信贷额度/循环贷款规模）	利率	平均服务费	贷款费用	审计和其他
500 万～1 000 万美元	>LIROR +2%	每年 1%	总额度的 1%	每年余款的 1%或更少
>1 000 万美元	>LIROR +1%	每年 0.25%	总额度的 0.25%	每年余款的 0.25%或更少

资料来源：Barry Yelton

首先应与 ABL 对所需文件进行有意义的讨论，通常包括上一年度和最近一期财务报表、上月底的应收账款和应收账款账龄、带有社会保险号的主要股东个人财务报表，以及潜在的客户公司的税务识别码。

应收账款融资

在应收账款融资（A / R 融资）中，所谓贷款人，也许是一个资产抵押贷款人、商业金融公司或商业银行。根据借款人的信贷额度（LOC），以一定比例的符合条件的未偿付应收账款为担保，向客户的银行账户预付资金。在预付现金前，客户公司通常会提交一份报表，表明计算的有效性以及所需要提的信贷额度。这允许贷款人对 LOC 项下的担保物进行密切监督。贷款方在银行开有锁箱账户，以此托收委托人公司的客户的款项并计入信贷余额。若贷款人是银行，前述的监督程序可适当宽松；贷款人可以不设锁箱账户，仅要求每月提交一次报告。因为财务状况较好的公司通常拥有现金流支持和其他风险控制措施，所以这样的灵活安排更为合理。与保理融资相反，委托人对发票的所有权在整个过程中并不发生转移，并且需承担坏账的风险。这个流程列示于图 5 –2 中。

案例提供

以下是对应收账款 LOC 的可用资金的一个简化分析（既不收费，也不考虑利息），公司有 100 万美元的未清应收款，并且在上期已经提了 40 万美元：

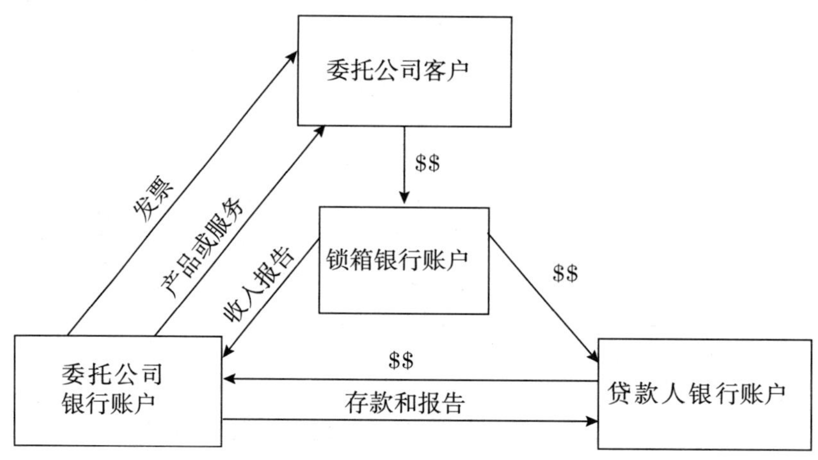

图 5-2　应收账款融资程序

拖欠的应收账款余额	$ 1 000 000
减应收账款（A/R）> 逾期 90 天（不合格）	(75 000)
合格的应收账款（A/R）合计	925 000
可供借用（80% 合格）	740 000
减未偿还的信贷额度	(400 000)
可供借用	$ 340 000

条款及条件

在建立 LOC 时，各种条款及条件都需经过谈判。以下是一个条款清单，通常包括 ABL 的条款说明书，并带有一些点评：

- **借用人**：借给的个体是谁。
- **担保人**：谁被要求做 LOC 的担保，也许是个人或其他公司。
- **信用额度或总额**：建立贷款人愿意预付的最大额度。
- **目的**：界定 LOC 的所得融资款的用途。
- **次限额**：可以限制单个客户预付款或针对特定的抵押品。
- **放贷公式**：计算 LOC 的可用性可以运用特定的公式。通常合格应收款的放款率是在70% ~85%的范围内。这个公式定义了逾期应收账款的资格淘汰，是一个渐进与二进制公式。

- **利率**：通常利率是根据最优惠利率或伦敦银行间同业拆借利率（LIBOR）来定的。对于非常困难的情况，利率可以是从最优惠利率到最优惠利率加上10%的范围。较高利息包括商业利率加上额外风险所增加的利率。这个公式的一个子参数是天数，就是利息费用在收到付款的发票后支付，通常需要1 ~5天的时间。此外还包括违约率和大概的超前预付率。利息作为固定费用覆盖率的功能可能会有所改变或波动。
- **费用**：
  - **完成贷款承诺的费用**。这是一次性的申请费，收费范围是0.25% ~2%。
  - **融资费**。提供信用贷款的手续费；收费范围是0 ~2%，但有时几年才支付一次。
  - **最低贷款费**。如果未偿还贷款余额降至低于预定金额，则向贷款人提供最低利息。
  - **提前终止费**。客户公司支付的提前终止费用。
  - **抵押品监管费或服务费用**。在某些情况下，贷款人每月将收取费用，以付给职员用于管理LOC。通常为每月1 000 ~8 000美元。
- **抵押物**：为了确保LOC以及所需的留置权，借款人会指定抵押品。在某些情况下，这个条款将禁止其他留置权或贷款。如果预计有其他债务，重要的是要预先考虑未来的融资和及早制定相关条款。
- **条款**：规定贷款人的委托时间期限。
- **条件**：通常规定的条件有必需协议项目、重大不利变化条款、托管和银行账户要求、报告和审计要求、关键人员的保险，以及对于特定客户公司的特殊条款。
- **契约**：ABL的契约通常比商业银行要少得多。ABL融资中通常的契约是固定费用偿付比率，或简称为FCCR（每个贷款人都设有不同的FCCR）。通常最小的FCCR为1∶1∶1。其他契约还包括一些禁止利润分配或股息支付的规定。

- **开支**：公司可以预期支付相关定期审计费及贷款人考察的成本和费用。此外，这个条款还规定负债方支付相关结算的开支。
- **存款**：根据这家银行的客户公司的条款说明书，在申请贷款时通常要求客户公司存款以示诚意。在未来某个时候将退还或计入 LOC。

现金流

当公司销售额增长时，通过催促客户加快其现金支付周期，应收账款可以创造正的现金流。需要注意的是，假如公司使用应收账款融资，销售额的增长会放慢，从而引起负的现金流并降低信贷的可供性。那时，现金收入将被用于还清 LOC，而不是为了公司营运的目的。

总成本

在比较各种融资方案的成本时，总成本要包括考虑到的所有费用，而不仅仅是利息。应收账款融资的成本可媲美于传统的银行 LOC 的成本，但这只是对于具有强劲的资产负债表和良好信用记录的公司。通常，应收账款融资的费用比传统的银行 LOC 的费用要高；然而，应收账款融资更具灵活性，并且可以供公司使用，但不能通过银行取得融资。因此有贷款人为陷入困境和周转问题的公司定期提供应收账款融资。应收账款融资的总成本需根据之前列出的条款中许多不同的因素来确定，包括 LOC 的实际运用。这些总成本范围是从最优惠利率加一个百分点的十分之几，到最优惠利率加 10% ~12%。

担保比率的改善/提高

在（循环）信用贷款的最高限额下，常见的担保比率为合格应收账款的 65% ~85%。合格应收账款取决于逾期发票的缴销、对一定客户发票开具的限制（基于对该客户总的应收账款的集中分析），以及公司整体借贷能力的降低。购买交易信用保险（亦称为信用赔偿险或应收账款赔偿险），是一种解决企业担保比率的某些局限并尽可能提高应收账款借款能力的方法。这类保险是一种超出了公司控制的商业及政治风险的财务管理工具，可确保资产负债表的实力，现金流得到保护，贷款付息能力、成本以及资产估值得到提高。

保理

虽然保理费用高，但是它是一种有用的融资方式。保理是贷款人（保理商）与你的公司（客户公司）之间的一种协议，保理商购买该公司销售产品和提供服务所产生的应收账款。这样，资产负债表表现不佳的公司和存在亏损的公司能更容易开展新一轮的销售活动。但是，相关费用比一般传统银行融资高出很多。保理可作为流动资金来源的原因包括：利用供应商的提前付款折扣和现金折扣，贷款协议条款要求少于标准的银行 LOC，对于融资较好的竞争者不会失去业务。保理关系通常在 1 ~ 2 周内建立。保理对公司的信用额度没有任何的限制，其信用额度是基于客户公司客户的信用状况。

因为保理是一种可行的融资方式，所以用应收账款进行保理融资的公司需要有一笔可观的毛利润、较低的经费支出和足够的价格弹性，这样才能把保理的费用转移给买家承担。在出现营运资金危机的情况下，例如快速的销售增长或者公司扭亏为盈时，保理在速度、灵活性和快速融资方面起到了解决资金需求的作用。

有关保理的专业名词

- **无追索权和全追索权保理**。与在客户购买应收账款后公司万一拒付债务有关。无追索权保理，就是保理商购买了应收账款以及承担了客户付款的风险。实际上，保理商保证了不让客户有付款损失，这与有抵押的贷款工具不同。保理商还为最终客户提供信用检查、收集和管理相关应收账款的记账功能。

  有追索权保理在当前经济环境中更为普遍。有追索权保理，就是保理商接受授让的应收账款，但不承担信用风险；公司保留管理应收账款的责任。通常，贷款人会承担 90 日内交付货物或服务的发票。如果最终客户不支付这笔款项，那么保理商会向公司追索。
- **通知**。指的是给最终客户提供通知的一种惯例，就是保理特定的货物。某些保理商不收取最终客户的额外费用。当公司根据财务弱点的潜在表现，为持有保理而评估业务损失的风险时，会出现这种情况（这是历史上少有的情况）。

- **担保比率**。就是公司保理应收账款时能立即提供的资金数额，表示为发票总额的一个百分比（范围通常为75%～90%）。
- **贴现率**。即保理应收账款时，公司所应支付的费用。
- **保理商**。指的是购买应收账款的公司。
- **暂留准备金**。就是公司保理应收账款时不需及时提供资金，表示为发票总额的一个百分比。也就是说，放款率＋留存＝发票总额的100%。保理商一旦收到货款，这笔钱减去贴现率，就是保理商支付给委托公司的货款。

保理程序

保理的主要步骤如图5－3所示，包括将产品或服务交付给买方，买方验收，货方给保理商提交发票，以及贴现付款给货方。

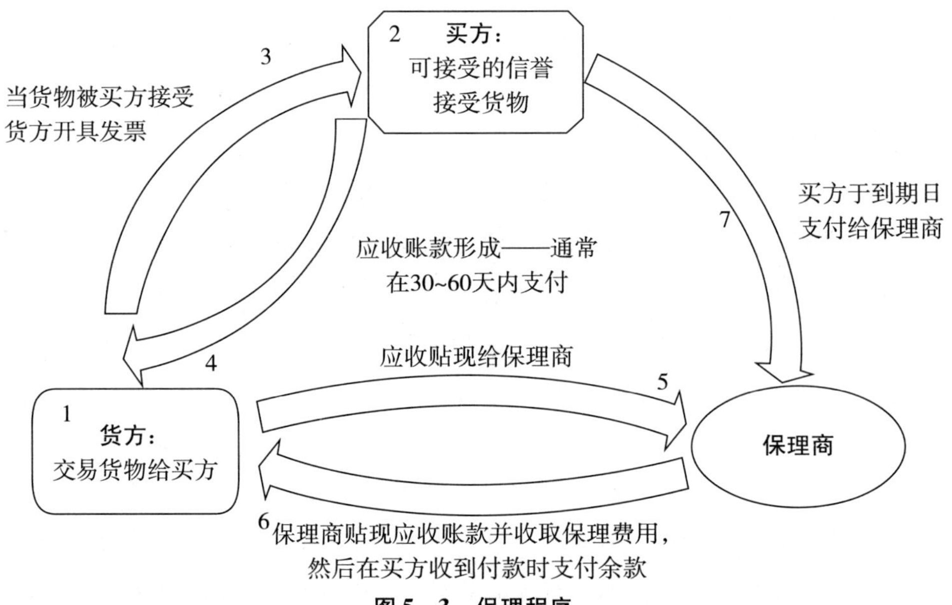

图5－3　保理程序

资料来源：IIG Capital LLC

- **客户公司的客户信用审批**。保理商为委托者的客户建立预先核准的信用额度。
- **产品或服务的交付**。委托者交付产品或服务批准的订单给它的客户并开具票据，然后保理商再作验证。至于通知保理，发票上显示的付款到期日可供保理商查看。
- **收款**。最终客户支付给保理商的款项通常经过一个担保的锁箱。当收到款后，保理商就会从客户公司的账户透支。在无追索权保理的情况下，保理商完全管理应收账款，包括锁箱、现金运用以及逾期收款。客户扣减或超过交付条款或产品/服务纠纷立即报告给客户公司。保理商保持应收账款的分类账，并通过纸质报告或电子文件的形式把这些信息提供给客户公司。
- **违约**。如果发生最终客户违约的情况，那么有问题的金额将通过保理商记入客户公司的账户。客户公司通过提交新的销售来偿还违约金，但不会有预付款，或保理商保持暂留准备金。客户有动力来加快收款的行动。
- **提供资金**。如果需要，保理商会在发票到期日预付现金给委托公司，并允许委托公司在实际向其客户提供信贷期时支付产品或服务的交付。通常担保比率高达发票价值的90%。可以向他们的客户开始收取这些预付款，随后清偿。

总成本

这里有几种方法供保理商单独使用或联合使用：折扣、应收账款预收利息、保理费用以及月度管理费。

- 折扣是收取每张发票一个固定费用。在很多情况下，折扣的范围差别很大，从0.5%到3%。
- 对发票面值收取的利息或实际未偿还的资金的范围是在优惠利率或一个基准利率的基础上加2%～4%。
- 保理费用/佣金使用5天或10天的增加数量报价：从每10天0.5%

(0.25%/5 天) 至每 10 天 1% (0.5%/5 天)。而标准的范围是每 10 天 0.6% ~1.0%。例如,首月利率 3% 且之后每 10 天增加 0.6%,这样一个令人惊讶的成本可能被执行。

- 月度管理费可以是一个固定的美元数额,或使用的资金的一个百分比,或发票余额的百分比(一个微妙但具有潜在巨大成本的差异)。这可能作为一项贷款契约包括在内,被认为是保理融资账户预计额度的月度最小费用。

需要弄清楚这个潜在的复杂的定价矩阵。初始优惠利率加 2% (假如收取全部费用,这个利率将接近银行利率)是折扣与月度管理费的一个组合。当全部成本加起来,总数将超过每 10 天 0.6% ~1.0% 的费用,尽管该项业务的介绍是如此具有吸引力。如果客户公司了解它的收款环节以及偏差,可以争取更有利的定价。总的来说,每年的保理成本很容易达到 20% ~40%。

保理与信用保险

在发生客户支付违约的情况下,你可以购买信用保险或应收账款的补偿性保险来保护你的公司。在某种程度上,保理与带有收款服务的信用保险有着相同的效果。与保理不同的是,信用保险不能改善现金流,除非公司拥有一项求偿权。通常,这时保理的成本更高。

存货抵押融资

一般来说,存货抵押融资是与应收账款融资相结合的。前面部分讨论的关于应收账款融资的条款同样适用。将被修改或加进在应收账款融资部分讨论的条款包括:

- 次限额将被修改以包括存货限额。
- 对于存货,担保比率将特别指明。该比率相对于应收账款限额通常要低,处在 10% ~50% 的存货清算价值范围之间。但对于原材料在产品和产成品,可能有较大的担保比率差异。在贷款人必须出售的情况下，担保比率由存货的市场可售性决定。

- 费用通常用优惠利率加上一个百分比表示。此外，还有一个每月的分析费用。可能需要在贷款前将存货估价提供给专家去评价其市场变现能力，以帮助确定担保比率。存货越复杂，估价费用越高。大多数情况下，资产抵押贷款人的季度审计费用计入客户公司的成本。
- 担保品将扩大至包括存货。
- 报告将扩大至存货。对于永续盘存制下的原材料和产成品，通常要求详细的月度报表。

在一个应收账款的信贷额度上加上存货通常可增加总的可贷信贷额度。在多数情况下，存货贷款金额不会超过应收账款的信贷额度或保理的融资额度。

订单融资

订单融资可以用来为购买或生产特定的已售商品筹措资金，还可用于向第三方供应商支付商品、开出信用证，也可用于直接劳务、采购原材料和其他直接相关费用的支付。订单融资往往能为成品的进出口贸易商、外包生产、批发商、组装商和经销商提供更好的服务。

提供订单融资业务的企业寻求客源时，将选择那些在专业领域或行业中有优秀管理能力的客户公司；这些作为供应商或承包商的客户能提供可靠的良好记录、信誉良好的客户出具的有效的订单，以及经证实的来自代理商、银行、其他资产抵押贷款人、信用证或最终用户的偿付款项。

订单融资流程

一个简化的订单融资程序包括以下几个步骤：

1. 最终客户的订单被核实。
2. 客户公司提供一个生产最终产品的成本预算。
3. 资金拨付，以支持订单的履行。
4. 对生产环节进行监测和检查。
5. 当最终产品交付给最终客户，贷款人将对发票进行保理，这些保理所获得的一部分资金将用于偿还订单融资。

定期贷款

定期贷款通常用于固定资产融资，如计算机、机器、设备、租赁物改良工程以及房产。这些贷款的期限长短不一，如计算机的贷款期限是几年，而房产的贷款期限是10～40年。这取决于资产的预期寿命。设备的贷款与价值比率基于一个有序或用强制的资产评估清算的百分比；而房产贷款则根据市场公允价格（FMV）的一个百分比来评估。定期贷款的费率取决于对客户公司的信誉和资产的适销性。

一项定期贷款的主要内容包括：

- 金额，可以根据基础资产的一个百分比来定。
- 分期偿还方式：一次性还清或分期偿还。
- 分期偿还的时间长短。
- 利率。

定期贷款还可以用于提供长期营运资金。考虑到相对财务实力和借款公司发展的阶段，一些贷款人将从小企业管理局（SBA）寻求担保，以降低贷款的风险（参见本章后面部分有关SBA的贷款类型的论述）。

图5－4提供了各种类型定期贷款特征的概览。

资产抵押贷款融资的其他类型

还有其他各类资产抵押贷款融资，列举如下：

- **基建费用**。基建费用（扩张资本）的信贷额度能帮助预先批准融资的资本密集型企业用于设备购买。
- **进口融资**。当最终买家已有合意的信贷并且相关商品已上市交易，或者在一个大的流动性市场时，进口融资可以提供现金以确保存货。图5－5提供了进口融资程序的一个典型例子。
- **破产保护下融资**。支持公司破产重组。

特征		高级定期贷款	高级附属贷款或高级限制贷款	低级从属贷款	高级不动产贷款
预付					
	取决于现金流和资产	×	×		
	取决于现金流			×	
	多达100%				×
结构	5年期以上，灵活的分期偿还	×	×	×	
	5年期以上，20年分期偿还				×
利率		~P	~P+	~P++	~P
担保	第一留置权资产	×			
	第二留置权资产		×	?	
	第一留置权不动产；第二留置权企业其他资产				×
参股	没有	×			×
	通常没有，根据情况				
	通常要求			×	

图5－4　定期贷款特征

注：**P** 表示优惠利率作为基数，? 表示根据情况而定。

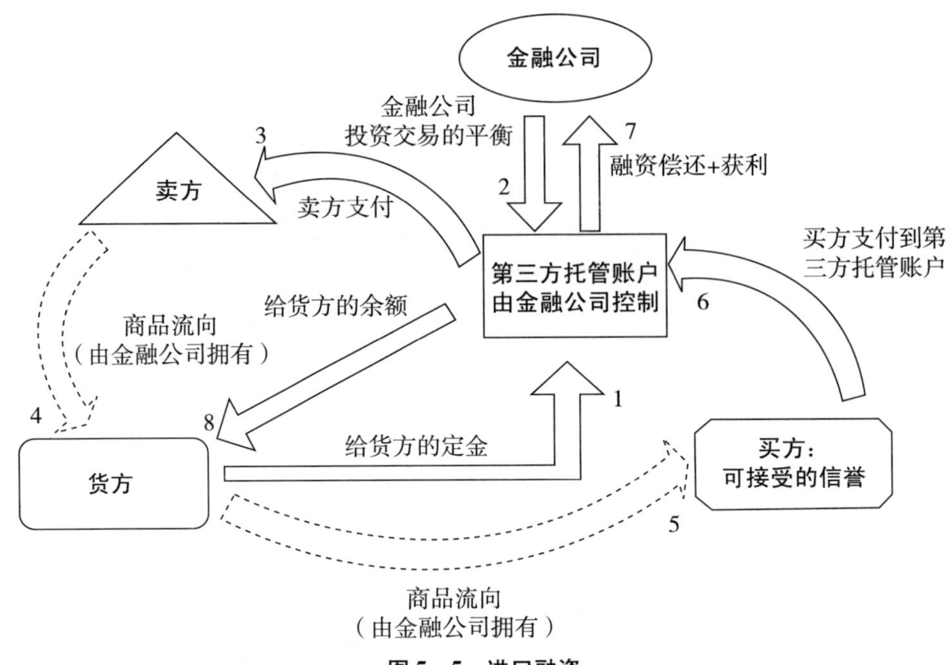

图5－5　进口融资

资料来源：IIG Capital LLC

- **销售租回**。销售租回为现有固定资产和自有房产的再融资提供了一个方法。可参考本章后面“租赁公司”部分的更多内容。
- **投资银行或贸易期款**。与贸易融资的概念相似。位于伊利诺伊州诺斯布鲁克城的 Transcap 贸易融资公司（美国富国银行集团的一个分支）对全球贸易进行等级划分，在此基础上提供融资。贸易融资以客户的名义向供应商（主要是非美国的）购买产成品存货以收取费用。此外，通过对交易物流进行安排，将存货运送至客户公司，从而为订单执行提供了支持。这种融资方式几乎不涉及客户目前的财务状况。必须明确的是 Transcap 公司的退出时间。这种类型的交易期限一般为 30～120 天，收取每月存货成本的 1%～3% 作为费用。如果能够让 Transcap 公司相信整体的机会很大，这一方式甚至适用于一个初创公司。而另一方面，它也适用于市值 5 亿美元甚至更大的在现金流方面有问题的公司。对于客户公司来说，它可以在无须动用自有运营资金的情况下，获得商品、全球采购专业能力和物流，以及对现金流的改善等好处。

不过，这一方式不适用服务贸易或知识产权的购买。

- **交易权益**。这是IIG资产有限责任公司的专利服务，它将银行要求的预付定金组成联合融资，并作为部分信贷或其他融资。对于那些交易订单远远超过可支配资金的商人们来说，这是很有吸引力的融资结构，因为它将使他们的利润获得增值。一个典型的交易如图5－6所示。

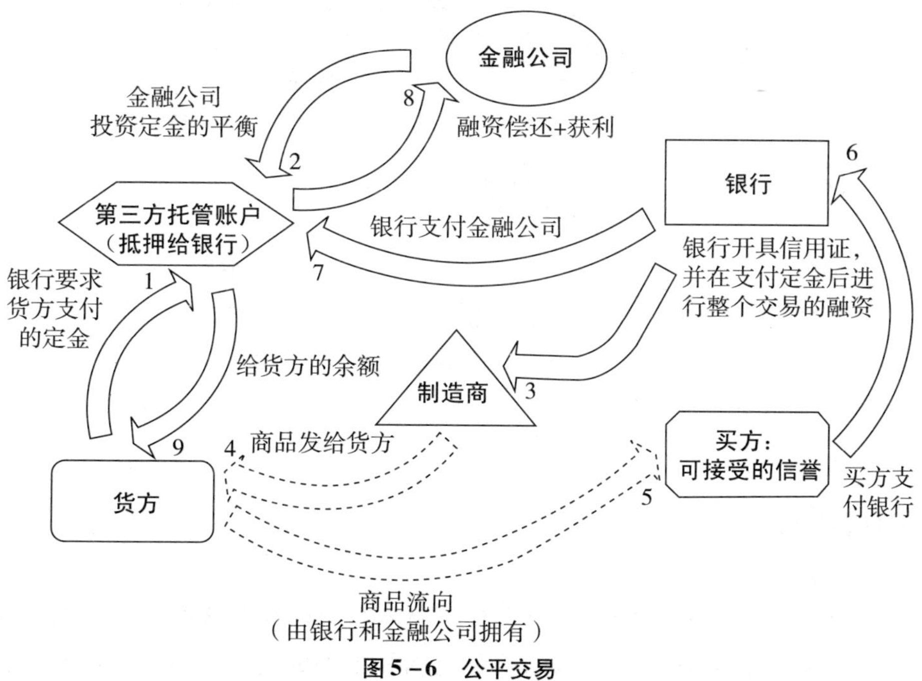

图5－6　公平交易

资料来源：IIG Capital LLC

- **仓库融资**。涉及使用安全存放的货物作为融资担保品。这种融资方式允许公司经营软商品以及采矿、金属和石油工业，把他们的存货存入一个安全的仓库，并由一个独立方经营。仓库的经营者需提供收据，证明存放物品的详细数量、质量或等级。公司可以用收据来获得融资，但通常要通过所有权的转移才能实现。从融资者的角度来看，某些公司的信用风险也许不被接受。但潜在客户也许有一个可行的业务。假如客户有商品存货，等待交付给买方，那么通过商品的融资（不是商品公司的融资），融资者可以将信用风险从客户那里转移走。此外，通过仓库融资，融资者利用独立服务、保税抵押品管理者来控制相关商品，从而缓和了商品处理者、交易者或媒介的信用风险。如果发生倒闭或拖延付款，融资者可以对货物进行清算以便使货物得到保全。仓库融资程序如图 5 –7 所示。

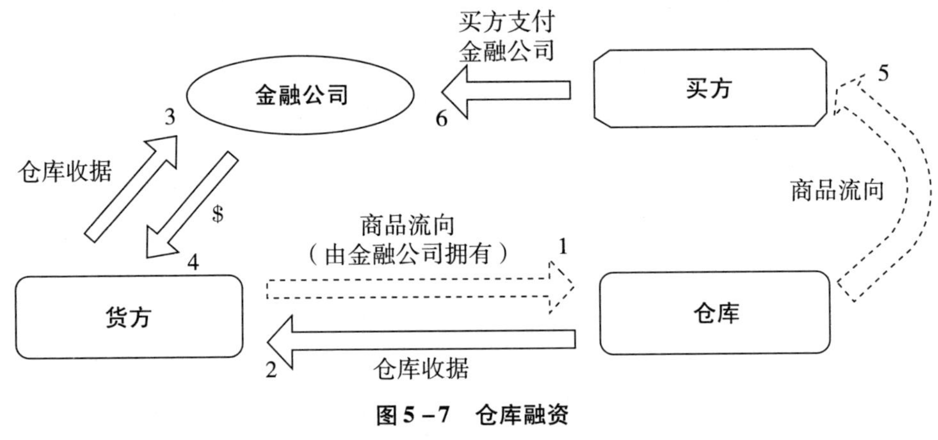

图 5 –7　仓库融资

资料来源：IIG Capital LLC

商业金融公司

商业金融公司有时也是资产抵押贷款人，他们面对比较小的利基市场 (特色金融)，或者拥有更广阔的服务范围和更多的信贷工具。在某些情况下，他们只提供下面“产品或服务清单”中所列的融资或者其中的部分服务。举个例子，有些公司只提供订单融资和保理，但他们将自己归类为商业金融公司。还有一些非常大型的金融机构，拥有广泛的借贷及投资业务，他们也视自己为商业融资公司。再重申一次，对于这个称谓的使用不存在行业的一致性。

以下是一些产品或服务的清单，我们可以从中找到探讨资产抵押贷款章节之外的相关商业融资公司。

产品或服务清单

- **优先债务**。广义的定义是拥有公司资产第一留置权的贷款。包括信用证、循环信用额度、定期贷款、过渡性融资以及短期信贷额度。

- **循环贷款或循环信用额度**。是获取一定融资额度的债务贷款，因为没有固定的还款计划，债务人可以自主使用和还款。通常由第一留置权公司的流动资产作担保。银行及商业融资公司为此签订某些金融或经营契约。
- **优先定期贷款**。是一种全部或部分分期偿还的定期贷款。以企业资产的第一留置权作为担保。这类融资的期限一般是 3 ~ 5 年。部分分期偿还的定期贷款也许还包括担保优先权，以弥补承担的一些还款风险。这种贷款有时也被称为优先展期贷款。
- **过桥贷款**。为企业提供带有可过渡到长期融资工具的条款的临时融资。

- **次级或第二抵押债务**。在要求相同的资产或所有权赔偿上，次级或第二抵押债务比其他融资工具拥有次一级的优先权。次级债券或者夹层债务是技术性的次级债务。详细内容请参考本章的“私募股本”和“对冲基金”部分。
- **优先债务和股权的联合投资**。这类融资发生在这样的情况下：在交易中，放贷者们同时持有相对较小的股权位置并使用一项优先债务工具。股权分配通常有通用的条款并与私人股权投资一致。
- **单一级别融资**。是一种混合型的优先贷款产品。它将第一和第二抵押贷款（某些情况下还有夹层融资）融合成一项产品。从许多方面来说，这种交易很像传统的银行贷款，有金融条款，但一般没有赎回保护。尽管如此，与含有第一和第二抵押的其他信贷工具不同，单一级别融资仅仅只有一份信贷协议——允许发行人运用杠杆倍数，从而使第二抵押不存在两个或以上的贷款人集团。若同时使用独立的循环融资，由于它与单一级别融资的权利是平等的，因此不需要另签信贷协议。
- **抵押债务融资**。
- **现金流债务抵押债券和其他的结构型融资**。
- **租赁**。参考下一节“租赁公司”。

租赁公司

当公司出租设备时，得益于资产的使用而不是它的所有权。因此，公司不用消耗资本，就可以利用出租来进行扩张、增长或获取其他资源。租赁通常基于资产的价值和借款人的信用程度。

租赁公司可以独立于金融业务或者银行。在交换一系列的付款委托中，他们通过为客户采购设备来提供资金。一些租赁公司侧重于特定的行业以及对某些类型的设备定制特别的方案，而其他的租赁公司基本是面向一个广泛的范围。那些对行业有特殊要求的租赁公司有些时候在定价方面有更大的主动权，因为他们了解设备的价值和清算或转售路径。某些情况下，根据出租的数量，出租更容易成功并且对于客户的信用程度不太敏感，尤其是当出租的设备是通用设备时。

当考虑将租赁作为一种融资选择时，会被问到以下问题：

- 你公司需要使用设备多长时间？
- 租赁期结束后，你公司打算如何处置设备？
- 影响租赁的税赋有哪些？并给出公司的纳税情况。
- 租赁如何影响你的纳税情况？
- 公司的预期未来需求有哪些？如何使租赁与总体融资计划相适应？

租赁类型

根据财务报告的目的，租赁可以分成两大类：经营性租赁与资本性租赁。经营性租赁是短期租赁或使用协议，它允许公司（承租人）用一小部分资产的使用寿命来获取资产的使用权。这种租赁类型对承租人负有责任，即在资产负债表中不显示资产或负债（租赁付款责任）。承租人把租赁费计入利润表中的经营性支出。比如，公司准备经营性租赁，租赁一台计算机系统一年。那么经营性租赁应作为资产负债表的一项说明，并且公司有责任披露每年的最低支付租金数额、租赁的一般条款以及其他相关信息。经营性租赁的好处包括降低资产报废的风险（科技设备）和表外融资，并让公司有效借到额外的长期资本，而不会对资产负债率产生负面影响。

经营性融资必须具备以下所有因素，以满足财务会计准则委员会（FASC）的规定：

- 租赁期不短于设备的预计经济寿命的75%。
- 租金的现值低于设备市价的90%。
- 租赁不能包含低价购买的选择权。
- 租赁资产所有权在租期结束后不能自动转给承租人。

资本性租赁是指用定期贷款购买资产的直接替代品。这个租赁合同是一个不可取消的合同，并且用一连串的支付款作为指定的时间内资产使用的交换。它实质上把固有财产所有权的全部利益和风险转移给了承租人。租赁期结束时，资产的所有权应转移给承租人，或允许承租人以最低价格购买资产。利息和折旧可作为费用支付，但付款方式为资本性租赁。资本性租赁产生费用的速度常常比同等的经营性租赁更快。

经营性租赁和资本性租赁通常都有一些必要的存款类型，有时会是最开始和最后支付预付款的形式。

风险租赁

风险租赁公司通常为新创立的公司和新兴成长型公司提供设备。一般存在两种类型的风险租赁：

第一种类型是传统的租赁公司，他们有针对性的风险资本支持的业务以及适合他们的营销方法和产品结构。在这种情况下，他们就不必向承租人索要股权。这些公司通常只要求最低水平的风险融资和全面的财务披露。交易结构通常是18～36个月的营业性租赁或正式租赁，而设备的租赁对业务运作来讲却至关重要。

第二种类型是风险租赁公司，他们一般以权证或期权的形式向承租人索求股权。承租人收到风险资本后，将由风险租赁公司据其发展潜力对其进行评估。一般来说，租赁交易没有抵押且租期是 3 ~4 年。正如前段所言，全面的财务披露是必须的。

考虑到权证的执行价格合理，与风险租赁公司谈判的理念是：寻求用低利率和低支付来换取认股权证。在一个理想的状况下，认股权证会高于或等于当前股票价值。相比其他风险融资，风险租赁是使股权收益减损更少的融资选择。

售后回租

公司可以通过将资产变卖给租赁公司/金融公司的方式，解除或重新配置现存资本，同时附带长期租赁协议。这就是所谓的售后回租协议。这项方案对于已经投资于某项固定资产的公司或者需要转变资金用途的公司来说非常有用。

售后回租对于拥有不动产行业股权的公司来说也是可行的。一个典型的抵押贷款可以使业主获取 50% ~80% 的高资产回报，而且可能有将近 100% 的售后回租收益率。与传统的抵押贷款或其他融资方法相比，售后回租交易可能有一定的税收优惠。我们建议，把对此影响力的评估作为公司决策的一部分。售后回租交易具有创建资产负债表外的融资优势，其价格也可能比夹层融资要低。

有些风险租赁公司愿意与已经在固定资产方面投资的早期公司做售后回租交易。这可能是一轮轮风险资本支持的资产密集型企业的一个选择，他们需要额外的资金来助其过渡到下一个发展阶段，却不想因接受一轮过早的投资而不得不一步步过滤发起人的股份。

哪些是可出租的?

- 农地、林地、捕鱼装备。
- 游戏机和机器。
- 银行设备。
- 计算机硬件和软件。
- 施工设备。

- 电气设备。
- 工业和制造业设备。
- 材料处理设备。
- 医疗设备。
- 矿业、石油以及气体收集设备。
- 办公设备。
- 打印/出版设备。
- 餐厅设备。
- 电信设备。
- 运输设备和交通工具。
- 自动售货设备。

私募股权

私募股权广泛用于集团公司和投资公司，它可以在谈判的基础上为私人企业提供资本。这类公司是一个超集，包括风险资本、收购［也叫杠杆收购（LBO）］和夹层融资，以及增长型股权投资或发展基金。行业经验、投资额、交易结构偏好和投资回报因目标不同而不同。关于提到的其他基金类型的信息将在本书的后面部分讨论。

在过去20年里，私募股权已经发展成为一个主要的资产类别，它给机构投资者的投资组合提供了大量风险或回报。在20世纪80年代，业界仍然认为这是小而专的领域，每年投资只有不到100亿美元的资金。如今，私募股权投资已经超过1万亿美元，私募基金公司超过1 000家。

私募股权是一个选择性的资产，许多在美国的机构投资者平均分配到总投资组合的7.5%。在美国，大约50%的私募股权是通过公共和私人养老基金提供的，其余是从捐赠资金、基金会、保险公司、银行、个人以及其他实体获得，这些人都是想利用这类投资方式来分散他们的投资组合。

私募股权投资公司作为中介存在于机构投资者、企业家和投资组合公司（发行人）之间。此外，公开上市的投资公司，在公众投资者和同一发行人市场中也扮演了相同的角色。他们投资的扩大有时候是通过天使投资人和企业投资者。发行人包括以下类型的公司：

- 新企业（前后期）。
- 中等规模私人企业：
  - 扩张。
  - 资本结构变化（资本额的调整）。
  - 所有权的改变。
- 上市公司：
  - 公司私有化。
  - 杠杆收购。
  - 财务危机。
  - 特殊情况。
  - 私人投资上市公司（PIPE）。

图5－8提供了私募股权和主要参与者的全景图。

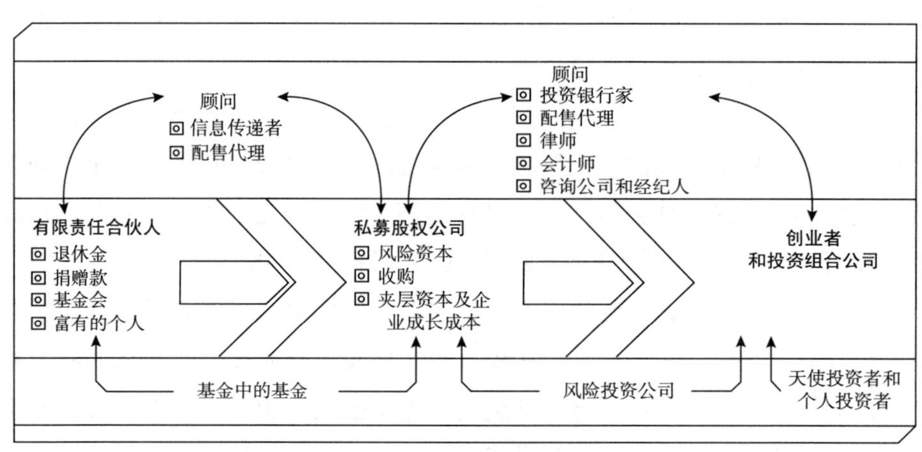

图5－8　私募股权全景图

资料来源：私募股权和企业家精神的塔克中心，达特茅斯的塔克商学院，http：//mba. tuck. dartmouth. edu/pecenter/about/index. html. 著作权属达特茅斯大学，其所有权利保留。

你会发现私募股权选择投资的公司类型以及投资类型没有明确的界定。一些风险基金在同一轮融资的同时投资收购基金，使资本得到扩张和增长。这似乎有点混乱，因为企业之间一直没有沿用私募股权业务的条款。当其他企业进行少数投资时，某些企业只会采取控股。根据每种类型公司的普通合伙人的经验和偏好的不同，实际的交易结构变化很大。

在某些例子中，私募股权投资公司在目标投资中占据控股地位，而少数的股份留给管理者和之前公司的股东，这些人当中的一些人可能已经参与企业的创立或带领公司发展至收购或投资具有吸引力的阶段。

在其他情况下，私募股权投资公司可以通过一项融资组合集中银行和其他金融机构的债务资金对自己进行杠杆收购，该项融资组合包括可转换次级债和部分无担保融资。

某些私募股权投资公司只从事特定业务领域的投资，在这些领域他们有着很强的专业优势。而其他机构则寻求进行多种行业投资的机会。

尽管很少参与其所收购公司或所投资公司的日常运作，许多私募股权公司的员工还是有着卓越的管理技能。这些员工习惯于为公司管理者提供建议并引导在其持有期间如何实现增长和盈利，从而提升企业价值。这些支持人员可能被任命为私募股权公司在管理咨询方面的得力助手，并对投资组合公司收取费用。

在过去，私募股权投资公司通常会购买一家私人企业进行美化，然后把它公开或出售给其他正在运行的公司，并期望获利。近年来，更多的私募股权投资公司相互间转让投资组合公司。类似这样的交易，即投资公司是交易的双方，过去比较少见。举例说，在 2001 年，根据研究公司 Dealogic 的数据，通过并购活动的这类交易额只有 25 亿美元。与此相比，2004 年的前 7 个月就有将近 410 亿美元的这类交易额。

2001 年的市场动荡，以及 2008 年的次贷危机，都造成了私募股权活动的暂停和重新估价。缺乏成本效益的用于承销交易的债务资金，是造成大部分收购基金为他们交易的权益部分配置更多资金的原因，尤其是对于较大规模的交易。某些情况下，收购基金会考虑成长型股权投资。不论收购、增长或风险投资，多数私募股权基金都会拨出额外资金，以便投资现有的投资组合公司。这一趋势加上信贷收紧和估值压低，导致所有的私人股本短期短缺，但同时也造就了最优质的公司。

风险投资基金

风险投资（VC）是一种最可能被滥用的金融投资术语，很多时候用来统称很多私人投资者和投资类型，并将他们都归为一类。但事实上，只有非常少的公司可以真正从风险投资人那里获得资金。这并不代表这些公司不是好的公司，而主要因为他们不符合这种融资模式。一个风险家评论说，他的公司一个月收到了数百份商业计划，但他们只看了少数，且可能只投资其中一个（这样的投资已经算大的了）。这种计划的接受数量与所提交计划数量之比是经常见的。

风险投资主要是投资于有明显增长潜力的初创公司。行业投资方向一般在科技或生命科学行业，不过近年来在某些类型的服务公司也有大的投资。在汤姆森路透（Thomson Reuters）数据的基础上，利用普华永道会计师事务所（PwC）或美国风险投资协会（NVCA）的《投资项目报告》（*MoneyTree™ Report*）来追踪这些投资，并分为以下几种类型：

- 生物技术。
- 主营产品和服务。
- 计算机和计算机的外部设备。
- 消费品和服务。
- 电子/仪表。
- 理财服务。
- 保健服务。
- 工业/能源。
- IT 服务。
- 媒体和娱乐。
- 医疗器材和设备。

- 网络和设备。
- 其他。
- 零售业/配送。
- 半导体。
- 软件。
- 电信。

行业概况

本部分内容的主要信息来自基于 PwC/NVCA《投资项目报告》的《美国 2008 年第三季度调研结果》白皮书，意在对风险投资的历史和现状进行回顾，并为讨论风险资本环境的平衡建立平台。

风险资金支持公司的总投资股本

尽管全球金融市场动荡，美国风险资本投资仍然维持在 2008 年第三季度的历史标准。根据《投资项目报告》的数据，风险投资者在 907 宗交易中投资了 71 亿美元。第三季度的投资活动从 2008 年第二季度的 1 033 宗交易投资额为 77 亿美元下降了 7%，并且比上年同期的投资下降了 9%。从第三季度可以看到，清洁技术和生命科学领域仍然是热门，而早期阶段的投资占到全部交易额的 39%。

2007 年第三季度、2008 年第二季度和第三季度不同行业的风险投资

如表 5 - 8 所示，生物技术业以微弱的优势（114 宗交易，13.5 亿美元投资额）胜于季度头号行业——软件业。然而根据交易的数量，软件业仍然处于行业的首位，在第三季度有 214 家软件业公司获得资金，而生物技术公司只有 114 家。由清洁技术投资带动的工业/能源业是第三季度资金水平的第三位（96 宗交易，12 亿美元投资额）。

表 5－8 行业的风险资本投资

行业	2008 年第三季度		2008 年第二季度		2007 年第三季度	
	交易量（宗）	投资额（百万美元）	交易量（宗）	投资额（百万美元）	交易量（宗）	投资额（百万美元）
生物技术	114	1 349.8	119	1 121.4	111	1 117.4
经营产品和服务	29	94.0	32	180.2	31	209.9
计算机和计算机的外部设备	14	73.1	19	149.8	15	117.2
消费品和服务	18	91.5	31	130.6	21	55.9
电子/仪表	18	120.0	23	128.3	22	110.9
理财服务	18	141.7	22	140.8	33	317.4
保健服务	13	55.9	14	61.7	18	108.9
工业/能源	96	1 191.4	94	1 153.1	89	1 089.9
IT 服务	62	402.7	78	603.2	62	427.8
媒体和娱乐	92	409.2	123	646.2	101	484.4
医疗器械和设备	93	896.4	105	929.5	83	869.3
网络和设备	21	178.3	23	160.2	30	367.7
其他	4	16.4	1	—	2	—
零售业/配送	6	49.2	16	109.6	13	44.7
半导体	50	395.9	40	368.7	60	657.8
软件	214	1 342.9	222	1 263.2	210	1 200.7
电信	45	322.8	71	518.3	82	647.3
总计	**907**	**7 131.2**	**1 033**	**7 664.8**	**983**	**7 824.5**

资料来源：基于汤姆森路透数据的 PwC/NVCA《投资项目报告》

生命科学行业（即生物技术和医疗器材的结合）在 2008 年第三季度的风险投资（207 宗交易，22 亿美元的投资额）比 2007 年同期增长了 10%，但交易量比 2008 年第二季度下降了 8%。这个下降归因于医疗器材领域投资水平的下滑。生命科学行业公司的投资占总投资资金的31%，并且占第三季度总交易量的23%。

清洁技术行业横跨传统投资项目，且包括替代能源、污染控制、回收、电力供应以及保护，在第三季度中可以看到投资增长的迹象，即73 宗交易，10 亿美元投资额。这个14%的投资水平高于第二季度（风险投资家投资的8.87 亿美元，68 宗交易）。表5 -9 显示了清洁技术行业从1995 年到2008 年第三季度每年逐步增加的风险投资额。

表5 -9　清洁技术行业投资（1995 第一季度至2008 年第三季度）

年	交易量（宗）	投资额（美元）
1995	36	79.0
1996	45	157.2
1997	45	143.5
1998	36	107.3
1999	37	202.9
2000	46	595.8
2001	61	399.9
2002	65	391.0
2003	59	271.4
2004	76	437.8
2005	88	544.1
2006	135	1 418.4
2007	233	2 642.3
2008	203	3 095.5

资料来源：基于汤姆森路透数据的PwC/NVCA《投资项目报告》

工业/能源行业在第三季度的投资（96 宗交易，12 亿美元投资额）与第二季度（94 宗交易，12 亿美元投资额）相比基本持平。半导体行业则比上季度的下降有小幅反弹，即投资额超过上季度，有7% 的上升（50 宗交易，3.96 亿美元投资额）。电信行业自2007 年第三季度以来处于投资水平的最低位（45 宗交易，3.23 亿美元投资额）。

2007 年第三季度、2008 年第二季度和第三季度根据公司发展阶段的投资

如表 5－10 所示，2008 年第三季度公司种子期/早期阶段的投资（350 宗交易，17 亿美元投资额）相比第二季度（378 宗交易，18 亿美元投资额）略有下降。在第三季度，种子期/早期阶段公司的交易量占总交易量的 39%，比第二季度的 37%有所上升。第三季度种子期的平均投资额是 350 万美元，比第二季度的 390 万美元有下降；而第三季度早期阶段的平均投资额是 550 万美元，比上季度的 520 万美元有所上升。

表 5－10　不同发展阶段的风险资本投资

发展阶段	2008 年第三季度		2008 年第二季度		2007 年第三季度	
	交易量（宗）	投资额（百万美元）	交易量（宗）	投资额（百万美元）	交易量（宗）	投资额（百万美元）
早期阶段	223	1 227.1	272	1 425.5	238	1 198.7
扩张期	263	2 650.6	321	2 558.1	312	3 083.1
成熟期	294	2 810.2	334	3 271.3	314	3 234.4
初创/种子期	127	443.4	106	409.9	119	308.3
总计	**907**	**7 131.3**	**1 033**	**7 664.8**	**983**	**7 824.5**

资料来源：基于汤姆森路透数据的 **PwC/NVCA**《投资项目报告》

第三季度，扩张期美元略有上升（263 宗交易，27 亿美元投资额）。但相比第二季度的 321 宗交易量，第三季度的交易宗数下降了 18%。总的来说，在这一季度中扩张阶段的交易占风险投资交易的 29%，这也是调查中历史的最低水平。扩张期的平均交易额为 1 010 万美元，比 2008 年第二季度的 800 万美元有明显上升。

成熟期投资的交易额在 2008 年第三季度下降了 14%，只有 294 宗交易，28 亿美元的投资额，并且占总交易量的 32%。但在 2008 年第二季度，成交了 334 宗交易，共 33 亿美元投资额。此外，第三季度成熟期的平均交易额为 960 万美元，稍低于上一季度（平均交易额为 980 万美元）。

2007 年第三季度、2008 年第二季度和第三季度根据融资顺序的投资

首次交易的美元价值（即公司初次收到的风险资金）在 2008 年第三季度下降了 12% 至 15 亿美元。交易宗数也随之减少，下降了 20% 至 259 宗，这是按上季度初次收到的 322 宗风险资本来算的。与第二季度的占总额的 22% 和总交易量的 31% 相比，第三季度的初次融资占总额的 21% 和总交易量的 29% 。当公司初次收到风险资本且投资总额为 20% 时，初次融资额的百分比是自 2004 年第二季度以来最低的。当公司初次收到风险资本且交易宗数比为 27. 2% 时，2008 年第三季度的交易百分比是自 2004 年第一季度以来最低的。

工业/能源、软件和生物技术行业的公司在 2008 年第三季度收到的现金是首次达到最高水平。对于其他行业，与第二季度比较，第三季度的初次融资有所增加的行业包括半导体、网络和设备，以及保健服务行业。

在 2008 年第三季度，初次交易的平均规模是 570 万美元，而上一季度是 520 万美元。种子期/早期阶段的公司收到首次批量投资，获得现金的 55% ，接近交易量的 3/4。

2008 年第三季度最活跃的风险投资者

2008 年第三季度最活跃的美国风险投资者完成了 8 个以上的交易。在第三季度所报告的 2 227 宗交易中，最活跃的公司的交易数量占到 450 家，或是该季度完成的总交易量的 20% 。Draper Fisher Jurvetson 以 26 宗交易位于第三季度最活跃公司名单的首位。Intel Capital 有 20 个投资，New Enterprise Associates 有 19 宗交易，成为名列季度的前三大风险资本公司。表 5 - 11 列出了 2008 年第三季度最活跃的风险投资者名单。

表 5 - 11　2008 年第三季度最活跃的风险投资者

公　司	地理位置	交易量（宗）
Draper Fisher Jurvetson	加利福尼亚州，门罗公园	26
Intel Capital	加利福尼亚州，圣克拉拉	20

（续表）

公 司	地理位置	交易量（宗）
New Enterprise Associates	马里兰州，巴尔的摩	19
Kleiner Perkins Caufield & Byers	加利福尼亚州，圣克拉拉	18
Sequoia Capitfil	加利福尼亚州，圣克拉拉	17
U. S. Venture Partners	加利福尼亚州，圣克拉拉	17
Greytock Partners	马萨诸塞州，沃尔瑟姆	14
InterWest Partners	加利福尼亚州，门罗公园	14
Polaris Venture Partners	马萨诸塞州，沃尔瑟姆	14
Sigma Partners	加利福尼亚州，门罗公园	14
Menlo Ventures	加利福尼亚州，门罗公园	13
Accel Partners	加利福尼亚州，帕洛阿尔托	12
Advanced Technology Ventures	马萨诸塞州，沃尔瑟姆	12
Canaan Partners	康涅狄格州，韦斯特波特	11
CMEA Ventures	加利福尼亚州，旧金山	11
Venrock Associates	加利福尼亚州，帕洛阿尔托	11
First Round Capital	宾夕法尼亚州，西康舍霍肯	10
Khosla Ventures	加利福尼亚州，门罗公园	10
Labrador Ventures	加利福尼亚州，帕洛阿尔托	10
Norwest Venture Partners	加利福尼亚州，帕洛阿尔托	10
Trident Capital	加利福尼亚州，帕洛阿尔托	10
Domain Associates	新泽西州，普林斯顿	9
Matrix Partners	马萨诸塞州，沃尔瑟姆	9
Mohr Davidow Ventures	加利福尼亚州，门罗公园	9
North Bridge Venture Partners	马萨诸塞州，沃尔瑟姆	9
Trinity Ventures	加利福尼亚州，门罗公园	9
Advantage Capital Partners	洛杉矶，新奥尔良	8
ARCH Venture Partners	伊利诺伊州，芝加哥	8
Bay Partners	加利福尼亚州，门罗公园	8
DCM	加利福尼亚州，门罗公园	8
Duff Ackerman & Goodrich	加利福尼亚州，旧金山	8

（续表）

公　司	地理位置	交易量（宗）
Flybridge Capital Partners	马萨诸塞州，波士顿	8
Foundation Capital	加利福尼亚州，门罗公园	8
Frazier Healthcare and Technology Ventures	华盛顿州，西雅图	8
MD Technology Development Corporation	马里兰州，哥伦比亚	8
MPM Capital	马萨诸塞州，波士顿	8
Rockport Capital Partners	马萨诸塞州，波士顿	8
RRE Ventures	纽约	8
Three Arch Partners	加利福尼亚州，波托拉山谷	8
Warburg Pincus	纽约	8

资料来源：基于汤姆森路透数据的 PwC/NVCA《投资项目报告》

2007 年第三季度、2008 年第二季度和第三季度按地区划分的投资

如表 5－12 所示，硅谷继续揽得大量的风险投资金额，占 2008 年整个第三季度归属于美国本土公司 710 亿美元投资额的 39%。新英格兰地区赢得了 12% 的投资资金份额，而洛杉矶/奥兰治县和纽约地铁（NY Metro）各自获得了 8% 的份额。前 10 个地区中的 6 个在第三季度经历了投资水平的下降。尽管交易宗数减少 12%，纽约地铁还是创造了最高的资金增幅纪录，比第二季度增长了 36%。加在一起，前 10 个地区在 2008 年第三季度投资了 90% 的资金以及报告了 86% 的交易宗数。

表 5－12　按地区划分的风险资本投资

地区	2008 年第三季度		2008 年第二季度		2007 年第三季度	
	交易量（宗）	投资额（百万美元）	交易量（宗）	投资额（百万美元）	交易量（宗）	投资额（百万美元）
阿拉斯加州夏威夷波多黎各港口	1	12.0	2	6.1	2	3.7

（续表）

地区	2008 年第三季度		2008 年第二季度		2007 年第三季度	
	交易量（宗）	投资额（百万美元）	交易量（宗）	投资额（百万美元）	交易量（宗）	投资额（百万美元）
科罗拉多州	21	196.0	26	183.7	28	215.6
哥伦比亚区/大都市	44	180.6	50	216.6	37	349.6
洛杉机/奥兰治县	54	572.5	65	593.8	55	395.2
中西部	60	395.1	68	394.3	63	345.6
新英格兰	117	834.1	123	853.8	124	998.2
中北部	19	235.2	23	184.1	19	113.1
西北部	44	294.9	61	349.3	52	345.0
纽约地铁	71	546.2	82	401.7	65	449.0
费城地铁	36	268.1	39	214.2	30	273.4
萨克拉门托/新加勒多尼亚	6	20.6	4	1.5	2	14.5
圣迭戈	22	178.4	38	374.1	41	418.1
硅谷	292	2 773.4	318	3 107.4	317	2 876.0
中南部	9	7.5	8	41.0	6	10.0
东南部	51	250.1	57	335.3	60	393.1
西南部	17	59.2	22	100.9	26	161.0
得克萨斯州	38	275.5	40	288.8	46	442.2
纽约上州	5	31.9	7	18.1	10	21.2
总计	**907**	**7 131.3**	**1 033**	**7 664.7**	**983**	**7 824.5**

资料来源：基于汤姆森路透数据的 PwC/NVCA《投资项目报告》

增值投资人*

风险投资家有两种强有力的机制，可使其在投资组合公司发挥影响力。风险投资家可以取代管理（获得广泛认可）或者迫使公司出售（通过拒绝投入追加资本）。这两项措施虽然有效，却有些过激。风险投资家影响投资组合公司运营的方法有很多种。

一般来说，所有的风险投资公司都会给投资组合公司提供以下援助：

- **融资或退出交易** 风险投资公司天生就对私募股权市场当前趋势有独特的洞察力。除了提供市场洞察力，当风险投资公司为新一轮的融资寻找领投者时，他们就会把投资组合公司介绍给其他的风险投资公司。大部分风险投资公司和商业银行都有一定的关系。当投资组合公司需要债权融资时，这层关系就会被用上。总之，风险投资公司和主要的投资银行都有良好的关系，他们在选择银行和首次公开募股的过程中极其活跃。
- **战略咨询** 所有的风险投资公司都会利用其作为投资者、一些项目负责人和从事相似业务所获的丰富经验，为成长型的公司提供战略咨询。
- **团队建设/招募** 大部分风险投资公司扮演着协助招募和打造高层管理团队的角色。许多公司在管理团队评估上倾注了不少精力，而且会在某些方面作适当的调整，包括招聘和面试新员工。像Bessemer这样的公司，甚至已经扩大到有正式的猎头和招聘部门，专门负责搜罗世界顶尖人才进入他们的投资组合公司。
- **巧用关系** 所有的风险投资家在他们各自的行业内都有广泛联系。风险投资家会巧妙利用这些关系达成目的，例如，代表投资组合公

* 这部分的基本内容节选自《风险资本投资组合管理笔记》，2003，科林·布莱登（Colin Blaydon）和弗雷德·温赖特（Fred Wainwright）教授（达特茅斯大学塔克商学院）以及安德鲁·沃尔德克（Andrew Waldeck）教授。衷心感谢塔克中心对私募股份和企业家精神的大力支持。著作权属达特茅斯大学，其保留所有权利。

司进行交易谈判，或者发起退出交易。投资组合公司也会直接利用这些关系助其发展新业务，促进销售和收集市场情报。此外，投资行业内资源共享也是巧用关系的表现。阿克塞尔合伙公司、巴特利风险投资公司、克洛斯普特合资公司，以及许多其他类似的公司，都积极地鼓励投资组合公司管理团队内部互动。

- **风险管理**　新创企业有时会遭遇风险，例如重大客户或高级管理人员流失，资金短缺，以及重大设计或发展问题。这时，风险投资家就会利用任何可用资源，极其罕见地临时参与管理，目的是保护或节约他们的投资。

风险投资流程

参考如图 1 - 1 所示的基准融资流程，获得风险投资的过程包括九步。首先，筹集风险资金的关键是要使你的交易和投资者的要求相匹配；其次，一个公司想要解决实际问题，就需要一个有说服力的故事。换句话说，对于“必须有产品、服务或解决方案”还是“有产品、服务或解决方案更好”，必须存在相应的市场需求。以下是目标企业和目标团队对风险投资候选人的认定标准，显然，不是所有的企业都符合每一条要求：

- 风险投资阶段的质量管理。展现你将如何打造一个高质量团队，咨询委员会和董事会。
- 产品提出了客户业务的关键方面。
- 目标客户明确易得。
- 除了早期的采纳者，还存在一个市场。多数企业家没有进行充分的市场调研。相反，他们只是尝试以下两种途径中的一个：(1)“市场就在那里”（我想这意味着：“相信我们的话”，但我们不信）；(2)“我们加入了产值 2 200 亿美元的电子行业，即使我们只得到 0.01% 的份额，我们也将成为价值 2 200 万美元的公司。”这样算似乎没错，但这种说法太让人反感，会让人立即得出结论：团队的整个架构过于粗糙和浮夸。科学的市场调研从来都不会那么简单，不过总是可行的。风险投资寻找的是这样的团队：能够把整体市场分割使特定的机会独立出来，巩固已有的成果，第三方监控，以及专注于具体目标。我们要清楚市场规模，谁是市场中最大的玩家，他们的市场份额有多大，行业的增长趋势如何，市场参与者是谁，行业面临的最大问题是什么？你的公司怎样才能适应？要时刻关注行业动态。

- 客户愿意随着规定的采购流程的变化而变化。
- 了解销售流程。谁是决策者？其他各方对决策流程是否很关键？产品销售的交货期？会是一种关系还是商品销售？要能够为客户做一个详细的利益分析。
- 能够理解/最大程度地利用合作伙伴。
- 能够了解和清楚地阐述一个推进计划中的必要发展阶段。
- 有一个高于平均利润水平的可行的商业模式，并解释其具体的财务模型。
- 清楚公司的竞争力状况和趋势。对于这种竞争威胁的轻视明显地体现在我们常听到的“我们没有竞争对手”这句话里，这是后期出现的经营后震惊的近乎确定的先兆。很多风险投资家坚持严格审查的商业计划中应当包括一个竞争态势矩阵，例如产品/服务相关特征相对所有其他合理的购买方案之间的比较。
- 可获排他性的产品、流程和知识产权。
- 有投资/融资策略（包括退出策略）。
- 拥有不公平竞争优势。
- 可以预见，该投资能够在5～10年内得到10倍的回报。
- 用一个模型来做战略规划。这个模型要能反映市场前景和执行力。战略规划必须有里程碑，还要有衡量这些里程碑的标准。着重指出规划中的风险并解释可以控制风险的原因。

另一个可作替代的观点是：定义什么样的标准能让目标公司从这些流程中排除或过滤出来。我们强调以下几个问题：

- 缺乏与合作伙伴价值目标的统一。

- 管理者明显缺乏背景（例如，没有一个人拥有之前相关行业成功的经验）。
- “从事与众多企业一样”的业务（例如，“只需要1%的市场份额”）。
- 大额资金需求/投入期太长而不能进入市场。
- 缺乏商业计划和商业模式。
- 只有产品计划，没有经营计划。
- 不切实际的融资/投资策略。
- 低估竞争者的反应。
- 不懂产品/服务的销售程序。
- 缺乏真实性。

以下是风险投资家所讲的主要的投资标准的一些补充要素，按其重要性的递减顺序排列。结合上面所列各项和这些关键因素，你就能很容易地筛选或测试出获得风险融资的可能性。

- 持续积极努力的管理者。
- 管理者完全熟悉市场。
- 展现领导能力的管理者。
- 拥有可以评估风险并积极做出反应的管理者。
- 允许投资撤出。
- 显著的市场增长。
- 拥有风险投资相关从业背景的管理者。
- 能很好地阐述风险投资的管理者（即可以讲述有说服力的故事）。

时刻准备着！

假如你能满足以上标准并且已经准备好应对上面提到的问题，你就可以参照图5－9所介绍的步骤参与风险投资。考虑到有大量提交给风险投资家的不请自来的商业计划书，大多数公司是通过他们信任的顾问和人际关系网找到风险投资商的。这一人际关系网包括律师、会计师、投资合作方、投资银行，以及通常为目标风投公司所聘用的咨询顾问。如果你的公司没有这样的顾问，你可能要考虑换人了。不管有没有明文规定，潜在的规则一般是：如果他们帮你牵线并助你融资，那么你就得用他们做咨询顾问了。

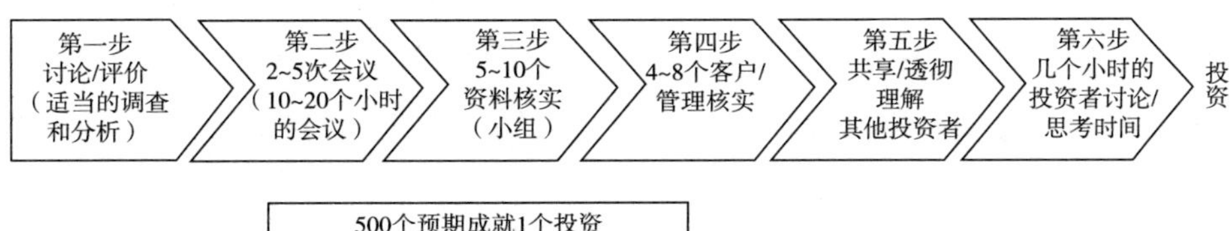

图 5－9　风险投资步骤

资料来源：罗伯特·S·温特，风险投资融资流程及估值，1997

或许你会注意到，筹集风险投资基金的过程不是一个科学的流程。事实上它相当主观。风险投资商喜欢背包旅行。人们常说，如果你能使一个风险投资商产生浓厚的兴趣，其他风险投资商就会随之而来。引起众人兴趣的一种方式就是：让感兴趣的风险投资公司在表达浓厚兴趣后和其他风险投资公司举行会议。风险投资商不愿单独行动，他们总是希望有一群投资者一起投资，并且他们想让其他投资者给他们做眼力和智力的保证。

当你接近一些公司时，他们可能会拒绝或者借故拖延，你不得不衡量目前状况下交易是否可以融资。一场交易可能搁置较长时间。投资者们常常进行内部讨论，如果在管理或商业计划中有任何结构缺陷，都会让他们对这项交易失去兴趣。因此你得不断地问自己："我的管理是否恰当？团队是否足够博学?"要记住：风险投资商不是爱上了你的技术或者产品，而是管理者。发起人和技术投资者一般来说不适合做 CEO。

筹集资金的过程既让人沮丧又费时间。实际上当管理层寻求融资时，就延缓了企业的发展过程。最糟糕的是风险投资的决策过程相当漫长。如果你很快被拒绝，说明你不符合他们的投资标准。但也很少有快速同意的情况。如果刚开始就有兴趣，合作伙伴将开始对推荐的管理团队和商业模式做详尽的尽职调查，那将会有多次与行业领导者、公司的朋友及你的团队的会议。管理者必须推进规划的活动，以促进业务关系的建立。对尽职调查要求的回应会让你在解释业务和回答投资者关心的问题时变得更加娴熟。在融资过程中，你会变得更加善于表达，更易被关注，胸有成竹地回答现实的或假设的问题。

要有耐心和毅力。给自己设定短期和长期的目标。在实现一些目标之后，还是要和风险投资公司保持一定的联系，就算他们对投资不冷不热。这就是所谓的投资随着环境的变化而变化！一些事件可以助你成功融资，例如技术的突破、科学界的赞助、知名的天使投资人、大规模的销售额、行业合作伙伴，以及影响公开市场条件的变化。带着对原有关注问题的解决方案，重新组织交易是不会错的。

当风险投资公司拒绝了你的融资请求时，那并不是最终结果。你需要思考他们为什么拒绝投资，并且考虑他们担心的问题是否存在，以及问题是否得到阐述。多寻找和接触投资机构，让你的交易为更多的投资者所注意，因为“情人眼里出西施”。因此，多接触投资者是很重要的，但也要注意投资者如何看待你们的交易。你是否听到同样的反对理由？你是否从前面的会议中吸取了教训，改变你向投资者阐述关注问题的介绍方式？

会议

如前所述，将会有一系列的会议在等待着你和你的团队。你们要给公司一个定位，向投资者提供你们要求的支持材料，管理者的经验和视角，团队作用以及做出潜在的假设。这些会议是双向交流的，同时也能更好地理解和评估你的潜在合作伙伴。在风险投资的第三步和第四步中，会有许多参考资料、客户、有效背景的管理核实和测试假设。当流程接近做出投资决策的那一点时，以下一些支持或反对的情况将会出现：

	但是：	
1. 很强的技术团队。		1. CEO 人选值得商榷。
2. 引领市场的机会。		2. 业绩很有可能下滑。
3. 前景广阔。		3. 资金需求量太大。
		4. 投资团队较弱。
		……

你和你的团队反思越多，并寻求上面“但是”一方的切实选择或解决方案，你通过筛选获得所寻求的投资的机会就越大。更重要的是，你将可能获得

更有实力的伙伴，成功的机会也因此更大。

正如前面所述，有一个清晰且切合实际的融资策略很重要。对一般的风险投资模式是否了解，将决定你能否成为合格的候选人，以及是否有兴趣引入风险资金投资者。资金通常会应用于公司的不同发展阶段，通常为种子期、系列A到系列D等。这些阶段也被称作第一轮、第二轮等。后续资金具有夹层融资或过桥融资的特点，通常在首次公开上市之前6~12个月到位。每个阶段对公司的发展都很重要，步步攀升的公司估价有利于公司价值比前一轮的估价显著提高。随着互联网泡沫的破灭，许多公司的随后一轮投资期的估价开始下降，这就是所谓的“估值较低的一次融资”。当估值较低的一次融资发生时，前期投资通常被较大程度地稀释。

图5-10介绍了企业各阶段投资的价值构建过程。通常，每一轮所投的资金会有阶段性的增加。种子期投资范围从名义投资到约100万美元不等。种子期之前的投资资金往往是从朋友、家庭、发起人和天使投资人那里募集而来；另外，风险投资基金偶尔会提供种子期投资。根据启动资本的规模，部分公司跳过了种子期，并从某家风险资本家处获得了第一笔投资作为A轮融资，融资规模从100万美元至500万美元不等。在生物技术和半导体行业，初始期的融资规模也许会大得多。当然，对于所有这些一般情况也有例外。企业各个发展时期的平均投资金额如图5-11所示。

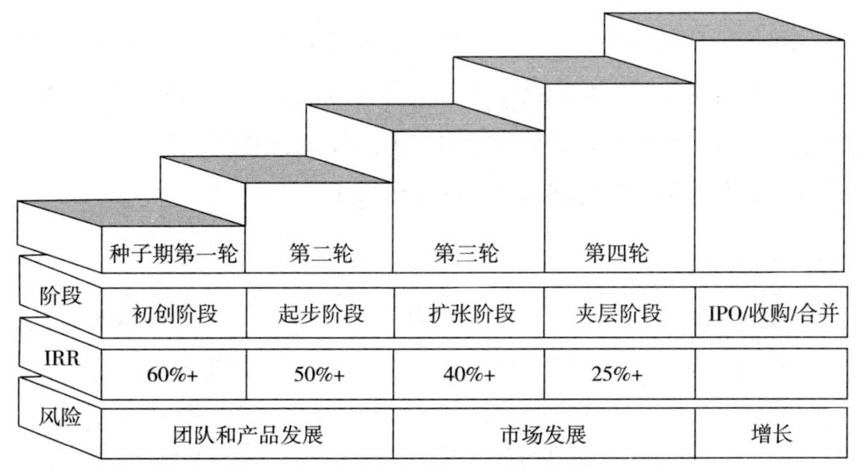

图5-10　价值的构建

资料来源：罗伯特·S·温特，风险投资融资流程及估值，1997，幻灯片第9页

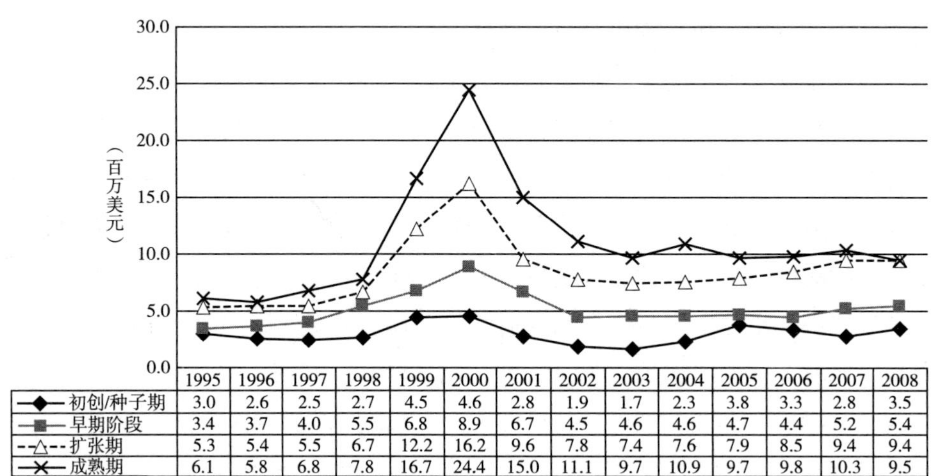

	1995	1996	1997	1998	1999	2000	2001	2002	2003	2004	2005	2006	2007	2008
初创/种子期	3.0	2.6	2.5	2.7	4.5	4.6	2.8	1.9	1.7	2.3	3.8	3.3	2.8	3.5
早期阶段	3.4	3.7	4.0	5.5	6.8	8.9	6.7	4.5	4.6	4.6	4.7	4.4	5.2	5.4
扩张期	5.3	5.4	5.5	6.7	12.2	16.2	9.6	7.8	7.4	7.6	7.9	8.5	9.4	9.4
成熟期	6.1	5.8	6.8	7.8	16.7	24.4	15.0	11.1	9.7	10.9	9.7	9.8	10.3	9.5

图 5－11　公司发展阶段的平均风险资本投资

资料来源：基于汤姆森路透数据的 PwC/NVCA《投资项目报告》

退出策略是合理的指导：要么让公司上市，要么出售给战略收购者。作为备选方案，一家公司可能与另一家公司合并，并且有（之前所提及的）更好的退出策略。其他可能的较不利的退出策略包括将投资组合公司出售给另一投资公司、回售给管理层或清算。

选择一个风险投资商

正如目标管理的品质非常重要一样，风险投资者的品质对于目标公司的成功而言也是非常重要的。我们鼓励你探究和了解你选择的风险投资者的背景。假如你选择寻求风险投资，那么应考虑与风险投资公司的合伙人成为合作者。

表 5－13 对风险投资合伙人的优缺点进行了比较。

表 5－13　投资者比较

投资者类型	优点	缺点
风险投资商	财力雄厚	昂贵
	必须投资	要求退出策略
	资源丰富	通常有合同消极性管制
	积极参与的合伙人	

（续表）

投资者类型	优点	缺点
私人投资者	较少支出	有较多选择
	有更多可用资金	较难寻找
	可以灵活退出	每个投资者资金较少
	愿意承担风险	需要更多投资者
	较少麻烦的条款	费时
	也许愿意采取非控制立场	
公司制风险投资机构	可以加强关注	可以加强关注
	可以添加战略性杠杆（例如，市场销售、技术、制造业及支持）	必须对他们的公司作调整 会限制市场潜力
	立即可信度	

资料来源：罗伯特·S·温特风险投资融资流程及估值，1997，幻灯片第14页

风险投资的运作模式

理解风险投资公司的运作模式及其背后的经济学原理，也许能帮助你更好地了解你的风险投资伙伴的动机行为。这里，我们重点列出风险投资模式中一些关键方面：

- 成立时间不长的风险投资机构看重的往往是市场和数据。
- 经验丰富的风险投资机构看重的往往是人。
- 一只典型的基金：
    - 投资10~15家公司。
    - 预计一家公司向有限责任合伙人归还资金或产生足够的收益来偿还资金的全部款项。
    - 预计1~4家公司会失败。
    - 预计其余的公司拥有最低限度的合理回报。
    - 具有10年的期限。

- 利用某些领域的专业知识，在一个行业内组合投资。
- 投资哪个阶段，是基于被投资企业不同发展阶段的里程碑。

- 风险资本投资：

  - 规划未来5年内给他们10倍的投资回报。
  - 投资期为3~7年，平均约4年。
  - 公司不同阶段会有不同的投资回报，每年从25%到70%不等。
  - 必须有一个最低预测为1亿美元市值的投资组合公司。
  - 曾经取得过首次公开上市7倍、销售额2倍、债务清算0.1~0.2倍的业绩。

估值*

每一个风险资本融资的核心，是一个让投资者和企业家相互接受的估值。估值不仅能够反映企业家对所有权可接受数额的确定（它们可以用风险投资公司的资本和专利技术换取），而且能够反映风险投资者对风险和投资回报的确定。这一动力经常被误解，并产生不利的后果。从风险投资者的角度来理解估值是很重要的。但对投资者—企业家之间的关系和公司的最终成功而言，认识到估值如何在企业发展过程中起到决定性及调节性作用也很重要。

估价方法的选择取决于不同的投资阶段，以及获取的定性和定量数据的有效性。然而，在和风险资本投资者讨论估值之前，你必须掌握风险投资估值的通用的、简明的基本术语及组成部分。我们将会解释风险投资者在企业的早期阶段是怎么考虑、构建、调整估值的，同时我们还将阐述公司生命周期内估值的内在作用。

---

* 本节内容大部分源于《理解价值评估：一个风险投资者的看法》（*Understanding Valuation: A Venture Investor's Perspective*），作者：小达纳·卡洛（A. Dana Callow Jr.），普通合伙人；迈克尔·拉森（Michael Larsen），生命科学高级经理。两位都是波士顿 Millennia 公司合伙人。

基本计算

任何私募股权交易都很关注企业的交易前估值。在购买股权之前，它就是企业的估算价值或名义价值。确定企业的交易前估值，加上企业接受的资本投入，最后确定出售用于交换资金的股权份额。这种投资资本进入后产生的估值就是所谓的交易后估值。举例来说，某公司交易前估值为 500 万美元，一家投资机构向该公司注入 500 万美元资金，即获得 50% 的股份。

交易前估值 + 投入资本 = 交易后估值

每股价格 = 交易前估值/交易前股数

但重要的是，不要只注重估值的确定。与交易前估值确定同样重要的是创业者对接受投入资金数量的决策，这将直接反映企业运用资金的效率。

方法论—差异化数据

早期阶段的投资远不是一门精确的科学。早期阶段的公司往往只是一个创业者及这个创业者的一个想法。种子期的估值一般是根据企业自身具有的特性来进行的。这些特性包括：CEO 和管理团队的评估、价值取向的新意、知识产权估值、预期进入市场的时间、预期盈利途径、预期资金需求及资金消耗率、企业联合风险、行业波动性以及交易结构。在后种子期的投资中，中介的数据点（如事件的证据证明和产品检验的原则）对公司估值的确定起着很大的作用。当企业发展到成熟期时，更多定量数据会以营运统计及业绩指标的形式反映出来。实际结果能让投资者更加精确地模拟季度和年度收益、EBITDA（未计利息、税收、折旧及摊销前的利润）、资金消耗、管道交易成交率、未完成订单、预订以及企业估值等。

表 5 – 14 可能过于简化（不能作为最低估值水平的参考），但随着公司发展成熟，它确实表明了典型的投资估值趋势线。风险程度与数据的质量和数量成反比。种子期及早期阶段的投资的高度不确定性等同于较低的交易前估值。由于新创公司的倒闭率很高，因此投资者们要为承担如此高的风险获得必要的补偿。与之相反，成熟期及夹层投资者们拥有财务预警模型，有助

其降低风险。考虑到公司股票价格上涨的空间有限，他们要为减少风险承担更高的交易前估值。

表 5 – 14　公司发展阶段的估值

融资	公司发展阶段	数据	风险/不确定性	价值（百万美元）
种子期	注册成立；早期发展	软指标；价值计划等	极高	1 +
A 系列	发展	确认，上市时机	很高	3 +
B 系列	发货	初步收入	高	7.5 +
C + 系列	发货	推测性收入	一般	10 +
成熟阶段/夹层	发货，有利润	硬指标，EBITDA，净收入	较低	20 ~ 50 +

资料来源：《理解价值评估：一个风险投资者的看法》，作者：小达纳 · 卡洛，普通合伙人；迈克尔 · 拉森，生命科学高级经理。两位都是波士顿 Millennia 公司合伙人。

风险投资商每年需要查看的商务计划没有上千也有数百。每一个计划都包含了具有吸引力的预算及强有力的增长计划。如图 5 – 12 所示，作为预测，要求保守估计包括最低限度的市场渗透力、产品定价，以及毛利率。不管风险投资商如何构建，这类预测在他们的假设中几乎总是过于乐观的。风险投资商将全面检查这些数字，去除干扰因素，使假设更加合理化，并根据不同执行程度、竞争性的定价压力、周期性变化、消费者偏好等因素进行敏感性运行。由此产生的合理预测可能只占原计划的一小部分。图 5 – 13 就是一个比较合理的预测。

在原本的预测中如果打上一个折扣，就会明显揭示出比首次预期更大的资金需求。作为一个创业者，为了保证你的最大利益，企业的短期和长期资金需求都要弄清楚。而这些资金需求就成为你公司的长期融资战略基础。现阶段需要增加多少融资？下一次融资是什么时候？该时期内公司要完成什么样重大的发展阶段？清楚长期融资战略很重要。一个经验丰富的企业家会在从一轮融资到下一轮融资建立价值的基础上，与投资者一起开发融资战略，并清楚这些价值是如何计算的。

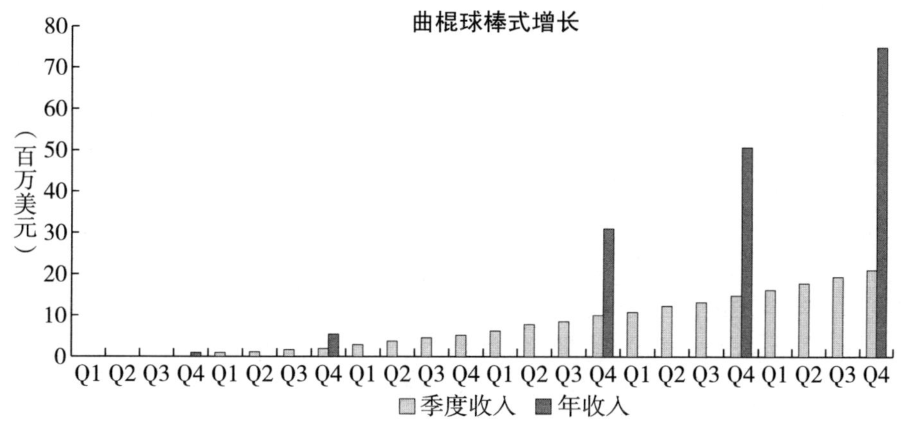

图 5 - 12　公司增长预测

资料来源：《理解价值评估：一个风险投资者的看法》，作者：小达纳 · 卡洛，普通合伙人；迈克尔 · 拉森，生命科学高级经理。两位都是波士顿 Millennia 公司合伙人。

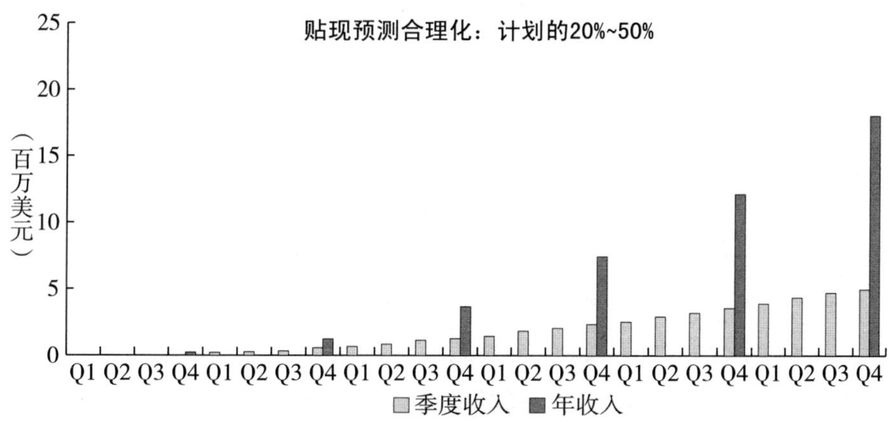

图 5 - 13　合理预测

资料来源：《理解价值评估：一个风险投资者的看法》，作者：小达纳 · 卡洛，普通合伙人；迈克尔 · 拉森，生命科学高级经理。两位都是波士顿 Millennia 公司合伙人。

图 5 - 14 展示了公司阶段性的融资策略。创立一家公司需要时间和金钱。图中的阶段如下：

- 种子期融资。种子期融资为企业提供资金，用于支付发起人或管理层的工资、研究与开发费用、技术概念验证、样机开发及测试等所需费用。资本来源包括个人资金、朋友、家庭以及天使投资人。资

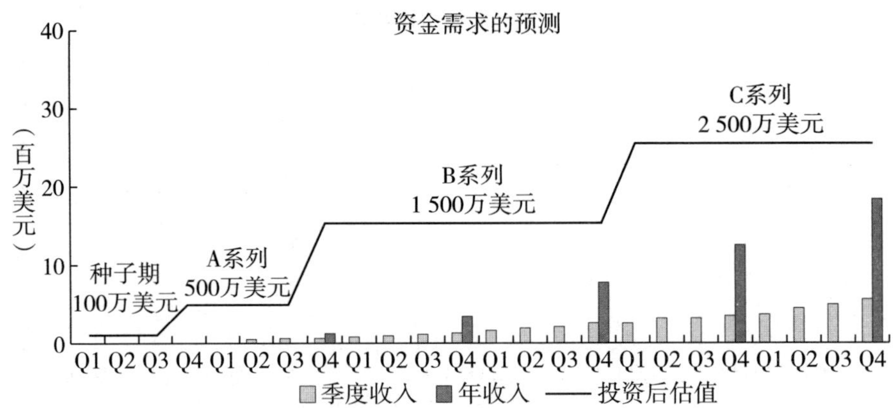

图 5-14 长期融资策略

资料来源：《理解价值评估：一个风险投资者的看法》，作者：小达纳·卡洛，普通合伙人；迈克尔·拉森，生命科学高级经理。两位都是波士顿 Millennia 公司合伙人。

本的增长十分有限，这是因为它削弱了最低估值所产生的影响。因此这一阶段的目标是组建一个优秀的团队，实现公司不同发展阶段的目标，完成概念验证，以及从事能为你的未来融资吸引投资者的事情。

- A 系列融资。通常情况下，A 系列融资是公司的第一次机构融资，由一个或多个风险投资商主导。这一轮估值将反映种子资金投入后取得的进展、管理团队的素质，以及其他定性因素。一般来说，A 系列融资将购买 25% ~50% 的股权。这一轮融资的通常目标是完成信息技术公司的产品开发、聘请顶尖人才、实现价值创造的发展阶段、进一步验证产品、加大业务发展力度，以及在估值增长的基础上吸引投资者对未来融资的兴趣。
- B 系列融资。B 系列融资通常是比 A 系列更大的融资。这个时候，我们可以假定信息技术公司的发展已经完成，技术风险已经解除。早期的收入流可能正在形成。估值是建立一个融合了主观因素和客观因素的数据，其中包括人力资本、技术资产、知识产权、迄今所取得的发展阶段、公司的可比较估值、合理化收益预测等。此次融资的目标包括业务发展、扩大规模、促进产品开发、促进收益，以及为下一轮的融资创造价值。

- C 系列融资。C 系列融资是成熟期的融资，目的在于加强资产负债表，提供营运资金以扩大公司经营，为一项收购提供融资，进一步发展产品，或为公司通过首次公开募股或收购实现退出做准备。现阶段，公司往往已经有可预测的收益、积压的订单以及 EBITDA，并且可为外部投资者提供用以合理说明估值的广泛的可靠数据点。经过与类似的上市公司相比较，估值的测算，如收入的倍数和 EBITDA，都可以计算并采用近似值。

图 5-15 显示了在风险投资中确定的交易后估值与经由企业销售可能实现的市场内在估值之间的关系。种子期融资与 A 系列融资阶段隐含的交易前估值比同期市场估值要高。这种早期的估值溢价是由早期阶段估值方法所得出的定性数据决定的。风险投资商会对企业的理念、人力资源等无形资产做出估值。到了 B 系列融资时期，与市场价值相比，交易前估值处于下降趋势。中间时期的估值一般低于市场价值，这在估值中向投资者提供了风险溢价，以补偿私募股权不能变现的特征。

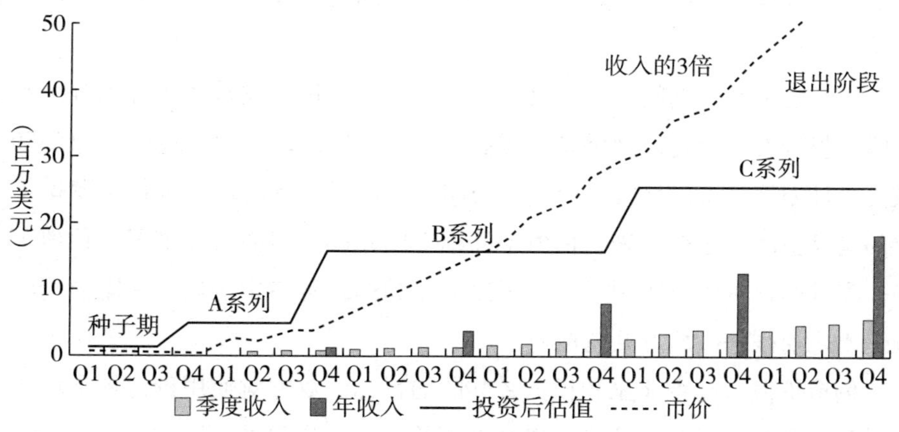

图 5-15 构建企业价值

资料来源：《理解价值评估：一个风险投资者的看法》，作者：小达纳·卡洛，普通合伙人；迈克尔·拉森，生命科学高级经理。两位都是波士顿 Millennia 公司合伙人。

应用判断力

以上例子说明了估值的阶段性功能。每一项融资都是为了给价值创造目标的实现提供资金。假设目标已实现，价值已经创造，融资便会随着业务进展有更高的估值且风险程度下降。然而在这时，会有问题出现，并会对估值产生不利影响。若估值持续上升时融资无法随之增加，投资者可能进行一次与企业原有估值持平的融资或者估值较低的融资，这样一来估值就会减少。一次估值较低的融资有可能源于超支所造成的早期资金短缺、未能实现其价值创造的发展阶段，或者差强人意的经营绩效。融资前过高的定价或疲软的资本市场也有可能造成影响。估值较低的融资是不受欢迎的，它会破坏管理者和投资者的信心。除此之外，它还会给风险投资商带来不必要的账面价值调减。当然，也有相当多的企业在经历了估值较低的融资后远离低谷，迈向了成功。

一家公司在某一特定时间点的估值取决于一定时期内的表现。许多老练的风险投资商会倾向于在 10% ~15% 的区间内衡量具有同等阶段的投资组合公司的价值，即使他们已用尽所有可用的定性和定量数据。考虑到市场的普遍现象，选择一家风险投资商而放弃另一家的关键因素，基本上应该与估值无关。

从长远来看，期间估值在公司退出时对最终投资收益的实现和分配影响有限。投资者们会持续激励管理团队。记住，要高瞻远瞩。避免估值的随意拔高。计划下一次的融资，保证在公司发展阶段实现时已经为估值预留了足够的调整空间。这样一来，估值中的细节问题就变得微不足道了。估值可以使一项好的投资更具吸引力，却无法为差劲的投资雪中送炭。一家公司在实现退出之前往往收到好几轮融资。

创造价值，是企业家和投资者共同的目标。双方对使用价值评估所带来的风险和回报的相互理解对于建立平等的关系十分重要。

估值中的其他作用因素

除了以公司发展阶段为基础的测量，其他影响风险投资商支付的新股发行价格的因素还有：

- 公开金融市场及私人金融市场的状况。
- 公司发展阶段管理者的优势。
- 不同投资期的条款和条件。
- 投资市场的趋势。
- 公司产品的战略意义。

很多时候，投资的条款和条件比实际商定价格重要得多。投资估值应该在交易结构因素（一般来说包括估值、条款、条件以及退出计划）相互结合的基础上进行：

- 价值评估。
- 投资的总额和时机。
- 投资形式。
- 薪酬委员会。
- 管理者所有权的授予。
- 额外的管理者成员。
- 转换权。
- 投资者优先购买权。
- 雇用协议。
- 公司所有权。
- 退出策略。
- 锁定权。

合伙人与投资组合公司的互动*

作为风险投资支持公司的发起人或管理者，你可以期望领头风险投资公

---

* 这部分的基本内容改编自《风险资本投资组合管理笔记》，2003，科林·布莱登，弗雷德·温赖特（达特茅斯大学塔克商学院），安德鲁·沃尔德克。衷心感谢塔克中心对私募股权和企业家精神的大力支持。著作权属达特茅斯大学，其保留所有权利。

司的合伙人以互动的方式，通过多种途径提供资产投入数量和收集信息，以监控其投资。

董事会代表

当风险投资机构投资私人公司时，大多数会给予一个（有时两个）公司董事会的席位。董事会成员具有受托责任，要确保公司的运营能使股东获得最大的利益。董事会成员会收到关于企业经营状况以及目前面临的关键性战略议题等的日常报告。董事会成员需要出席例行董事会会议，在公司建立初期可能是每月一次，到了成熟期则调整为每季度一次。在会议开始前，每位董事会成员都会收到一份详细的董事会文档，通过这些材料，董事会成员将对公司的运营状况有更全面的了解和回顾。除了目前的财务状况外，董事会文档通常还包括业务进展的书面文件，以及一些将在该次董事会议中研讨的关键议题的补充资料（如薪酬计划，重要管理人员的聘用等）。

投资者信息条款

风险投资者以及其他所有投资者拥有股东知情权，这些权利详细地列在股东权利协议中，并要求在融资结束之前同意接受。通过这些信息条款，投资者通常有权获得临时财务报表（可以是月度报表或季度报表）、年度预算或年度预测、已完成审计的财务报表。除了包含这些临时财务报表，许多风险投资机构还会要求提供额外的信息，这有助于跟踪公司业务进度，确保实现一致认可的里程碑（如客户或雇员数量）。

为了保证所有投资者都能及时获悉最新情况，现在私人企业在提供中期财务报表的同时，会递交一份最新的书面经营概要。这些更新将包括所有重要的业务发展，如管理团队成员的扩充、主要的新增客户或重要客户的流失。以最后一项为例，一个真实的评价应说明为了弥补销售量的损失如何赢得客户。如果短期内无法弥补销售收益，管理层应该提供一个后备的机构裁员方案，达到同等的减少损失的目的。此外，还要做好其他替代方案的准备并提交董事会讨论及审批。

附加的非正式交流

风险投资商会定期通过打电话、发电子邮件及访问的方式与各投资公司的 CEO 及高层管理人员交流。一些风险投资商希望每周至少和他们 80% ~90% 的投资组合公司有一次交流。各投资者可以利用这些机会询问更多的问题，以便对公司内部管理有更深入的了解。在管理层会议上也会出现这样的情况，同时有提问题、寻求指导、争取反馈的机会。许多投资者相信，与管理人员进行轻松而又非正式的交流往往能够得到企业运营或管理绩效最有意义的信息。

企业绩效监控*

一般来说，风险投资公司对信息的选择是重点监控他们的表现，这很大程度取决于每一家公司的发展阶段和所处的行业部门。例如，投资一家研发阶段的生物技术公司，风险投资家会跟踪费用的使用情况，并要求随时知悉议定的程序进度如何。但在同一家公司的成熟期，投资者则可能追踪销售渠道（也就是未来收益）、费用以及未来研发工作的进展。表 5 – 15 列出了在不同时期，风险投资机构所关注的信息类别。

表 5 – 15　阶段性测量

	早期阶段（收入产生前）	早期收入	交易完成后的获利/获利
财务指标	经营费用	经营费用	收入
	现金消耗	现金消耗	毛利率
		收入	经营费用
			现金
业务里程碑	产品开发	产品开发	销售管道
	新增团队	客户对产品功能的输入	预订

* 这部分的基本内容节选自《风险资本投资组合管理笔记》，2003。

（续表）

早期阶段（收入产生前）	早期收入	交易完成后的获利/获利
	团队	团队
	销售渠道	营销计划

资料来源：《理解价值评估：一个风险投资者的看法》，作者：小达纳·卡洛，普通合伙人；迈克尔·拉森，生命科学高级经理。两位都是波士顿 Millennia 公司合伙人。

管理由风险投资主导的董事会

注意，以下内容也许会让你感到兴奋，尤其当你是一个风险投资商时。这部分内容并非意在批评，而是向读者提供一个创业者的观察视角。

领导或管理一家靠风险投资支持公司的董事会，将拥有管理别的公司所意想不到的乐趣。在讨论这个话题时，公司管理者也许能从了解风险投资商的心灵中受益。我们认为，以下 4 个引用是从风险投资商的角度出发，透露了他们是如何看待世界的。如同所有普通的事物一样，也有例外。

引用 1："我们无法挑选赢家。"想象一下，在每年的圣诞派对上玩一个游戏，每个投资合伙人都尝试预言下一年度他们投资最成功的公司（意即那些成功退出的公司），但随着一年又一年过去，他们发现做不到。公司可能在今天还因一个好的运营或者技术发展方案而盈利，过几天却遭遇企业发展进程中的一个重大问题。

这种现实情况产生了数量相当大的怀疑论调和自我怀疑心态。我们相信，不能证明每一个风险投资商对其投资都有挥之不去的恐惧感——他将对其合伙人失误的判断负责。尽管，风险投资商很愿意相信基于投资的所有合理缘由投资将会成功。这是偏执的根源："我相信这项投资，但我不肯定能够获利。"正如我们以后要讨论的，由于不可知以及不可控因素的影响，一些风险投资商会有一种非理智与保护性的抵触反应，这可能导致做出偏颇的决定。

引用 2："我的经验告诉我，成功者往往是需要天时地利的。"也就是说，成功者往往都带有那么一点点运气。在互联网行业中，就有好几家风险投资组合公司曾经存活，然后又破产了。成功的风险投资公司应趁早退出并开始期权投资策略，以保护波动的股价并锁定利润。这都是把握市场时机的问题。你需要知道那些成功的企业现在何处。由于没有构建可靠的经营策略，他们中的多数都已被清算。那么风险投资商是聪明还是幸运呢？

想想生物技术类公司吧。你怎么知道什么时候你会胜出？也许要经历10年的发展周期，在第三个实验阶段得出非常可靠的结果之后，才可以说成功。很多伟大的科学和管理团队出于一些原因而失败，例如一种药物产生意外的副作用；无法估计确切的结束时间；还有某些情况下的监管政策。那么是成功的生物技术公司的风险投资商们聪明，还是他们只是碰巧投资了一些公司的投资组合取得成功？

至于更多的例子，想想电话、电视以及计算机行业的长期应用曲线。优质的产品和解决方案经常需要漫长的时间才能得到，尤其是当市场已经有了被接受的方案或产品时。大众并不喜欢改变，在迫不得已接受之前，大部分人会对新生事物产生抵触情绪。对于风险投资商和管理者来说，通常投资成功所花费的时间比预期的时间要长得多，因此要对管理和产品有强烈的信念和耐心。

另一个大的未知因素是证券市场。许多年来，IPO市场似乎成了某些特定行业公司的热门首选，并带动估值大幅度上升。针对特定行业的市场时机是无法预测的，但可以预测的是，当市场向一特殊行业部门倾斜时，有一个时间窗口可以成功获得融资、成功退出或巩固企业。管理者必须让公司随时准备好利用这些市场机遇，当市场允许时果断融资、兼并或退出，因为那是能够产生最大估值的时候。若风险投资公司没能把握机会，也许再也无法遇到下一次机会了。风险投资公司的管理团队如果在牛市中过于相信会有更大的价值，而没有制定退出策略，那么他们很有可能遭遇失败。

引用3：“对于我们来说，成功的创业者就是把正确的人安排在正确的位置上，从而建立一个团队。如果一个企业家问我要怎么做，那么我就知道我的投资有问题了。”如果说使企业价值和成功退出有运气的成分，或者有某些不可控的行业或市场变数的话，那么招聘管理层人员（或者更具体地说，建立一支团队）就显得尤为重要了。风险投资商一般不会亲自经营自己投资的公司，他们需要的是能够带领公司穿越冰山的管理者。在风险投资者的心里，他总是会评价管理团队，因为这是树立信心的唯一途径。

用全美汽车比赛协会（NASCAR）的行话来说，大部分公司在某个点上就会撞墙（遭遇困难的阻碍），这会对投资回报造成严重的潜在破坏。这尤其可能发生在技术开发公司、处于发展早期的公司，或尝试运用新技术开辟新市场的公司身上。由此，风险投资商就走到了严重怀疑自身管理决策的十字路口。而恰恰在情况变得糟糕的时刻，一些缺乏经验的风险投资公司会首先开始抱怨，对公司的发展战略和方向产生质疑，还会问一些难以回答的问题。从管理者的立场来说，当务之急就是立即建立一个小组进行维稳，通过描绘共同战略远景来重建管理信心。

确保你的团队与风险投资商在董事会议上始终保持良好的互动，在他们的专业领域反复练习以便达到最佳的演示效果，并提供始终如一的战略内容。风险投资商并非只是关注一个管理者，而是关注整个管理团队，并从团队中获得作为团队的而非个人的信心。绝对不要询问一个风险投资商关于发展战略的问题；风险投资商的好奇（有时甚至显得咄咄逼人）和所有追问，往往是考验管理者对于他们自己规划的战略的决心和信心。那么团队是否在考虑已知和未知的因素呢？想象一下，如果风险投资商总是知道管理者在什么时候正在穿越冰山会是什么样子！

引用4："收益来自公司投资组合的多样化风险，你必须下多种赌注来寻找赢家。"当企业家读完并领会了这4个引用，相信他们会更加理解风险投资商的心理。作为一名当事的企业家，"一个企业的董事会成员习惯了准时出席会议并立即预订最早的返程航班。优先于其他任何事务的安排透露出他有多么繁忙，行程多么紧凑。"许多投资者将一项投资视为大型投资组合的一部分，并观察董事会每季度更新的会议。他们只想知道重点：我们在按计划进行吗？什么事情改变了？对于这些改变我们要做怎样的调整？它们对于短期和长期计划及绩效有什么影响？

董事会议必须是可控且具有告知性，它必须提供包括适当细节在内的充分信息披露，以便更好地理解庞大的信息内容。最后，要以极乐观的态度向投资者保证可能的丰厚回报。会议一般以控制在2~2.5小时内为宜。

我们强调信息充分披露和完整。投资者必须意识到所有可能的不足，有任何重大问题必须立即知会。话虽如此，你必须将重点放在正面信息上。我们确信，管理者仅仅具有让企业成功的意愿是不够的，还要争取实现成功的时间才有可能最终成功。时间与投资及投资者的信心密切相关。悲观的领导人因为没能提供公司愿景而半途而废，并因此缺乏领导力。因此，在遭遇困难时，应该运用你的创造力另寻途径来实现目标。市场日新月异，你必须相应地调整你的策略。这就是他们支持你的原因。跳出框框，评估损失，然后回到竞赛的跑道。风险投资商想要成为参与者，他们知道阻碍是在所难免的。

之前我们曾经提到，理解风险投资商的想法对于管理董事会是非常重要的。记住，风险投资商需要同时应对数个董事会议，审核各种各样的交易，并接受不同来源的数量庞大的信息。他很有可能拥有你所在行业的投资或曾投资过你所在的行业，并且很乐意详述他的经验。对这类经验你要保持敏感，即使它们和你的公司没有多大关系。这只是风险投资商的参考意见，提出的原因是不想重蹈覆辙。

让许多企业家伤脑筋的是，风险投资商虽是多面手，却不懂运作。他们不想替你做决定，但会一直追问所有的东西。我发现企业家常常会落入试图与他们的企业合伙人争论和共同制定企业战略的陷阱。他们错误地认为，风险投资商其实很希望能参与到决策进程中来。而事实上，风险投资商追求的是省心，也就是你应该坚信自己的决策是正确的，当遭遇反复询问的时候，你可以坚持自己的立场。如果企业家认真地向风险投资商征求建议，后者很有可能立即在心理盘算是否找错了人。风险投资商就像是起风的天气中一片没有波浪翻涌的湖——因为水并不深。他们无法潜入深处，而企业家可以。

风险投资商们至少同时在三个董事会任职。加上不断的勤奋投资，他们很难对任何一家公司倾注太多心力。因此，每次会议一开始就要切入战略目标并阐述你是如何为之努力的。不要指望你的风险投资董事成员会记得一个季度之前提出的问题，甚至不要指望他们确实看了你们所提供的董事文档。他们只关注那些较大的战略问题。你应该谈论有关问题和解决办法，并时刻提醒他们这与他们的投资机会有关：一个有利可图的市场退出。每一次会议开始时都要强调公司的愿景，直接处理议题和阻碍，指出怎样解决这些问题；最后，以再次推销公司的愿景作为结束。

风险投资商会从团队建设能力、问题解决能力、对实现公司总目标的持续关注等方面对企业家进行判断。记住，任何事情都要比计划或预期花上更多的时间。风险投资商对此已有所准备。在今时今日的环境下，他们对一宗正在进行及展示成果的交易需要准备 2～4 次的初始投资。作为一个公司的 CEO，绝不能让公司被现金流所困，要在保守预测的现金短缺前一个月就着手第一次融资活动。绝对、绝对、绝对不要让风险投资商因临时的资金需求而不知所措。这就是我们在之前强调的，企业家必须利用牛市的机会达到融资目的。要知道，讨论过度融资的文章可不多见。

以下是成功举办风险投资公司董事会议的 6 个关键要素：

- 让投资者对管理者保持信心。
- 在遭遇逆境时传达对企业愿景的信念。
- 专注全局，专注实现目标和成功退出的进展。
- 要清楚风险投资商并不想参与公司的运营决策。
- 要清楚一家公司只是另一项要求得到回报的投资。
- 让你周围的人比你更聪明。

发展趋势

在今时今日的环境下，风险投资商们都在寻求曾经经营过一家公司，并显示出其优秀能力的管理者。在这种情况下，那些具有理念但缺乏经验的管理者就很难筹集到风险资本。风险投资商们依据自己的喜好来扩张或选择成熟项目。在一个 2～3 年就可退出的成熟项目和一个需要更长资金循环周期的项目之间，他们通常更倾心于前者。这就造成公司早期阶段的经营很难进行，从而提高了对优质天使投资者的需求。

风险投资商会寻求投资资金的有效使用和配置。这种看重资本效率的观念可以在 20 世纪 90 年代初的回归行业基础的特征中看到。和互联网泡沫时期不同，今天的风险投资商更喜欢用 2 000～3 000 万美元来投资拥有大部分传统业务从而可以保证整体投资的公司。这意味着这家公司从萌芽期到最后一轮风险投资只能使用不超过2 000～3 000万美元的资金，却能获得可持续发展；当然也有例外，如生物技术行业。投资开发软件的技术公司的风险投资商则在寻求海外供应商和合作伙伴来扩大自己的投资资金。

随着信贷危机的发生和市场的回落，风险投资商不得不做出艰难的抉择，因为资金明显收缩。实际上，IPO市场几乎关闭，投资组合公司所能采取的手段已经非常难以获取。这意味着，风险投资商使用风险投资资金来维持投资组合公司运营的时间要比原来预期的更长了，并且没有多余的资金用作新投资。在某些情况下，风险投资商还被迫在继续保留风险投资组合和打折变卖资产之间做出选择。

夹层基金*

夹层基金往往是次级债务贷款人，它寻找的是具有高增长潜力和盈利，但目前无法从银行获取所需资金以实现其目标的公司。造成这一局面的原因可能是缺乏担保品、资产负债杠杆水平较高、经营时间短，或其他过渡性的原因。与风险贷款人一样，夹层基金投资者也会考虑传统商业银行经营范围之外的投资机会。理想情况下，夹层基金投资者更愿意选择这样的公司：在3～5年内，公司通过向优先贷款人借入额外的资金、首次公开上市或通过并购而退出夹层融资。

除了这些财务上的标准，另一个重要的考虑因素是相关人员的素质。高效管理很重要，夹层基金投资者紧盯企业家手中的经营成果和被证明有效的管理能力。公司管理团队的业绩记录是其取得未来成功的一个重要指标。

获得夹层融资的公司典型的借款特征是：

- 强有力的管理。
- 充足稳定的现金流。

* 这部分的基本内容改编自“小型和中型企业的夹层资本融资”（Mezzanine Capital Financing for Small and Midsize Businesses），唐纳德·泰森（Donald Tyson），PNC银行。

- 优先债务融资不足。
- 担保品缺乏。
- 高杠杆率。

夹层基金提供的融资一般用于：

- 并购和管理层收购。
- 业务扩张。
- 资产重组。
- 新产品推出和多样化。
- 长期的流动资金以支持公司发展。
- 购买设备和所有者自用房产。
- 支付股利。

夹层基金投资者通常不感兴趣的公司和状况包括：

- 初创公司。
- 种子资本。
- 产生收入前或处于发展期的公司。
- 非所有者拥有的不动产投资。
- 不能依靠其现金流支持额外的债务还本付息的公司。
- 扭亏为盈的情况。

感兴趣的公司应当和夹层基金投资者取得联系，获得初审，以便决定夹层基金是否适合公司状况。然后，公司、银行和夹层基金投资者紧密联系以构建完整的融资规划。另一种方法，当银行不能满足成长型公司的融资需求时，它会建议联系夹层基金投资者。

夹层融资/次级债务

夹层融资是指适合优先、次优债务和传统股东权益之间资产负债的融资。若此类融资是债务的一种形式（通常是次级贷款），它通常也被称为一种投资。

夹层融资不仅被用来支持公司日常经营，而且，当需要额外融资时，常被用在公司生命周期中的过渡期。夹层贷款被用作长期或永久的流动资金，用于设备购买、管理层收购、战略性收购、资本重组、商业地产收购和其他有价值的商业目的。一般来说，公司都会遇到商业银行不能满足其信贷需求的时候。在这种情况下，公司有两种选择：（1）通过销售公司股权募集额外资本；（2）通过夹层贷款人来募集额外资本。如果你拥有一个成功的企业并且需要大量的投资，但不想放弃大量的股权或控制权时，夹层融资或许是不错的解决办法。

股权与夹层债务

对一些公司来说，股权投资是很有吸引力的，因为它不需要付息或分期支付本金。然而，股权融资也会带来较高的长期成本：不能退出和参与管理控制问题。股权投资者希望获得至少25% ~35%的投资回报，以补偿其所担风险。股权投资者也想参与管理以更好地保护其资本，而有时不得不买断公司来结束这种关系。

相比而言，夹层融资有很多优点：低成本、不参与管理，以及预定的退出安排。夹层投资者通常寻求15% ~30%的投资回报，其中一些可转变成酬金或认股权证。当夹层投资者直接通过公司业绩（而非股票所有权）所得的酬金足够多时，投资者加入了一个成功或失败的公司，这些酬金受融资协议期限的限制。如此一来，夹层融资可以使企业摆脱所有权和干预管理的困扰，对于目前的股东权益影响要小得多。

贷款结构

夹层贷款的结构符合成长型公司的融资需求。夹层投资者会对公司现金流的投资决策和公司增长计划做出预测，而不需抵押物。一般来说，夹层贷款是无保障的；夹层投资者相信：公司清算时将收回很少本金或几乎不可能收回本金，而且投资也相应定价。但是，投资者会要求公司对其资产出具一份附属声明，仅次于优先或次优贷款人。夹层贷款的条款通常是灵活的，不分期付款的话是5~7年的期限。本金偿还通常在到期时或者推迟到贷款期限后期，偿还安排满足借款人的需求和现金流预测。结构性贷款的创新性是夹层投资者的一大优势。

贷款规模

夹层投资者在融资市场上占有自己的一席之地。有些夹层投资者会给小公司提供比其他投资者金额更小的投资。不过，夹层投资规模大小不一，最小的投资额为10万~75万美元，如今最大的交易规模超过了100万美元。许多夹层基金为大规模的投资贷款，范围是1 000万~5 000万美元，甚至更多。

价格

夹层融资展现在投资者面前的是高风险，因此可以想到，对企业来说，它比从银行贷款更加昂贵。夹层债务的价格一般包括贷款的基本利息或含额外定价工具的票息利率，这样才能确保投资者加入到企业的成功（或失败）中来。这项工具可能是认股权证或者特许权，常常叫作成功费或参与性收益，不过一切都基于公司的发展。定价机制要适合公司或交易的独有特点。在某些情况下，成功费有一个变动条款，目的是在无作为的公司中也能保护贷款人；在这方面，你可能听说过“棘轮”（ratchet）这个词。一般来说，夹层投资者寻求15%~20%或更多的总的投资回报。另外，他们还希望公司支付0.5%~2%的申请费，外加1%~3%的承诺费，两项费用均是总体成交价格的一部分。

在公司成功的基础上向投资者做出的报偿定价部分应予认真考虑。认股权证或其他任何关系到公司权益的金融工具都有它的缺点，且和那些直接股权投资的花费差不多。夹层投资者之所以不使用这类金融工具，通常是因为有一个成本较低、没有管理控制，以及更容易的退出策略。这些投资者以贷款期间公司可度量的财务上的成功作为定价部分的基础，费用是根据与公司利润表相联系的公式计算得出，而不是使用权益型工具。这些成功费用中最简单的形式就像一个特许权：公司向投资者支付一笔相当于阶段性收入总额较小百分比的定期费用。因此，随着销售额的增长或下降，夹层投资者的投资回报也会随之增长或下降。

如果公司希望过早地退出夹层投资，可能会有一些成本支出，包括提前还款罚金或收益维护费用，以此来确保投资者从投资中获取最低的回报。这笔费用应当事先确定清楚，以确保其退出策略顺利进行。

向夹层投资者问及的定价问题通常包括：

- 贷款利息或息票利率是多少？
- 其他的定价要素是什么？
- 价格中含有权益因素吗？
- 退出合作和还清债务时费用是多少？

提前偿付或提早退出

通常，次级债务可以提前支付；然而，在交易文件（合同）中会提到实际预付费用的条款。几个例子就是平均剩余成功费用的总和，或者剩余成功费用的净现值贴现。或者，在原定的贷款期限内，公司可以继续支付剩余的成功收费。

就实际而言

夹层融资一般不适用于处于早期阶段的公司或者风险资本参与的公司，除非公司表现出明显的商业成功和持续增长的态势。虽然夹层投资者可能不会有像商业银行所要求的重要的对于担保品的求偿次序，但他们也是常和债务打交道的，他们通常制定严格的财务契约以保护他们的债务。夹层投资者常常出现在管理层杠杆收购中，这类收购中公司的现金流被证明比公司资产保证拥有更好的杠杆效率。从夹层贷款人那里融资的公司一般有一个已被证实的财务记录和使增加额外杠杆合理化的现金流。

记住，在债务清偿中，公司必须要先赔付贷款人，其次是股东。因此如果有什么事情导致公司发展停顿或者业绩急转直下，公司管理层在没有贷款人的允许下，可能不能改变做法，因为他们有严格的合同条款约束。这就导致要募集更多的股本，在精确的错误的时间来偿还债务以定价新的股票。这样会导致大股东的权益被稀释。如果一切顺利，权益稀释可以避免，并且每个人都是赢家。

收购基金*

杠杆收购（LBO）是公司通过借入大量资金来对另一家公司或部门进行收购的一种方式。在20世纪80年代，杠杆收购公司及他们的专业人士是人们大量关注的焦点，虽然并非所有收购都令人满意。杠杆收购活动在20世纪80年代飞速发展，1980年只有4宗交易，市值总额17亿美元，到1988年达到巅峰，完成了410宗收购交易，总市值达1 880亿美元。

这些交易看起来都是低风险的。杠杆收购的目标是拥有长期盈利、明确的市场定位和经证实有能力的管理团队的知名公司。对于扩展了传统贷款来源的夹层贷款人来说，有效的杠杆作用是可以利用的。在这样的情况下，这一市场成为夹层贷款人的猎场。对于管理人员来说，这是十分具有吸引力的。因为他们在公司里几乎没有股权，但在收购中可以获得重要的地位。在行业的交易要求更多股本之前，管理团队经常面临偿还债款的艰难任务，为了清偿这些债务，只能以牺牲企业增长和内部投资为代价。由此，企业很难适应市场的变化。如果有强大的股权投资支持，管理层有能力平衡现金的各种相互排斥性的使用。

自1988年以来，经济周期进入衰退期，垃圾债券市场的崩溃、结构优势的减弱，均促成了杠杆收购市场的巨大转变。与此同时，杠杆收购融资快速发展。1980～1988年，杠杆收购融资的金额约为460亿美元；1988～2000

---

* 这部分的基本内容改编自《杠杆收购注释》（*Note on Leveraged Buyouts*），2003，科林·布莱登，弗雷德·温赖特（达特茅斯塔克商学院）；乔纳森·奥尔森，萨尔瓦托·加利亚诺。

年，杠杆收购筹集的资金超过 3 850 亿美元。随着越来越多的资本加入这一竞争，杠杆收购公司越来越难以满意的价格收购到目标公司。此外，优先贷款人也开始对过高的杠杆交易心生警惕，这就强迫杠杆收购企业提高权益水平。1988 年，杠杆收购的平均股权出资率为 9% ~17%；2000 年，这一数字接近 38%；至 2001 年，该数字上升到了 40% 以上。到了 2004 年，股权出资率回落到 35% 以内。而最近几年，平均股权出资率在 15% ~25% 之间浮动。受到 2008 年金融危机及金融市场重组的影响，中短期的股权出资率预计将会回归到 25% ~35%。

这一发展趋势使得杠杆收购公司的投资回报更加不乐观（以往是25% ~30%）。一旦需要依赖杠杆作用来产生收益，今天的杠杆收购公司会力争使被收购企业通过提高盈利能力、追求成长（其中包括滚动战略，即将被收购的公司作为相关业务额外的收购平台，以令收购成果达到关键规模，产生规模经济效应）、改善公司治理来创造价值，以便与股东们更好地激励管理团队。如此一来，基金的回报就取决于以下因素的综合作用：经营改善（50%）、杠杆作用（20%），以及多样化扩张（30%）。而在互联网股票泡沫中，投资回报的构成是这样的：多样化扩张（55%），经营改善（15%），杠杆作用（30%）。

杠杆收购的历史

虽然目前不清楚第一次杠杆收购发生在何时，但人们普遍认为早期的杠杆收购产生于第二次世界大战之后。在 20 世纪 80 年代之前，杠杆收购（最初称为“自主收购”）在很长的时间里就是一种模糊的融资手法。

第二次世界大战后的一段时期，经济大萧条的梦魇在美国的企业领导人心中仍然挥之不去，他们认为公司的负债率保持较低水平是明智的做法。结果，在第二次世界大战后的第一个 30 年里，只有极少数的美国公司以债务作为公司融资的主要来源。与此同时，美国企业被卷入始于 20 世纪 60 年代初的大规模企业建设的浪潮中。董事会中挤满了企业高管及其下属和友好的局外人，他们一起谋划企业帝国的快速建立。中层管理者的队伍扩大了，企业的利润率却开始下滑。就是在这样的环境下，杠杆收购诞生了。

20世纪70年代末和80年代初，一些新建立的公司，如科尔伯格·克拉维斯·罗伯茨的私人股权投资公司和托马斯·H·李的私人公司，从公司资产的低效率和价值低估中看到了商机。许多上市公司被以低于资产净值的价格出售，而许多早期的杠杆收购公司因为能从整体收购、分立重组、分散出售获得收益而蠢蠢欲动。这种将公司分解的办法最终导致了媒体的反对，称之为“贪婪的企业侵略者”。这一情况在许多书中都有提及，如《The Rain on Macy's Parade》[杰弗里·A·柴契登伯格（Jeffrey A. Trachtenberg），时代商报，1996年出版]；电影也有涉及，如《华尔街》（*Wall Street*）、《门口的野蛮人》（*Barbarians at the gate*）等，后者是在布莱恩·博瑞夫（Bryan Burrough）和约翰·希利亚尔（John Helyar）所著同名小说的基础上改编的（哈珀与罗出版集团，1990年出版）。

当新一代的管理层在20世纪70年代开始接管美国公司的时候，其中大多数人愿意将债务融资视为融资业务的可行性替代方案。不久之后，杠杆收购公司就开始不断地向其中的一些高管灌输债务融资可以为他们的公司带来好处的思想。从管理者的角度来说，债务融资有以下几个吸引人的地方：

- 与债务融资相关的税收方面的好处。
- 免受作为一家上市公司或大型母公司下受约束的部门所承担的详细审查。
- 对于创建者来说，可以充分利用变现活动，同时不会减少对企业运营的影响和放弃对企业持续的日常参与。
- 管理者有机会获得企业较大比重的股权。

2008年年中之前的10年，降低利率的组合，放松贷款标准，针对公开上市交易公司的监管变化（参见《萨班斯—奥克斯利法案》）为私募股权的大繁荣阶段。以2002年德克斯媒体（Dex Media）的收购为标志，大规模的对数十亿美元美国公司的收购，可以又一次取得高收益的债权融资，这意味着更大的交易也可以顺利完成。2004～2005年，许多收购基金再次活跃起来，其中的热点事件有玩具反斗城并购案、赫兹汽车租赁公司并购案、米高梅电影公司并购案，以及桑盖德软件技术服务公司并购案等。

2006年产生了一个新的并购纪录。私募股权公司以3 750亿美元买下了654家美国公司，是2003年的18倍。接下来的2007年，另一项纪录诞生，私募股权公司总共募资3 020亿美元，成立了415家基金。而在2006～2007年完成的超大型收购交易有：办公物业投资公司、HCA供公司、联合博姿公司及德州公用事业公司等。

2007年7月，对抵押信贷市场造成严重影响的危机蔓延到了杠杆融资及高收益债券市场。2007年上半年，在一些发行辅助项目［如实物支付（payable in kind，简称PIK）、实物支付票据，以及通过大面积获得小型借贷来完成大型融资交易］的帮助下，这些市场经受住了冲击。到了2007年夏末，随着包括花旗银行及瑞士联合银行股份有限公司在内的大型贷款机构都宣布因为信贷损失而要进行资产减值，信贷状况一目了然。杠杆融资市场由此接近停滞。随着2007年的结束，2008年的到来，放贷标准有所收紧，估值开始趋于保守，融资收购变得更加困难。尽管如此，并购资金直至2008年年中仍然活跃。

近些年来，许多并购都已受到可获债务融资的推动，需要运用过剩的私募股权融资。在中端市场，我们估计接下来几年的交易将会在这一类公司发生：它们拥有更好的财务预测能力，更好的市场成长前景，可以经受住经济环境的不确定性，同时也具备强大的管理能力，公司的过往业绩都有良好记录。

杠杆收购理论

每一项杠杆收购因其独特的资本结构而显得独一无二，它们之间唯一的共同点就是利用融资杠杆来完成对目标公司的收购。在一项杠杆收购中，私募股权公司会将负债和股权相组合来收购目标公司，就像个人通过住房抵押贷款买房一样。住房抵押贷款以所购房子作担保，收购交易形成的一部分负债则会以被收购公司的资产作为担保。不过，与住房抵押贷款购房不同，销售业务所产生的现金流将被用来支付收购所产生的负债。事实上，被收购公司在为自己买单（因此产生自我收购）。

负债收购可以为公司带来很多好处，同时也存在风险。由杠杆收购所引发的最明显风险就是财务危机，无法预见的因素如衰退、诉讼，或监管环境的变化，都可能引发利息支付困难、技术性违约（违背债务清偿条款），或者直接清算。目标公司薄弱的管理及管理者和股东之间的激励偏差，也会对杠杆收购的最终成功与否造成威胁。

在收购中利用杠杆作用有许多优势。高昂的利息和本金支付，可以促使管理者致力于提高业绩和运营效率。这种负债约束能够强迫管理团队专注于某些积极举措，如剥离非核心业务、精简机构、降低成本或投资于技术更新，否则很可能会立即被竞争对手超越或遭市场淘汰。通过这种方式，负债不仅能作为一种融资方法产生作用，还可以作为一种工具迫使管理方式发生变革。

杠杆作用在杠杆收购中的另一个特点是，当负债率上升时，股权在收购融资中占到的份额越来越小。私募公司只需投入收购总价的20% ~40%，就可以买下一个公司。私募股权公司一般会连带管理一起投资，他们会鼓励（如果不要求）高层在该项交易中投入一部分个人净资产。通过要求目标公司的管理团队对该收购项目进行投资，私募股权公司认为这样可以使管理团队自我激励。

为了更好地理解基础知识，以下列出关于杠杆收购的一些主要条款和概念：

- **交易费用摊销**。这一部分反映出资本总额和与交易有关的融资、法律及会计等费用的摊销。交易费用摊销与折旧一样，是一项可减免税收的非现金费用。大部分情况下，这些费用摊销的有效期是5 ~7年（不过某些时候杠杆收购机构为了使生成的数据更加清晰，会将所有费用在一年内分摊完毕）。
- **利息支出**。简单地说，负债融资的各部分利息支出是在每年年初余额的基础上计算出来的。而在现实中，利息是每季度支付一次的，因此目标杠杆收购的利息支付可能略高。
- **资本总额**。许多杠杆收购利用多种债务成分来做融资交易。一项简单的交易也许只有两部分负债：优先的和次优的。而大型的杠杆收购也许包含了以下部分或所有融资负债类型（按优先次序高低排列）：

- **循环信贷（循环贷款）**。这是被收购企业在运营资金短缺的时候可以采用的资金渠道之一。循环信贷旨在为被收购企业提供资金需求方面的灵活性。它具有一定的信用额度，企业可以运用这个信用额度来进行特定的资本投资、支付意外产生的成本、增加运营资金，而不需要寻求额外的债务负担或股权融资。
- **银行债务**。从银行借贷往往需要被收购企业的资产担保，这是对业务现金流的最高级别要求。同样，银行债务必须优先偿还，加之它的利率和本金都具有优先权，所以，是债务融资的初级来源。
- **夹层债务**。夹层债务之所以这样被命名，是因为它在资本结构中处于中间地位，在发生杠杆收购融资中比银行债务优先次序低一级。因此，和任何后进的次级债务一样，夹层债务用较高的利率来弥补它的较低优先权。
- **次级债券或者高收益票据**。通常被称为垃圾债券，一般出售给公众。这些债券是最低级的债务融资来源，因此要求最高的利率来弥补持有者们承担的高风险。
- **现金结算**。现金结算就是明确规定由被收购企业产生的多余的现金（也就是强制性分期付款后的可用的自由现金流）用于支付本金的特定债务契约的条文。对于这一部分债务及现金结算条文，超额现金将用于逐级清偿负债。例如，从第四年开始，目标公司才用现金流开始偿还次级负债。
- **退出方案**。一般来说，杠杆收购企业计划在5～7年退出投资项目。退出往往涉及投资组合公司的出售、IPO，或者资本重组（实际上就是另一家杠杆收购企业对公司进行收购或兼并）。

每一部分债务融资可能有不同的期限和偿还条款。举个例子，一些资金来源除了定期的利息支付外，还强制性要求分期偿还本金。一些贷款人可能会获得认股权证，这些认股权证赋予贷款人在业务非常成功时分享增发新股的好处。私募股权公司拥有多种方式来调整目标公司的资本结构。私募股权公司对杠杆收购的业务结构设计及融资进行富有创意的改革，可以使其适应不断变化的市场条件。

在杠杆收购的融资构成中，除了负债部分外，还有股权部分。私募股权公司通常会同时投资管理领域，以保证管理团队和股东的利益一致。在大型的杠杆收购中，私募股权公司有时会组建购买财团，以减少投资于某一项目的资金。一般情况下，私募股权公司会持有被收购公司的70%～90%的普通股，管理层和前任股东持有剩余部分。

杠杆收购另一个可能的融资来源是优先股。优先股通常是有吸引力的，因为它的红利利息支付意味着投资的最低回报，同时它的股权组成部分允许股东分享增发新股的成果。优先股由实物支付股息构成，也就是所有利息以增加优先股股份的形式分给股东。杠杆收购企业经常对他们的股权投资进行优先股重组，管理者和雇员可以得到普通股。

收购企业的结构和组织

在收购中，杠杆收购企业投资的股权来自合格投资者的资金池中的承诺资本基金。这一基金是以有限责任合伙公司的形式组建的，机构的负责人是主要合伙人，投资者则是有限责任合伙人（通常包括投资基金、保险公司、养老基金及富有的个人等）。主要合伙人负责做出与基金相关的所有投资决策，有限责任合伙人则负责在主要合伙人的通知下将承诺的资金投至该基金。

一般来说，由私募股权公司建立的基金有一些大致标准的规定：

- **最低承诺**。潜在的有限责任合伙人必须承担最低限度的股权。有限责任合伙人做出资本承诺后，主要合伙人会将之汇集（当需要资金或拆分时），与基金的股权一起投资。
- **投资或承诺期限**。承诺期间，有限责任合伙公司要在主要合伙人发出资金需求通知时予以回应，并在约定的时间内将资金投至基金（通常是10天内）。这一承诺期限通常在基金关闭后持续5年或6

年，或者直到基金75%～100%的资金已经用于投资，任一条件满足即可。

- **条款**。基金组建过程中合伙企业的条款成形通常需要10～12年的时间。前半段是承诺期（见上述），后半段则作为承诺期产生的管理投资和退出性投资的保留。
- **分散投资**。大部分基金的合伙人协议会规定对同一项投资项目不得使用超过基金资金总额的25%。

杠杆收购公司可以通过以下三种途径取得收益：

1. **附带收益**。附带收益是基金通过收购获得的利润的一部分。一旦所有合伙人都已收回与出资额相当的资金，剩余利润就会被主要合伙人和有限责任合伙人瓜分。一般情况下，主要合伙人的附带权益是剩余利润的20%；不过也有些基金会承诺在付给主要合伙人附带权益之前优先支付有限责任合伙人8%的收益。

2. **管理费用**。杠杆收购企业收取管理费用，以支付识别、评估和执行基金收购项目所产生的经常开支和费用。管理费用包括对潜在目标进行法律、财务及咨询方面的全面调查所产生的费用及一般间接费用。早期费用，如贷款费用及投资银行业务费用，一般在收购交易完成后计入被收购企业。管理费用在承诺资本的0.75%～3%之间，一般是2%。承诺期结束后，管理费用一般会减少，反映了监管投资和投资获益所需成本的降低。

3. **联合投资**。杠杆收购企业的高管和雇员们可能会与合伙企业一起为基金收购项目投资。为这种合伙企业的额外资金来源制定相关的条款是应该的。

对冲基金

投资领域往往被分为三大类：股票、债券和其他投资。其他投资包括：不动产、商品、私募股权和对冲基金。美国证券交易委员会（SEC）把对冲基金表述为无须登记的私募投资池，通常仅限于有投资经验的、富有的投资者。他们不属于共同基金。这些基金公司采用各种投资策略和技巧以寻求高于市场的回报，有时他们投资于新兴公司和中端市场公司。当对冲基金经理寻求提高回报、分散风险和通过投资于传统上作为私募股权基金的目标领域以吸引更多资金时，对冲基金和私募股权基金之间的边界已变得模糊。

作为一种融资来源，对冲基金通过使用一些传统的融资结构（例如，和企业投资人一起参与优先股交易）及近年来流行的结构投资于债务和股权。对冲基金最近采用的投资中端市场公司的方法之一含有 B 等级或第二留置权融资。在对公司的一些或全部资产的求偿优先权方面，这种次优债务的优先级在优先债务贷款人之后。表 5 - 16 列出了第二留置权融资和私募股权夹层融资的不同。减值债务基金、专业化高收益基金，以及一些商业银行和商业金融公司也推动了次优债务借款作为信贷，于之前 10 年大量出现。就在 2008 年金融危机爆发之前的 5 年间，第二留置权融资交易促使高收益债务的实际成本降低，并迫使夹层贷款人居于市场的边缘。随着 2008 年信贷市场开始冻结，借款人寻求更加稳定（和可获的）的债务融资时，第二留置权融资交易数量明显下降，对夹层融资交易的支持摇摆不定。

表 5 - 16　第二留置权贷款和夹层融资的比较

特征	第二留置权/次级债	夹层融资
资产的留置权	是	否
测定从属类型	留置权以及偿还	偿还
投资基本原理	资产残值	现金流和企业价值
股权分置	否	是/也许
息票	变化的	固定的
条款和条件	超额现金流索求权	—

对冲基金也积极投资于上市公司，利用私募投资公开上市股权（PIPE）寻求私募资金。这种类型的投资对对冲基金和私募股权基金都很有诱惑力。因为对冲基金有潜在的流动性，并且免于公司资产的估价；而私募股权基金经常用在对其有吸引力的较小的上市公司上，比如，对流动性不足和潜在的投资价值被低估公司具有投资能力。

鉴于2008年年底市场的崩溃，我们对在早期发展阶段或中端市场公司交易中的对冲基金的未来前景存在疑虑。此外，由于耐性和某些运营经验在动荡时期、过渡时期、私人持有公司的发展时期是可能需要的，对冲基金典型的交易/短期性质如何在长期私募股权中获得发展尚不明确。

战略或行业投资者——企业风险投资

战略投资者是指那些能从投资中获取除了直接财务回报之外利益的投资者。这类投资者一般是公司，或是直接投资于组合公司或建立与之职能相同的附属投资公司的控股公司。其中的部分子公司形成控股公司的企业创业投资业务部分，而其他的业务则没那么正式，并停留于业务发展或企业发展职能之一。具有正式风险投资业务或系统地不断寻找并从事作为当前发展和创新战略组成部分的日常投资项目的公司，与那些择机投资或开展此项活动仅为实现一个特定战略目标的公司之间存在明显的区别。从潜在的投资组合公司的管理者角度来看，前者具有更清晰明确的操作流程及对目标公司的分析标准。

企业风险投资

2003年，企业风险投资集团投资了11亿美元于增长型公司，占所有风险资本投资的6%。企业风险投资的投资数额和风险投资行业的总体发展趋势是吻合的。2003年的数字接近1997年，即网络泡沫发生前那一年的数字。当时，企业风险投资集团共投资了9.57亿美元，也占当年风险投资总额的6%。

根据安永（Ernst & Young）的企业风险投资调查表，大多数企业风险投资集团是在能给母公司提供一个清晰的策略优势与投资机遇的基础上做出的投资决策。一小部分企业只追求财务上的目标，而更小一部分企业风险投资集团既追求战略目标又追求财务目标。该报告中引用的第一战略目标是：为公司创建一个技术发展的窗口。

这些风险基金通常投资于处于发展阶段或开始运输产品的公司。有时他们是领投者，但更常见的是，他们会成为联合投资者中的一员。这与表明其多数投资出现在第二轮或企业发展后期阶段的机会的数据密切相关。企业风险投资集团一般不投资在新创公司或者处于早期阶段的公司。

企业风险投资增值

一个有趣的现象是：与战略投资者的交易估值往往是同期不含企业风险资本的交易的两倍多。除了可能提供更廉价的资本，企业风险资本还可以利用其母公司的专长及拥有的资源来帮助加速投资组合公司的成长。母公司的品牌效应以及市场认可程度，总是可以给初期发展的公司带来很大的可信度。其潜在的协同效应在于母公司可提供现成的技术，以及在有跨国公司加入情况下美国本土或海外的经营支持和资源。

潜在的负面因素

企业风险投资的弊端就是，在企业风险投资的影响下投资组合公司开始规划其活动的潜在可能性，且整体上不再遵循市场导向。此外，投资组合公司的潜在客户如果是企业风险投资母公司的竞争对手，它们可能就不会成为真正的客户，这样便限制了投资组合公司的市场规模。战略投资者会增加公司的估价，并且在更优惠的条件下提供资金。如果他们最终要收购这家公司，对于早期投资者他们会提供退出策略，但是他们也阻止了公司实现其最大的发展潜力。

一个软件行业初创企业的 CEO 在和几个企业风险投资者的讨论中说道：

> 和几个团队一起工作时，在试图获得风险融资时不一定要有共同的目标。然而他们寻求能提高其市场地位或收益的“交易”是正确的，如何达成就值得讨论了。一种情况是：我们的软件经营模式不适合战略营销小组的发展方向。我们不知道具体原因，但我们怀疑与我们提倡公开的标准有关。另一种情况是：很有可能是内部产品组难以就确定产品的方法达成一致，这很可能是由于这些小组之间的自然竞争造成的。所以我想提醒的是：风险投资集团有许多可用的资金，但要最终获得融资可能比传统的风险融资更加烦琐。

企业风险投资如何达成交易

与传统的风险投资公司不同，只有一小部分企业风险投资交易来自会计师和律师那样的专业服务提供者。企业风险投资的交易量很大部分来自企业家、传统的风险资本家、母公司雇员和企业风险资本自己发现的机会。

非企业风险投资的策略投资

参考本章第一节中关于自我融资以及客户和供应商投资的论述。

商业银行

商业银行提供投资银行服务，也进行直接投资，一般是私募股权或夹层融资。作为投资银行，它在客户公司面前扮演的是代理人的角色；而作为投资者，它又是主要负责人。这种业务模式起源于 19 世纪由商人［如巴林（Baring）、沃伯格（Warburg）、格伦费尔（Grenfell）及布朗兄弟（Brown brothers）］创立的商业银行。我们在研究 18 家公司后得到一些信息，为了保持与投资组合公司的合作关系，这些公司会为其投入 50 万美元至 1 亿多美元的资金。其中的部分公司拥有行业专长及详细分析，并在特定领域拥有广泛的分析和研究支持。

一些商业银行提供投资银行服务，以股权形式收取交易费（如：投资交易）。其他与买方或投资商合作的商业银行在交易过程中与之建立友好合作关系，以寻求长期投资回报。在某些情况下，商业银行拥有投资基金来促使交易达成。

我们的确发现有些时候商业银行有多重资金，如：风险基金、夹层基金和并购基金。大部分商业银行对上市公司和私人企业很感兴趣。

在与商业银行建立了合作关系后，很重要的一点是快速进入角色，要么是代理人，要么是主要负责人。更详细内容请参考第七章的“投资银行家”一节。

社区发展倡议及政府机构

许多为初创公司提供服务和融资的资源时下都存在，他们中绝大多数都具有经济或社会发展的动力。下面对其中一些机构进行概述。

孵化机构*

为了建立和发展一家公司，一些创业者向企业孵化机构求助。这些机构为新创公司提供创业阶段的一系列量身定做的业务支持服务，如指导、灵活的租赁、寻找办公场地、提供研究设施以及生产设备等。除了服务，北美大约三分之一的企业孵化机构还提供小型贷款和循环信用贷款，以帮助新创公司解决融资难题。其他许多商业孵化机构也表现出提供创业基金的兴趣。

出乎意料的是，孵化机构在互联网股票泡沫中并未消失。企业孵化机构的历史可以追溯至20世纪50年代，在世界范围内一直帮助众多新兴企业迈向成功。仅美国就有900多个项目同时进行，其中大部分是非营利项目，成立的目的在于提供就业岗位、使经济形式多样化、加强社区联系，以及促使新技术成果商业化等。

那么，你如何确定一家企业孵化机构是否适合你的公司呢？你又如何确定哪一个企业孵化项目适合你的公司？

国家商业孵化协会（National Business Incubation Association，简称NBIA）的总裁及CEO黛娜·阿德金斯（Dinah Adkins）说过："创业者首先要确认潜在的企业孵化机构的运营宗旨是否与本企业目标吻合，其次要确定该孵化机构能否提供合适的工具帮助企业成功。"国家商业孵化协会是一家国际化的会员组织，为专业的孵化机构、大学、政府、经济发展官员、顾问公司以及其他组织或个人提供服务。正如阿德金斯所言，一些孵化机构的目标是扶助一些生物技术公司，另一些则侧重服务于少数股权合资的公司。创业者必须考虑一家孵化机构的运营宗旨以及它所提供的一系列可行性服务项目是否确实

* 本节内容改编自国家商业孵化协会提供的资料，参见www.nbia.org。

对企业有参考价值。

根据密歇根州立大学等在 1997 年的一项研究表明，经由国家成熟的孵化项目扶持的公司目前有近 87% 还在经营。研究还显示，这其中的大部分公司已经存续了 5 年以上，有些甚至更久。

尽管如此，并非所有自称孵化机构的创业辅助项目都符合以下这个条件：来自该机构的专家被证明确实对孵化机构的成功有着重大贡献。潜在的孵化机构客户应当寻找能够提供定制的企业辅助服务、灵活的办公空间及租赁方式的项目，以满足不断变化的需求。此外，这一项目还要有助于同行与指导者进行交流。

一些人以为企业孵化机构只是一个创业者能从中找到廉价租赁的地方。不过，虽然一些适当的便利措施可能是成功孵化机构的要素之一，但这些项目的显著特征却是为企业客户提供一系列企业支持服务。阿德金斯说：“企业孵化机构提供的是服务性项目，而非建造性项目；没有哪个建造性项目可以协助企业成长、提供指导和调控，并能帮助新兴公司奠定成长所必需的基础。”事实上，许多孵化机构提供的租金率比市场租金率还要高，那是因为客户得到的不仅仅是租赁场地。

虽然孵化机构的服务对许多启动阶段的公司确实有所裨益，但并非所有新兴企业都适用孵化机构项目。那么，怎样的客户才是好客户呢?

首先，许多孵化机构管理人员都赞成创业者在与孵化机构接触之前，要做好前期的调查工作。理想的客户是这样的：创业者已经具备了成熟的商业构想、有可行的市场、商业计划、学习的渴望，以及强烈的创业推动力。只有这样，孵化机构的员工才能帮助创业者发展企业以及传授企业成功的必备技能。

墨西哥湾沿岸商业技术中心（Gulf Coast Business Technology Center）位于密西西比州的比洛克西城，该中心的执行总监阿黛尔·莱昂斯（Adele Lyons）指出，除以上特质外，创业者还必须乐于随时为新创企业贡献时间和精力。她说：“创业者要真正愿意干事业，并完成艰苦的工作。他们必须像工蜂一样为企业付出，并且能意识到不会立即得到很高的回报。”

创业者对其事业的忠诚很重要，不过弗吉尼亚州罗诺克市新世纪风险投资中心（New Century Venture Center）总裁丽萨·艾森（Lisa Ison）说，她也在寻找能够用心聆听员工及其他创业同行建议的创业者。“我们不仅考虑一个创业者是否具有可行的商业构想，还会观察他是否意识到如果企业要成长，就要借助别人的力量。”艾森说，“孵化机构并不仅仅是一个能够让你的企业存活下来的地方。我们鼓励我们的客户与其他创业者建立关系，互相交流，从彼此的经验中有所收获。”

即使对具有商业背景的创业者来说，孵化机构对企业产生的效用也是显而易见的。“成为孵化机构的一份子，与顾问团队一起工作，这使我学到了许多基本业务流程的知识，比如人力资源、融资以及客户关系等。”杰·福斯特（Jay Foster）说。福斯特是软件解决方案有限公司（SoftSolutions，Inc）的总裁，这是一家位于弗吉尼亚州罗诺克市的信息技术公司，最近刚从新世纪风险投资中心走出来。“虽然我曾经受过正式的商业训练［福斯特拥有工商管理硕士（MBA）证书］，并在之前的工作中积累了独立咨询师的经验，但是我仍觉得，要学的东西还有很多。”

这就是孵化机构所发挥的作用。许多企业孵化项目为客户提供各种商业主题的教学研讨会、社交活动等，以凝聚客户和社区领袖，让成员与来自不同商业背景的顾问团队更亲近。这些专家帮助客户制订商业计划、提供故障排除技术等，从而保证客户能够持续经营。

举例来说，孵化项目的工作人员与马萨诸塞州斯普林菲尔德技术社区大学（STCC）合作，帮助客户与可能为其公司发展提供资金的基金会建立联系。如此一来，在正式演示之前，孵化机构客户将可与工作人员一起，逐步完善他们的演示技巧。

弗雷德·安德鲁咨询服务公司（Fred Andrews Consulting Services）首席执行官、马萨诸塞州斯普林菲尔德技术社区大学（STCC）项目前任执行总监弗雷德·安德鲁说：“孵化机构注重加强获得资源的技巧。”成功地运行一个孵化机构项目，有时可以帮助客户在竞争中取得优势。安德鲁还说：“本地银行行长曾经说过，他们十分喜欢出身于STCC孵化项目的客户，因为相比其他小型企业，他们更加可靠。”

企业孵化机构为创业者提供许多能够帮助他们的企业成功的工具。不过孵化机构管理人员和创业者都认同一点，创业者必须全身投入孵化机构的培训过程，这样才能从孵化机构的经验中获得最大成效。

“让自己像海绵一样，”安德鲁劝告潜在的孵化机构客户们，“始终牢记你想获得的东西，在孵化机构中寻找能够帮助你实现目标的导师。与其他创业者、到孵化机构咨询的人们建立关系。交流，交流，再交流。孵化机构管理者最近正在寻找能够为客户带来商机的途径。所以，你要做好准备，确保你能注意到所有可能获得的机会，然后尝试这些机会。”

孵化机构的种类

孵化项目有不同的类型及规模，服务不同的社区和市场。大部分北美地区的企业孵化机构（大约 90%）是非营利性组织，他们的经营宗旨是发展经济。其余 10% 的北美孵化机构是营利性实体，存在的目的是为股东的投资赚取收益。

- 47% 是多用途的，服务对象是一些早期阶段的公司。
- 37% 专门服务技术业务。
- 7% 服务于制造型企业。
- 6% 专注于服务型企业。
- 3% 专门负责社区重建项目或利基市场（指被市场中的统治者/有绝对优势的企业忽略的某些细分市场）。

1980 年，北美地区的企业孵化机构仅有 12 家，而目前大约有 1 000 家。在世界范围内则有 4 000 家左右的企业孵化机构。典型的孵化机构已经能够适应各种各样的市场需求，从促进大学技术成果商业化，到帮助经济衰退社区提高就业率，孵化机构就像投资推进器一样发挥着积极作用。

孵化机构的赞助者，即那些为孵化机构项目提供资金支持的机构、组织或个人，就像孵化机构的父母或主办机构一样呵护着它们的成长，或者仅仅提供发展资金。北美企业孵化机构的赞助者中，大约 25% 为学术机构，16% 是政府部门，15% 是经济发展组织，10% 是营利性实体，其余 10% 为其他类型。大约 5% 的企业孵化机构的资金来源是多方面的，19% 的孵化机构没有赞助商或主办机构。

选择孵化机构

就像孵化机构筛选潜在的客户一样，与此同时，企业家也在选择孵化机构。以下是在参加一个孵化项目之前应该考虑的一些问题：

- 过往记录。
  - 该项目执行得如何？
  - 该项目已经运行多久了？
  - 该孵化中心是否有成功的案例？如果有，从该中心走出后，这些公司在市场中独立存续了多久？
  - 其他客户和毕业机构对该项目的看法？
- 项目结束政策。
  - 该孵化项目的结束政策是怎样的？也就是说，该机构的退出条件有哪些？
  - 该政策的灵活度如何？
  - 客户在该孵化项目的平均停留时间是多长？（一般来说，孵化机构3年就可完成企业的培养）
- 管理人员与工作人员的资质。
  - 目前的工作人员进入该孵化项目多久了？
  - 工作人员现场工作的时间有多少？
  - 他们是否有自己创业成功的例子？
  - 他们是否积极参加专业发展活动，或者是否是某专业组织或商业协会的成员，以便掌握孵化机构新近的最佳做法？
- 孵化计划是否能提供你所需要的服务和联系人信息？你的企业需要哪方面的服务才能成功？商业计划开发、法律及财务建议、市场营销、互联网接入，还是生产设备？是否可以进入某一特定的市场？接下来，考虑选择基于此类特定市场的孵化机构。关注特定行业的孵化机构会与企业一起制订针对特定利基市场的计划，如美食、生物技术、艺术及软件等。要确定该孵化机构所提供的服务确实是你所需的，或者能够帮助你找到可以提供这些服务的机构来满足你的需求。

- 你是否符合该孵化机构的标准？在申请之前，弄清楚该孵化中心的客户准入标准。如一些孵化机构希望潜在的客户已经具备了完整的商业计划书，另一些孵化机构则只要求初步的发展构想，具体的商业计划孵化机构可以协助企业完善。
- 孵化机构的收费制度你是否能够接受？大部分营利性孵化机构提供场地和服务以换取客户公司的股权；与之相反，大部分非营利性孵化机构直接对场地和服务进行收费。如果大笔的、快速的资金注入对于你的企业获得成功是必要的，那么出让一些公司的股份以保证资金的快速到位会更合适。但如果你坚信自己拥有自行积累资金的能力（经由某些帮助），并且不想放弃任何在你公司的股份，希望缓慢地建立属于自己的公司，那么直接为服务和场地付费会是更好的选择。

条款与协议

创业公司与孵化机构之间的关系是建立在签约协议的基础上的。这些协议的类型包括：

- **服务条款**。这个条款列明双方共同认定的基本准则。它指定孵化机构提供具体项目及服务，并标明适用的利率。这一部分规定了必要的报告及预期的会议，同时为每一方提供惯常的法律保护。
- **租赁协议**。这一部分是一般的设备租赁协议，规定了租金支付周期及惯常的承租人及业主合同条款。
- **股票期权协议及会员权益购买协议**。这一部分规定了在特定条款、条件和事件下，孵化中心拥有购买一部分股权或公司所有权的权利。

社区发展金融机构

社区发展金融机构（CDFI）是这样一类金融机构，它们以社区发展为基本使命，并制定一系列发展策略来实现这一使命。

以下是5种常见的社区发展金融机构类型：

1. **社区发展银行**。这些银行在社区面临经济衰退时通过给目标企业提供贷款和资金来使社区复兴。

2. **社区发展信用协会**。这些信用协会致力于增加资产和储蓄，并为低收入人群以及少数族裔人群提供可接受的信贷及零售金融服务。

3. **社区发展贷款基金**。这类贷款基金以低于市场的利率汇集了来自个人及机构的社会投资资金，然后主要将之贷给经济落后城市或乡村社区的非营利性房地产开发商和商业人士。

4. **社区发展风险投资基金**。社区发展风险投资（CDVC）基金向市场发展不充分的行业提供权益资本，以寻求市场投资回报率，同时也创造就业机会、财富及创业能力。许多社区发展风险投资基金喜欢投资热门地区。

与其他机构投资者相类似，社区发展风险投资专注于寻找那些具有优秀管理能力、优秀理念、令人印象深刻的发展潜力，以及承诺有高回报率的公司。同时，他们也会考虑由此产生的就业机会数量和质量，以及他们的投资给低收入社区所带来的影响。每一家基金都有其独特的筛选准则及流程来甄别递交上来的商业计划书。

5. **微型企业发展贷款基金**。这类贷款基金通过为低收入人群提供贷款及技术支持来促进社会及商业发展。这类人要么从事非常小的生意，要么是自由职业者，因为规模太小，所以无法获得传统的贷款。

小企业管理局

美国小企业管理局（Small Business Administration，简称SBA）是美国联邦政府行政部门的独立机构，它的职责是为美国小企业在倡导、管理、采购和资金援助4个主要方面给予援助。资金援助主要是通过SBA的企业贷款项目、投资项目、灾难贷款项目和承包商的关系来实现。这里我们给出一些有关初创企业和中端市场公司融资项目的综述。SBA 为资助小企业出台了不少贷款项目。需要强调的是，SBA 也只是那些提供贷款的私人或其他机构的担保人。

SBA 的商业贷款项目

SBA 监管三项独立的却相当重要的贷款项目。当他们的合作伙伴（贷款机构、社区发展组织以及小型贷款机构）为小型企业提供贷款时，SBA 为其制定政策方针。SBA 通过提供担保来支持这些融资，从而消除贷款合伙人所承担的部分风险。不过，由于政府改变财政政策和优先权来适应当前经济环境，这一中介的贷款担保要求和实施是可更改的。因此，当在今天的市场中寻求帮助时，过去的政策并不总是可靠的。

为保证符合 SBA 要求的贷款及时到位，政府拨款也是 SBA 的款项来源。有了贷款担保，有了联邦政府支持的贷款，独立的贷款人才会信心十足地发放资金。

根据担保的金额不同，SBA 提供的贷款担保将借贷者的拒付风险从放贷者处转移到了 SBA 身上。因此，当一个企业申请 SBA 贷款时，它实际上是在申请一项商业贷款。该贷款根据 SBA 的要求构建，并将获得 SBA 的担保。

作为该项融资工具的另一种形式，社区发展组织为满足小企业申请者的资金需求所提供的部分贷款可以得到政府的充分支持。

SBA 的投资项目

1958 年，美国国会建立了小企业投资公司（Small Business Investment Company，简称 SBIC）项目。小企业投资公司是由 SBA 发放营业执照，属私人拥有和管理的投资公司。他们是政府和私营经济这一重要合作伙伴关系的参与人。他们用自己的资金或通过政府优惠利率借来的资金，为小企业（新建的和已建立的）提供资金。小企业投资公司扮演着另一种风险投资公司的角色。但是，由于资金来源多样，它在结构上受到种种限制。

所有的小企业投资公司都是利益驱动的团体。投资小企业的一个主要激励就是与企业共同分享其成功和发展前景。

SBA 的关系项目

一项履约保证是由担保人、承包商及项目所有者三方共同构建的。协议规定承包商遵守协议中的条款和条件。如果承包商不能很好地履行合约，担保人就要承担承包商的责任并确保项目完成。由 SBA 担保的合约有 4 种类型：

1. **出价。** 担保出价人订立合同并完善相关支付和履约合同书。
2. **支付。** 确保从承包商到合同执行中不断完善劳务、材料、设备及其应用的财务支付的合同。
3. **执行。** 保证承包商严格按照约定条款执行合同的规定。
4. **辅助。** 附加的但对合同执行至关重要的规定。

7（a）担保贷款项目

7（a）担保贷款是 SBA 商业贷款项目中最基本、最常用的贷款类型。这个名字来源于小企业法案中的第 7（a）部分，小企业法案授权 SBA 为美国小企业提供商业贷款。

所有的 7（a）贷款都是由贷款人提供，这些贷款人被称为“参与者”。这是由于他们参与了 SBA 的 7（a）项目。虽然不是所有的贷款人都会选择参与 7（a）项目，但大部分美国银行都会这么做。还有一些非银行贷款机构也会参与 7（a）项目，在 SBA 的指引下扩大了贷款人发放贷款的可获性。

所有的 7（a）贷款仅在有保证的情况下才可提供，这就意味着贷款是由那些选择按照 SBA 要求安排其贷款，以及那些获得 SBA 对一部分贷款担保的贷款机构提供。SBA 并不是完全为 7（a）贷款做担保。如果借款人不能全额偿还贷款，贷款人和 SBA 将共同承担这一风险。担保只是对支付违约情况的担保。它不负责贷款人轻率的决策和借款人的错误告知。

在担保情况下，商业贷款人才发放并管理贷款。7（a）贷款主要是向贷款人集资。贷款人决定是否向内部放贷，或者在现实中遇到某些问题时才需要SBA的担保。SBA所出具的担保只对贷款人负责。它向贷款人保证：如果借款人无力偿还贷款时，政府会赔偿贷款人的损失（达到SBA担保的比例）。虽然有了这个项目，借款人仍然要承担偿还到期全额贷款的义务。

SBA担保的所有贷款都必须达到7（a）的标准。企业从贷款人那里募集一定比例的贷款，同时贷款人也会从SBA那里得到这笔款项一定比例的担保。因此，SBA给小企业出具的企业贷款援助项目就叫作7（a）贷款担保项目。

担保7（a）贷款项目中的一个重要概念就是实际的贷款来源于商业贷款机构，而不是政府。如果贷款人不愿提供贷款，即使得到SBA的担保，SBA也不能强迫贷款人改变主意（即放贷）。SBA自身也不能放贷，因为该机构没有钱可提供放贷。因此，最重要的是申请人要积极主动地向贷款人寻求贷款，并且他们要明白贷款人的标准、要求，以及SBA的标准、要求。为了获取SBA担保贷款的积极考虑，申请者必须既要符合条件又要有良好信用。

贷款申请中SBA的要求

为获得7（a）贷款，申请者首先必须要具备资格。企业现金流的偿还能力是SBA贷款决策过程中首要考虑的问题，但良好品德、管理能力、担保，以及所有者权益出资额也是非常重要的考虑因素。20%或以上的企业所有者被要求为SBA贷款提供个人担保。

资格标准　所有申请7（a）贷款的企业都必须具备一定资格。资格要求被制定得尽可能宽泛，目的是使贷款计划能满足小企业最为多样化的融资需求。所有被考虑给予SBA7（a）贷款的企业都必须做到以下几点：（1）达到SBA的规模标准，（2）之前有利润，（3）没有可提供融资的内部途径（公司或个人），（4）能够证明其偿还能力。SBA的7（a）贷款计划的某种变化可能还要求其他的资格标准。特殊目的项目会明确说明这些额外的标准。

所有7（a）贷款的资格要求包括：规模、业务类型、资金用途和其他资金渠道的可得性。SBA项目的具体特点会定期改变，我们建议上网查明其目前的范围，网址是 www. sba. gov/services/financialassistance/sbaloantopics/index. html.

品德的考虑 SBA 必须要明确每家申请贷款企业的负责人过去是否显示有还贷意愿和还贷能力，以及是否遵守当地社区的法律法规。SBA 必须知道是否还有对这些问题产生影响的其他因素。因此，每位企业负责人要提供个人履历的说明。

7（a）贷款项目的其他方面

除了信用状况和资格标准，如果 SBA 也参与到该项融资支持中来，那么申请者就应当清楚 SBA 期望的条款和条件。贷款的具体条款由申请人和参与金融机构按 SBA 的要求进行协商。通常情况下，以下条款几乎应用于所有的 7（a）贷款项目。但某些贷款项目或贷款人项目与这些标准不同，这些不同在各个贷款项目中加以说明。

最大贷款额度 SBA 的 7（a）贷款项目规定最大贷款额度是 200 万美元。SBA 的最大风险敞口是 150 万美元。因此，如果一个企业获得 SBA 担保的 200 万美元的贷款，对于贷款人最大的担保额是 150 万美元或者 75%，SBA 快速贷款（SBAExpress）最大的担保额规定是 50%。

期限 SBA 的贷款项目通常鼓励小企业长期融资，但实际贷款期限取决于贷款人的偿还能力、贷款资金用途，以及所购资产的使用年限。然而，最大贷款期限已经确立：用于不动产和设备的贷款是 25 年，用作流动资金的贷款期限一般是 7 年。

用作流动资金的贷款将不会超过 7 年，除非为确保还款需要延长贷款期限（达到 10 年）。用于购买除不动产之外的固定资产的最长贷款期限将限于这些资产的经济寿命，但没有超过 25 年的情况。25 年的最大年限一般适用于土地和建筑的购买或者购买过程中进行再融资。在经营场所需要建设或大幅修整时，25 年的最长期限将不包括需要完成建造的时间（大的修整意味着相当于当前房产价值至少 1/3 的建造）。

当贷款资金同时用于多个目的时，最大年限将是这些年限的加权平均数，这就产生了均匀支付的情况。或者其可以是根据每一项贷款用途的可允许期限的每月等额支付，这样就会产生不等额的支付，在贷款的初期会有较高的偿还要求。

7（a）贷款的利率 利率由借款人和贷款人协商确定，但受 SBA 最高利率的限制，该利率与优惠利率挂钩。

利率可以是固定的，也可以是浮动的。5 万美元及以上且期限低于 7 年的贷款，固定利率不超过 2.25%；如果期限是 7 年及以上，固定利率不能超过 2.75%；如果贷款金额为 2.5 万～5 万美元，且期限在 7 年以内，其最高利率不能超过 3.25%；如果期限是 7 年及以上，不能超过 3.75%；对于金额 2.5 万美元及以下，且期限在 7 年以内的贷款，其最高利率不超过 4.25%；超过 7 年的，最高利率不能超过 4.75%。

利率可变的贷款可能会固定在最低利率或者 SBA 确定的可调固定利率。可调固定利率是美国联邦政府在与 SBA 贷款平均期限相同的情况下所支付的加权平均利率，按季度计算并刊登在《联邦公报》（*Federal Register*）上。贷款人和借款人共同协商在基准利率基础上的调整幅度。在调整频率上，最多是每月调整一次，并且必须保持一致（如：每月，每季度，半年，每年，或其他定义的持续不断的阶段）。

担保比例 对于那些满足 SBA 信用和资格要求的申请者，SBA 可对其进行担保。对于 15 万美元及以下贷款的担保可高达贷款金额的 85%，15 万美元以上的贷款担保为贷款金额的 75%。这项标准适用于 7（a）贷款项目的大部分变化情况。

不过，SBAExpress 的最大担保比例为 50%。出口流动资金贷款项目（Export Working Capital Loan Program）的最大担保比例是 90%，担保贷款额度高达 100 万美元。

费用 为补偿 SBA 贷款项目付给纳税人的费用，SBA 对每笔成功且支付税收的贷款人收取一定的担保费和服务费。费用的多少取决于贷款的担保比例。贷款人先向借款人收取预先的担保费，然后再支付 SBA 的费用并且开始发放贷款。贷款人每年支付给 SBA 的服务费不能向借款人收取。

2004 年 12 月 8 日及之后批复的贷款，适用于下列费用结构：

- 对于15万美元及以下的贷款，需支付2%的担保费，并且允许贷款人保留25%的预付担保费。
- 对于15万美元以上70万美元以下的贷款，需支付3%的担保费。
- 对于高于70万美元的贷款，需支付3.5%的担保费。
- 对于超过100万美元的贷款，对超过100万美元的部分要收取另外的0.25%的担保费。100万美元及以下的部分收取3.5%的担保费。高于100万美元的部分按3.75%的比例收取。

2006年10月1日及以后，对于所有的7（a）贷款，每年的服务费用是贷款担保部分余额的0.494%。法规为该项费用提供保障，以在贷款期内持续生效。

组合融资 自2004年10月1日起，已不再允许企业进行组合融资。

禁止收取的费用 禁止向SBA贷款申请者收取手续费、贷款发放费、申请费、破产费、积分奖励（bonus points）和其他费用。唯一可以收取的承诺费是对于出口流动资金贷款项下所发放的贷款。

提前还款罚金 当下面三个条件都满足时，将向借款人收取提前还款罚金：

- 贷款期限是15年或以上而借款人自愿提前还款。
- 提前还款部分超过贷款余额的25%。
- 在第一批贷款资金发放（未获批准的贷款）日期之后的前三年内提前还款。

提前还款罚金的计算方法如下：

- 贷款发放后的第一年，提前还款额的5%。
- 贷款发放后的第二年，提前还款额的3%。
- 贷款发放后的第三年，提前还款额的1%。

注册开发公司（CDC），504 贷款项目

注册开发公司（CDC）/504 贷款项目是为促进社区经济发展而采用的长期融资工具。504 贷款项目为发展中的企业提供长期的固定利率的贷款，该贷款用于购买主要固定资产，这类固定资产包括土地和建筑。CDC 是为促进社区经济发展而建立的非营利性企业。CDC 与 SBA 和私营贷款人共同合作为小企业提供资金。全国有 270 个注册开发公司，每个都覆盖具体的地理区域。

一般来说，一个 504 项目包括来自私营贷款人承担高达 50% 的项目成本且带有优先留置权担保的贷款，由 CDC 承担的高达 40% 的成本且带有次优留置权担保的贷款，以及由接受帮助的小企业承担至少 10% 的股权。

最高数额公司债券 在实现创造就业标准或者社区发展的目标时，SBA 的最高债券数额是 150 万美元。一般来说，SBA 每给企业提供 5 万美元，企业就要创造或者保留一个就业岗位，小制造商除外（不久之后将明确），小制造商有 10 万美元的就业创造或保留就业的目标。当符合一项公共政策目标时，SBA 的最大债券数额是 200 万美元。

公共政策的目标如下：

- 振兴商业区。
- 扩大出口。
- 促进小企业发展。
- 发展乡村。
- 提高生产力和竞争力。
- 由于联邦范围内强制的标准或政策而进行产业结构调整。
- 由退伍军人（尤其是残疾军人）拥有和掌管的小企业规模的扩大。
- 扩大由女性拥有和掌管的小企业规模。

小型制造企业的最大债券额是 400 万美元。小型制造企业是指主要业务处于北美工业分类系统中第 31、32 或 33 类的小规模企业，并且其生产设施都在美国本土。

为了符合400万美元504贷款的条件，小型制造企业必须符合其定义要求，并符合以下两个条件之一：第一，由SBA担保的每10万美元的贷款要创造或保留至少一个工作岗位［小企业投资法案第501（d）（1）条要求］；第二，改善地方经济或取得一个或更多公共政策目标［小企业投资法案第501（d）（2）条或第501（d）（3）条要求］。

资金用途 504贷款的资金必须用于固定资产项目，例如购买土地和建筑物改善，包括建筑、分级、街道改善、公共设施、停车场、环境美化、建设新的设施，或者是现有设施的现代化、修缮和功能转变；购买长期的机械和设备。

504贷款不能用于流动资金、存货，合并或偿还债务，或者融资。

期限、利率和费用 504贷款的利率被限定为高于当前5年和10年美国国库券的现行市场利率的增量，可提供10年和20年的贷款期限。总费用约是公司债券的3%，可以由该贷款来融资。

担保 一般来说，利用融资购入的项目资产被用作担保品，但也要求主要的企业所有者提供个人担保。

合格的企业 要符合贷款的资格要求，企业必须是利润导向型企业，而且要处于SBA设定的规模标准范围内。在504项目中，如果企业的有形资产净值不超过750万美元，而且之前两年税后平均净利润不超过250万美元，该企业就符合小企业的标准。贷款不会发放给从事投机或投资于不动产租赁的企业。

7（m）贷款项目的小额贷款

小额贷款项目是为新兴企业、新建或发展中的小企业提供的金额较小的贷款。根据该项目，SBA使得资金可用于非营利性的服务社区的贷款人（中介），该贷款人转而又向合格的借款人发放最高数额达35 000美元的小额贷款。平均贷款规模约是13 000美元。申请人向当地贷款中介提交申请，所有的信贷决策都要依照当地标准。

期限、利率和费用 小额贷款的最长期限是6年。不过，贷款期限可根据贷款规模、资金用途、中间贷款人要求以及小企业借款人的需要而变化。

最大贷款额是35 000美元，而平均贷款额是13 000美元左右。根据中间贷款人和中间贷款人从美国财政部取得资金的成本而定，贷款利率是变化的，一般来说，利率为8%～13%。

担保 每个中间贷款人都有贷款和信用要求。然而，考虑申请小额贷款的企业所有者应该清楚该贷款中介通常会要求一些种类的担保和企业所有者的个人担保。

技术支持 每一个贷款中介都会被要求为小额贷款人提供企业培训和技术支持。适用于小额融资的个人或小企业也会被要求在贷款申请被接受之前完成培训和资金规划。

申请成为贷款中介 对成为贷款中介感兴趣的组织可向SBA索取有关申请流程的信息，通常申请人要满足以下三个标准：

1. 申请人必须是非营利性组织，半官方性质的经济发展组织，或者是美国原住民部落政府建立的机构。

2. 申请人必须向新建企业或发展中的小企业提供至少一年的短期固定利率、金额不超过35 000美元的贷款。

3. 申请人必须具有向借款人提供至少一年的技术支持的经验。

申请时应当提供以下辅助资料：

- 过去你所支持过的企业类型和申请者计划向其提供小额贷款的企业类型。
- 过去你所发放的贷款平均规模和计划发放的小额贷款的平均规模。
- 申请人将要在乡村地区发放小额贷款的企业范围。
- 申请人计划开展业务的地理区域，包括计划经营地区的经济和人口状况的描述。
- 在这些地区，小企业获得贷款的可得性和成本。
- 申请人给小企业提供市场、管理和技术支持的经验和资质。
- 使用其他技术支持途径（如来自退休经理人服务公司的顾问）以帮助小额贷款借款人的计划。

出口贸易融资

SBA 的出口周转资金贷款计划（Export Working Capital Program，简称 EWCP）的服务对象，是那些有能力赚取出口销售额并且需要额外的运营资金来完成销售的公司。对于 EWCP 计划，SBA 的目标是确保符合条件的小型出口商不会因为缺少运营资金而失去可能的出口销售。SBA 为银行提供激励政策，这样银行就可以为这些缺乏资金的公司提供出口贷款。

EWCP 贷款常被用于贸易融资。举个例子，EWCP 贷款将为一项出口贸易提供 100% 的供应商成本。当出口商的销售期较长，且不能运用自有现金流来承担由销售产生的应收账款增加时，EWCP 贷款也可以用来稳定其现金流。EWCP 贷款可以是单一合同的短期贷款，也可以是支持为期 12 个月的持续出口销售的信贷额度形式。

SBA 在出口融资中的作用 大多数银行不愿就出口订单、出口业务的应收账款和信用证提供贷款，因为一些小型出口企业缺乏必要的流动资金。这恰恰是 SBA 项目可以大显身手的地方。它向贷款人提供对出口贷款高达 90% 的担保作为增信措施，这样参与的银行就会放贷，使得必要的出口融资可得。

SBA 通过遍布全国的美国出口援助中心（U. S. Export Assistance Centers，简称 USEAC）的 SBA 高级国际信贷官员网络提供出口融资项目。这些专业人士了解贸易融资，可以向企业解释 SBA 的出口贷款项目、申请流程和形式，而且能指导出口商选择合适的付款方式。为了提高出口额和管理境外支付风险，他们也将公司和专业人士相绑定。

在出口数额的最终决定或协议签订之前，出口商可以申请 EWCP 贷款。有了 EWCP 贷款，出口商在谈判出口付款期限时就会更加灵活，在获得出口订单时也有充足的资金保障。

主要利益：

- 为供应商、存货或者出口产品的生产提供融资。
- 在一个长的付款周期中获得出口流动资金。

- 为可用作投标、履约或定金保函的备用信用证提供融资。
- 在美国国内为公司销售储备国内流动资金。
- 通过提供更加自由的销售条款，允许全球性竞争趋于加剧。
- 提高对于进口商具有高资金成本的欠发达市场的提高销售前景。
- 有助于出口额的增长。
- 费用低，办理时间快速。

如何申请 直接向贷款人申请。我们鼓励感兴趣的企业与位于美国出口援助中心的 SBA 工作人员联系，讨论他们是否符合 EWCP 计划，以及该贷款计划是否是满足其出口融资需求的恰当工具。参与的贷款人会审查和批复贷款申请，并把申请提交给在 USEAC 服务于出口商地理区域的 SBA 工作人员。

合格的企业 制造企业、批发企业、出口贸易公司和出口服务商都可以申请此项融资。EWCP 计划的借款人必须符合 SBA 的资格要求和规模要求（制造企业不超过 500 名员工，批发企业 100 名员工），并且必须拥有至少一年的行业经验。如果申请人拥有足够的出口能力和行业经验，SBA 可以放弃“一年的行业经验”这一项。

合格的出口贸易 利用融资生产的出口产品必须从美国运输、标明所有权；对于出口的产品，没有美国国产化程度要求。出口的产品必须遵守《美国出口管理条例》，并且不能被运到美国禁运或制裁的国家。国内买家紧接着出口的间接出口也符合 EWCP 的融资要求。

贷款数额 EWCP 信用贷款的最高额度为 200 万美元。参与银行将得到 SBA 90% 的担保，但前提是 SBA 给借款人担保的部分原则上不能超过 150 万美元。即使超过该数额，银行依然可以得到 90% 的担保，因为 SBA 和美国进出口银行（Export - Import Bank，EXIM）之间签订了担保协议。根据该项计划，银行需向 SBA 提交唯一的一份担保申请，并收到双方都支持的 90% 美国政府担保。对于 EXIM 银行担保的部分，将会产生一笔较高的费用。

利率 SBA 不设也不提供贷款利率。利率可以是固定的，也可以是可变的，由借款人和参与贷款人进行协商。

担保 由EWCP基金资助的出口销售产生的相关存货和应收账款将被作为充分的担保。SBA也要求企业所有者的个人担保（公司所有权为20%或以上的所有者）。

贷款期限和SBA的费用 通常，EWCP贷款期限是一年。对于一个期限为12个月以内的EWCP计划，SBA的费用是贷款担保部分的0.25%。例如，期限为一年、含90%的担保的100万美元（担保部分为90万美元）的信贷，其担保费是2 250美元（90万美元×0.25%）。SBA可以补发年度的EWCP贷款，其担保费仍是0.25%。

赊销条款和支付风险管理 由于业务往来频繁，国外买家开始向美国供应商要求内销条款。在这种情况下，中小出口商就面临着两种前景：要么失去销售业务而给了国外竞争对手（其提供该购销条款），要么找到一种能平衡不断上升的现金流吃紧的压力和国外买家不付款风险的方法。

SBA的EWCP贷款可提供现金流支持，这样信用保险才能使不付款风险最小化。信用保险是一种特殊的保险产品，专门用于保护公司交易信用风险免遭由买方无力偿付、违约或政治风险所带来的坏账损失。EXIM银行以及私营部门供应商提供信用保险。SBA和EXIM银行已携手合作，向获得EWCP的小企业提供EXIM银行小企业出口信用保单的25%的保费折扣。

国际贸易贷款

SBA国际贸易贷款项目是专门为计划开始或继续出口的企业，或那些受到来自进口产品竞争不利影响的企业提供的一项定期贷款，贷款资金必须能使借款人处于更有利的竞争地位。

主要利益 国际贸易贷款项目给借款人提供一项已增加的由SBA担保最大余额达175万美元部分的贷款，而不是常规的SBA借款人提供的最大金额为150万美元担保的贷款。

合格的企业 那些计划扩大出口市场、开发新的出口市场，或已经受国际贸易竞争不良影响的小企业，如果能够证明借贷资金将有利于改善它们的竞争状况，那么这样的小企业都是可以申请国际贸易贷款的企业。

贷款金额 与一般7（a）贷款一样，国际贸易贷款的最大金额是200万美元，最大担保额度是150万美元。然而，7（a）贷款的最大担保额有一个例外。如果有国际贸易贷款和一项流动资金贷款，SBA对这项组合贷款的担保金额可达到175万美元，但前提是SBA对运营资金的贷款担保不超过125万美元。

利率 SBA不设定贷款利率，也不提供贷款利率。利率由借款人和参与贷款人共同协商，且不超过SBA的最高利率限制。利率可以是固定的，也可以是可变的，参照发布在《华尔街日报》上的优惠利率。对于超过5万美元、期限超过7年的贷款，贷款人会将最高利率设定为2.75%。

担保 国际贸易贷款要求由第一留置权或对用贷款资金所购的资产及设备的第一抵押权来提供担保。其余的担保（可提供的情况下）也可以被接受，以保证贷款获得全额担保。对用贷款资金购买的资产或设备的第一担保权益的要求，是国际贸易贷款的必要条件。

资金用途 国际贸易贷款资金可用于收购、建设、技术革新、现代化、物业改善、长期固定资产的增加，或者用于同样目的的现有贷款的再融资。一项IT贷款或再融资中可能不包括流动资金。

贷款期限和SBA费用 对用于机器和设备（不超过设备使用寿命）的贷款，国际贸易贷款的期限通常是10~15年；对用于不动产方面的贷款，期限可长达25年。根据贷款规模的大小，SBA的担保费用介于2%~3.75%。

美国社区调整和投资计划

社区调整和投资计划（Community Adjustment and Investment Program，简CAIP），是一项用于支持在受北美自由贸易协定不利影响的国家范围内从事商业活动的美国公司的计划。由美国财政部管理的基金考虑到了对于符合条件贷款的费用支付情况。这些费用包括7（a）贷款项目的担保费用（和补贴）、504计划的担保、注册开发公司的费用和贷款人的费用。费用的多少取决于贷款规模的大小。

CAIP和SBA在7（a）贷款担保项目和504贷款项目上开展合作，以减少借款人的成本，增加这些经证实有效的商业援助计划的可得性。CAIP可以和7（a）项目及504贷款项目共同使用。

要想符合贷款资格，借款人必须达到一定的标准。例如，根据一国的就业减少和失业率情况，借款人的业务经营处于受 NAFTA 消极影响的该国范围内。近年来这种情况延伸到考虑向国内一些特定的区域授予贷款资格（将允许 SBA 在类似工厂关闭情况下在主动提供援助方面快速做出反应）。

此外，该计划还包含一项创造就业机会的内容。对于 7（a）贷款，SBA 每担保 7 万美元，就要创造一个工作岗位。对于 504 贷款，每担保 5 万美元，就要提供一个工作岗位。目前，在 29 个州超过 230 个国家被认定为符合贷款条件。

污染控制贷款项目

污染控制贷款项目是一项关于污染控制的 7（a）贷款。该项目专门用于向符合条件的小企业提供融资，并用于企业规划、设计或污染控制设备的安装（包括回收再利用装置），这些设备必须能够防止、减少、减轻或控制任何形式的污染。

这个项目遵循 7（a）项目的贷款准则，但贷款资金只能用于固定资产的除外。

资本贷款项目

资本贷款项目（CAPLines Loan Program）是一个伞形项目。根据该项目，SBA 帮助小企业满足短期和周期性的流动资金需求。除了小型资产抵押贷款，CAPLines 贷款可以是不超过 SBA 限制的任意贷款数量。（更多关于 SBA 基本要求的信息，可以参考 7（a）贷款担保项目部分）。

CAPLines 的总体计划包括五个针对小企业的短期流动资金贷款项目（信贷额度）：

1. 季节性额度。该额度是针对企业经历季节性销售波动情况下，在销售高峰季企业预计增加的存货和应收账款的融资。该贷款可以是循环贷款或非循环贷款。

2. 合同额度。该额度为与执行可转让合同相关的直接人工和原材料成本提供融资服务，该贷款可以是循环贷款或非循环贷款。

3. 建筑商额度。如果你是一个从事商业、住宅项目建设或翻新的小型总承包商或建筑商，该额度可为直接人工和原材料提供融资，建设项目作为担保品，该贷款可以是循环贷款或非循环贷款。

4. 标准的资产抵押额度。这是为那些不能符合与长期贷款相关的信贷标准的企业提供的以资产为抵押的循环信贷额度。该贷款额度为周期性增长、反复的和/或短期资金需求提供融资。偿还资金来源于将短期资产转换的现金，该现金再汇予贷款人。基于现有的资产，公司持续从信贷额度中提取贷款资金，并按照现金周期的规定进行偿还。该额度通常由向其他公司提供信用的公司使用。因为该项贷款额度要求持续的付息还本和监测担保品，贷款人可能还要收取额外的费用。

5. 小型资产抵押贷款额度。这是一个金额高达 20 万美元的资产抵押循环贷款额度。除了在公司可以持续地表现出利用其现金流偿还全部贷款额度的偿还能力情况下一些较为严格的付息还本规定不做要求外，该贷款额度的操作就像一笔标准的资产抵押贷款。

除了小型资产抵押贷款额度外，CAPLines 贷款沿用了 SBA 的最大贷款金额。小型资产抵押贷款的最高贷款额为 20 万美元。虽然大部分小企业符合 SBA 的贷款条件，但一些类型的企业还是不符合贷款资格，SBA 必须进行逐个确定。贷款资格通常由企业类型、规模和资金用途来确定。

以上 5 种信贷额度中每一种都有长达 5 年的贷款期限。然而，由于每一种信贷额度都是根据单个企业的需要量身定制的，所以可能要确立一个更短的初始贷款期限。CAPLines 资金可以根据贷款期限内的需要用于购买资产，只要有足够的时间将资产在贷款到期时转换为现金。

拥有至少 20% 企业所有权的企业所有者通常被要求为贷款提供担保。虽然担保不足不会成为贷款申请被拒绝的唯一原因，但担保品的性质和价值确定也在贷款决策中产生了重大影响。

小企业创新研究项目/小企业技术转让项目

SBA 技术管理办公室主管小企业创新研究（Small Business Innovation Research，简称 SBIR）项目和小企业技术转让（Small Business Technology

Transfer，简称 STTR）项目。通过这两个有竞争力的项目，SBA 确保美国国内小型、高新技、创新型企业成为美国联邦政府研究和发展活动的一个重要组成部分。11 个美国联邦政府部门参与了 SBIR 项目；5 个部门参与了 STTR 项目，该项目给予小型高科技企业 20 亿美元的资助。有关这些部门的更多信息可参考以下网址：

空军	www. wpafb. af. mil/library/factsheets/factsheet. asp? id =5560
商务部/美国国家标准技术研究所（NIST）	http：/tsapps. nist. gov/ts_ sbir
国防部	www. acq. osd. mil/sadbu/sbir/overview/overview. htm
教育部	www. ed. gov/programs/sbir/faq. html
能源部	www. sc. doe. gov/sbir/About/FAQ. htm
交通部	http：//www. volpe. dot. gov/sbir/faq. thml
导弹防御局	www. winmda. com
美国航空航天局	http：//sbir. gsfc. nasa. gov/SBIR/faq. htm
国家科学基金会	www. nsf. gov/eng/iip/sbir/faq. jsp
海军	www. navysbir. com/faqs. htm
小企业管理局	www. sba. gov/aboutsba/sbaprograms/sbir/faq/index. html

SBIR 项目的拨款分阶段支付。一般来说，第一阶段拨款允许达到 10 万美元；第二阶段是 75 万美元；第三阶段开始看起来更像传统的政府采购，尽管在一些情况下提供拨款是可能的。在有些情况下，政府机构或经济发展组织会给 SBIR/STTR 分配资金。

美国农业部*

美国农业部通过其乡村发展行动，拥有许多商业和合作项目，其中一个项目就是工商业（B&I）担保贷款项目。

B&I 担保贷款项目的目的是为了改善企业经营、促进企业发展、促进就

---

* 本节基于美国农业部网站 www. rurdev. usda. gov/rbs/index. html 的信息编写。

业，以及改善乡村社区经济和环境气候提供融资。这一目的通过对高质量贷款提供担保以加强现有私人信贷结构来实现，为高质量贷款提供担保将能提供持久的社区福利。该贷款项目并不打算将担保的权力用于不重要的或不合格的贷款，或者是用于代替拥有此类贷款的贷款机构。

谁可能借款?

借款人可能是合作组织、企业、合伙公司，或者建立在营利或非营利基础上的法人实体；联邦或州居留地上的印第安部落或其他联邦政府认可的部落群体；公共团体或个人。借款人必须从事或者准备从事至少包括一项以下项目的商业活动：

- 提供就业岗位。
- 改善经济或环境气候。
- 促进交流、发展和使用水用于养殖。
- 通过鼓励太阳能能源系统和其他可再生能源系统的开发和建设，减少对不可再生能源的依赖。

个人借款人必须是美国公民，或者是依法获得永久居住权定居在美国的个人。企业或者其他非公共团体组织类型的借款人必须是由美国公民或依法取得永久居住权定居在美国的个人持有至少51%所有权。B&I 贷款通常在乡村地区提供，这些地区包括除了人口超过 5 万的城市和城镇，或临近及与这些城镇相连已实现城市化区域的所有地区。

贷款资金如何使用

贷款的目的必须和管理规定中包含的一般目标相一致，包括但不限于以下内容：

- 工商业收购，此时贷款将用于避免企业倒闭，防止就业机会的减少，或提供扩大的就业机会。
- 业务转型、规模扩大、修整、现代化或发展。

- 购买或开发土地、地役权、开路权、建筑物或设备。
- 购买设备、租赁物改良、机器、商品供应或者存货。

担保比例

担保比例，即允许的最大限额，是贷款人和SBA之间协商的结果。对于500万美元及以下的贷款，最大担保比例是80%；对于500万~1 000万美元的贷款，担保比例是70%；而超过1 000万美元的贷款，担保比例则为60%。

贷款金额

小企业管理局放给借款人的贷款总量不可超过1 000万美元。在特定的情况下，可以出现例外，突破1 000万美元的限制而达到2 500万美元。对于加工高附加值农产品的乡村合作组织，负责人可以批准超过2 500万美元，高达4 000万美元的担保贷款。

贷款期限

不动产贷款的最长还款期限将不超过30年；机械和设备的偿还期限不超过用贷款所购买的机械设备的使用寿命或者15年，取两者中较短的期限；流动资金的偿还期不超过7年。

利率

担保贷款的利率是贷款人和申请人共同协商的结果。利率可以是固定的或可变的，只要其是合法利率。利率要经SBA评审和通过。可变利率可能在贷款期内不同时间段进行调整，但调整的频率不会超过一个季度。

是否要求担保？ 是的。担保品必须有足够的有文件证明的价值，以保护贷款人和管理局的利益。打了一定折扣后的担保品价值通常会和贷款量（至少）对等。贷款人会按照合理的抵押比率政策对抵押物确定抵押比率。

年续期费

年续期费每年支付一次，并且要求其保持贷款人对担保的可执行。

每年续期费用的费率（指定的比例）由“农村发展办公室”（Rural Development State Office）规定，并且刊登在《联邦公报》（Federal Register）的年度公告中。用费率乘以每年12月31日的贷款本金余额，即可得到年度续期费用。一旦贷款开始拨付，费率即开始生效，并且在贷款期内一直有效。

年续期费在每年的1月31日到期。如果到4月1日还未收到付款，可视为拖欠债务。根据SBA的裁定，这可导致取消对贷款人的担保。担保品持有人的权力将继续有效，这一点在贷款担保和转让担保合同中有详细的说明。任何对年度续期费的拖欠，都要以现钞利率的标准负担利息，并且从贷款人的损失赔付中扣除。对于10月1日和12月1日发行的贷款担保书中所指的贷款，其第一次的年度续期费用的支付应当在第二年的1月31日，也就是贷款担保合同签发的日期。

应该在哪里提出申请?

完整的申请表应当提交给美国农业部农村发展办公室。关于办公地点和更多的信息可从 www. rurdev. gov/scrty/sdirs. html 中获得。

微型公共实体*

由于相对较小的公司中存在成本、监管规定、小规模和有限的权益，初次或后续的证券公开发行只对少数新兴的成长型公司和中等规模的企业开放。要想在像纳斯达克（NASDAQ）或纽约证券交易所（New Youk Stock Exchange）这样大的交易所筹集资金或交易，企业必须拥有超过1 000万美元的EBITDA或很高的市值。不过，在有些情况下，公开上市是有道理的，且

* 本节内容改编自《首次公开招募概念》（Concept IPO's）及《空壳公司》（Shell Corporations），均由 www. VCExperts. com 提供。此次出版经书面许可及授权。VCExpert，Inc 保留所有权利。

对于本节讨论的企业来说是一个可行的融资和创造流动性的途径。

筹集资金的一个技巧是获得一家小型上市法人实体的控制权。这一思路是：组建一家壳公司——没有资产和业务——使其上市。由于“壳”一词在金融领域中有着不详的含义，这些公司的发起人将之命名为收购公司或特殊目的并购公司（SPAC）。壳公司或者特殊目的并购公司上市的唯一目的就是募集到相对适度的资金，更重要的是，争取公众手中一定数量的流通股。通常流通股是以一定的单位出售，例如，一只普通股加上以当前发行价格确定的权证。壳公司的发起人接下来就会寻找一家正在运营的公司并与其合并。合并后的公司开始报告经营成果。若这些成果是有良好发展潜力的，那么现有股东就会执行其权证，为企业注入所需资金。这一举措的目的首先在于首次公开上市，然后再找到一个合适的企业经营模式。从这个意义上说，它有点像概念发行。但是这个概念是纯粹的，未受公司业务类型的影响，除了在首次公开发行之后寻找与其合并的公司。认股权证至少为原始投资者提供了一个具有吸引力的价格与永不枯竭的融资途径。

另一种方法，即壳策略的一个变化，涉及识别现有的壳公司或一家停止业务活动的上市公司（IPC），以其作为反向并购的候选目标。一个典型的例子是一家新近从破产困境中走出来的公司被剥离了全部的资产（除了一定量的现金），已处理的资产，以及《破产法》第11章破产清算的重组诉讼中已支付债权人的的债务。停止经营的上市公司的主要资产（除了现金，如果有）就只有其公开登记（尽管股票已不在全国市场系统中交易）和一份股东花名册。

据报道，即使加上为交易关闭而让金融界熟知新成立公共机构所必需支付的费用，反向收购的交易费用仍然很低。的确，目标企业的所有权最终是属于原股东的，这和首次公开招募成功没有多大差别。不过，相比前者，后者可以实现更快速、更有保障的交易，也没有烦琐的申报要求，独立于共同市场的监管之外。反向收购的过程和结束通常伴随着私人投资对公共实体（PIPE）的股权投资。

特殊目的并购公司（SPAC）和停止经营活动的上市公司（IPC）要面对来自证券交易委员会（SEC）的一系列严格审查，尤其是在《萨班斯—奥克斯利法案》通过之后。

最后，确实有那么些时候，一家非常小型的公开交易的公司拥有坚实的财务基础、一份体面的资产负债表、还算不错的盈利和现金流，以及一定水平的日常交易。不过，公司需要新的产品、服务或技术来发展。这样一家公司和一家正在寻求资金的私营的成长中的公司合并或并购，有时候可以是一个强有力的例证，并提供一个符合双方公司需求的机会。

随着美国境内遵从《萨班斯—奥克斯利法案》的成本不断上升，以及一些新兴发展和中等规模的企业对公共资金的持续需求，加拿大多伦多交易所创业板（TSX Venture Exchange）以及 AIM 市场（伦敦证券交易所的一部分）加速了为小企业特别是在某些特定行业的企业提供公共资金渠道的行动。

结合前面的讨论，作为一家新兴发展或中等规模的公司，有许多可行的公开上市方法。除了传统的 IPO 途径外，多伦多交易所创业板提供了两个方案：

1. **资金池公司（CPC）**资金池公司项目将传统的 IPO 流程一分为二。首先要建立一家壳公司，其业务是用来找到一项有潜力的资产，所筹集的资金用于寻找和尽职调查过程。第二阶段是对目标资产的实际并购，也就是所谓的形成上市资格的交易。期望上市的私营企业应该考虑出售给一家 CPC 作为一种独特的上市方式。

2. **反向收购（RTO）**基本上就是一个反向的 IPO，反向收购流程允许私人企业购买一家在多伦多创业交易所上市、没有实质运营业务的公司。

多伦多创业交易所的上市公司筹集的资金通常是 50 万 ~2 000 万美元。具有代表性的典型工业部门有矿产、石油和天然气、技术、生物技术、工业及研发。

AIM 市场是伦敦证券交易所中服务于小公司交易的部分。寻求至少1 000 万美元资金且市值至少达2 000 万美元的公司将发现 AIM 市场是一个很有吸引力的选择。AIM 上市公司的目标股东来自在伦敦证券交易所上市的风险投资信托基金、专门从事 AIM 投资的公司、拥有高资产净值的个人及机构投资者。与美国的 NASDQ 不同，这里对维持上市没有最低股票价格限制。在 AIM 上市的公司平均市值是 7 000 万美元，在 NASDAQ 上市的公司则是 12 亿美元。

特许费融资

特许费融资是对未来产品或服务销售的预付款。该预付款是通过将一定比例的产品或服务收入转让给提供预付款的投资者来进行偿还。这种融资方式服务于拥有产品和服务的地位稳固的公司，或者是计划推出具有高毛利率/净利率产品的新兴公司。特许费融资的使用传统上用于采矿、能源、生命科学等行业。不过，我们发现技术公司也有应用。

特许费融资可以适用于生命科技公司，如专业药物及生物技术企业。这些公司可以通过出售当前的特许费融资权及未来的特许费，以形成非稀释的资金来源。一些特许费融资公司会购买一家公司全部或部分特许费，也可以通过使得资金成本最小化的销售门槛来安排交易，以引入股票潜在升值情况下的股权参与。在一些情况下，特许费可能要求每月固定偿还本金及支付专利使用税，返回初始投资的一个倍数再加上股票认股权证。一些制药和生物技术公司的专利税融资的应用包括专用资金：临床开发和渠道开发、产品收购、指定技术授入及预付款项、产品发布、销售队伍的扩张，以及商业化。此外，它还可以用来减少集中性风险和出售非核心的投资项目。

科技案例1——A软件公司

此案例由缅因州波特兰的银行动力（Banking Dynamics）咨询公司创始人彼得·摩尔（Peter Moore）提供。

摩尔组建了一项融资来帮助一家软件企业提高销售。他联系了大波特兰建设基金和海岸企业有限公司，它们都是缅因州帮助业务发展的私营公用事业的经济发展组织。摩尔的目标是为未来的销售筹集20万美元资金。如果这个目标达成了，每一个投资者在10年间每年都可以得到软件公司销售额3%的回报，直至他们的收益总和达到60万美元。这60万美元就是原始投资20万美元加上40万美元。为了使投资者们在期限内获得事先约定的60万美元，软件公司在10年内要达到2 000万美元以上的销售额。虽然软件公司在当年的销售额还不到100万美元，但在公司成立的三年间，销售额每年都会翻一番。“这是一个很大的卖点。”摩尔说。此外，摩尔指出，投资者们对于该公司的软件很满意，这款软件可以帮助企业管理有害废物流，这意味着它有30万的潜在客户。

交易的结构使还款期限富有弹性——最长可达10年。尽管如此，回报却不一定是60万美元。正因为这种弹性，投资者可以获得的回报是不确定的，回报范围在基本保本到丰厚的盈利之间。特别是，如果软件公司在10年内偿还了所有的款项，投资者很有可能获得该项投资11.6%的年收益率。而如果软件公司迅速成长，5年之内就清偿了投资者的60万美元，那么他们的年收益率可迅速增加至24.5%。

摩尔和他的客户花了4个月的时间来洽谈这项交易。其中一项重要的条款是关于特许费融资初期的延后支付。具体来说，在该项交易达成后，利润需要90天才能产生。此外，实际的特许费支付在收益确认的60天之前不一定能够到账。“总而言之，在公司收到融资至投资者收到特许费融资的第一次收益之前，需要5个月的时间。”摩尔说。这给公司所有者提供了资金运用及开展生产销售的时间。

这个例子是不具代表性的，因为投资者竟然愿意进入一个低于市场回报的初创公司和未经验证的市场。这说明天使投资和个人投资者的个性和经验一样富于变化。通常情况下，经验丰富的投资者会要求如认股权证、优先股或普通股等形式的股权参与。

科技案例2——智能应用系统有限公司

在另一个案例中，吉姆·安德森（Jim Anderson）在为智能应用系统有限公司（AISI）寻找资金时则不能尽情考虑一系列的选择。这是一家来自密歇根州安阿伯市市值400万美元的机器视觉系统制造公司。机器视觉系统制造行业曾是风险投资家的宠儿，但在数十家机器视觉系统公司同时经营不佳甚至倒闭后，这一行业已经成为投资者眼中的毒药。AISI曾经获得过数家风险投资公司的注资，但等到安德森为公司的第三件产品寻求融资时，“对于风险投资者来说，把钱投到我们公司无异于了断自已的职业生涯。”安德森说。

AISI 曾经说服一家发展基金参与一项非传统的融资技术，它可以使企业在成长的同时不削弱公司的盈利能力并保住所有权。该项投资计划使这家基金要获得公司部分收入流的权利。随着时间的推进，这些收入——特许费支付——可让基金收回投资。AISI 的特许费融资包括三个组成部分：投资、支付特许费以及转换。

投资

当 AISI 达到预定条件时，该基金为第三件产品提供了 70 万美元的投资。为获得第一笔 23.3333 万美元投资，AISI 必须将产品模型转化成可正常演示的正式投产前的样品。第二笔资金将在 AISI 投产时到位，而最后一笔款项将在公司开始运输产品时到账。在每一阶段，AISI 都要精确计算所有的费用并经基金审计。虽然基金在 AISI 董事会并不占有席位，但安德森发现在董事会和其他公司会议上引入基金管理最简单。算下来，这次的投资期花费了 6 个月。

支付特许费

AISI 计划以产品生命周期为基础来支付基金款项。AISI 每季度支付基金 5% 的特许费用。基金与 AISI 根据几方面因素商定了特许费，其中关键因素有：基金要求回报率要达到 25%、产品预期使用寿命为 5 年、产品预测销售额 5 年内超过 300 万美元。如果产品持续销售，AISI 会在 5 年后支付特许费。以防 AISI 需要从这项安排中脱身，安德森也与基金协商了退出条款：AISI 随时可以用 100 万美元买断该项基金。

转换

随着时间的推移，新产品的销售额比公司整体销售额增长得要快。而且可以预见的是，在 5 年的产品生命周期内，销售额会继续增长。这样看来，特许费的支付总额显然要比原来预计的多得多。AISI 希望停止特许费支付，但是手上没有足够买下该项基金的 100 万美元。安德森选择运用公司的股权（而非贷款）支付，这是一个具有强烈占有欲的企业所有者尽量避免的举措。

使用公司最近一轮股权融资对 AISI 股份的估值，安德森将基金的 100 万美元转换成了 10% 的公司股份。

AISI 成功应用特许费融资有两个关键因素。第一个是支付的时机。很少有贷款人会愿意等到借款人手头有钱时再偿还借款。不过，这不一定是最好的选择，除非你有第二个条件：定价弹性。特许费融资会侵占你的利润率，除非你可以将产品价格提高到至少与特许费相等的金额。

基金管理层指出，这种结构可以使一些融资困难的公司，例如服务行业或者中等增长的企业，对投资者更有吸引力。不仅如此，特许费融资无须企业提供大量资产作为担保，也不要求在投资者获得合理回报之前有强劲的销售增长。

特许费融资从本质上来说就是为交换一定比例的收入流提供的资本金。实际的特许费支付率、期限以及退出条款都是可商议的。在这种情况下，它比传统的股权融资或贷款有一些优势：

- 不会稀释所有权。企业的所有者将一直是企业所有者，除非你决定制定一个有转换功能且出售股权的收入流，或在合同中附上股票认股权证的条款。
- 极好的时间安排。在开始产生销售额之前无须向投资者支付。
- 隐蔽性。在资产负债表中不会增加负债。
- 灵活性。你可以用这一工具来为特定的产品或整个公司进行融资。

知识产权的特许费融资

知识产权（IP）特许费融资是部分公司可行的替代方案。知识产权特许费融资是无追索权债务融资。知识产权的所有者可以从特许协议中获得未来预期的现金流，并得到代表未来现金流现值的预付款。这就允许知识产权的所有者在当前获得所有者未来希望获得的收益，这样也增加了知识产权利用的另一个工具。

特许费融资可以提供调研机构、小型及微型公司及单个投资者所迫切需要的资金，他们经常面临有限的选择和资金。这种融资方式不会专门针对某一特定类型的知识产权，它包括专利权、著作版权、商标及商业机密。和其他融资方式不同，知识产权特许费融资允许知识产权所有者保留有资产价值的潜在增长。知识产权特许费融资是一种以知识产权特许费为担保的独有资金来源。对于具有强烈的版税流和资金需求的企业来说，这是一种很有吸引力的融资工具。

矿业生产技术特许费融资

用于先期勘探、可行性研究、矿山开发以及矿址的资本性修建支出或扩大生产的资金，往往是许多中、小型矿业公司面临的主要问题。这一行业传统的融资来源于朋友和亲戚的私人借款、银行贷款、合资企业贷款及计划公开上市。通常这些方法中没有一项适用于中小型矿业公司。资金和经营收入的消耗、失去经营控制权，以及出让所有者权益所带来的相关问题，使得传统融资从经济上考量并不适合。当公司急需资金时，矿业产品、贷款及投资市场状况有时也会阻碍矿主们依赖普通常见的资金融资方式。现在有基于特许费的融资，可以为矿业公司的经营和发展提供资金。

基于特许费的矿业融资是采矿工业中一种专门的技术及融资市场，它为矿业公司量身定做相关做法，来取得矿物开发和扩产所需资金，同时也对矿主和特许费团体的投资提供必要的回报。特许费方式的融资有一个好处就是它允许矿主保留100%的矿业公司所有权。对许多矿业经营来说，资本性资金除了根据矿业生产和销售制定特许费外，其取得不带有任何偿还义务。

生命科学应用中的特许费融资

虽然我们已经举例说明了一些创新的概念，但特许费融资在生物技术产业之外的领域仍然少见。小型生物技术研发一种药物往往历时数年，因此经常通过特许费融资来换取大型制药合伙人的地区分销权。在这种情况下，特许费率达5%～20%不等，最终取决于该药物在监管流程中的进度和目标市场的大小。生物技术公司一般不具备分销能力，因此需要特许费融资来资助未来的药物开发。当一种药物通过美国食品药品监督管理局（FDA）规定的各阶段临床试验后，该种药物将比现有药物的目标市场及优势更加可量化，药物的分销利润因此将会直线上升。

特许费融资交易通常会在已有良好业绩记录或可量化市场的产品中使用，这需要有一种具体的方法来估算潜在的收入流。特许费融资另一个经常的用途是，当一家公司想要关闭一条生产线并将之出售时，可换取前期费用及专利权税。

通常，在投资者或所有者不具备生产或分销一个商业产品能力的情况下，特许费会被用来交换知识产权的各项权利。投资者常常发现自己有用特许费预付款及未来特许费来交换知识产权的权利。许多这种交易并不尽如人意，因为产品经常没有得到商业化，或者没有得到适当的市场支持和关注。大型企业内部的重点事项和管理层的变化，使得保护投资者和确保产品成功的运营实际上很难。

第六章

权益和债务融资：文件准备、资本监管的途径和期望

弄清楚债务和权益的基本定义和特征，是融资流程和筹资活动的基础。遵从证券监管与理解一家公司资本结构潜在的债务和权益组成是密切联系的。本章对谈判背后的主要动因、债务与权益工具条款和条件的形成，以及特定证券监管的概览及其对与公司资本化相关联的债务和权益发行的影响，提供了详细的指南。

这些指南可用作开始权益和债务融资交易的清单，透彻地理解这些问题将提高你的谈判能力，但这个问题清单不能替代法律顾问和那些根据你的特定情况聘用的其他顾问。

尽管第五章和本章的内容有些冗赘，但作者感觉每一项说明对了解融资流程及其潜在问题都是重要的。此外，这两章内容相对独立，阅读时可不参考其他章节。

债务和权益的基础定义

管理者对公司融资的资本类型有两个基本的选择，这两个选择通常是债务和权益，而每一类中都有许多组合和排列。权益通常定义为实体的所有者权益，允许权益工具的持有人参与实体的发展和成功，这种参与通常表现为权益持有者对公司资产和利润一定比例的要求权。大多数情况下，公司没有固定的义务在固定的时间点偿还权益持有者持有的投资份额。单个权益持有者对公司的一定比例的利益由其拥有的所有权益份额数量除以整个公司所有的权益持有者所拥有的权益份额数量决定。发行权益的一个主要优势是大多

数权益带有其发行非固定的且按照公司权益份额比例偿还所投资的权益额的义务的特征。发行权益的主要劣势是稀释了现有的权益持有者对公司未来发展的所有者权益。

在权益的定义内，有两个主要的类别用以描述提供给一个权益持有者的所有者机会，这两个权益类别通常指普通股和优先股。

普通股的性质通常由公司章程和包括公司组建所依据的司法案例法决定。一个普通股持有人的一项基本权利是选举公司董事会成员，董事会再选举或任命公司管理人员。与之相比较，优先股的性质由像普通股一样的章程和案例法决定，但在许多情况下，优先股持有人没有决策权。普通股的取得许多情况下是根据认购合同条款，认购合同中普通股的购买者向公司做出特定的介绍，但除了章程或案例法所赋予的权利外，普通股购买者将获得很少或不会获得其他权利。

相比之下，优先股通常依据股票购买协议的条款取得，股票购买协议是公司与优先股购买者之间的合同，由此，合同包含了公司和购买者之间的一系列协议，超过了章程或案例法授予普通股股东的最小权利。优先股股东在公司进行股息支付和利润分配时有超过普通股股东的优先权。其他通常授予优先股股东的权利在本章的后面我们会详细地讨论。

债务通常被描述为公司的一种责任或义务，并附有公司在未来某个时间、在一个指定的时期或指定的到期日之前偿还债务及利息的说明或书面责任。与权益持有者的权利相比，一个债权人通常没有权利参与公司事务的决策，除了获得固定的本金和利息外，无权参与公司资产或利润的增长。支付本金和利息的权利在优先次序上先于权益持有者获得股息和利润分配的权利，债权人的权利通过对公司资产的担保利益或现金流的承诺可得到保障。

发行债务有一些好处，例如债权人无权参与公司的发展和增值，因此现有的权益持有者的权益不会被稀释。此外，债务工具包括指定的偿还计划，由此管理者有能力规划债务工具的偿还。与债务发行相关的劣势包括由本金和利息的约定偿还导致现金从公司经营和发展中转出。其他的劣势包括对管理者经营公司自由的约束。这些约束通常包括在贷款文件中，表现为一些限制协议，并且这些约束可能消极地影响借款人开展合并和收购等交易、超过一定的额外债务水平或保持资本支出在一定水平的能力。

当这些类型证券中的每一种都被给予混合权利时，债务和权益之间的区别就变得模糊了。比如，优先股可带有定期支付的股息，看起来与利息支付相类似。此外，优先股购买协议可以包括要求公司在未来确定的时间赎回或返还为购买优先股所支付的酬金。在每一种情况下，债务和权益之间的差别开始变得模糊。通过比较，公司可发行带有允许持有人根据事先商定的每股价格或参考公司普通股市场价值的计算方案，将债务转换成权益的特征的债务。当一个债务工具允许持有人通过发行额外的票据来支付利息时，其结果是导致债务工具与带有可赎回特征的优先股非常相像。因为一个公司可以设计带有一系列旨在为公司提供资本结构方面决策弹性特征的债务或权益工具，需要的基本文件在小心地将文件条款和设计公司财务模型的执行者的预期相配合上呈现出额外的补充意义。

证券法

当待发行的债务或权益的种类符合证券的定义时，债务或权益的发行人必须遵守地方、州和联邦证券法规。大多数情况下，传统的公司债务和权益属于联邦的证券定义范围，一般不包括从传统的银行借入用于短期流动资金目的的债务。联邦的证券定义所包含内容的一个说明，通常包括任何一种工具的购买者期望从另一方的努力中单独获得利润的工具。根据这种理解，通常与权益相关联的期望——参与公司资产和利润分配的期望——使得权益在实际所有情况下都是一种证券。关于债务，联邦法把期限在9个月或更长的融资工具的本金和利息的返还理解为包含于证券的定义中。

一旦包含在证券的定义范围内，一家公司必须向适当的机构［例如美国证券交易委员会（SEC）］登记证券，或从适当的机构注册要求中寻求豁免。虽然证券的公开发行受到大量的关注，但包括债务或权益的最常见的交易类型免于注册的过程。本章的后面包含了对交易的证券责任免除的详细讨论以及联邦注册流程的整体介绍。

债务工具

债务工具可归类为有担保债务和无担保债务。有担保债务是主要根据借款人用其商业经营所产生的现金流偿还贷款的能力向借款人提供的贷款。基本的贷款交易伴随着借款人对其资产或现金流的担保利益的允许。在借款人不能通过其公司现金流偿还贷款的情况下，贷款人可以取得公司作为担保品的资产的所有权，然后出售相应资产。资产的出售通常根据贷款人所在地的州的统一商法典（Uniform Commercial Code）中的相关规定执行。贷款人可以把抵押资产的出售用于偿还担保的债务。当资产出售所得不足以偿还本金、累计或未付的利息以及与贷款违约相关的费用时，贷款人便拥有对借款人一般资产的要求权。在许多情况下，贷款会由管理者、董事或借款人股东担保，贷款人可能也进而从担保人那里或者通过出售担保人可能抵押用于支持最初贷款申请的资产取得未付清的金额。

无担保贷款是由贷款人在借款人能够让贷款人相信其一般信用足以保证所申请的贷款的偿还时向借款人提供的。当一笔无担保贷款由贷款人借与借款人，借款人通常是市场地位稳固的，并且有着担保和无担保贷款人成功地退出授信的历史记录。如果一个借款人开始从事有担保债务交易，同时举借无担保的债务，无担保债权人在偿还条款上较次于有担保的债务的债权人。在两种债务（有担保的和无担保的）同时存在于同一公司内，且在公司信贷安排中发生违约的情况下，无担保的贷款人要等到有担保贷款人得到完全偿付后才能够申请任何对借款人资产的要求权。由于存在先向有担保贷款人偿还贷款后向无担保贷款人偿还贷款的优先次序，无担保贷款通常被认为风险较大，因此比有担保贷款有着更高的利率。

保证承诺

为了说服贷款人花时间和必要的资源来评估借款人的贷款申请，借款人须能够为贷款申请清楚地阐述一个合理的目的，并提供一个支持贷款偿还的融资计划。开始贷款申请流程的传统方法是借款人准备一份包括借款人过去经营状况和业绩，以及对公司未来业绩预测的商业计划。预测包括对取得贷款的用途的叙述，列示贷款收益的申请，以及对借款人还款能力的财务描述。

如果贷款资金的使用涉及一项收购，商业计划和财务预测通常要列出一系列与借款人寻求收购决策相关的估计，包括与合并后实体规模经济相关的估计。贷款人也会要求借款人向其提供与收购交易相关的信息，可能包括目标公司准备的发行备忘录、交易各方商谈交易基本条款的意向书，或者交易条款和条件全部商定的最终的协议。贷款资金的使用涉及指定资产的收购，商业计划要包括指定资产卖方的报价单，以及对指定设备的公司经营和财务收益的描述。对于借款用于公司经营的贷款申请，借款人要提供用于担保贷款的资产水平的预测，例如应收账款和存货的规模等。

在评估财务预测方面，贷款人在关于借款人对财务表现、合并效率、发票数额或资产规模是否合理上将做出独立的判断。在规模小的贷款上，银行及其内部承保人和信贷员将做出决策。在一些大的银团贷款（辛迪加贷款）方面，银行可能借助外部行业专家确证借款人的估算。在任何情况下，贷款人必须要求借款人提供一套具体的估算，以及借款人在建立财务模型上所使用的基本构成单元。拿不到这些潜在的估算，贷款人就不能对借款人的估算进行评价，由于贷款人对借款人财务的准确程度缺乏信心，贷款审批过程或是被耽搁或是被中止。

贷款申请成功的基础是对贷款机构的贷款性质和特点的了解。借款人的勤勉尽责可以减少或消除贷款申请开始时的失误。大多数金融机构都有自己的网站，上面详细说明了其提供的贷款种类。重复检查网站并整理服务于借款群体的律师和会计师提供的信息将不断改进贷款申请的流程。

承诺函

贷款人完成对借款人贷款申请和商业计划的评估和审查，以及评估外部顾问所做的研究结论后，如果该评估是有利的，贷款人会出具一份贷款承诺函。承诺函的目的是向借款人提供基本条款的大纲和贷款人愿意从事该贷款交易的一些条件，以及确保出具承诺的贷款人是唯一的由借款人选择的经理。条款大纲可以是一页的摘要；也可以复杂多页，详细说明贷款项目的各种内容。手里拿着贷款人提议的详细说明，借款人可以把承诺函用于多种用途，包括向第三方展示供其相信借款人有能力圆满完成交易，尤其是在合并和收购等方面。

为了清楚地阐述建议贷款的范围和目的，贷款人通常会用自己的语言重新表达其对于贷款申请下交易的理解。例如，在涉及一项收购活动时，承诺函说明了交易的各种构成，包括为顺利达成交易所需要的债务和权益数额。大多数情况下，与承诺提供贷款相关的费用和发起贷款相关的费用将于承诺函中说明。在较大的银行贷款或向公开交易和可能被披露承诺中某些基本条款的借款人的承诺中，要求借款人支付的费用将从基本贷款条款中分出，并在一份独立的费用函中详细说明。为了保持贷款人费用计划的保密性，在这些大规模的贷款中，借款人通常不被允许向第三方或在担保文件中披露贷款人待收取的费用总额。

如果借款人申请的借款额高于贷款人愿意提供的金额，承诺函通常会阐述一个联合过程。当做出承诺的贷款人在这种情况下作为承诺提供全部贷款的后援时，承诺函通常指定做出承诺的贷款人为安排参与提供全部贷款的联合贷款人的管理代理。把一个公司的贷款申请提交至可能参与银团贷款的贷款人面前，需要贷款管理人对借款人提供用于支持贷款的信息有信心。承诺函将说明不仅借款人必须与参与贷款的管理人合作，而且借款人提供给贷款管理人的信息在材料方面必须完整和无差错。

当出具承诺函时，在承诺函正式出具与承诺函中所说明的贷款完成之间通常会有一段时期。此外，在许多情况下，借款人要求一个出具承诺函的时间表，不允许贷款人最终确定所有的尽职调查。在以上两种情况下，贷款人通常对借款人提供的承诺函中约定的贷款义务提出一系列条件，一些条件会被广泛地阐述，并通常涉及贷款人完成尽职调查的情况。而其他的条件会根据到贷款完成的整个时间内保持稳定的市场情况来具体说明。当借款人的目标是向第三方提供让其放心的保证，表明当前的融资可以用于完成与其的交易时，承诺函中包含的条件务必最小化，特别是与继续尽职调查相关的通用条件。

当前杠杆收购中的一些事件指向了在做出承诺和贷款完成期间市场出现灾难性后果的潜在可能性。与导致2007年年末和2008年全年信贷市场崩溃贷款条件方面的重大事件相关，由于贷款人在贷款承诺中使用了重大不利影响条款，最大最复杂的杠杆交易最终没能完成。结果，一些私募股权公司留有一些交易未获得融资，这些公司在其交易融资失败时不得不支付数亿美元终止费用。

承诺函条款和条件概要

当申请的贷款交易规模上升时，贷款人通常形成一份包含关于拟发放贷款的贷款人相应义务的通用条款和条件。贷款的详细条款和条件的概要会包含在另一份独立的文件中。概要中所包含的条款包括借款人、担保人和贷款人的具体名称、承诺的贷款额度规模和性质的描述，利率选择方案，定价策略，贷款的到期日，贷款的担保，债权人之间的安排计划，分期偿还计划，偿还条款，交易结束的详细条件，财务条款，同意和否定协议，声明和保证，违约事件和贷款人补偿。承诺函概要为银行融资经理提供了一幅参考线路图，以确定在最终条款商定之前或最终的协议起草之前贷款人的要求是否可以得到满足。

在承诺函包含由贷款人承担向一名借款人提供几种不同种类融资的义务的情况下，贷款人可以保留改变不同融资方案之间定价和收益分配的权力。比如，做出包括一个优先担保融资、一个次优担保融资和一个无担保融资承诺的贷款人会做出关于市场情况的某些假设，该假设将作为在每一种融资方案中分配贷款额的基础。在贷款人明确关于市场情况的假设或借款人财务表现变化的情况下，贷款人会想要保留一些改变已做出承诺的融资方案规模的弹性空间。这一特征被称为市场弹性权利。在应用市场弹性时，贷款人会保持所有承诺融资规模的稳定，但可以提高优先债务融资的规模，同时减少相同规模的次优债务组成。改变承诺的融资组成的规模不会导致借款人对贷款人没能履行承诺的声讨。多数情况下，在整体资金成本或利率可以变化的情况下，做出改变而不是终结一项承诺的弹性做法对借款人和贷款人均有利。

费用函

当贷款人把关于费用的信息从承诺函中分出来，形成这一结构的通常解释关系到贷款人保持与贷款相关可支付费用保密的想法。与承诺、贷款完成或贷款维护活动相关的费用包括承诺费、承保费、组织安排费、财务顾问费、检查费、支出补偿和管理费用等。

当贷款人出具承诺函时，一般要收取承诺费、安排费或承销费。在贷款人出具一份承诺函时，贷款资金被分解成贷款基数的因数，因此减少了贷款人可以发起的贷款额。贷款人会在形成贷款文件流程中继续以巨大的努力承销贷款，因为贷款人提供额外贷款的机会受承诺的规模限制，作为承保一笔贷款产生的费用支出的结果，贷款人会收取一笔费用，以反映扩大承诺的机会成本和贷款人与承销贷款相关的经营成本。尽管贷款承诺或承销费可在承诺送出或贷款完结时得到支付，根据贷款人的做法，在贷款人做出承诺时即赚取这些费用，即使借款人未结束贷款，费用也是可支付的。

承诺费用的多少通常随与提供的贷款类型相关的风险而变化。对于优先担保的信贷安排，组织安排费和承诺费总计高达贷款额的2%也是正常的。对于非优先或次级贷款，承诺费达到贷款额的2.5%也很正常。

检查费类似于贷款人对于未使用的借款能力所要求的费用支付。检查费的收取是在承诺被要求延长一段时期，并且贷款的完成也被希望在未来较远的时点完成的情况下。在须获得监管或其他审批的合并和收购交易中，在承诺和最终的贷款完结之间可能存在很长的一段时期。许多贷款人会在这段延长的时期内公开地向借款人收取贷款维持费用。如果贷款没有最终完结，可以在承诺做出时或者所谓的一段时期之后收取检查费。通常的检查费为承诺的贷款额的0.5%。

费用函通常表明由贷款人在贷款承销或贷款完结方面产生的垫付支出，必须由借款人来偿还。这类支出通常包括律师费、顾问费和贷款人所产生的信用报告支出。

对于银团贷款及贷款人或银团代理人在贷款的整个存续期内开展与财务协议策划或确定借款基础额度等相关工作情况下的贷款，年度管理费用支付给贷款人。考虑到向借款人提供的贷款种类相关的现行管理工作的强度，费用数额因贷款人而异并由其决定。对于向中等规模公司提供的银团贷款，收取的年度费用为 25 000 ~ 150 000 美元不等。

贷款文件

贷款文件可以像贷款人标准本票一样简单，上面留有一些空白，用于填写贷款金额、利息率和支付日期。对于较大规模、更加复杂的贷款，贷款文件包可能包括贷款合同、票据、担保协议、保证协议、担保品分配协议、抵押协议、债权人之间的协议、附属协议和融资声明。

贷款合同

常见的贷款合同包括五六个主要部分，包括贷款规模的描述、信贷融资的类型、适用的利率、协议、声明和保证、违约事件描述，以及为贷款人提供贷款须满足的条件部分。尽管不同的贷款人以多种形式安排其贷款文件，以上几部分实际涵盖了一项贷款融通合同中阐述的所有基本问题。

信贷融资的类型

信贷融资可分成两类主要的贷款，称为定期贷款和循环贷款。每一类贷款有其特定的一般特征，通常可在贷款人的贷款文件中发现这些特征。

定期贷款

定期贷款是由贷款人向借款人提供的一笔固定金额的资金，借款人需要偿还贷款本金及一段明确的时期所产生的利息。偿还条款根据借款人提供的财务预测反映的偿还贷款的能力商定并获贷款人同意。定期贷款可以在规定的时期末一次性偿付，或者在贷款存续期内以确定的周期分期偿付。当贷款资金的使用涉及特定资产或业务收购时，在贷款期内偿还条款可能被变更。举例来说，一笔定期贷款仅在开始的一段时期要求付息，其后逐渐要求在剩余贷款期内部分偿还贷款本金，这一做法也是正常的。当贷款用于购买一项在使用寿命期内可产生现金流或收益的资产时，贷款的分期付款通常被要求在资产的可使用寿命期内每期支付等额的本金和利息。定期贷款的正常期限在很多情况下与用贷款资金所购买的资产的寿命周期相匹配，例如，用于购买电脑设备的贷款期限会比用于购买不动产或一家公司的贷款期限短。贷款人通过评估与贷款偿还相关的风险来确定贷款价格和利率。贷款期限增加时，风险上升，内部或外部因素可能改变公司偿还贷款的能力，因此期限长的贷款，利率通常较高。

许多定期贷款会根据借款人多余现金流或考虑借款人出售资产来制定一些偿还的要求。这些偿还要求不包括贷款的计划分期偿还方式。在借款人进行主动偿还的情况下，贷款人可能按照与贷款利率相关的特定情况评估一项罚金。对于固定利率的贷款，偿还费用可根据部分偿还或全部偿还情况对借款人进行评估。费用通常不超过 3%，且通常在超过贷款期限的第 3 年不再评估和收取。关于伦敦银行间拆借利率（LIBOR）贷款，LIBOR 中断费或者任何资金损失的补偿在借款人在 LIBOR 计息期结束之前进行偿还的所有情况下对借款人进行评估和收取。资金损失通过比较全额或部分偿还时间的利率和借款人选择的适用 LIBOR 计算期的利率进行计算。LIBOR 计算期相对较短，大多数借款人选择 1 个月、3 个月或 6 个月的期限。

循环贷款

循环贷款也称为循环信贷或循环信贷额度，是具有确定的最大贷款额度的贷款，但可由借款人实际取用的可变额度部分参照借款人具体的资产水平定期确定。用以确定借款人可借贷款额度的资产通常包括应收账款和存货，当借款人的应收账款和存货规模上升时，借款人的贷款能力也将提升，最高可达事先确定的最大贷款额度。

为了确定某一时刻借款人实际的贷款能力，贷款人会参考所谓的借款基数。在确定借款基数的额度上，贷款人会根据应收账款的一个百分比（通常高达 80%）和存货的一定百分比（通常高达 50%）给借款人一笔贷款。在将百分比应用于确定可贷量的借款基数前，贷款人会做一个计算，确定哪一笔应收账款和哪一部分存货可符合条件包含在该基数中，该做法在贷款文件中有详细的阐述。根据账龄、信用集中度、与借款人支付不良信用记录的关系，或者基于欠款金额的实体类型，应收账款可以被排除参与计入基数的资格。由于政府对其应付账款抵押的一些限制，政府机构属于可能被排除计算可提供给借款人的借款基数总额的实体类型。如果某些存货已变质、过期，或者是散放的或打开的，那么这些存货也可能被排除在外。

借款人用其应收账款集合不断减少一项循环贷款，以致贷款计划的可用信贷额度随应收账款组合增加而增加和随额度不断支取而减少，是符合通常的习惯的。只要借款人依据贷款合同中的条款和条件履行合同，没有违约，从循环信贷融资中支取贷款就可以继续。然而一旦发生贷款合同下的违约事件，借款人从循环信贷融资项目下支取贷款的能力将被终止。这种在可贷款额上的持续增加和减少，将循环信贷融资和定期贷款区别开来，因为当定期贷款偿清时，可贷额度就永久性地减少了。尽管循环信贷额度的欠款在贷款期内上下波动，通常情况下，双方会事先约定一个循环贷款的确定的固定分期付款方式。循环贷款的期限或到期日可能短至 1 年，也可能长达 7 年，在到期日该贷款下全部的可用余额将到期并须偿还。对于扩展至私营企业的循环贷款额度，贷款人在许多情况下会要求在任一自然年度连续的 30 天内全部偿清循环贷款。

循环贷款融资在许多情况下也会允许公司使用可贷额度向供应商或客户提供信用证，当借款人申请循环贷款额度下的信用证时，只要信用证未被使用，信用证的开具会减少循环贷款额度下的全部可贷额度。开具信用证相关的费用是除了循环贷款额度发起时评估和收取的承诺或承销费用之外的一项费用。这些费用范围从信用证额度 1% 的年度费用（信用证余额保有期内可每月支付）到相当于基准利率收益百分比的费用。如果借款人的利率事先约定为 LIBOR 加 6.5%，利率的收益百分比是 6.5% 和开具信用证时所收取的年度费用，即信用证面额的 6.5%。

利率和定价方法

对于一般的借款人，利率选择相对简单。借款人提出贷款申请，贷款人询问借款人是偏好于固定利率还是可变利率。根据借款人的风险态度和贷款人的贷款政策，借款人将在满足两个主要条件之一中做出一个选择。就这点而言，希望获得可预测支付现金流的借款人会选择固定利率，在贷款期限内等额定期支付本金和利息。在利率有上升趋势的经济环境下，可能选择固定利率方式，因为它看上去是在估计的贷款期限内最经济的方式。通过比较，一个借款人可能在短期内选择可变利率，因为短期内贷款的偿还额会显著少于固定利率方式。更重要的是，当借款人相信利率将会下降时，选择可变利率将保持借款人的灵活性，使支付的绝对利率下降，而无须再融资贷款。

在信贷市场中，借款人主要和当地的商业银行家打交道，借款人选择可变利率选择权情况下的利率定价是基于银行的最低利率、欧洲美元标价利率或 LIBOR。多数情况下，一个财务状况良好的本地公司可望获得每年最低利率加 1% 的利率定价，或者是 LIBOR 加上 200 ~ 300 个基点的年利率。这些贷款依据借款人的经营表现趋势或市场状况确定稍低或稍高的利率。2008 年信用危机开始后，当时中央银行以历史上最低的 0 ~ 0.5% 利率向贷款人提供流动性，许多贷款人将传统的定价策略方格和最低的利率结合考虑，以保证商业贷款的最低收益。在绝大多数情况下，我们假定贷款由借款人的资产提供担保或由公司的所有者提供保证。

对于地方银行或社区银行提供的贷款，银行家和借款人之间的关系使得形成这些种类的贷款文件非常容易，银行会使用标准的本票、标准的贷款合同、标准的担保合同和标准的保证。贷款文件足以保护贷款人，对于各参与方完成贷款和对于贷款人提供资金来说简单且易于使用。商业银行或社区银行家依赖其对公司所有者和他们偿还贷款的诚实守信的认识，就如同银行家依赖贷款文件一样。由此，地方风格的企业和专业性公司组成了于绝大多数社区内提供的很大一部分贷款比例。贷款流程的性质应该也为地方企业或专业性公司提供于社区内必须建立公司形象的指导，以提高从地方商业银行和社区银行那里获得贷款的可能性。

在保证用于地方房地产发展和建设的信贷方面，地方建筑商和开发商在很大程度上依赖他们的商业银行和社区银行提供开发和建设小型办公楼、单身家庭和多成员家庭住房、公寓、购物中心和工业区所必要的贷款。为了将建设开发贷款转为长期贷款额度，这些地方性的开发商对于一些大的工程会与商业按揭经纪人合作，用全国性的贷款机构贷款替代这些贷款。尽管开发建设贷款几乎全部为可变利率贷款，但大多数开发商由于建设和开发贷款短期的性质而乐意接受与可变利率贷款相关的风险。绝大多数贷款在 3 年内将得到偿还。通过比较，对保证向这些大型房地产项目提供兼并或长期融资的贷款绝大多数为固定利率贷款，这些贷款保证提供的期限通常不少于 7 年且不超过 15 年。

考虑到开发商过去曾经历过多次这么长周期的市场波动，绝大多数借款人会通过选择固定利率试图减少高利率风险，尽管定期支付义务在短期内会超过一个可变利率的贷款。这些大型贷款种类的国内贷款机构通常直接或间接地进入公开的资本市场筹集资金，资本市场中的利率通常与相同到期日的美国国库券利率密切相关。例如，从一家国内贷款机构申请 10 年期固定利率抵押贷款的一名借款人，将按照与 10 年期固定到期的国库券密切相关的利率支付利息。国内的贷款机构可以在公开市场上以略高于当前 10 年期国库券的利率借入资金，然后传递给开发商一个高出其在市场借入资金的成本每年 1 ~ 2 个百分点的固定利率。

随着借款人贷款申请规模的上升，借款人的信用质量在决定借款人将支付的利率方面发挥着日益重要的作用。在信用质量范围的高级别一端，由标准普尔或穆迪给予前两级或前三级信用评级的企业可以通过发行商业票据直接在公开市场上融资。对信用质量良好的借款人，该流程很快且成本相对较低。借入的资金在 30 天、60 天或 90 天内到期，借款人在公司经营无法提供资金或者长期贷款合同无法偿还短期商业票据借款的情况下，重又回到市场中来融资。信用评级允许进入商业票据市场的公司通常是一些非常大的区域性、全国性或全世界认可的公司。尽管在历史上很少出现，在开始于 2008 年的金融危机中，关闭的债务市场和流动性的缺乏，对一些大的金融机构、保险公司、房地产开发商和事实上所有的美国汽车企业都产生了现金流问题。由此，一些大名鼎鼎的机构被迫破产，例如雷曼兄弟、通用汽车和克莱斯勒，即使美国政府曾向这些企业提供数十亿美元的信贷援助。

当所申请的信贷额度规模较大，借款人的信用质量未获标准普尔或穆迪高的评级时，利率定价按贷款申请对借款人产生的杠杆金额的直接比例上升。这些较大规模的信贷额度可以被申请用于支持市场或产品的扩张、业务线或公司的收购，或者仅用于现存由于市场状况可能缺乏借款人所需的弹性的信贷额度的再融资（或者是现有的信贷融通由于其在对于借款人更好的融资时机组织可能使用不灵活）。这些贷款通常需要提供复杂的商业贷款文件，而且对于大部分贷款而言，其与贷款机构和借款人管理之间关系的质量几乎没有联系。当贷款的主要所有者是私募股权发起者或与贷款机构有着成功融资经验的管理人员时，他们之间的关系开始起作用。在这些情况下，他们之间的关系通常得到贷款机构的关注，但贷款文件的复杂程度并未降低。

向杠杆企业大额贷款所收取的利率在两个变量的绝大多数情况下是一个函数，一个变量是标准普尔或穆迪对借款人出具的信用评级，另一个重要的变量是杠杆数额，或者是借款人的债务权益比和债务现金流比率。当杠杆比率上升时，绝对利率也会上升。

在这些较大规模、存在杠杆的信贷安排中，可能存在一些贷款的不同级别要求。例如，可能有一个由循环贷款和定期贷款组成的优先担保贷款额度。许多情况下定期贷款被分为两部分，一部分要求在贷款期限内分期偿还，另一部分有着中等程度的分期偿还或根本没有本金的分期偿还安排。这些有担保的贷款可能与无担保的夹层融资相联系。近来，很大比例的夹层债务已被带有借款人安排无担保高收益债务的次优有担保债务所代替。尽管这一做法不常见，当绝对杠杆比率不超过贷款机构建立的作为其承销标准部分的特定水平，一些这样的贷款申请，特别是对于现有企业的杠杆收购，可能使其不增加任何权益来支持收购行为。当利率从当前的历史低点开始上升时，或者当市场环境变化时，圆满完成无权益支持的交易的潜在可能性将降低或消失，但这在利率周期中是常见的现象。开始于 2007 年年末并于 2008 年和 2009 年信贷市场崩溃中继续，贷款机构所要求的作为交易价值一个百分比的权益在很多情况下增长超过了 50%，结果在这段时期，杠杆交易戛然而止。

在组织用于为杠杆公司或许多情况下身处困境的公司融资的信贷安排中，所要求的利率将参照基准利率加上一个利率空间来确定。借款人通常被给予 LIBOR 基准利率或贷款机构最优利率的选择，最终的利率通过在借款人所选择的基准利率基础上加上一个利润空间来确定。在考虑可行的利润空间上，适用于优先有担保债务的利润空间少于附加于夹层融资或次优有担保债务上的利润空间，这一点也不奇怪。尽管基于借款人债券销售的高收益，通常，贷款利率在贷款期限内是固定的，这些债务工具同样是无担保的，且由于票据的购买者可以在公开市场交易中买卖票据的事实，产生了略低于夹层融资贷款人收取的利率。这些债务工具的购买者渴望这种流动性，该流动性通常被以另一种方式表达为略低的固定利率，尽管该债务工具是无担保的。

不管贷款有无担保，适用的利润空间通常随借款人整体的杠杆状况而变化。例如，在整体杠杆高于 6∶1 时，借款人可能被要求最优利率加上 8%，当杠杆比率降至 6∶1、5∶1 或 4∶1 以下时，8% 的利率空间也同比例减少。相反，当杠杆比率上升时，利率空间增加，由于无担保贷款机构所承担的风险增加，无担保贷款适用的利润空间比有担保贷款的利率空间要大。

声明和保证

声明和保证出于一系列原因而对贷款机构很重要。最初的协商声明的互相让步和保证向贷款机构提供了关于借款人公司经营情况的详细信息，这种信息收集的做法帮助承销贷款和确认之前在借款人商业计划中提供给贷款人的资料。当贷款合同协商一致后，贷款人和借款人将会讨论贷款合同中声明和保证的强度。绝大多数情况下，强度是对借款人可以对贷款人要求的各种信息所做的限定的讨论，这些修饰语通常与借款人的知识和重要性相关。尽管贷款人赢得了绝大多数的这些讨论，修饰语的介绍不仅在贷款的初始提款期是重要的，而且还包括在贷款的期限内，尤其是循环贷款，因为声明和保证在循环贷款每一笔提款时必须正确无误。在借款人和贷款人不能就知识或重要性的修饰语达成一致时，借款人必须向贷款人提供用于专门说明为什么借款人绝对不能陈述声明或保证的信息。

描述声明或保证强度的特定信息通常包含在例外明细表中。贷款合同列表中披露的例外情况允许借款人遵守贷款人的信息要求，而不得通过做出虚假声明违反贷款合同的条款。在考虑借款人例外列表之后，如果借款人不能证明声明和保证是明确无误的，贷款最终不会发放，由此，声明和保证的准确性，并经例外列表补充说明，将成为贷款人提供贷款义务的一个必要条件。

通常，在对于小额贷款短期的标准的事先印制好的贷款合同中，声明和保证的数量是有限的。在大规模贷款和所有的银团贷款中，借款人需要按照贷款人的要求，用 20 ~ 30 个不同类的信息做出声明，这些信息种类可以被分成与借款人公司经营相关的少至 3 种大的类别，绝大多数信息归属于与借款人组织架构、财务报表或借款人经营相关的一大类中。

借款人的组织架构

像借款人公司章程和资本结构之类的基本信息通常被要求作为声明和保证信息的一部分。在借款人作为一个复杂的公司组织的组成部分时，贷款人会要求提供关于子公司和隶属机构的详细信息，以保护贷款人获得用于支持贷款申请的现金流或资产。贷款人也会要求获得关于借款人地理位置的信息，以明确在何处形成关于保护贷款人对借款人抵押的担保品的担保权的文件。几乎任何公司的标准内部章程，都要求股东大会同意借款人参与形成一份贷款合同，贷款人会要求确认已采取的适当的董事会行动，授权的管理人员已签订贷款文件，公司章程、内部规定或阻止贷款人强制执行针对借款人的贷款合同的董事会行动中不包含任何限制。借款人也要证实完成贷款不会导致触犯或违反借款人作为当事人一方的合同或协议。

在受管制的产业中，如果借款人没能保持正确的经营监管许可，公司将关闭，经营将停止且现金流将终止。因此，贷款人要求借款人证实其拥有所有的公司实体持续经营的监管许可，并且贷款的完结不会触犯任何适用于借款人或借款人执照的法令和监管条例。

借款人的财务报表

贷款人在承担贷款申请方面主要依赖于借款人的财务实力。贷款人使用借款人的财务报表来决定借款人的贷款申请是否可由其经营来满足。此外，贷款人和借款人会就财务条款协商一致，为了完成贷款的最终发放，该协议必须达成。同时，在贷款期内，各方必须均遵守融资协议，这是为了避免贷款人在约定的到期日之前要求全额偿还贷款。应该记住，在借款人没能达成协商一致的融资协议的情况下，贷款人可以要求在贷款到期日之前全额偿还，甚至是在借款人已履行其偿还本金和利息义务的时候。因此，在商议融资协议时，贷款人和借款人之间存在一个自然的紧张情绪，在这里应表现得很明显。

为保证一项贷款的达成，借款人应向贷款人展现其乐观的财务状况。财务状况必须有很强的说明力，不仅体现在借款人的历史数据上，而且还要表现在未来的基础上。如果借款人对其财务预测情况乐观，贷款人会设定符合预测情况的贷款融资协议；如果预测不切实际，根据之前贷款中的融资协议，借款人最终将构成违约。如果预测保守，借款人可能得不到贷款人批复的足以达成初始贷款申请目标的资金数额。因此，借款人必须提供符合实际的预测，或者承担之前贷款条件中违约事件的潜在可能性。应该注意到，预测就其性质而言是一门不精确的科学。在贷款人被借款人告知一些不寻常的趋势，或不会威胁到借款人在与原来条款一致情况下偿还贷款的实际能力的预料之外的债务，借贷双方会重新制定融资协议，以符合借款人最新确定的预测结果。

当然，借款人提交给贷款人的财务信息贷款人必须要确保是精确、真实和无误的。关于财务报表的声明和保证通常列于没有相关知识或重要性修饰语的绝对条款中，包括借款人以明确消除未来发现而当前未被发现的债务的可能性的态度做出披露。借款人提供的数据要么是正确的，要么不是贷款人所关心的，如果贷款人确定借款人的财务信息不正确，贷款人就不会提供贷款；如果贷款已经发放，贷款将被终止。

外部审计人员可以为贷款人提供放心的、借款人的财务报表代表了其实际经营情况的判断。这种“放心”包括三种形式：编辑、复查或审计。编辑是最低的一种形式，审计是外部审计人员提供的可以让贷款人“放心”的最高级的形式。对于小规模借款人和交易，贷款人可能不需要审计；但是对于大规模的贷款和所有的银团贷款，审计是贷款人最起码的要求。因为绝大多数审计是一年做一次，在借款人上一次审计的日期和贷款完成的日期之间通常有间隔，贷款人会接受间隔期内的未审计财务报表，但需要借款人的相关管理人员提供财务报表已按照美国公认会计准则（GAAP）编制的证明。未经审计的报表提交给贷款人且包含阐明报表是按照美国公认会计准则编制的，但受正常年底审计调整影响的限制。

在借款人计划运用贷款资金于一项收购的情况下，贷款人会要求借款人提供借款人与收购目标合并经营的预测。该预测用来向贷款人说明合并经营可以支持的合计债务额度。在许多大型收购中，买方认为在合并后公司中可以实现规模经济，这些推断在很大程度上关系到成本节约，且为了让贷款人给借款人的预期节约提供贷款，外部顾问通常被要求证实借款人的推断。顾问有很多种，从国内认可的会计师事务所到提供专门行业部门咨询服务的专业化咨询团体。

除了经营的预测外，一个运用杠杆的贷款人依照惯例要求借款人提供合并后实体的资产负债表。提供的形式上的报表依据收购已完成且贷款人已向借款人提供了贷款资金的假设。在这一点上，贷款人会对照贷款发起过程中商订的融资协议检查资产负债表，如果合并后的实体符合或超越了起初的融资协议，则贷款即可完成。否则，贷款人要么会拒绝完成贷款；要么更有可能要求借款人为完成贷款提供更多的股权，以使得要求的融资协议遵守事先协商的比率。

为补充与财务报表相关的声明和保证，借款人也要证实纳税申报表上的财务信息是正确的，所有的应纳税金已支付且当前没有国税局审计。借款人同时也要做出所有的其他税收（如销售和使用税、雇用税和国内消费税）已全部支付的声明和保证。由于在借款人拥有未偿税收情况下国税局可以做出索偿和拥有采取严厉行动的优先权，贷款人会格外仔细地获取详细的税收声明。

借款人的经营

借款人所做出的最大数量的独立声明和保证涉及借款人当前和未来的经营，贷款人会仔细检查与经营声明和保证相关的披露信息，因为在许多情况下，这些披露的信息提供了公司未来经营成功的预测。例如，如果一借款人披露了很多数量的诉讼案件，贷款人在借款人经常被起诉的情况下会很谨慎地提供贷款。同时，当借款人提供很大数量的关于其应收账款追偿的情况时，贷款人会仔细评估其追偿以获得借款人缺乏对其客户进行信用检查的理念的征兆，这样就使得财务报表中的利润表变得可疑。

环境声明和保证受到极其仔细的检查，尤其是当借款人用房地产担保一项贷款时。当借款人的房产受到一些有害废料污染时，贷款人通常会拒绝接受该房产作为担保，以避免加入到房屋的产权链条中并因此承担清理有害废料的责任的潜在可能。

关于借款人是否有良好和有效的房屋产权的一般声明和保证给贷款人提供一种保障，如果发生违约事件，贷款人可以取得借款人房屋的所有权并将其清理变现来偿还借款人的贷款，而不宜纠缠于哪一方有权获得房屋变现的收入。借款人也要证明其没有在任何作为一种给予贷款人保障形式的实质性贷款或合同下违约，借款人的公司在经营中也不会出现任何偶发事件。绝大多数借款人拥有401（k）计划、利润分享计划或养老金计划，这些计划有着不同的付费义务水平，借款人必须向贷款人提供关于其遵守监管这些计划的雇员退休收入保障法案（ERISA）的详细指导。在没有遵守的情况下，尤其是关系到计划未交费或少交费，会产生必不可少的债务，破坏了公司的正常现金流和借款人偿还贷款人的能力。这些破坏因素甚至可能会逐渐削弱经营历史悠久的企业。

在贷款即将完成之前或刚刚完成时，贷款人会要求借款人提供其有偿还能力的证明。在借款人努力偿还或致力于按贷款合同所包含的融资协议行事的情况下，未来无力偿还的可能性还会严重影响公司借款的能力。当一笔贷款被借给一个实力较弱的借款人时，贷款人会要求一个偿付能力意见，以在借款人不能履行到期还款义务并因此根据破产法寻求保护的情况下，保证贷款人拥有对担保品的留置权和留置权的优先受偿次序。如果债权人成功地对偿付能力意见提出异议，贷款人可能失去其受保障的地位，并在很大程度上造成其优于无担保债权人受偿次序的劣势。

贷款条款

贷款文件中包含的契约是借贷双方之间的协议。肯定性条款涉及允许或要求借款人采取的行动，否定性条款是指借款人被禁止采取的行动。财务条款包括对借款人在贷款期内保持与借款人经营和资产负债表相关的特定财务比率。在出售权益、资产及债务或发行债务的情况下，借款人被要求偿还贷款本金并且同时使用过剩的现金流。

包含于贷款合同中否定协议部分的行动在某些情况下可能被贷款人放弃，这些弃权通常在贷款人独自判断下被允许或拒绝，而不用讨论允许或拒绝的理由。与保证和声明相似，借款人必须遵守每一条贷款协议，不仅在贷款资金已提供给借款人时，而且包括在贷款期限内的所有时间。如果借款人没能遵守贷款协议，贷款人可以宣布贷款违约并缩短贷款的到期日以配合违约的日期。

肯定性条款

借款人必须遵守贷款人对其采取某些行动和在贷款期内提供明确的信息的要求。这些要求被称为肯定性条款。贷款人希望借款人持续开展经营，并且公司经营是为贷款做准备。必须维持的公司的经营方面包括保持正确的簿记和记录，支付保费、缴纳税收、偿付到期的债务，以及维护用来确保贷款人控制借款人现金流的现金管理系统。获得当前和今后的财务信息对贷款人定期监测借款人的财务优势非常重要。因此，借款人有义务提供每周、每月、每季和每年的财务报表，以及借款人在预算过程中产生的财务信息。

遵守所有法规是一个典型的肯定性条款，尤其是在借款人处于一个受监管的行业中时。借款人也被要求向其贷款人提供当前的、最新的关于公司的信息披露，且该披露重点在于确保借款人的声明和保证是当前的、完整的和正确的。大公司的活动可能需要每周更新一次，以保持精确性的披露，对于与贷款提取或季度或年度财务报表的提供相关联的披露更新是通常的做法。对借款人经营重大变化所制定的一般规则之外的例外情况必须立即向贷款人做出披露。

否定性条款

为了接受一家公司的贷款申请，贷款人将花大量的时间用于了解借款人的商业经营。花在这方面的时间反映在贷款人于贷款合同协商中定义贷款期限内禁止从事的活动的性质和范围所花去的努力总和。这些协商的目标是确保借款人能持续当前的经营，使公司经营符合借款人的商业计划及借款人在贷款申请过程中提交的补充信息和资料。

违反一项否定性条款的处理方法与违反肯定性条款或违背声明和保证一样——借款人的贷款加速到期且必须立即全额偿还贷款。尽管违反否定性条款会导致贷款的加速到期，但某些否定性条款不是绝对的禁止，而更像是对特定活动范围的限制。

为了设置对借款人活动的一些限制，贷款人会在贷款合同中定义受限制的明确的支出或活动。例如，借款人可能被禁止：(1) 资本支出超过双方约定的金额；(2) 发放股利和利润分配超过一定的水平；(3) 投资、贷款或向外借款超过确定的数额；(4) 导致其他债务超过双方约定的水平；(5) 产生额外的留置权；(6) 出售资产；(7) 取消所欠借款人的贷款；(8) 从事期限超过一个确定的最大期限的租赁和超过确定的最大租金支付额；(9) 不断增加员工的报酬和支付资金。贷款人会根据商业计划和提交给贷款人用于贷款申请的预测的财务报表制定最小和最大的一系列标准事项。一旦确定各种限制的范围，贷款人和借款人会协商贷款人商业计划中一些范围的缓冲，旨在为借款人在每一限制类别事项提供"安全垫"，以考虑借款人在其对比商业计划的实际经营中将遇到的不可避免的冲突。

除了贷款合同旨在说明公司日常经营和设置对公司经营的某些方面的限制的特征外，贷款人也会强加一些在宏观层面上影响借款人的限制。这些限制绝大部分体现在控制权的变更或对借款人收购新公司的限制方面。

尽管贷款不会严格根据作为企业所有者的个人或实体提供给借款人，贷款人格外注意所有者对公司经营的态度和公司所有者在一个社区或行业内的声誉。因此，在公司的控制利益易手时，或公司的控制权由于借款人出售股份而发生变化时，贷款人会要求在贷款完成引致控制权变化的情况下借款人偿还贷款。这种控制特征的变化在几乎所有的小规模贷款中被发现，也存在于一些大规模的银团贷款中，甚至是在借款公司的所有者没有为贷款提供保证的情况下。许多大型银团贷款由股份发起者提供便利，贷款人认为这些股份发起者在公司发展弱化的情况下可以提供递增的资金。如果股份发起者将公司全部出售，现有的贷款人仍保持一项贷款的情形是极少见的。而且，当产生控制权变化的交易为标杆收购时，现有的贷款人要么完全撤出贷款，要么由于新的所有者需要无任何障碍地取得公司资产用以担保收购贷款和支持适用于交易的杠杆而进行资本重组。

偿还条款

公司资本结构、销售或其他类型的资产清算的根本变化、担保资产的毁坏，以及超过借款人在其贷款申请中描述的财务表现，是所有可能引发借款人偿还部分或所有贷款余额的因素。在借款人拥有一笔定期贷款和循环贷款时，用于偿还的收入通常首先用于定期贷款，定期贷款的额度由此减少。因此，其余剩余的偿还收入用于偿还并减少借款人的循环贷款。

发行股份是早期贷款退出的首要目标。股份出售，如果不出售以便作为预付事件，那么就可以提供给贷款人一个减少偿付风险的机会，特别是在长期贷款上。在股权分割已商定的情况下，股份出售可能仍然导致贷款的偿还，但是仅限于被要求借款人在某些财务比率范围内偿还。额外的让出可能要求借款人运用超过确定的最小额度的权益融资的资金。

其他债务的发行收入在获允许的范围内可用来偿还并减少现有的债务，这样整体的财务比率不会变化，或者至少财务比率不会受额外的债务损害。

通常，贷款人会迅速对公司超额现金流数额中产生的经营现金提出要求权。超额现金流根据借款人特定的行业部门来定义，但该概念通常可以按照公司在一个特定时期的收入超出所有支出的部分来定义，不管这些支出是经营性支出还是资本性支出。在借款人具有高杠杆比率的情况下，贷款人可能要求100%的超额现金流用于偿还剩余贷款余额。当借款人全部的杠杆下降时，要求用于偿还贷款余额的超额现金流的百分比也随之下降。通常，对于非高杠杆的借款人的超额现金流百分比是要求以相当于公司超额现金流的

25% ~50% 偿还剩余贷款额。对于债务总额低的借款人，贷款人可能完全放弃超额现金流偿还的义务。

财务条款

财务条款由贷款人拟订，用于衡量相对于借款人商业计划以及相对于贷款人应用于贷款文件中每一笔贷款的特定财务参数时的借款人的财务表现。衡量的技术因行业部门而异，但绝大部分衡量的技术都是用来向贷款人提供关于借款人在贷款期限内偿还贷款能力的详细信息。当借款人没能达到确定的财务条款要求时，贷款人必须决定是否要求全额偿还贷款或放弃对借款人遵守财务条款的要求。在借款人财务健康良好的情况下可以提出日常性的弃权，只要求其偿还本金和利息，但借款人没有实现其商业计划中财务成果的情况除外。

财务条款通常表述为应用于特定经营类和资产负债表类信息的数字或财务比率。但在一些情况下，财务条款使用绝对数值来阐述。例如，在借款人的商业计划包括关于设想的资本支出水平的年度假设情况下，贷款人在很多情况下会使用一项财务条款，其根据借款人商业计划所包含的信息拟订，并限制了贷款人在任一既定年度或衡量期间允许的资本支出数量。此外，在借款人商业计划做出关于其用于支持贷款申请总规模所能产生现金流的能力的某些假设情况下，贷款人可能使用根据在衡量期间内实现最低现金流水平的融资契约。财务条款中表述的其他绝对数量的种类包括最低收入和最低现金。当借款人财务健康程度下降时，表现为绝对最低或最高数值的财务条款数量上升，以赋予贷款人几种衡量借款人相对其商业计划和预测的财务表现的不同方法。

在财务条款的协商中，一个重要的因素是决定财务条款何时衡量。对于经营稳定的公司，财务条款可以在借款人向贷款人提供审计的财务报表时每年衡量一次。而且，对比借款人的商业计划，绝大多数贷款人会在相对于贷款期限的所有时间评价财务条款。这种分析导致贷款期限内不断变化的财务条款。在衡量期间之初，整体杠杆比率将表现较高，但随着贷款的偿还，余额不断减少，允许的杠杆比率会随着贷款人债务的减少不断追踪相关信息。

相反，衡量公司现金流的比率比较公司年度债务还本付息额通常会在余下的贷款期限内升高，以反映借款人商业计划中设想的增长和剩余贷款余额的减少。

在评估财务条款的时机方面，在测量期间，应把借款人在受测期间不到一年的时间或在经审计报表的编制时间之外作为因素，纳入用于陈述财务表现的会计方法。而中期财务报表将按照美国公认会计准则（GAAP）编制，财务条款的衡量是在假设遵守公认会计准则的情况下进行，包括在中期报表中的许多计算会是对在这期间所收到的或支出的实际数额的估计。通过比较，借款人的财务条款将根据审计的财务报表来计算，因此，当协商中期财务条款时，关于中期调整的假设必须予以考虑。

大多数情况下，借款人会计算一系列比率来确定其遵守了贷款合同的财务条款，并且贷款人会检查和评估借款人的计算。在遭遇困境情况下，贷款人也会要求借款人的外部审计人员进行比率分析和终止提交给贷款人的计算。在财务条款在一个困境下计算或对于一个处于挣扎中的借款人计划财务条款情况下，贷款人可能想要比年度计算更多的最新信息。在各种遭受困境的情况下，借款人可能被要求对贷款合同中的财务条款每季度计算一次。在这些不断衡量的情况下，借款人格外仔细地根据公司过去定期的表现协商财务条款的计算方式，并考虑其财务中每一个季节性或商业周期的趋势。仅仅取得借款人的年度财务报表和假设一年中历次衡量均有着同样表现通常会经常性地产生违反契约的情况，除非契约计算中包括一个落后 12（月）期的经营成果，而不是仅仅一个季度。零售商是主要的必须季节性调整财务数据的借款人，因为许多零售商在每年的最后两个月实现 40% 的销售收入。

市场分析师通常使用 4 类或 5 类财务比率来评估公司的经济健康状况。在这些比率中，最重要的比率包括杠杆比率、流动性比率、营运比率和获利比率。尽管营运比率和获利比率在评估公司的经营表现时很重要，但贷款人更关注流动性比率和杠杆比率，用以补充说明强加于借款人的根据适用于特定财务信息的绝对最小或最大数值计算的财务条款。

流动性比率　流动性比率衡量借款人在近期偿还其债务的能力。流动比率、速动比率和净运营资本比率包含于流动性类别中。流动比率是借款人流动资产与流动负债之比。这个比率，适用于绝大多数行业与部门，在贷款期内的所有时间流动比率必须保持在1∶1或更高。借款人的现金加上应收账款除以流动负债称为速动比率，该比率不包括存货，但它在衡量借款人短期生存能力上类似于流动比率。贷款人对于一个通常经营稳健的借款人在制定财务条款时寻找在1∶1附近的速动比率。净营运资本是衡量对比借款人全部流动资产超过流动负债的部分。可接受的比率在很大程度上因行业而异，因为该比率没有广泛的使用或适用性。

杠杆比率 杠杆比率不仅可以衡量债务作为借款人资本结构的一个构成部分是否可以安全地被借款人接受额外的债务，而且还衡量借款人到期偿还债务的能力。最常见的杠杆比率是通过比较借款人债务和权益来衡量。对于小规模贷款，债务权益比会表述成1∶1或者高达2∶1。尽管许多小公司欠其所有者较多的债务，在公司所有者可以完全控制所有者贷款如何、何时及在何处偿还方面，该债务更像是权益。如果一家公司的所有者愿意将所有者贷款置于银行债务之后的地位上，贷款人通常会把所有者的贷款算在权益中并从债务中排除。这种做法与作为从第三方途径借入资金的一种方式相比所有者向公司提供的资金的债务权益比计算背后的理念相一致。

随着贷款交易规模的增长，贷款人提供的债务总额通常使得公司所有者或股权发行者提供的权益资本数额相比之下很少。在这些带有杠杆的交易中，至少有三类财务条款包括在贷款合同中，并每季或每年衡量一次。这些财务条款的种类被不同的贷款人赋予不同的名称，但通常可以分为最小债务偿还比率（minimum debt service coverage ratio）、最低固定费用偿付比率（minimum fixed charge coverage ratio），以及最大总杠杆比率。

对于典型的杠杆贷款人对贷款文件的分析提示了最小债务偿还比率的两个变化：第一个选择是计算借款人利息、税收、折旧和摊销前收益（EBITDA）相对借款人在衡量期内的利息支付义务。第二个选择是计算借款人的EBITDA相对衡量期内的本金和利息的支付。每种情况下，贷款人都是在评估借款人偿还所申请的贷款额的能力。对于最小债务付息保障的协商后比率很少低于1.25～1，因为一个较低的比率说明借款人将几乎运用其所有的现金流来支付利息，留给借款人很少的现金流来支付意外的或预算之外的可能发生的项目。

计算借款人最低固定费用偿付比率是将借款人的 EBITDA 和其固定支出相比较。固定支出包括借款人所有债务的本金和利息支出、资本性支出数额和缴纳税收的数额，或是分配给所有者用于支付由借款人经营收入的流转完毕产生的税收。把固定支出的概念加入到财务条款的计算，允许贷款人不仅要评估借款人支付债务利息的能力，还要评估其用以维持健康运营和竞争优势所需的当前及将来的、普通正常的业务运转和税收支付的能力。

最大总杠杆比率的计算可定义为借款人的债务与借款人 EBITDA 之比，这种计算方法固定地运用于两个略有差异的主要条款中。一个条款（承诺）多见于并非所有的杠杆贷款文件计算借款人全部债务相对 EBITDA 之比的情况下；另一个承诺几乎总是与全部债务承诺同时出现，很少单独出现，其计算优先债务与 EBITDA 之比。市场环境和单独贷款人信贷指南导致总杠杆比率不时变化。从 20 世纪 90 年代末至 2007 年年中，贷款机构之间的竞争产生了确定这些比率的每一项放松的标准。在这一时期内，交易在某些最大总杠杆比率在 6∶1 和 7∶1 之间的行业内完成。尽管优先债务覆盖比率更加保守，同样的竞争推动了这些杠杆的计算值超过了 4∶1。2008 年年末，债务市场的环境开始恶化，一些主要交易的杠杆比率像之前的高级信用贷款比率一样被减少一半。到 2009 年年初，贷款人处于这种金融压力之下，杠杆融资市场几乎对所有的新的信用贷款关闭。

当贷款申请涉及一项计划的杠杆收购时，财务承诺将根据合并的资产负债表和借款人及其目标公司联合的预测经营业绩来制定。为了进一步推动收购的进程，追求不需要满足收购价格的独立能力而圆满完成收购的借款人必须向贷款人提供一项足以支持收购交易的承诺。因为在承诺和实际贷款融资之间可能存在很长的时间间隔，财务条款被用作贷款人提供贷款义务的一个条件。根据承诺函（该承诺函包括在确定的贷款合同文件中），贷款人会要求借款人在计划的贷款完成时提供依照惯例的所有财务条款的计算，该惯例假定交易已完成且收购贷款已到位。如果惯例的计算没有达到协商的财务条款最小值，贷款人将拒绝提供贷款，或者在多数情况下借款人必须通过提高用于支持贷款的额外权益资本规模来减少贷款规模。当借款人不能再让贷款人相信其合并后的实体具有偿还能力时，贷款人也会终止交易的协商。

违约事件

贷款合同文件可能包括引发一项违约事件的主要行动或情况，比如借款人没能及时偿还本金和利息。随着贷款规模的增加，贷款人会扩大违约事件列表。大型贷款中违约事件的种类通常与贷款合同中的主要部分保持一致，比如不能支付本金和利息，违背声明或保证，或者没能遵守关于肯定或否定承诺的贷款合同部分的条款。

当违约与不能支付本金和利息情况相关时，贷款人不愿意向借款人提供用于解救违约的过多的短期能力，并有许多情况下不会给予借款人时间来挽回一项支付的违约。然而，贷款人承认，在不会产生贷款不能清偿的很多重大风险的情况下，可以违反声明和保证及许多承诺，在违反条款或违约对借款人的整体健康经营不构成实质重大影响时，贷款人会允许借款人在指定的一段时期内来处理违约的情况。如果借款人能够有效地采取一项补救措施，那么贷款仍然保持原样且不产生任何费用。如果违约情况没能得到解决，那么借款人必须要么与贷款人协商对违约情况的弃权，要么清偿贷款。

当违约涉及一项财务承诺时，贷款人和借款人可能需要重新协商财务承诺，以反映借款人当前的经营表现。重新协商的内容通常会形成书面文件以作为贷款合同的修订。财务承诺通常在贷款人确定借款人有能力在短期和长期支付贷款本金和利息的情况下重新协商。当一笔贷款要求贷款期限内本金的偿还不断增加或贷款期末一次性大额偿还时，贷款人面临在将影响借款人在一笔大额支付到期时偿还贷款人而获得融资的能力的贷款条款和市场环境下确定借款人履约可能性的难题。

违约事件可能包含在借款人商业计划中假设的重大事件中，例如获得或维持监管许可和证书，担保额外的权益，或者开始和结束某些合同。当现有合同或关系对借款人实现商业计划中所包括的预测很重要时，贷款人可能以重大违反某些合同或关系定性一项违约事件。重大事件，例如借款人的销售或控制权的变更，通常没有在商业计划中做出假设，这些也作为导致贷款人方面可能加速贷款到期日的事件。

一条业务线的终止或由业务线终止带来的收入额的大幅减少形成对借款人未来利润潜力的重大影响，这将是许多以杠杆资产为支持的或现金流为支持的贷款中阐述的违约事件。这些违约事件绝大多数情况下出现于支付违约之前，但是它们绝大部分是借款人长期偿还贷款的正确预兆。尽管贷款人很难加速一项与当前本金和利息等所有支付相关的贷款的到期日，但绝大多数贷款人会保留这一权利，因为它赋予贷款人和借款人在损失的收入导致的全部后果影响借款人寻求正式无力偿还结果之外的其他途径的能力之前，最终确定一项再融资策略。

借款人贷款合同的条款和各种各样的违约事件可能包括不能支付未偿清的裁决、未保险的损失，或在包括借款人一方在内的任何其他贷款合同下发生的违约事件。涉及其他合同或贷款的违约事件通常称为连带违约。

与有偿还能力相关的违约事件包含在小规模贷款文件和复杂的大型贷款合同中。这些违约事件包括借款人的其他债权人已取得资产、借款人依据破产法已起草破产文件寻求保护，以及借款人的债权人已对借款人提起强制破产的起诉的情况。

对违约事件可行的补救措施

当一项违约事件发生时，绝大多数贷款人首先采取的行动是选择提高适用于贷款文件中描述的违约率的贷款合同中的利率。违约利率通常根据适用于借款人当前利率较高部分的一个固定额外的年利率来描述。额外利率或违约利率可能超过当前利率多达 4 个百分点，尽管许多贷款人采用的标准违约率只有 2% 。

除了违约利率之外，贷款人可以终止贷款并宣布贷款所有的余额到期并要求支付。这时，一项循环贷款融通下的贷款人提供信贷的义务也将终止。贷款人的这项行动通常严重损伤违约中的借款人，并强迫其严肃考虑起草正式的无力偿还的起诉，因此贷款人采取的行动通常仅在仔细考虑所有用来终止循环贷款融通的方案之后。

借款人可能按照贷款文件的要求聚集所有资产并带至一个中心位置，贷款人可在此处出售资产来偿还贷款的余额。尽管这是一种简化贷款人生活的义务，但借款人违约或者是许多情况下更为严重的无力偿还的事实使得这种义务名存实亡，特别是在贷款没有所有者或第三方担保的情况下。

应该注意到，在与贷款人运用权利加速违约贷款到期日的贷款合同相关情况下，贷款人可以采取平行追踪模式自动地向贷款合同中的担保人追偿，担保人再向借款人实施该行动。

本票

用于小规模贷款所签发的本票的基本内容包括借款人名称、贷款人名称、贷款金额、利率、借款人要求执行的偿还安排、违约利率，以及贷款违约情况下生效的贷款条款。随着贷款规模的扩大，本票的详情更加简洁，因为绝大多数与贷款相关的基本条款包含在贷款文件中，本票仅仅参照了贷款合同和其他相关的贷款文件，例如担保合同，并且本票通过参考的方式还把相关合同的条款包括在其基本条款中。

绝大部分本票是可转让票据。可转让票据定义为可在市场中买卖的协议，并带有根据其特征可强制债务方执行的可转让票据的潜在条款和条件。有权强制执行可转让票据条款和条件的一方是具有实际拥有的可转让票据的实体，这是假设该方已经获得了有偿票据并且是诚心诚意的。

针对提供给中等规模公司的大多数贷款而言，本票由最先的贷款人持有到期。随着贷款规模的扩大，贷款在市场上再次出售或者贷款联合及拆分出售，或承诺贷款人获得或保持一定比例的贷款额，召集其他贷款人通过购买承诺贷款人发放资金义务的份额加入到贷款中。在贷款的联合中，尽管承诺贷款人负责出售贷款参与份额，但承诺贷款人不会根据不利市场环境消除已承诺贷款义务的保障措施或中止条款（允许贷款人中止其承诺），这是很少见的。此外，一旦参与份额已与一贷款联合体成员协商的可能性增加，参与权的持有者会在贷款期内在市场上再次卖出贷款。银团成员出售贷款参与份额的原因包括借款人对于发放给特定行业部门的内部决策的经营表现，收购贷款人没有参与到特定的行业部门中，或银团组织提供的贷款类型情况下的银行联合。

随着贷款规模的扩大和借款人的贷款由银团提供的可能性增加，借款人会进一步仔细地协商赋予借款人选择或批准银团成员一些话语权的银团联合条款。与借款人由单一贷款人提供融资相比，贷款人和借款人之间的关系决定了所有贷款选择性条款、所有增补条款和贷款中所允许的弃权事项，当贷款已成银团组织，所有的决策由银团成员根据每一个成员所持有的贷款额的比例进行投票表决，并由多数投票意见决定。在这种情况下，允许一名贷款人加入有着坚决手段或在获得合理申请贷款契约弃权或贷款合同补充条款方面固执已见、不愿合作等名声的银团组织，在借款人的经营表现未达到惯例要求或预测水平时，可能对借款人施加非常大的压力。因此，借款人应该尝试保留一些对可能由贷款联合组织的代理人公开征集做出的选择银团组织成员的有限控制权。

随着贷款规模和复杂程度的增加，借款人面临一些不同组别的贷款人的可能性也会增加。例如，在涉及杠杆收购融资中，承诺贷款人在一给定的承诺中可能包括三、四种贷款，这些贷款的种类可能包括由循环贷款、要求分期偿还本金的定期贷款和仅对于贷款期限内根本上表现为利息的定期贷款组成的优先信贷融通。这些贷款可能伴随着夹层融资或最接近目前的次优担保贷款，这些次优贷款可能再伴随着承诺贷款人承担的在高收益贷款市场上筹资的义务。承诺的一揽子项目包括优先有担保、次优有担保和高收益无担保贷款中的一系列重要特征的贷款，借款人必须充分准备好处理报告要求，以及当前和今后的对具有明显不同计划表的贷款人的管理。这些种类的承诺仅构成了一小部分面向中等规模公司提供的贷款，但当这些贷款适合公司要求时，管理人员必须有着丰富的经验，并准备好处理与理解参与承诺的每一类贷款人相关的驱动力有关的复杂问题。

担保合同

在许多方面，担保合同包括与贷款合同相同种类的信息。借款人将做出声明、保证和承诺，合同中将包含与类似于贷款合同中所包含的那些违约事件相关的条款。尽管贷款合同和担保合同有着两个截然不同的目的，但两个合同共同完成。如果在贷款合同下出现违约事件，则担保合同中也自然会出现违约事件，反过来也是如此。

担保合同与贷款合同基本条款的不同之处，绝大部分涉及借款人资产的留置权的许可或担保权益，以及贷款违约情况下，对贷款人有权采取的行动的描述。

在处理借款人资产的留置权的许可或权益障碍时，贷款人在描述易受留置权影响的资产时格外小心。如果资产没有得到专门的描述，法院可以认为在出现违约或破产情况时资产未涵盖在贷款人的担保权益中，贷款人成为未担保的债权人类别，绝大多数情况下会处于非常不利的地位。

根据普通法一般原则的应用，借款人资产担保权益的许可产生了对资产的一项合理的权益。在某些情况下，借款人资产合理权益的拥有者将遵守并服从于履行与资产相关义务的条款和条件方面的法律责任，尤其是在资产是有着未履行义务的借款人合同的情况下。因此，绝大多数担保合同包含了详细说明贷款人和借款人的关系的条款，并表明贷款人在所有情况下都作为借款人的代理人出现，贷款人不承担任何合同下的义务，或仅通过从借款人那里取得担保权益的借款人资产。大多数情况下，这些与合同或借款人特定资产尤其是不动产有关的法律责任，直到贷款人取消不动产担保权益的赎回权并取得合同或不动产的所有权时才产生。此时，贷款人必须明确其是否愿意承担与资产相关的法律责任。

除了担保权益的许可外，贷款人也非常有兴趣去明确其是否对借款人的资产拥有第一优先担保权益。为做出这项决定，贷款人会要求借款人提供声明和保证，声明和保证必须获得监管机构对于借款人每一个经营状态期间的调查的支持。绝大多数情况下该调查由贷款人的律师开展，并获得由借款人的律师开展的调查的支持。如果调查结果表现为现有留置权的通知或之前引起的随后全部偿付但未从公开记录中去除的留置权，该留置权必须全部偿付或在贷款完成之前结束。

与担保合同中借款人向贷款人所做的声明和保证有关，声明和保证的数量及强度都逊于贷款合同中的相应内容。然而，声明和保证主要关注确保作为贷款担保的抵押资产实际上由借款人所拥有，不存在其他与资产相关的留置权的抵押，采取合适的公司行动准许一项留置权，所有资产的位置被正确描述，以及在涉及专用资产情况下，已采取合适的行动确保赋予贷款人的留置权事实有效。

专用资产包括知识产权和政府或联邦机构颁发的营业执照。知识产权，例如专利权，当然可以用作担保抵押品来申请贷款，然而为了让贷款人保护其对于担保品的担保权益，必须让公众注意到该留置权存在。这个通知只能通过美国专利和商标局（U. S Patent and Trademark Office）以出具一份文件的特定方式给出。若一个州或联邦机构颁发一项许可证或经营许可，许可证中对担保权益的许可是一个复杂的流程并可能实际上被禁止。在这一方面，各种营业执照或经营许可按照各个州和联邦机构独立的做法予以颁发，因此，尽管借款人可能希望抵押通常很有价值的营业执照作为一笔贷款的担保，但贷款人不能仅通过取得执照的担保权益就可以保证获得取得营业执照的机会。相比之下，贷款人可能被要求在获许一项执照之前自行处理一项复杂的流程，与该流程相关的风险通常在担保合同中予以专门表述。

每个州均采用了通常被称为统一商业准则（Uniform Commercial Code，简称 UCC）的一些形式。每个州的 UCC 的版本都与其他州的准则版本有所区别，但适用于该准则的一般原则可以普遍适用。统一商业准则的第 9 篇详细介绍了担保交易中贷款人和借款人的关系，这一部分不仅说明了担保权益的建立，也介绍了担保权益的完善或以让其他所有人知道贷款人对借款人的资产拥有利益的方式及交易参与方在违约情况发生情况下处理的方式。实际上，所有的担保合同均把一个特定的州 UCC 版本作为管理担保合同的条款和条件，尤其是关于担保权益许可的情况和贷款人根据贷款合同或担保合同中约定与违约事件相关的权利的依据。

完善担保权益被定义为贷款人通知其余所有人其已取得借款人某项指定资产的担保权益所采取的做法。这项做法或该做法的通知按照适用的 UCC 条款，确保在借款人违约、取决于担保权益的资产出售的收益权被出售的情况下，拥有完善后的担保权益的贷款人将在其他借款人的债权人之前取得资产出售的收入。应该注意，担保权益完善的过程通常受贷款人在统一商业准则或其他适用的法规要求的地点起草所谓的融资声明的影响。最近，起草文件的要求已得到简化，贷款人通常借助借款企业所在州的州务部长和借款人经营所在地或担保物所在地的州务部长一道形成所需文件。该规则的一个主要的例外涉及了知识产权和可转让票据。类似专利权、商标和服务标识等知识产权的担保权益由美国专利和商标局撰写融资声明来完善，而可转让票据的担保权益则通过获得可转让票据的所有权来完善。

如前所述，当担保一笔贷款的资产是由州或联邦机构签发许可证的情况下，比如从事银行业的经营许可证，或由联邦通信委员会（FCC）为电信运营商、广播电台运营公司或电视台运营公司授予的经营许可证，可能没有办法绝对地完善贷款人的担保权益。也就是说，在贷款人取消营运商的赎回权的情况下，贷款人在买家拥有并运营电信公司之前在拍卖会上将营业执照出售给电信运营商，FCC 必须批准该新的运营商的加入。这些情况下，贷款人在借款人构成贷款文件下的违约情况下将寻求新的运营商相互合作，以简化经营许可证转给贷款人或者更可能地转给为经营许可证出价最高的买家的一个善意的行动。

担保物转让

在借款人订立包含取得收入的有价权利或者在该合同保障借款人依据条款对业务经营进行分拆的权利情况下，可以与贷款人签订一份独立于担保合同的合同。根据这份通常被称作担保物转让合同的独立合同的条款，借款人将向贷款人转让可以让贷款人充分利用合同，或持续取得指定的收入，或在违约发生情况下对借款人业务进行分拆的一项公平的权利。

为确保贷款人获得担保合同的利益，贷款人会确保借款人和任意其他第三方在受制于担保转让的合同上取得一致同意。这种同意将阻止借款人变更任何合同条款，并要求合同的任意一方在终止合同前向贷款人提供通知与一个解决借款人在违约通知发出后没能消除的合同条款和条件下的违约情况。贷款人也将确保形成担保转让合同各方的一致意见，以认可贷款人在取得合同权利且借款人违约情况下作为借款人利益的继位者，在贷款人继位取得借款人的利益的情况下，合同各方也要同意由于贷款人接管合同任何违约事件都不得公布。

债权人相互协议

当一个借款人对两个或更多的贷款人存有债务时，贷款人之间的相对权利可能难以明确，除非各方签订一份界定贷款关系的协议。表面上，这个问题相对容易评估，并建立保护每个贷款人的规则，但实际执行时在许多方面是非常困难的。比如，在借款人与一贷款人有着循环贷款且与另一借款人有着有担保的定期贷款的情况下，只要借款人遵守贷款合同便没有任何问题。然而当借款人陷入财务困境且开始出售资产以维持公司存续时，贷款关系中的难题就出现了。

该情况的一个典型例子是借款人出售担保定期贷款的资产，且把出售资产的收入存入其银行账户。提供循环贷款融通的贷款人总是会对借款人施以一个现金管理制度，包括锁箱安排。如果借款人在出售资产后、用资产出售的收入偿还并减少定期贷款之前进入一个正式的无力偿还的法律诉讼，在循环贷款持有人关于谁有权获得资产出售的现金上存在争论。循环贷款的贷款人通常协商取得应收账款的担保权益、应收账款和借款人银行账户的收入。如果资产出售收入在订立债权人相互协议之前存入借款人银行账户，循环贷款的贷款人将用资产出售的收入来偿付并减少循环贷款，定期贷款的贷款人可能运气不佳，除非有现成的债权人相互协议追查公司内部的现金流量。

比较两个贷款人拥有不同的用于担保其贷款的担保品的情况，涉及债权人相互协议的一个常见的情况包括多个贷款人共同向借款人发放一笔贷款，这些贷款可称为银团贷款或参与贷款，但在每一种情况下，一组贷款人将考虑将集中的资金在贷款团队之间进行分配。这种传统的债权人之间的情况使得银团的每一个成员在所有情况下获得贷款的相应比例。

原本的情况是银团的一个成员为借款人充当记录银行的服务，在这种身份下，该银行通常可以进入借款人所有的银行账户、现金管理制度及其所有可转让债务工具或投资证券。在没有债权人相互协议的情况下，如果借款人构成银团贷款的违约，该记录银行处于优先的位置，通过这样的位置可以清查所有借款人的账户并用相应收入来偿还其参与的贷款余额。债权人相互协议将取代或撇开记录银行仅仅因为其最接近借款人现金资产而获得优势的能力。根据债权人相互协议条款，记录银行将必须向借款人银行的代理行归还超出其所占全部贷款额度的相应比例部分的资金，加上其占银团追求共同努力时所产生费用的相应比例。

从属债务协议（次级协议）

与债权人相互协议密切相关的是从属债务协议。在从属债务协议中，银团各成员在贷款人之间贷款偿付的优先权上取得一致意见，而不是同意如何划分用于偿还贷款的资产变卖的收入。从属债务协议根据次级贷款人同意不采取行动要求违约贷款的偿还的程度，其强度有所差异。

在参与方拥有相对平等议价能力的从属债务协议中，贷款偿还的优先权已清晰排序，一个个次级贷款人可能在一段固定时期内不对借款人采取任何行动，该时期称为业务停顿期，这个时期根据不同的贷款种类为 30 天到长达 180 天不等。停顿期结束后，尽管次级放款人可开始一些收取贷款的行动，从属债务协议通常会要求次级放款人向优先受偿的贷款人支付所有的担保品出售收入，直至优先受偿的贷款人的贷款份额全部支付，同时所有由借款人违约导致的优先受偿贷款人的支出全部偿还。仅仅在这之后，次级放款人才可以将资产出售的收入用于偿还其承担的贷款份额。

在贷款人议价能力不平等的情况下，优先放款人可以要求一项绝对的停顿。在需要一个绝对停顿的情况下，优先放款人从次级放款人那里强行要求订立一系列契约，这些契约包括直到优先债务已全部偿还，次级放款人才接受借款人偿还贷款的约定，以及不修改或转移次级债务工具或开始可能改变向两类贷款人偿还贷款相对优先权的交易的约定。

一个来自禁止对次级债务进行支付的常见的股权分拆包括借款人对次级债务支付利息而不是本金的能力，只要借款人在任何优先债务或次级债务下根据所有约定的义务不构成违约。随着借款人贷款合同中违约事件的发生，该分离计划同时终止。从违约的当时算起，借款人对次级债务做出的偿还必须退还给优先受偿贷款人。此外，甚至在关系次级放款人的违约事件发生后，次级放款人不可以采取任何会导致法院裁决的执行或类似对借款人求偿权的行动，直到优先受偿的贷款人的贷款被全额偿付。顺位协议中次级放款人授予优先放款人采取任何对其现成可用的行动来保护与借款人所欠其债务相关的权利的代理权。

保证/担保

有两种基本形式的保证，每一种对于保证持有人可能的依靠有着截然不同的机会。贷款人最常使用的保证被称作支付和履约保证。区别支付和履约保证的特征是贷款人直接对保证人求偿的能力，尽管贷款人实际上向保证人之外的实体提供贷款。在这种情况下，由于贷款人向借款人提供信贷，保证人直接或间接地获得一些好处或报酬。一般的保证关系包括保证公司债务的所有者、为子公司债务提供保证的母公司，或者是为另一家庭成员的债务提供保证的一个家庭成员。尽管一些保证来自与公司有着很少或根本没有关系的投资者，除了为获保证收取补偿的情况，随着高资产净值投资者在补偿和通过协商以换取保证性质中投资的权益上经验日益丰富，这种融资关系近年来逐渐减少。

对比支付和履约保证，一个不常使用的保证是托收保证，在该类保证中，贷款人必须用尽所有对于借款人的补偿办法才可以继续对保证人求偿。可能是因为会被要求，商业贷款人很少坚信并使用该种保证。在被要求使用该种保证时，通常的反映是贷款人会乐意放弃全额支付基础上的担保权利，这样保证人可以直接向借款人进行相关求偿程序。让贷款人获得基于借款人和保证人之间关系的地位也是一个惯常的做法，保证人能够从借款人资产的出售中获得最大的收益。

在协商一项保证的过程中，贷款人会详细阐述作为保证初步条件的保证人所提供的保证的类型。也就是说，贷款人会在贷款保证中陈述清楚在发生违约事件时贷款人可以直接向保证人求偿，同时对违约的起诉可能立即开始执行。在澄清之后，贷款人和保证人建立一些关于借款人和贷款人当前关系的基本原则。在这一点上，即使贷款合同的条款被修改、担保品在其作为贷款担保被解除担保状态下被变更，并且伴随来自对借款人融资地位负面影响的变化，贷款人仍保留强制要求保证履约的权利。在涉及任何个人保证人并在其他保证人被解除保证关系的情况下，不管有没有得到借款人或其余保证人的允许，该保证不会被变更。

应该注意到，在关于个人保证的情况下，绝大多数贷款人会要求夫妻双方都要在保证上签字。这种共同保证允许贷款人可取得保证人共同拥有的财产。通过比较，如果仅有夫妻双方中的一方签立保证，则夫妻双方名下的财产不能由贷款人在根据保证的约定求偿的行动中获得。

在保证由一个以上的个人授予的情况下，保证的性质意义重大。如果保证是各自连带责任的，这意味着贷款人可以对贷款人认为最能够实现偿还违约贷款金额的任意保证人提起诉讼。因此，在由多个保证人做出保证且保证人偿还所保证的贷款额能力差异很大的情况下，保证需要经过严密的协商。比如，在两个个人为一家公司贷款提供保证，且两个个人都是公司所有者的情况下，如果一个所有者拥有显著超过另外一方的资产净值，富有的一方会试图协商一种各自连带责任的保证。在这种支付能力不对等的情况中，贷款人和保证人之间的相互协商大多数情况下会减少保证额度至相当于保证人所有权百分比的额度。

如果保证人不能通过协商订立几项保证或者与所借金额某固定百分比而不是全部的贷款金额相关的保证，经验丰富的保证人将要求借款人全部的所有者或全部的保证人开始确立一项强行要求各个所有者补偿最富有的保证人为满足保证的需求所支付金额的协议。该协议在贷款人决定对最有可能偿还违约贷款数额的保证人单独提起诉讼的情况下保护了高资产净值的保证人。很多情况下，高资产净值的保证人仅仅支付被保证的数额而不用经受诉讼，该诉讼在大多数情况下在延缓贷款人行动上或在借款人试着从财务危机中恢复时推迟保证支付上是无用功。

在许多保证中，特别是当所有的保证人是公司的所有者而不是高资产净值的担保人时，协议将贷款违约的最终债务划分成相当于保证人所有权比例的数额。应该注意到，这些协议没有约束贷款人，贷款人可以自由地向财务上最有能力满足债务的保证人收回全部违约债务，然后如果可能的话，付款的保证人将有义务向其余所有者收取违约贷款的各个比例部分。

在保证协议的商订中，贷款人在很多情况下会要求公司的所有者签订一份金额无限制的保证，这样借款人在每次增加贷款额度时无须获得新的保证就可以增加其借款的能力。这种无限制的保证应由保证人根据一些显而易见的原因签订，同时该保证应包含一个保证人所承担的最大债务数量。通过对绝大多数商业银行和社区银行保证进行仔细评估，我们会发现，保证通常都包含一个被保证数额，但包含于保证契约部分的内容是保证人也将支付给贷款人托收支出和律师费的一项协议。律师费通常为贷款额的一个百分比——通常为15%。保证人除了承担保证的贷款金额外还要承担这些支出，除非保证人能够协商托收成本和律师费没有保证额的上限。

债务工具的种类

对于普通借款人，可使用的其他贷款类型可以分为两大类：有担保贷款和无担保贷款。在每一类贷款中，潜在的借款人都有多种选择。根据将成为借款人的实体类型，贷款的其他方案会很快地关注于这些选择。

对于信用极好的大型公司而言，当借款人的一般信用为贷款人提供担保时，国内贷款人会通过提供优越的贷款方案相互竞争以获得该贷款机会。这些贷款绝大多数情况下没有担保也可以提供。比较之下，绝大多数面向中小规模公司的贷款由商业银行或社区银行提供，贷款要么由借款人的资产或现金流担保，要么由公司的所有者提供保证。这些担保贷款是直接工具，拥有固定的偿还计划，公司运用贷款产生的现金收入会用于借款人购买设备、运营资金或小规模收购的支出。

担保贷款

担保贷款通常被认为是与公司的固定资产或现金流相配合的贷款。担保贷款的额度与借款人的资产水平或数量或者与借款人的现金流量密切相关。这两种通常的贷款种类被称为资产抵押融资或现金流支持融资，每种情况下，贷款均由公司的资产抵押提供担保。

资产支持融资

传统的资产支持融资是指以循环信用额度贷款或定期贷款的形式发放给

借款人的贷款。许多情况下，借款人会把循环信用额度贷款和定期贷款组合在一起。

表现为循环信用额度贷款形式的资产支持贷款重点关注公司当前的资产水平。贷款额度事先商订，贷款人发放的贷款额度是借款人所产生或持有的资产水平的一项功能。典型的循环信用额度贷款把一个事先商订的百分比用于公司的应收账款水平和存货水平，以确定在贷款期间可提供给借款人可变化的借款能力。经过协商的贷款可供性取决于资产种类所适用的百分比，应收账款可接受的百分比水平在80%左右，而存货则在50%左右。随着借款人信用质量以及与一贷款人的信用记录开始向贷款人提供借款人财务表现稳定的判断时，存货和应收账款的适用百分比会有所提高。

在对借款人资产应用一个适用的百分比前，贷款人会要求借款人准备一个贷款基数证明，在该贷款基数证明中，贷款人将详细说明不符合加入计算贷款可用额条件的存货和应收账款的种类，这种限定条件的概念称为资格，当这种资格应用于应收账款时，账龄和信用质量是两个重要的因素。贷款人将所欠借款人超过特定账龄的账户排除在资格之外。这种账龄的处理可能不包括在发票开出日期之前90～120天的账户。此外，在一个账户与来自一特定客户或特定客户的附属成员到期付款相关的情况下，如果该客户拥有其他超过账龄限制的未偿还账款，当前的额度也将被从资格中去除而不管其账龄可能是30天、60天或90天。在应收账款涉及政府机构的情况下，除非该机构允许贷款人在贷款合同违约情况下收取应收账款，否则应收账款不能加入到资格的计算中。

应用于存货的资格通常是自存货被使用或出售起最后时期的一项功能。流转慢、不新鲜的、过期的或某方面损坏的存货不能包括在此计算中。用于确定存货流转快慢与否的时间周期因行业不同而不同，绝大多数情况下存货所停留的和仍可包括的时间周期往往不超过1年。

另一种形式的应收账款融资业务叫作保理。保理在贷款人和借款人之间的关系上存在一些细微的区别，保理业务中贷款人实际上是在购买应收账款而不是据应收账款提供贷款。在保理商购买应收账款时，对于绝大多数借款人来说结果是透明的，因为现金提前给付，从应收账款所有的到期收取款项必须用于抵补预先支付的资金。保理交易的经济后果大多数情况下存在于两个方面：第一，向借款人收取的利率高于传统的资产支持贷款情况；第二，保理商通常预先提供应收账款一个较低比例的资金，以确保在所有应收账款结算时，无法收回的应收账款不会超过向借款人提供的资金，因为保理商已购得了应收账款的法定所有权。

订单融资也包括在资产支持融资这一类中，根据订单提供资金的贷款人通常收取比传统资产支持贷款更高的利率。为了承接订单融资，贷款人不但必须清楚借款人的信用状况，还要了解客户的信用状况。此外，贷款人必须能够评估借款人获得满足订单的原材料、人工或存货的可能性，因此，这种贷款对于贷款人来说是劳动密集型的工作，所以贷款的定价必须考虑贷款人处理整个贷款流程的成本，这样对于借款人的定价便比传统的贷款情况下较高。

不动产贷款对于绝大多数的中小规模借款人来说通常是独立的交易。对于一个普通的借款人而言，这种贷款通常用于购买办公场所、仓库、零售场地或与公司经营相关的其他资产。考虑到大多数不动产的总计购买价格，贷款期限必须要比通常的资产支持贷款期限更长，因此，不动产贷款独立于公司日常经营或经营融资活动。不动产贷款通常的期限最少 7 年，期限取决于贷款人和市场环境，最长可延至 30 年。这些贷款更多采用的定价是用于长期贷款的固定利率。当一处不动产建设完成时，可根据该处不动产提供长期贷款。

绝大多数的建设贷款期限较短，通常为 3 年或更短。由于期限较短，绝大多数建设贷款是可变利率的贷款。利率通常以贷款人的最优贷款利率或 LIBOR 作为基准利率，在最优贷款利率上加上 1% 的空间和在 LIBOR 的基础上加上 200 个基点。在商业银行或社区银行可进入 LIBOR 资金市场的情况下，借款人会选择 LIBOR，因为该利率通常低于最优贷款利率。在市场环境推动利率至 2009 年间所经历的利率状况时，贷款人赚取通常的利率空间的能力受到限制，其结果是，市场上存在可获得的极低的 LIBOR，贷款人开始将标准利率计算和最低利率或基准利率相结合。

在过去的 10 年里，担保融资工具在结构和形式上发展迅速，并运用不同种类的资产池为一系列公众和私人实体公开交易债务的发行来提供担保。这些证券化的公开发行不直接面向较小规模的公司，但小规模公司通过转让当地发起的贷款给一些实体，由这些实体聚集贷款并再出售以单个贷款的收入流为支持的证券。这些最早的贷款的集合包括住房抵押贷款的聚集，通常被称为担保抵押贷款债务，这种证券种类扩展至汽车贷款和各种各样的其他消费信贷。每一种这些信贷安排隐含的概念是建立在广泛聚集的付款人并把违约风险分散至很小的份额基础上的一种证券。这种风险形态理论上使得聚集贷款的证券成为相对安全的投资，因此这种证券形式在2007年一整年于公开市场上迅速增加。对于小公司来说，参与的机会是成为房贷或消费贷款的地方发起人，然后把贷款卖给聚集贷款的实体。抵押贷款经纪人或汽车贷款经纪人可以比开办一些社区银行的实体低得多的资本金水平进入该市场。随着开始于2007年的住房市场的不景气，住房抵押贷款债务市场失败，把该项金融服务送上了消亡的道路。2008年秋季雷曼兄弟破产之后，世界范围内的中央银行被召集来救助本国银行，与包括信用违约互换等这些金融工具相关的衍生品市场也走向失败，几乎把每一个主要的金融机构交给了其中央银行以作清算。在这一过程中，类似美国国际集团（AIG）的主要保险公司和类似花旗集团（CitiGroup）、美国银行（Bank of America）及美联银行（Wachovia）等主要金融机构在许多情况下由中央银行提供大量的清算资金。

现金流支持的融资

当借款人以相对小的资产基础产生较大的现金流时，就可以考虑现金流支持贷款。符合该定义的借款人由州或联邦机构颁发证书或监管，或者会是一些建立在受公司控制的知识产权发现基础上的拥有较多无形资产的公司。尽管借款人的贷款数量根据其现金流的计算来确定，贷款人通常会对公司的所有资产取得担保利益，以控制在贷款违约情况下产生现金流的资产基础。

在拥有数量较大的现金流的公司中，贷款人通过对借款人双方达成一致的现金流赋予一个乘数计算借款数额。借款人在贷款申请中将向贷款人提供EBITDA作为起点，在承担该项贷款申请时，贷款人会对借款人计算的EBITDA做特定的调整，以使计算标准化和更好地理解借款人现金流的稳定性。例如，如果借款人表露出反复发生的资本支出的需求以致经常需要现金来支持明确的购买的迹象，贷款人会把数量加回至折旧计算，实际上减少了EBITDA。

在借贷双方在一个稳定的EBITDA计算上取得一致后，贷款人会将其特定的承贷方针应用于EBITDA的计算，以确定贷款数额和适用于贷款的分期偿还计划。对于归属于相近类别的贷款人，利率通常处于一个较狭小的范围内。也就是说，借款人从商业银行或社区银行获得的利率在所有类似的贷款人当中不会有较大的变化，然而在拿地方商业贷款机构和全国性的资产支持的贷款机构相比较时，利率可能变化很大。此外，根据相应的承贷政策，每一个贷款人所能允许的杠杆数量会有较大的变化。贷款人允许的杠杆数量越大，贷款的利率或定价也会随之升高。

在任何一组特定的贷款人中，根据贷款人的贷款组合策略，利率、定价、贷款成本及费用将有所差异。希望发展贷款组合的贷款人，特别是在贷款人试图进入一个新的行业部门的情况下，可能比其通常的承贷方针在定价、成本和费用上更加激进。借款人应依据地方贷款环境小心谨慎地决定这些贷款的特征是否适合。

在确定贷款规模方面，贷款人会以其承贷方针来测试借款人的财务报表表现。首先测试最小和最大的财务比率，这些财务比率通常由贷款人确定的对了解借款的财务健康状况起着重要作用的比率做补充。这两种主要的比率是最小债务付息保障倍数和最高杠杆。

最小债务付息保障位数比较借款人可用于偿还债务的现金流和贷款人期望的偿还计划，通常的最小债务付息保障倍数是1.25:1，用于在预期的债务付息额和借款人产生的现金流之间提供缓冲。在借款人的商业计划实现收入增长或与收购相关的规模经济情况下，贷款人和借款人会就定期计划的利息支付外的分阶段的本金支付进行协商，这些成比例的分期偿还计划可能在贷款的第一年不偿还本金。在一个7年期贷款的期限中，前面的几年分期偿还贷款的5%～10%，后面的几年实行分期偿还计划以允许借款人的发展或实现规模经济。最小债务付息保障倍数是一个不随市场趋势变动而发生较大变动的比率，以增加或减少在既定的时间借款人可接受的杠杆数量。

最高杠杆比率是一个不随市场环境波动的概念，当资金市场放松一般的信贷供给时，贷款人将增加贷款申请时所允许的杠杆金额。在信贷收紧时期，对于中等规模公司贷款的最大杠杆比率降低且处于 3∶1 ~4∶1 范围内。随着 2008 年信贷市场的失败，资金供给者完全退出了杠杆市场。尽管 2008 年的大部分时间和 2009 年的上半年杠杆融资市场紧闭，但 2009 年夏天信贷市场开始缓慢放开。最高杠杆比率衡量一个公司的全部债务包括优先和次优债务与公司 EBITDA 之比。尽管公司承担的在最小债务付息保障倍数计算中存在的绝对债务数量之间没有直接的关系，但间接关系和参数逐渐得到发展并几乎得到所有贷款人的认可。

除了计算最大债务付息保障比率外，所有的优先有担保贷款人会衡量提供给借款人的优先债务数量与借款人的 EBITDA 的比值。该比率通常被所有的优先贷款人所接纳，这些贷款人的建议也会符合行业的指导方针。这一比率会随市场环境变化而变化，类似于最高杠杆比率的情况，贷款人调高或调低贷款数量的意愿所包含的因素反映了一般的经济状况和当前利率环境。换句话说，当市场利率低时，债务付息额减少，杠杆倍数应高于利率处于高位时的情况，债务付息水平也因此变得更高。

次优担保贷款

对于更大规模的杠杆交易，过去几年里资金的供给大大增加，直到 2008 年信贷市场出现危机。随着风险资本、私募股权和公开发行证券的投资收益下降，资金集聚的实体更加关注债务市场以寻求收益的稳定和提高回报。该愿望随公开市场运行和与投资于除价值超过 10 亿美元之外的所有企业相关的波动性增加而得到加速。次优担保贷款正由私人投资者、对冲基金、专业的信贷基金和越来越多的夹层资金提供。在 2009 年的市场环境下，这些情况很少发现这些贷款人提供贷款承诺或任何形式的贷款。

次优担保贷款由贷款人通过仔细检查借款人的资产构成、现金流或非用于支持优先担保贷款的企业价值来承担。比如，一个优先贷款人根据 80% 的应收账款和 50% 的存货来提供贷款，那么理论上还应存在收取优先担保贷款借贷基础之外的资产出售收入可能性的贷款空间。当贷款人考虑一项不包括应收账款或存货作为担保的贷款时，贷款人会根据借款人的企业价值评估来承销次优贷款。在评估企业价值上，贷款人会考虑出售借款人商誉、商标、专利、营业执照、特许权或其净值。实际上，次优担保贷款允许借款人充分利用其借款基础和净无形资产价值。

次优担保贷款开始时局限于一些特定的交易，在这些交易中，借款人希望从事一项收购或者因处于困境而进行资本重组，但后来这些贷款作为当前及今后借款人资本结构的一个工具部分越来越多地获得支持，并越来越多地给予夹层贷款人更大的资金竞争，借款人运用这种竞争来缩短优先担保融资和可利用的权益之间的差距。次优担保贷款人对贷款的定价略低于夹层融资贷款人，通常不需要股权附带作为贷款组合要求的组成部分。在这一点上，特别是对于私募股权资金和由私募股权资金支持的公司，借款人能够提高杠杆和减少要求用于支持杠杆交易的股权，有效地增加了可用于收购目标公司私募股权的递增的杠杆金额部分。

无担保贷款

无担保贷款是在借款人与贷款人有着长期的良好的贷款关系，或借款人拥有非常健康的资产负债表的情况下向借款人提供的贷款。商业银行和社区银行常常为社区内拥有成功运营记录的借款人提供无担保贷款，这些贷款通常表现为可供借款人随时使用的信贷额度，或在超过借款人为保持短期流动性想要支出的申请金额情况下的定期贷款的形式。贷款人仍会以类似担保贷款的方式处理贷款申请，然而这种情况下的贷款人会依赖借款人通常的信用状况作为贷款的保证。

无担保贷款以贷款合同的书面形式确立，贷款合同中详细说明了贷款条款、财务条款或其他由贷款人确定是借款人当前财务实力重要衡量指标的承贷政策。许多情况下，财务条款与公司可以付息的债务水平无关，因为大多数符合无担保贷款条件的公司都有低的杠杆比率。财务条款过去常常用于衡量借款人的经营表现，在需要的情况下，其更可能与公司的获利能力、净值或者可能是借款人的收入有关，并且这些对公司的衡量在许多情况下是每年开展一次。

地方商业贷款机构或社区银行与本地借款人之间的关系交易情况下无担保贷款的定价通常比相当的资产支持贷款略高。尽管这两种贷款之间的风险程度对于本地信用极好的公司来说是可以忽略的，资本市场和承销机构认为风险仍较高，因此利率也相应较高。

随着借款人规模及贷款规模的上升，获得无担保贷款的机会会逐渐减少。该规则总有例外，这种情况下例外是相当大的。比如，财富500强中被公众认可和财务稳定的公司拥有高的信用评级，可以进入商业票据市场。如前所述，进入该市场的公司可以最好的利率发行1个月、2个月或3个月的债务。这些大规模的商业交易在美国证券市场上可以很快并有效地完成，但这些市场的进入仅限于一些财务实力强的公司。

高收益债务

在商业票据市场，极好的信用是借款融资的先决条件，从历史来看，资本市场对所谓高收益债务的无担保融资接受很快，高收益债务也经常被称作垃圾债券。尽管高收益债务的市场时开时闭，但投资银行家在2008年中期以高收益债务交易的形式已筹资数十亿美元。在2008年年初一段时间信贷市场缺乏活力，随着2008年秋雷曼兄弟破产，信贷市场的大门完全关闭。

高收益债务交易的构成涉及计划从事一项收购或借入资金以在新购置的资产产生收入之前安排资本性支出的借款人。手里拥有一份商业计划，潜在的高收益债务的发行人向投资银行家进行说明和展示，投资银行家将优先债务、次优债务和股权与高收益债务发行的收入相连接，以便为借款人的商业计划或收购提供全部的资金。

在20世纪90年代末到2000~2001年互联网泡沫破灭这段时间，电信行业内出现一些成功发行的高收益债务。电信行业包括开关设备、电缆、路由器的制造及相关通信的资本支出。这些商业计划提高了电信行业对资金的极大需求，特别是在行业刚开始取消管制之后，行业内的公司希望投资于基础设施的资金可由使用数据和语音通信服务的客户所产生的无限需求来支付。尽管刚开始的高收益债务发行是成功的，预期的使用水平和客户没有实现，多数债务没有得到偿还，因此初始投资者和股权发起者承受了该市场部门极大的损失。

高收益债务的诱惑在 2004 年这一年恢复势头，但目标市场严重收缩。当前，高收益债务市场不再关注用于为客户增加提供渠道的融资支出，而是把重点放在为杠杆收购交易的收购方提供资本结构的组成，因此高收益贷款由现有的、明确的现金流提供保证，或由未取得发展的行业部门杠杆交易中成本节约的证实和分析来提供保证。随着 2008 年的经济衰退和信贷市场崩溃，投资者纷纷离场。

在市场上可以发行高收益债务时，高收益债务具有一定的吸引力，因为是无担保的债务且定价相对有吸引力。对于信用状况优但不是最高信用评级的公司来说，其过去的定价在 10% ~12% 的年利率范围内。对于可以获得信用评级的公司，其定价在 14% ~16% 的范围内，尽管其信用评级处于信用评级机构最低的认可水平上。高收益债务除了具有吸引力的定价外，在权益成本方面也具有一定的吸引力，在预期回报方面其定价较高，高收益债务在债务存续期内只需支付利息，直到债务到期才一次性支付剩余的本金。由于高收益债务安排需要花费一些时间和努力，其中一个不太理想的功能是在某个事先阐明的时间过去之前缺乏全部偿清贷款的能力。许多情况下，高收益债务在三年内不可赎回，之后在支付全部债务 1% ~3% 的提前偿还罚金后才可以赎回。在利率下降的时期，这种不可赎回的特征延迟了借款人可以获得的在与债务再融资中减少债务付息方面的优势。

在公开股权市场关闭时，借款人发现进入高收益债务的资本市场可能是一个选择。投资银行家对一个私人持股的借款人在高收益债务市场筹资能力的评价会提议一个较筹集权益短得多的时间表。提出这种缩短的时间表的原因是高收益债务是在私募市场发行，绝大多数的证券发行遵照美国证券交易委员会（SEC）颁布的 144A 条例，该条例对仅寻求符合极高的财务状况要求的机构投资者的高收益债务的发行人是可适用的。个人投资者可能不会参与，尽管他们也具备高资产净值的条件。在涉及 144A 条例的证券发行情况下，借款人的投资银行家通常会使得投资者愿意和能够提供 5 000 万美元至超过 10 亿美元范围内的大额贷款，许多情况下这些交易在几个星期内就可完成。

发行高收益债务时，借款人会同意在SEC注册债务证券，注册的流程必须在一个固定的时间段内完成，否则高收益债务证券的持有人可向发行人估算罚金。债券证券的注册发行向高收益债务的购买者提供了市场流动性，因此，借款人是在发行具有期望的市场特征的证券。

夹层融资

为描述夹层融资的特点，有各种各样的因素难以详细描述夹层融资的定义可能包含的所有要素，因此，绝大多数尝试给夹层债务下定义的作者只是将其定义为属于优先债务和股权之间的公司的资本结构，保留债务和股权的一些特征。

夹层融资主要用来填补公司收购和资本重组中股权和债务之间的空白，夹层融资的贷款人很少控制一家公司，尽管其可能获得来自夹层贷款交易中的一定股权，该股权不是用以向贷款人提供其对于借款人的所有者地位，所谓的准股权参与股权附带是一个用作提供超过所收取的利率更高的投资回报的工具。

所取得的股权的形式通常是购买借款人股份的保证，该保证的购买价格是象征性的，取决于根据保证所购买的全部股份数量，由对贷款期限结束时将支付的金额的估计来决定，在夹层债务下加上当前或延迟的利息，这将产生一个对于夹层贷款人全部的内部收益率，满足其目标或阻碍了其回报率的实现。保证的价值根据借款人的商业计划进行修改，取一个假设的行业乘数和夹层贷款到期前这段时期内借款人的预期EBITDA，并运用这些假定的财务指标来确定做出度量时的借款人的价值。该项保证将要求由借款人在贷款期结束时从贷款人那里购买，购买所得的收入将计入贷款人整体内部收益率计算中。

夹层贷款人更像一个股权投资者集中其初始的承销努力，也就是说，这些贷款人通常只向有经验的、成熟的和老练的、在目标行业内有着成功经营历史记录的管理团队提供信贷。管理人员必须拥有一个有切实目的的机会，通过股权所有者的身份参与到较好的实体中，股权所有者身份在最佳的情况下由知名而又成功的股权发起人来提供。考虑到在这些交易中失误的机会很少，倡议发起是杠杆交易中重要的一个方面。在公司运营资金不足的情况下，夹层贷款人可以给借款人提供额外资金，但是这些贷款人想要和处于重要地位的私募股权发起人共同合作，这些发起人有自有资金，可用于弥补公司经营资金的不足。

只有在夹层贷款人对管理人员和股权发起人满意之后，贷款人才会评估借款人的现金流以明确是否提供夹层债务。夹层债务通常是无担保的债务，受偿顺序在优先担保债务之后，夹层债务次级受偿的特征传统上是完全固定的，也就是说，当夹层债务持有人在优先债务贷款存续期间可以收取利息时，则可以不需要分期偿还本金。此外，一旦借款人优先担保信贷下出现违约事件，夹层贷款人可以不采取行动收回其贷款，直到优先担保信贷融资，包括优先有担保贷款人费用和支出已完全偿清。次级条款也包含一项要求，夹层贷款人归还优先担保贷款人所有在违约事件发生后从借款人那里收到的偿还资金，包括支付的利息。

尽管夹层债务过去一直是无担保的，但随着次优担保贷款人提供的资金在过去几年里获得几何级数增加（主要是由于对冲基金加入了该资产行列），其当前也被赋予货币资金的角色。次优担保贷款人的进入挤压了整体回报在许多情况下限制在 13 ~ 19 中大的数字内且没有股权构成的夹层债务的定价空间。优先贷款人渐渐接受了次优担保贷款人，在当前的环境下优先贷款在次优担保债务、夹层债务和股权之间通常也不再受特别关注，只要每一类债务在优先级上完全次之于优先贷款人。而且，随着次优担保债务的成本固定下来，似乎整体成本都会较低，不仅表现在借款人的总体成本上，而且还包括当前利息支付的数额，其对优先信贷融资施加很少的限制并因此获得优先担保人的支持。随着所有债务和权益市场的发展，借贷条件在定价和可供性方面也不时地发生剧烈波动。随着对冲基金数量累积至几十亿，且大多数这些基金专门用于公开股权市场，2007 年 10 月到 2009 年 3 月道琼斯工业指数的变化（从 14 000 点降至 6 500 点）严重削弱了对冲基金的流动性和在二级市场上的竞争力。

夹层贷款人的参与及重要性和为公司收购目标支付的倍数同步增长。比如，当资本市场依据 EBITDA 倍数对一家公司进行定价时，随着定价倍数从

3～5 倍的 EBITDA 增长至 5～7 倍的 EBITDA，在优先贷款人愿意借给公司的资金数额和股权发起人愿意投资于公司的股权数额之间存在一个不断扩大的资金缺口。

从历史的情况来看，该资金缺口由拥有创新的偿还结构或整体投资收益特征的夹层贷款人来填补，这些创新的结构包括在当前到期债务和应付的利率之间分配夹层融资利息支付，以及把当前偿还的金额和在整个贷款期内实物支付的累计利息额合并支付。这种应付的利息券和累计的利息支付一起加入到贷款人商谈的股权的估计价值中，作为整体费用的一个组成部分。总体资金成本包括所有夹层贷款人所要求的 18%～25%之间内部收益率的全部的三种构成，取决于不同行业和借款人的整体杠杆。

当夹层债务包括一项延期利率时，通过向贷款人发出等同于延期利息额的定期通知，借款人被认为在贷款存续期内会支付延期的利息。这种延期的支付称为夹层贷款人收取利息的实物支付部分。实物支付在债务工具到期时才予以支付。此外，夹层债务持有人可以允许借款人选择在贷款存续期间进行实物支付，代替债务工具当前应付的利息。实物支付的特征可被借款人选择用于在其他情况下负担不了的资本支出，或者在某些情况下用于避免可能使借款人对其优先贷款人造成违约的贷款偿付。

在夹层债务贷款合同的磋商中，该贷款合同的内容构成十分类似于优先有担保贷款合同的内容，尽管担保文件只占这些交易相当小的百分比。这两种债务工具的主要区别是：利率和利率支付的方式，优先贷款存续期内不包含贷款本金的分期偿还，受偿次序完全继位于优先贷款融资，相比优先贷款融资限制较少的财务条款。夹层贷款的期限为 5～7 年，这样一贯的安排使得夹层贷款的到期日落在借款人优先信贷融资的到期日之后。贷款条款的协商也和借款人的管理人员在提供给夹层贷款人以寻求贷款的商业计划中说明的退出策略保持同步，退出策略包括一般的商业计划出售方案、资本重组或首次公开募股（IPO）。

可转债和可转换优先股

在借款人需要支付较低的利率或分配较少的红利，并且借款人愿意接受贷款人将债务工具转换成借款人普通权益从而摊薄借款人权益的潜在做法时，借款人可发行可转债或可转换优先股。可转换工具的利息率或红利分配率从过去情况来看一直表现为借款人资金成本的一小部分，因为投资者更愿意相信潜在的借款人股份的价值，股份的价值增长会超过债务工具的市场回报率。

利率或股利分配比率及股份转换价格的定价策略随借款人的情况不同而不同。公开交易中，绝大多数为可转换优先股或带有购买普通股认股权证的优先股，股利分配比率或利率可以达到3%～4%，低于可供分配给借款人的比率。对于财务状况良好的公司而言，股份转换价格或认股权证行权价格可以在当前市场价格基础上加上多达40%的溢价。换句话说，公司股份价格必须上升40%，证券持有人才会有动力将其所持的债务工具转换成发行人的股权或执行认股权证。

在私人公司中，融资工具通常构建为带有用于在债务工具存续期内确定发行人股票公允市场价值双方约定一致的程序的债务。在具有稳定现金流的知名公司中，债务工具的购买者将要求发行人根据当前公司议案，在贷款期内的指定时间，以公允市场价值购回债务工具。在成长型公司中，债务工具的买方通常持有股份并等待公司出售、资本重组或首次公开上市等传统的退出机会。

过桥贷款

过桥贷款可以用其恰如其分的字面名称来描述，那就是贷款由私人贷款人或商业贷款人提供，用于帮助借款人连接资金需求和某项明确的流动性活动之间的时间差。过桥贷款通常是指固定额度自发放日起12个月内到期的定期贷款。尽管这些贷款可以是有担保的或无担保的，但多数过桥贷款是无担保的，且通常在30～90天期限的过桥贷款和风险资本投资提供的长期过桥贷款到期时才支付本金和利息。过桥贷款的利率因行业和借款人的情况不同而不同，但在当前利率环境下对初创公司的利率通常是8%～10%。对于更加成熟的公司，可能与通常的定价模型的认识相反，利率会更高。

当过桥贷款发放给借款人用于向成长型或技术主导型公司提供完成一项

债务或权益融资的时间时，该过桥贷款通常伴有两种类似股权性质中的一种。除了过桥贷款本金金额所说明的利率外，提供过桥贷款的投资者可能要求一项股权参与的认股权证，或者投资者可能要求由投资者选择将贷款转换为借款人明确的权益，或者两种做法兼有。

发行的与过桥贷款相关的认股权证的数量称为认股权证比重，为了确定待发行的认股权证数量，投资者会声明一项所要求的认股权证比重的百分比，以吸引投资者提供过桥贷款。事先声明的认股权证比重的百分比用于总的贷款金额，百分比和贷款数额由事先设定的借款人每股价值来相除，两者之商得出了包括在认股权证中的股份数量。在早期的投资中，为获得股份的行权价格取决于认股权证，是一个名义的数量。随着借款人财务稳定性的提高，其议价能力提高，以协商更像公司权益证券市场公允价值的行权价格。

专业贷款

本书的其他章节已专门介绍各种类型的专业贷款人和专业贷款，这些贷款人和贷款的种类包括结构，且建立在本章前面介绍的贷款文件基础之上。该种类型的贷款人包括商业银行和参与小企业管理局（SBA）贷款计划的专业贷款机构。小企业管理局支持下的贷款服务于中等规模公司较低一端的公司，这部分也是大多数中等规模公司所处的区域。

小企业管理局贷款计划获地方商业贷款机构和社区银行支持，是因为它们获得了合格贷款相关的担保。因此，在小企业管理局的借款人违约时，地方银行仅仅部分面临潜在贷款损失的风险，这种备用的保证加大了商业贷款机构的兴趣。2004 年，小企业管理局贷款发放的数量比该贷款计划开展以来其他任何时候都要多，在当年的 8 个月里就打破了放贷纪录。按照这种贷款节奏，小企业管理局的贷款计划当前面临获得额外资金以维持其提供担保和贷款参与的压力，该计划由于 2004 年取得的巨大成功暂时中止。2009 年，与中央银行通过宽松的货币政策刺激经济的一系列努力有关，联邦刺激资金流回小企业管理局贷款项目。尽管在 2009 年上半年贷款机构对信贷承诺格外谨慎，但在下半年，小企业管理局贷款计划开始加速增长。

虽然小企业管理局贷款计划旨在向小企业提供其他途径可能无法获得的递增的资金渠道，但由于该贷款计划承销数额较大和有担保的要求，许多小规模借款人无法从该计划中受益。许多初创企业有着很少的权益资本，因此如果他们想参与SBA贷款计划必须抵押个人的资产，最为常见的是以他们的房屋再次抵押的形式或抵押其投资证券的形式。如果企业所有者没有房产或流动证券，借款人必须确保有一个高的个人资产净值作为SBA贷款的担保。在没有公司资产、个人资产或外部担保的情况下，小规模公司的所有者将达不到SBA贷款的条件，尽管该贷款计划为许多小公司提供资金。具有讽刺意味的是，最需要资金的企业所有者却不符合贷款的条件。

专业贷款的另一种形式是产业收入债券。对希望扩大办公场所、厂房和仓库的本地社区企业来说，通常有本地政府的官方机构提供以非常低的利率发行债务的机制。实际上，几乎所有的这些贷款都用于购买和建造不动产项目，许多情况下贷款机构被鼓励购买这项债务作为其支持本地社区发展的一项责任。绝大多数这种贷款对投资者是免税的，并向借款的公司提供低的借贷利率。这些贷款的提供仅仅在借款人承诺在发展生活便利设施从而为当地社区带来不断增加的工作机会的情况下才会发生。

与产业收入融资相关的是低收入住房融资，取代地方水平的税收好处。《低收入住房监管条例》是由联邦住房和城市发展部（housing and urban development，HUD）颁布的，国内税收法则（internal revenue code）中体现了税收的属性。为换取同意可能在房产项目使用寿命内收取的固定的租金水平，低收入住房的开发商在项目符合所有的HUD要求时会获得有利的融资。这些属性主要基于房地产开发商及其投资者可获得的税收抵免。这种税收抵免在某些情况下可以购入和出售，由此向获得权益投资者提供项目支持提供唯一的激励。实际上，几乎所有形式的产业收入债券贷款和低收入住房融资债券贷款在2008年和2009年信贷市场失败期间都停止了，但在2009年中期又重新开始。

最后一种专业贷款关系到考虑提交正式破产申请文件处于财务困境中的借款人。尽管该类贷款限于企业资不抵债的情况，但该贷款的结构和特征与本章所介绍的特征相似。这些资不抵债的企业一般称为拥有资产所有权的债务人（debtor in possession，简称 DIP），这类贷款绝大多数情况下是在借款人申请破产前立刻向贷款人协商。一旦提供破产申请，借款人将要求破产法庭同意贷款的申请和准许 DIP 贷款人的担保权益优先于其他所有债权人。这一提议通常会获得法院通过，然而这类贷款通常是为能够在当前申请破产情况下继续获得收入的借款人所保留的。大的零售商和已具备一定市场地位的制造商通常为这类贷款的申请者，初创的公司和早期的科技公司不符合申请该类贷款的条件。2009 年，美国政府向克莱斯勒和通用汽车公司提供 DIP 贷款，成为历史上具有重要意义的融资。在这些案例中，政府试图在这些大型制造商破产前向其融资，但是该努力在 2009 年经济急速下滑期间并不足以满足公司流动性需求，为取得这些贷款，政府和债权人及汽车联合会共同占有每一家汽车制造商的控制权。

信用评级和报告机构

在本章介绍的多种类型的贷款中，除非借款人已由两家主要的信用评级机构——标准普尔或穆迪——其中一家做出评级，否则其不能获得以上介绍的这些贷款。为了获得信用评级，借款人要向其中一家信用评级机构提供公司资料和相关说明。根据不同的行业、公司的历史财务表现、公司杠杆和各种各样其他的财务度量指标和财务比率，评级机构对公司的债务做出评级。每一家公司的评级的描述有所差异，但适用于每一系统的规则是信用评级越高，借款人为公开市场上筹集的债务要付的利率就越低。

每一个评级体系代表一个级别和一项与公司债务密切相关的风险。级别分为两大类：投资级和垃圾级。高收益债务由评级处于垃圾级的公司发行。每一个级别伴随一个风险因素，该风险因素说明了借款人风险级别的高低。

除了信用评级机构之外，邓白氏（Dun & Bradstreet）是一家收集关于公司支付历史和债务水平信息的报告机构，为了换取报告机构的会员资格，参与的成员可以申请和收到在邓白氏公司体系内任一公司的信用报告，供应商和卖方加入这个系统，在开立账户之前他们通常会对潜在的客户进行信用检查以确定将要提供给客户的信用条款。

权益工具

公司股本一般分为普通股或优先股，一家公司的股本可以仅仅包括普通股，优先股通常是除了普通股之外发行的不作为独立权益的股本。优先股和普通股都可获得股利，但在公司同时拥有优先股和普通股的情况下，优先股股东可在普通股股东之前获得股利。

普通股可分为有表决权的股份和无表决权的股份。普通股总是代表着公司的所有者权益，具有表决权的普通股股东拥有选举董事会的表决权以及对类似合并和收购等公司重大活动的表决权。在出售仅包括普通股股本的公司股份时，根据每一股东拥有的股份数与所有股东拥有的全部股份数量的占比，普通股股东有权获得股份出售收入的相应比例部分。当公司进行破产清算时，在公司偿付完所有债权人的债权之后，普通股股东有权获得公司资产的剩余部分。

优先股可分为传统普通优先股、可转换优先股或参与型优先股。传统的优先股代表着公司的所有者利益，但绝大多数情况下，优先股没有表决权。传统的优先股的特点包括固定的股利和在向普通股股东分配资产之前获得优先股面值和股利的权利。普通优先股在很多方面看起来更像是债务而不是股权，因为其在普通股之前和所有债务之后获得支付，且其不参与分享公司资本的增值。股利可分为累积股利和非累积股利。也就是说，一旦公司不能够支付非累积优先股的股利，就不会有义务支付之前所欠的股利。反过来，如果公司错过了累积股利的支付，则公司对于该优先股股东欠有股利，必须在其他分配包括向普通股股东分配股利之前全额支付所欠股利。

可转换优先股是一种权益工具，许多情况下该权益工具包括建立在优先股可转换成普通股数量基础上的表决权。相较于普通优先股，可转换优先股建立在某给定的时点，一个更高的回报来自优先股面值或优先股可转换成的普通股的市场公允价值的基础之上。因此，可转换优先股股东在退出之前可以尽情等待，然后决定是否要求偿还优先股的面值加上累积的且未付的股利，或者把优先股转换成普通股。该类优先股股东的选择将取决于哪一种做法可带来更高的回报或更多的收入。比如，如果某公司正被以 100 万美元出售，一个优先股股东持有 10 万美元的可转换优先股，可转换成 20% 的公司权益，该股东会选择转换成普通股和收到 20 万美元现金或者 20% 的出售收入。

参与优先股对于一名投资者来说可能是全世界最好的事情，其中股东在公司出售收入或破产清算方面拥有在普通股股东之上的优先权，此外在获得优先股面值加上累计但未付的股利之后，参与优先股股东有权获得相应比例的剩余资产或清算收入。该相应比例的收入部分是根据其所持股份可转换成的普通股数量除以全部普通股数量计算出来的。沿用上述举例中的公司，参与优先股的股东将先获得 10 万美元加上由超越普通股的优先权产生的剩余 90 万美元的 20% 即 18 万美元，参与型优先股股东全部的所得将是 28 万美元，这样就使得参与型优先股成为在评估作为机构风险投资申请人的早期或新兴发展公司方面经验丰富的投资者的选择。

获得股权投资

在许多方面，需要用于支持股权投资申请的资料的准备类似于寻求债务融资的公司所做的一些事务。申请股权投资的公司必须能够清晰地说明一项介绍投资资金用途的合理的融资计划，然而公司将通过财务预测展示在投资中资本增值的潜力，而不是主要体现在一段固定时期后产生偿还所投入的资金的现金流的财务报表。大多数股权投资申请伴随着对与特定活动相关的资本增值潜力的分析，这些活动通常为退出策略。从过去来看，寻求股权投资的公司已介绍了为供股权投资者选择的三大退出策略，这些策略有各种各样的排列组合，可以附加于每一类策略上，但一些基本的做法包括出售公司股份形式的合并或收购、公司权益证券的首次公开上市，或者投资者权益地位被公司购买或赎回的资本重组。

准备一项权益投资涉及花在用于形成公司经营、战略和融资规划的大量时间和精力，经营规划将说明在一项体现资金注入和预期流出的详细预算中公司如何运用权益发行所得资金的融资规划。与融资规划相关，一家期望筹集资金的公司将花费大量的时间和精力来制订商业计划，该商业计划通常被认为是潜在投资者在决定其为获得股权投资自身的理论基础时执行所考虑的公司流程的详细指导。

商业计划表现为多种形式，但最好的商业计划往往简明扼要，且能显示管理人员对其目标市场有着全面的理解。商业计划同时也要让投资者放心其管理人员已关注到详细方案的最为细小的部分。

特别好的商业计划从简要的表明申请股权投资前提的经营纲要开始，该经营纲要之后通常是所谓的系统安排，换句话说，即是描述公司计划解决的问题或计划争取的市场机会。一旦该系统确定，商业计划必须包括一项对公司目标清楚的说明，这是公司的问题解决方案或允许公司比其竞争对手更积极地争取市场的唯一价值主张。一个很好的解决方案或唯一的价值取向会给许多投资者带来利益，也是经验丰富的投资者会极为仔细地审查的策略部分。这一部分包括公司实现其目标的策略或解决其所阐述的问题的策略。

对潜在投资者具有重大利益的是支持公司战略的公司财务部分，尽管公司预测的收入将接受检测和仔细的检查，很多投资者的关注点将会是在公司的成本结构上，成本结构必须和所寻求的股权投资匹配，否则公开发行会不可避免地走向失败。

在设计支持股权投资申请的成本结构方面有两个可使用的策略，第一个且可能是最被期望的策略是完全融资的商业计划。在该项策略中，公司要求在其假定的财务模型中资本是被要求用来实现其目标的唯一资金，该资本可以是债务和股权的组合。完全融资的商业计划在提议的方案涉及目标公司的收购情况下是公司所期望的。

通过对比，当公司的目标较长远时，比如一家生物科技公司，既然完全为用于探索、开发和营销一家初创公司提出的药品的一项预算融资是不可行的，那么商业计划必须用于与公司重大的发展阶段相匹配。在这一方面，公司将清楚地分辨为投资者群体认可作为展现在药品研究和开发过程中可接受的进展的特定发展阶段，一旦实现特定的发展阶段和认为公司正确地预测了达到指定阶段的成本，公司通常会期望回到投资者群体中，以获得足够的融资来实现其下一阶段的目标。

不管是在全部融资还是发展阶段的情况中，投资者会做出非常谨慎的尽职调查，努力证实成本估算的合理性。此外，当商业计划不是完全融资时，投资者会仔细地评估与达到预定阶段所创造的价值相关的公司的设想。如果公司提出的成本结构与投资者分析的结果不一致，那么多数情况下投资者会不予理会和不做任何投资。在投资者做出的分析与不同发展阶段创造的价值相关时，如果在公司和投资者之间就提出的预算是否允许公司在达到一定阶段时实际要求价值的增值上存在观点分歧，投资者可能参与公司的讨论，但仅限于双方在修改的预算或发展阶段上达成一致意见的情况下。

如果投资者和公司在预算和管理者实现商业计划目标的能力上达成一致，投资者和公司必须在公司估值上也达成一致意见，以确定将要发行以换取提议的投资的权益数量。在设定初创公司的价值上，这个流程既是一门科学也是一门艺术。投资者会关注类似行业中处于可比较地位的公司，以此作为一个起点，对拥有较大可进入市场的产品或潜在产品排他性的控制会增加投资者初始估值讨论的价值，初创技术的早期运用或客户愿意支付高价格的产品或服务也会增加价值，但是对经验丰富的投资者来说最重要的是管理人员经营的资格和水平。这里的资格和水平意味着有经验的、成熟的，且在筹资、产品商业化和为最先的投资者创造获得良好财务回报的退出路径上有着良好成功记录的经理人。在当前的金融环境中，一项不能获得具有这些特征的管理人员团队支持的商业计划在公司所有估值上成功筹集股权资本的可能性微乎其微。

在股权投资的申请关系到一项提议的收购，或由拥有当前收入和利润的公司做出的情况下，估值流程按照传统的估值模型，这些模型包括折现现金流分析估值方法、重点关注利润或 EBITDA 倍数的可比较公司估值方法，以及重置成本法。

股权投资的相关文件

当公司与投资者或一组投资者之间的协商确定下来后，各方会开始形成相关文件的流程。因为仅由投资者制定最终确定的文件和进行最终尽职调查耗时会比较长，且很多情况下成本也高，更常见的是，投资者在准备确定的文件之前会提出一份包括基本条件的条款清单，在该条款清单中，公司和投资者会努力形成一个双方均能接受的投资结构。双方最终达成一致的条款清单会描述投资者将购买的证券，以及在交易完成之前必须满足的条款和条件。尽管实际的交易完成可能包括许多文件，条款清单通常描述四个主要约定的基本框架：股份购买协议、公司营业执照、投资者权利协议和股东协议。

股权投资的条款清单

在许多方面条款清单包含产生于投资流程中最常见的事项，当交易双方协商交易条款时，公司估值和现有管理人员在当前实体中的角色会详细地列在文件中。与公司估值相关的几个概念对于理解协商的流程非常重要，用于最终完成条款清单文字方面细微差别的影响可以对所有者留存的权益数量产生极大的影响。

交易前估值和交易后估值

前两个概念是关于对交易前和交易后估值的意义和影响现有股东留存的所有者权益百分比的因素的理解，尽管概念上相对直观，理解交易前估值同时也需要理解附加于概念上的条款。最好理解的形式是，交易前估值仅指投资前公司的价值，当公司交易前估值加入投资额，这两个组成相加便得到了交易后估值。例如：

交易前估值　1 000 000 美元

投资额　1 000 000 美元

交易后估值　2 000 000 美元

该例中暗含一个假设：在投资完成之后公司所有者和投资者两方都拥有50%的公司所有权，实际百分比的计算将取决于包含于大多数投资条款清单中的变量的应用，这些变量包括公司期权池的规模和是否按照交易前或交易后估值进行计算、正被购买的证券种类——普通股、优先股或参与型优先股、现存的尚未转换的可转换证券、投资者是否要求在与其余普通股东分享企业退出所得之前多倍的回报。

不能清楚地认识这些变量的含义会给筹集资金企业的管理人员和所有者带来意想不到的结果，在评估要求25%期权池的条款清单情况的影响下，对当前所有者在应用于交易前估值的期权池百分比（与交易后估值情况相反）之间的差异是显著的，该差异可说明如下：

交易前估值前提下计算的25%期权池

交易前估值	1 000 000	美元
交易前资本结构		
当前所有者	750 000	股
期权池	250 000	股
投资额	1 000 000	美元
投资者股份	1 000 000	股
交易后估值	2 000 000	美元
完全稀释后的资本结构	2 000 000	股

在本例中，在投资完成后，当目前股东拥有的股份数量相比投资者拥有的股份数量时，期权池的影响就变得明显了，尽管该例按照投资额看起来像是一半对一半的权益份额，在货币资金投入企业时，投资者拥有100万份股份，而所有者拥有75万份股份。为了弄清楚导致出现该情况的内在原因，管理人员和所有者必须清楚投资者界定完全稀释后公司资本结构的做法。本例中，尽管只有175万份的股份发行，但完全稀释后的资本结构是200万股，经验丰富的投资者总是将期权池算作是相应的股份，而不管期权是否已被授予以及被授予的期权是否已行权或者存在被行权的合理可能性。所以，同意在不考虑公司完全稀释的资本结构的后果或影响的情况下创建一个期权池的不警惕的所有者最终会在交易完成时大吃一惊。

为比较根据交易后估值确定期权池规模的影响，我们用下面的例子来加以说明：

交易后估值前提下计算的25%期权池

交易前估值	1 000 000 美元
交易前资本结构	
当前所有者	750 000 股
投资额	1 000 000 美元
投资者股份	1 500 000 股
期权池	750 000 股
交易后估值	2 000 000 美元
完全稀释后的资本结构	3 000 000 股

本例中，所有者留存的权益所有权结果存在很大的差异。在不要求期权池的情况下，向投资者发行的股份数量与所有者持有的数量相同，每一方拥有公司50%的权益。在期权池的规模按照交易前估值方法确定的情况下，在投资完成之后所有者大约持有42. 85%的公司权益，而投资者拥有剩余的57. 15%股份。当期权被授予和行权时，所有者和投资者的权益将会被稀释，直到期权池被用完，最终的资本结构将是所有者37. 5%，期权池被授予人12. 5%，投资者最终获得50%。在交易后估值举例中说明了最显著的结果，该情况下所有者开始时拥有33. 3%，而投资者开始时拥有66. 7%。在所有的期权池授予和行权后，最终的资本结构明显不同，协商后的结构是25%归所有者，25%为期权被授予人拥有，投资者最终获得一开始约定的公司50%的所有者利益。

在每一个例子中，基本估值的讨论是完全一样的，公司交易前估值是100万美元，投资额是100万美元。在交易前估值上附加一个期权池的影响很大程度上改变了股份变化的内在动因，但最显著的影响是在期权池与应用于交易前估值的百分比一并讨论的情况下。

清算优先权

清算优先权的讨论是在发行优先股的情况下进行的，清算优先权可根据我们所熟悉的普通优先股、可转换优先股或参与型优先股进行说明。

普通优先股实质上等同于债务，这种优先股在当前的私人投资的环境下不常使用，但在公开市场中仍有重要意义。普通优先股按票面额出售给投资者，通常带有明确固定的股利。该股利可以是累积的也可以是非累积的，采用当前现金支付、延期支付或类似的支付方式。非累积股利必须宣告以让优先股股东收取股利支付金额，而累积股利不管董事会是否宣告发放股利都会不断累积，任何已累积但未付的股利必须在公司普通股支付股利之前予以支付。

要求当前现金支付的股利通常和上市公司的投资或杠杆收购中私人股权投资者的投资相关，这些情况下，公司预测足够保障股利支付的现金流，大多数这些投资与偏好相对稳定和当前的现金流的大型公司相联系。

当股利是公司当前需以现金支付的债务时，许多情况下，特别是在与杠杆收购相关的情况下，公司可能通过对公司不能支付的股利部分发行票据以满足其股利支付的义务。在出于现金流原因或由于对其资产负债表按照形式应用融资承诺和明确在没有违反由优先贷款人施加给公司的融资承诺时不能支付股利的情况下，可能仍然需要这种支付方式。在与投资全部由优先股构成的夹层融资相关的情况下，投资者可能发现其整体收益的要求太高，超出了公司现金流承担的能力范围，但所要求的收益可以通过延期支付一部分股利或延期支付次级债务情况下的利息的形式来满足，直到投资期结束。

可转换优先股的安排允许投资者持有其投资至公司清算或退出，在退出时，可以在收回优先股票面金额加上累积且未付的股利或把投资转换成普通股并取得清算活动所得收入的相应比例部分之间做出选择。下面的例子是假定投资100万美元优先股占公司50%股权的情况：

公司股份出售所得	10 000 000 美元
原始投资返还加累积未付的股利	1 250 000 美元
出售收入的相应百分比部分	5 000 000 美元

本例中，可转换优先股的持有人将选择转换成普通股，根据原始投资额加上累计但未付的股利计算收到500万美元而不是125万美元。

相反，使用同样的交易假设，如果出售公司所得仅150万美元，优先股股东会选择收到125万美元，而不是根据出售所得的50%计算的75万美元。在选择获得投资面值加上累计但未付的股利方面，该投资更像是债务而不是股权。

参与型优先股的清算优先权可有多种表现形式，基本的参与型优先股投资返还投资者初始投资额，加上累计但未付的股利，然后允许投资者收取按照优先股东转换成普通股的假设计算的剩余资产相应比例的份额。下面的例子假设一项100万美元换取参与型优先股且占公司50%权益的投资情况：

公司股份出售所得	10 000 000 美元
原始投资返还加上累计但未付的股利	1 250 000 美元
可分配给剩余股东的净收入	8 750 000 美元
出售公司股份所得相应百分比的部分	4 375 000 美元
参与型优先股股东的全部所得	5 600 000 美元

本例中，尽管参与型优先股股东拥有50%的公司权益，但该交易中所收到全部所得的百分比为56%。计算对于各种出售所得项目上参与特征的影响显示了随着全部返还数量的增加，参与型优先股东所留存的全部所得的百分比下降，同时剩余比例趋于很少或是在返还额相当大时前面例子中所提到的50%。

除了所说明的基本参与权利外，在当前的投资环境下，有两个基本主题的变化至少在许多条款清单的协商中予以讨论，一个变化是对公司友好的，另一个则对投资者有利。

对公司友好的变化包括投资者在协商的参与权上具有上限情况下的优先股结构。例如，参与型优先股可以按投资者将收取原始投资和参与权利中最大达3倍的初始投资额的形式来安排。参与上限的效果要求投资者将其优先股转换成普通股以获得超过上限的金额。通过转换，投资者放弃参与权，选择转换普通股实质上使得在投资者所得超过上限时成为可转换优先股。换句话说，如果优先股股东的回报被设定上限时，股东转换成公司相应比例的权益份额以获得更大份额的所得。对于较低的所得数量，参与特征是被保护的。运用先前假定的公司接受100万美元的投资和拥有100万美元的交易前估值的例子来说明，相应的做法介绍如下：

公司股份出售所得	10 000 000 美元
原始投资返还加上累计但未付的股利	1 250 000 美元
可分配给剩余股东的净收入所得	8 750 000 美元
出售所得相应的百分比部分	4 375 000 美元
参与型优先股的全部所得	5 600 000 美元
参与的上限（3 × 投资额）	3 000 000 美元
选择转换的相应比例部分	5 000 000 美元
参与型优先股的金额	5 000 000 美元

本例中，上限的影响导致投资者没有获得参与特征所赋予的全部收益，因为上限的确定对投资者可得的回报产生不利的影响，仅有实力最强的公司且拥有最佳的议价地位才能够达到或协商这种限制性特征。

对比公司有利变化，投资者有利变化是在公司财务状况弱化或面临财务困境，公司发展早期失败的风险很高，或公司已筹得几轮投资但仍没有达到重大发展阶段或收入的情况下最终确定的。在该变化中，参与型优先股股东将通过协商确定原始投资的多重返还，之后优先股股东将参加协商的相应比例的公司权益百分比。本该中，优先股投资是 100 万美元，公司所有权比例为 50%，投资者通过协商确定一项 2 倍的原始投资的返还，而不是传统的 1 倍返还。

公司股份出售所得	10 000 000 美元
原始投资 2 倍返还加上累计但未付的股利	2 250 000 美元
可向剩余股东分配的净股份出售所得	7 750 000 美元
出售股份所得对应的百分比部分	3 875 000 美元
参与型优先股全部所得	6 125 000 美元

这项举例以处于发展早期且之前没有优先股投资的公司为前提，尽管参与型优先股股东拥有 50% 的公司股权，多倍清算优先权带来了 61% 的公司股份出售所得。

多倍清算优先权在公司已成功筹得资金但没能顺利达到预定的发展阶段或取得较大收入的情况下也是常见的。在这类情况下，公司的市场公允价值可能比之前对公司投资的清算优先权的总额明显要少。这种融资结构称为重启融资或强制性融资。例如，公司的特点往往包括几个连续的优先股融资，如 A、B、C、D 和 E 回合，每一轮均有 100 万美元的投资。总共的清算优先权因此会是 500 万美元。在没有与此相反情况约定的情况下，考虑新的 F 轮的投资者会与之前的几轮投资者和所有的股东分担相应的投资比例，或者 F 轮的投资者会首先收取投资，然后剩余的 A 至 E 轮的投资者再收到他们的投资，在此之后所有的股东再参与分配剩余的公司股份出售所得。在这个例子中，我们假设公司没有实现预定的重大进展，公司市场公允价值是 100 万美元，F 回合的投资额是 100 万美元且带有 2 倍返还，该项投资为 F 回合的投资者带来 50% 的公司所有权份额。

公司股份出售所得	10 000 000 美元
2 倍原始投资返还加上累计但未付的股利	2 250 000 美元
可向剩余股东分配的净股份出售所得	7 750 000 美元
A～E 回合优先股优先权的返还所得，不包括累计	
未付的股利	5 000 000 美元
可向剩余股东分配的净股份出售所得	2 750 000 美元
股份出售所得对应的百分比部分	1 375 000 美元
F 回合的优先股股东全部所得	3 625 000 美元

本例中，尽管 F 轮的投资有着 2 倍的返还约定，但 F 轮优先股股东仅收到公司股份出售所得的 36. 25%。因此，在协商确定事先的条款和条件时，F 轮投资者将需要协商确定一个大于 4 倍原始投资返还的约定，以收到本例中等于公司股份出售所得 50% 的回报。

对处于后期强制性投资应用较大的返还倍数是为实现预期融资回报的结果所需要的，在一些情况下所要求的回报在公司假设的财务预测情况下根本不能实现，这些情况下，一个在公司发展后期进入的投资者将要求所有在其之前的优先股股东在新的 F 轮投资完成之前将其股份立即转换成普通股。在强制转换的情况下，前面例子中F轮的投资者在受偿原始投资加入累计但未付的股利后还会参与分配公司股份出售的剩余所得。在此情况下，F轮投资者将不需要协商确定一个预期回报等于本例中560万美元的多倍返还的清算优先权，其结果和基本参与优先股的例子中是一样的。

表决权

在私人持股公司时，几乎所有的优先股投资都包括表决权，该表决权的多少根据投资者可以将优先股转换成普通股的份额来确定。这些表决权在转换假设的基础上不作为一个独立的阶层，通常体现为与普通股一起的表决权。

除了通常的表决权外，优先股股东可以获准在选择董事会成员和其他确立的否定承诺方面的特定表决权。例如，指定的一类优先股股东可以有权选举指定数量的董事会成员，公司在没有获得特定比例的优先股股东同意的情况下不能与另一家公司合并或收购另一家公司。特定的比例根据讨论中的否定性条款有所变化，但至少会要求一项多数人的表决，多数情况下不会超过获得多于80%优先股股东表决的要求。该比例在多数情况下不是100%，因为匿名投票表决的要求带给小比例的优先股股东一个在多数其余股东都支持的公司基本或重要事务表决上的阻碍。

保护性条款

优先股股东持有与公司和投资者双方谈判确定一项合同相关而发行的股份，这些合同权利包括通常称为保护性条款的契约。没有获得优先股股东特定数量的表决，公司依据合同条款被禁止采取特定的行动，这些行动通常包括对优先股股东非常重要的条款和具体表现在合同契约中的保护性条款，因为一般的优先股股东不拥有公司多数的股份。保护性条款清单包括一些对下列行为的禁止：公司的清算、以对优先股产生不利影响的方式对公司章程或地方法规的修订、创造比优先股更高级的一类股份、股份的赎回、股利支付、超过事先一致确定的最高额度的借款或变更董事会成员的规模，除非一定比例的优先股股东一致同意这项行为。

反摊薄条款

反摊薄条款重点关注以低于投资者支付优先股的每股价格发行股票的情况。高于投资者每股价格的发行实际上会稀释投资者的所有者利益，但仅在极少的情况下高价格发行会触发包括在公司章程文件中的反摊薄条款。两种类型的反摊薄保护构成对大多数投资者的基础，这些保护被称为基础加权平均和完全棘轮条款。

基础加权平均反摊薄对公司有利，为了计算实际的保护，理解优先股其中之一的基础条款是必要的。这些条款是关于优先股转化为普通股股份数量的方法，例如，假设优先股投资者投资100万美元，如果每股初始转换价格（initial conversion price，ICP）为1美元，则投资者可以将其投资转换成100万份普通股，对该假设的投资应用基础加权平均方法则会得出下列根据稀释性投资相关的假设确定新的转换价格的计算结果。

新的投资　　1 000 000股

新的投资价格　　每股0.5美元

全部股份数量　　新的投资前2 000 000股

NCP =ICP×（A+B）/（A+C）

=1.00×（2 000 000+500 000）/（2 000 000+1 000 000）

=1.00×2 500 000/3 000 000

=1.00×0.8333

=0.8333

在以上公式中：ICP=1.00美元

A=新的发行之前股份数量

B=在实际新增发行之前以转换价格购买的新的考虑时的股份数量

C=发行新股的数量

稀释前投资转换股份数量　1 000 000股

稀释后投资转换股份数量　1 000 000/0.8333=1 200 048股

在基础加权平均反摊薄计算中，原投资者持有股份的绝对百分比下降，但投资者相对原始所有者的所有权上升，因为投资者可获得 1 200 048 股股份，而原所有者股份保持在 100 万股不变。

完全棘轮反摊薄保护对现有股东在结果上存在很大的不同。在股权比例反摊薄方式下，投资者的转换价格恰好下降至新的投资价格水平，运用之前的假设，投资者可以在新的股份发行之后立即将其优先股转换成 200 万份普通股，这个计算是通过将优先股东的 1 美元转换价格换成 0. 5 美元的新的每股价格，并用 0. 5 美元而不是 1 美元去除 100 万美元的投资额得来的。

对于现有的普通股股东而言，尽管这种基本的股权比例保护的计算方式使人厌恶，但是当一个新的投资者的持股比例表示为公司的一个百分比时，假设投资已经完成，受股权比例反摊薄保护影响的公司必须实行多重计算以确定新的转换价格。例如，运用之前假设的初始投资计算将转换成对新的投资者 1/3 公司的份额情况下，如果适用股权比例保护，原有的投资者在新的投资作用下将假设的现有 200 万股提高到 300 万股。通过这样的调整，假设 0. 5 美元每股的转换价格不再产生等同于 1/3 公司份额的股份数量，而更多的是仅实现公司 1/4 的股权或 400 万美元中的 100 万美元。

为了使投资者能够将优先股转换成 1/3 的公司份额，新的投资者必须收到 150 万美元而不是 100 万美元，以使得假定的 1/3 公司所有权地位是精确的。通过提高优先股股东必须收到的股份数量，且同时保持假定的投资额在 500 万美元，每股转换价格必须由 0. 5 美元减少到 0. 33 美元。然而，以 0. 33 美元每股价格发行新股再一次触发股权比例反摊薄保护条款，现有的优先股股东现在将可收到 300 万股而不是 200 万股。通过这样的调整，新投资者必须收到 200 万股而不是 150 万股，导致转换价格成为 0. 25 美元每股而不是 0. 33 美元每股。这种调整现在需要另一轮的计算，调整一直持续至股权比例反摊薄保护条款决定的股份稳定在新的转换价格上。

转换价格计算中的死亡螺旋（death spiral）迫使许多公司重新开始，早期投资者的股份被强制减少至一个名义股权位置。为了保留管理人员，新的投资者必须通过创造新的一系列可允许在新的投资者之后所有现有投资者之前参与清算所得分配的股权来为变更的股权动机提供补偿。

赎回

作为退出策略的一种形式，投资者协商确定与清算活动相关的条款作为条款清单的组成部分。除了传统的首次公开上市、合并与收购以及资本重组的退出策略外，投资者也可以通过协商确定其要求公司在约定的时期内，在没有公司清算的情况下购买或赎回他们所持有的股份。通常确定 5 年这样一个时期，5 年之后的任意时间，投资者可要求公司以相当于其优先股可转换成公司普通股的市场公允价值或初始购买价格加累计但未付的股利较高的价格购买投资者的优先股。这种赎回可由多数优先股股东投票表决来实现。为了允许有秩序的股份清算，大多数赎回特征包括允许公司在 3 年期以上分期支付。

这种赎回功能受公司阻止赎回的法规限制，除非公司能够运用资本公积进行购买。资本公积通常等于投资于公司的权益减去累积的营运损失。如果法规不允许赎回，投资者可以要求进入董事会，以能够运用影响公司使赎回生效或使得公司与其确定获得额外股权投资或出售公司的重要约定。投资者会在公司没有在清算事项上获得进展的情况下选择购回的特征。该特征在许多情况下对投资者鲜有实际的好处，因为一旦公司不执行该特征，将会有很多的资金可用于赎回义务的现实情况。

登记权

随着多数投资于私人持股公司（非上市公司）情况的出现，以及关于对公开交易实体的私募投资，投资者要求获得登记权以使得公司清算更易于实现。私人持股公司的投资者获许的标准登记权包括要求登记权、简式登记权以及背负（piggyback）或附带的登记权。

要求登记权于初次投资期完成或公司首次公开发行证券时期完成时产生。首次完成的时间通常不少于 5 年。在一个 5 年的时间框架内，如果公司没有登记其证券，投资者获得要求其证券登记的权利。登记的过程既耗时，成本又高，通常不是有效的投资者权利，除非公司能够吸引投资银行来承销其发行的证券。然而，要求登记权的确定是投资者应获得的基本权利。

一个更为实际的权利是投资者在公司首次公开发行证券之后要求登记的权利。投资者为优先股股东协商一个或两个要求登记的机会，该情况下，公司承担大量的投资银行的尽职调查并成功地向社会公众发行证券。伴随着一个成熟稳定的公开市场，投资者拥有一个现实的变现机会。尽管投资者在这一时间通常要满足 144 规则中的在向公众出售前至少 6 个月持有证券的要求，投资者拥有的证券总量通常充当卖出其所有证券的障碍。按照 144 规则，作为附属机构身份的投资者可以在一项私募投资中任意一个指定的 90 天内卖出的未登记股份的数量通常限于公司发行在外现有的股份数量的 1%。通过比较，如果附属机构卖出公司向 SEC 登记的股票，该附属机构可以在一次出售中变现其持有的所有股票。

许多情况下简化一项登记销售对公司及其股东是有益的，因为一项阻止投资者股份每 90 天出现的延长出售将对公司的股票价格产生消极的影响。一旦公司公开上市，其与 SEC 确立的文件会将所有的股东及登记权编入时间表。根据这种做法，市场可能仅通过在任意规定的时间能够上市的股票来压制股票价格，这种效果称为悬货（overhang）。

除了要求登记权之外，投资者协商获得简式登记权。在一家公司公开上市一年之后，如果该公司当前拥有所有要求的文件，满足某个最低估值水平的公司可以利用表格 S－3，这个表格为公司提供了一个使用简略的 SEC 文件登记股票的机制，这些简略的 SEC 文件不像公司在首次公开上市时所使用的表格 S－1 那样费时和成本高。投资者协商要求一个数量不限的简式登记机会，然而公司并非必须在任意给定的一年中执行超过两次这样的登记，登记的证券数量必须符合最小规模的要求。简式登记发行的最小规模在发行证券的总价值上从 100 万美元到 500 万美元不等。

背负或附带的登记权允许投资者将其证券加入公司正在登记的证券发行中，背负（连带）登记权在数量上不受限制，但受公司的投资银行可能施加的限制措施的影响。例如，在涉及一家公司传统的首次公开上市方面，投资银行通常基于大多数首次公开上市旨在向公司而不是投资者提供实现公司商业计划的流动性的假设限制投资者卖出股票。然而，近期的公司发行股票完全颠覆了这种拥有股权投资者而不是风险投资者在首次公开上市中有机会卖出公司大量股票的传统思维。这些公开发行通常涉及拥有稳定和金额较大的现金流的成熟型公司，该情况下公开发行被用于为现有债务再融资，并实际上用公众投资者取代了私募股权投资者。

在关于首次公开发行证券方面，已获得登记权利的投资者必须订立锁定协议（lockup agreements），这些协议用于避免投资者在公司公开发行有效期之后的 180 天内卖出公司的股票。锁定协议为公司的投资银行所要求，以管理发行流程和避免股东在 180 天这段时期内卖出大宗的股票。这一限制用来允许公司及其投资银行在公开发行之后通过避免可能由在小规模交易的市场上出售股票引起的大幅价格波动来稳定公司的股份。

董事会构成

尽管大多数创业资本优先股投资者在其投资组合的公司上获得较少的投资百分比，但对董事会的控制权或者至少保证董事会独立决策是一项具有重要意义的条款。接受风险投资的公司董事会的构成可以通过指定一些当前的所有者和投资者来反映这种独立性，指定的人员数量与具有一名经投资者同意和当前所有者选出的独立董事成员的董事会成员数量相同。在这一点上，公司的基础运营在很大程度上置于独立董事成员手中，他们的表决会打破投资者与当前所有者之间的僵局。

这种协商谈判背后的策略包括投资者在决策过程中必须获得当前所有者的信任。当投资者在董事会中拥有低于多数的位置时，因为投资者不能迫使公司在没有获得独立董事表决的情况下采取某种行动，管理人员会觉得放心。反之，如果管理人员和当前的所有者能够让独立董事相信一项行动是正确的，他们会采取该行动，仅限于公司在协商订立合同过程中让出的合同否定性承诺部分。因此，这些否定性条款在优先股投资完成之前为各方所熟知。

员工股票期权

如前面所介绍的，一项重要的谈判条款是员工股票期权池的规模。通过事先协商确定该期权池的规模，当前的所有者和投资者清楚对股东产生的股权稀释的边界，以及在当前所有者和投资者没有订立协议情况下不能够改变的稀释作用。从介绍反摊薄保护的举例中应该注意到，一名投资者谈判获得的公司份额比例是建立在所有期权都被授予的基础之上的。这种假设的效果是在投资的早期，投资者拥有比其投资可购买到的更高的公司股权份额，但当期权被授予时，该股权份额下降，一直到期权池完全用光，投资者达到其事先约定的剩余公司股权比例。

大多数员工期权池被构造成合格的期权池，这意味着最高达期权池总体规模的期权可被授予，但期权的授予必须按照董事会所确定的公司股份当前的市场公允价值。期权通常在一定时期内被赋予一定的法定权利，其授权时间表通常延伸至期权授予日之后的 3 年或 4 年。

创始人股权授予

作为可能最具争议条款的条款清单特征是投资者对处于发展早期的公司的创始人所持有的股权在持有期内授予的要求。这种特征建立在归属于发展早期公司的多数估值将仅仅在创办人和公司一起完成其商业规划目标的情况下实现的前提之上。如果一个创办人决定不再继续发展公司，投资者或公司将会获准再次购买一些或全部创办人的股份。授予股份的购买价格通常是市场公允价值，如果创办人和公司不能商定一个价格，则由独立的第三方来确定。通过比较，非授予的股份的购买价格通常是很少的一部分，或者相当于在实现现金投资完成情况下创办人支付的价格。在协商这种购买权时，投资者试图确保通过创办人的持续努力在投资做出时获得预期的价值，不然的话，控制股份在未经稀释剩余股东股权的情况下将允许公司招募替代的管理人员。

在确定授予期上，将考虑公司的成熟程度。在这方面，拥有客户和收入的公司可以允许创办人保留不必授予的初始股权比例。剩余的股份将在 3 ~ 4 年的时间内授予。授予时间表在全部的授予期间按月度相应比例的授予到一年末最后的授予和在授予期余额按月度比例计算的股份授予的余额的组合之间变动。

各种各样的条款清单

投资者在条款清单协商时已完成对目标公司的尽职调查的情况是很少的，因此条款清单赋予任意一方终止协商机会的利益的非约束性体现。终止条款的精心设计是向投资者提供完成其尽职调查的一段确定的时间，也是公司向投资者提供排他性的一段时间，在此期间公司不与其他投资者进行协商。在排他期结束后，任意一方可自由选择结束协商或寻求其他投资者。

条款清单也将包括一份否定性条款和肯定性条款契约的列表，只要投资者在公司保持一项大规模的投资，公司就必须遵守这些契约。肯定性条款包括公司一方向投资者提供月度和季度未审计的财务报表、年度审计报表和在每一财会年度开始前 30 天提供要求的财务预算方案的义务。

投资者也会小心翼翼地保护其购买公司当前证券销售的权利。多数公司已经消除了购买股份的优先购买权，或者这种优先购买权只在一些地方州公司法法规上存在。因此，如果没有一项合同约定购买股份的权利，投资者可能在公司重要的起步阶段提供投资资金，当公司发展成熟时就会被阻止不得参与公司的公开上市发行。尽管参与条款清单中特定公司未来公开上市发行的权利最常用于以较高估值额外购买方面，该权利通过给投资者在随后的以较低或象征性的估值公开发行证券情况下维持其权益百分比不变的权利来保护投资者。

当目标公司的价值基于无形资产或知识产权时，投资者会协商确定条款清单范围，该条款清单范围要求所有的雇员、承包商和咨询顾问签订非公开和发展协议。发展协议部分是为了保证所有涉及的各方同意在受雇或作为顾问期间形成的专利权归属于公司。在关键的个人有能力复制公司的商业计划和由此产生的投资者投资的价值情况下，指定的个人将需要执行非竞争和不得拉拢客户协议。

股票购买协议

股票购买协议主要列举了投资交易经济原则特性的框架，为公司、创办人及投资者的代理和保证提供具体的基准，并指定必须获得的和公司必须采取行动以完成交易的辅助协议。

基本投资交易

股票购买协议的开始部分介绍了证券收购的基本结构。在这一部分中，交易各方确定买方购买和公司发行在公司条款清单中指定的证券的义务。在购买协议中说明的证券数量及价格已根据条款清单中约定的公司交易前估值确定。

在阶段性的股票购买上，协议开始部分会说明股票购买的时机，以及必须达到作为购买者进行额外购买义务的条件的发展阶段。

声明和保证

当投资者在协商股票购买协议之前已完成大量的尽职调查时，在多数投资情况下，声明和保证部分向投资者提供了补充信息，证实投资者之前的尽职调查或清楚地说明需要进一步检查的问题。尽职调查以两种方式来证实：(1) 公司从事一项绝对的和无条件的特定范围内的声明和保证；(2) 在公司不能做出无条件声明的情况下，关于资格的详细信息编列于公司披露计划表中，并由投资者比较在首次尽职调查中提供的信息。

此外，如果投资者打算协商确定文件并在签订购买协议之后完成尽职调查，声明和保证部分在某种程度上旨在提供一个拒绝做出投资的机会，也就是投资者在后续尽职调查中确定声明和保证是不准确的或不真实的。在一些交易中，投资者将要求在股票购买协议中加入赔偿条款，这样声明和保证将作为由投资者用来确定公司提供的与投资相关的信息是否准确的标准。如果提供的信息有误，在错误或不准确的信息与投资者遭受的损害紧密相关的情况下，可将错误的声明或保证作为赔偿的基础。

早期投资中商订的股票购买协议可能专注于关系到公司创办者的独立的保证和声明部分，这一部分通常不出现在后期投资阶段。在公司创办者声明和保证中，投资者试图确定创办者是否受制于可能与提交给投资者的商业计划相冲突的合同。关系投资者的潜在冲突出现于非竞争协议、不得拉拢客户协议或保密条款相关的情况中。这种检查延伸至明确创办者是否涉及任何诉讼，同时投资者关注的是创办者是否与其他投资者存在出售创办者的股份或以事先确定的方式进行表决的问题。

投资者被要求在涉及他们执行购买权限的股票购买协议中以及其投资的环境中执行声明和保证，投资者将进一步确定其融资身份和他们是否达到501规则条例D项监管规定下对官方认可的投资者的最小要求。在这一方面，公司将依赖投资者的声明和保证来确保与公司要求的适用的私募投资免除条款保持一致。重要的是，投资者在这一方面将确认他们对股票在私募投资情况中正被购买和对于公司股票没有公开交易的市场的理解。与这种确认相伴的是投资者的声明和保证，正被购买的股票用于投资而不打算分配股票和在没有公开上市发行的情况下，股票必须无限期持有。

为了评估公司制定的声明和保证列表，在声明和保证很长的列表被划分为三大类的情况下，该评估简化了分析，这些类别是公司组织、财务报表表现和公司经营。

公司组织 投资者会密切关注公司组织部分。在这一部分中，公司证实了其拥有发行证券的权利、能力和授权。此外，公司还证实了董事会已授权证券的发行，以及所有与发行已执行相关的其他要求的行动。在公司已向一大帮股东发行证券的情况下，投资者会要求确保公司在证券的销售方面遵守所有的证券法律。如果公司没有遵守证券法规，那么公司可能需要承担对不符合证券法要求所发行的股票重大的回购义务。

公司做出的具有重要意义的声明和保证关系到公司的资本结构。可向投资者发行的股票数量是基于对公司发行的所有证券包括所有的权证、购买权、期权和可转换成公司证券的融资工具的精确理解。如果公司资本结构不正确或不完整，投资者将获得要求在涉及股票购买协议上所发行的股票数量调整的依据。

通常，公司市值不仅包括投资前对公司资本结构的分析，而且还包括假定投资已圆满完成的对应比例基础上公司的资本结构列表。

财务报表的编制 公司发展越成熟，公司财务报表的重要性越大，但这不等于说公司早期的财务状况不为投资者看重，相反，对于必须支付或靠投资者的投资收益来满足的未偿债务，财务报表要进行大幅调整。但在早期的交易中，许多公司收入很少或根本没有收入，所以财务报表强调的是历史成本和未偿债务。在公司初创期间早期创办人有着不断累积的薪水的情况下，在投资完成前，对于投资者而言，迫使这些债务减免或转换成股权是普遍存在的。

财务报表也包括与公司或有负债相关的项目，投资者尤为关注这些信息的披露，特别是在涉及诉讼的可能事件或财务报表反映重要合同中公司所欠的数量较大的未来债务，尤其是不动产租赁的情况。

私募股权投资情况下所要求的财务报表编制通常是对最近两个完整年度财务报表的审计和上一次审计距当前截止日期之间的未审计的月度报表。所要求的财务报表包括各个时期的资产负债表、利润表和现金流量表。所有的财务报表必须按照美国通用会计准则（GAAP）编制，并在所有涉及的时期持续这一做法。

财务报表将附有公司无负债或义务的陈述和保证，但除了那些在财务报表中已详细说明的或于公司披露安排中披露的债务的叙述性的声明和保证。此外，公司将标示出资产是否负有抵押贷款，信托契约、留置、贷款或其他阻碍因素。

在最近一期财务报表的日期和截止日期不同的情况下，投资者要求公司出具财务声明和保证将财务报表调整至截止日期。这种降低要求的声明和保证包括许多独立的报表，关系财务表现的所有内容以及最近财务报表和截止日期之间形成的债务。

公司经营　潜在投资者对公司经营的考查重点在于公司发展阶段和成熟程度等与公司经营不相关的部分。对处于后期发展阶段的公司，关注重点在于现有的重大合同，持续的收入来源、专利资产、债务余额和可能很大程度上改变公司预期经营表现的或有负债。对处于发展初期的公司，投资者将对公司的专利资产展开较大程度的尽职调查，包括分析公司控制的专利文件和知识产权。此外，获准取得或包含第三方授权的知识产权的重大合同也是投资者对公司经营严格考查的一部分。对投资者来说，重要的问题包括公司在知识产权上是否有排他性控制、公司是否有需要大额现金支付义务的长期负担，以及公司是否有能力在公司需要现金流维持生存时终止可能已签订的合同等。

大多数投资者更喜欢考查在允许公司代替的保证或声明的所有例外情况下，修改具有实质性或知识的声明和保证。公司做出的披露对投资者极为重要，通常情况下，投资者更愿意决定什么样的披露是重要的。因此，在早期投资方面，在购买交易文件中很少发现重要修改，因为投资者想要调查公司的所有债务。当目标公司成熟度上升时，披露所有保证或声明例外情况的能力成为提示公司的一个负担，投资者更愿意建立一些公司披露安排的重要性限制，除非披露涉及核心成本或知识产权。

交易结束的条件

在股票购买协议的相关文件最终确定方面，为了使交易圆满完成，各方将描述所有必须由公司和投资者提供递送或采取的行动，所有向股东做出要求的辅助协议或由公司制定的辅助协议将予以详细说明，这些行动事项和协议必须在交易结束之前完成。投资者在所有尽职调查完成前协商确定一项最终的协议，除完成指定的行动事项和执行指定的协议外，投资者的尽职调查必须在交易结束前完成。

尽管多数投资者会要求把交易结束的条件作为股票购买协议的组成部分，交易结束的主要线路涉及一项签署且同时代表着交易结束。该情况下，交易结束的条件包括对公司和投资者的交易结束检查清单。作为交易结束的检查清单，投资者有权获得当前及未来关于公司所做出的声明和保证实际在交易结束日期精确的保证。因为股票购买协议的协商确定可能需要 30 ~ 90 天，公司将继续更新其披露计划表，直到实际的交易结束日期，投资者将努力地评估该披露计划直至实际的交易结束。

公司注册证书

尽管一些私募股权投资涉及普通股的出售，但许多由经验丰富的投资者做出的投资涉及了优先股的购买。与优先股相关的条款和条件以及权利和优先权列示于公司的注册证书中。公司通常在其最早的公司注册证书中提出了一些允许董事会确定优先股的条款，然后将其形成书面文件，这种方案称为空白支票优先股。

当公司当前没有空白支票优先股时，公司将为其期待发行的优先股协商确定条款和条件，然后把提议的条款和条件呈给公司股东。向股东提交条款和条件的提议是为了修订公司没有包括空白支票优先股的注册证书。大多数私人持股公司在公司组建时没有做出这项选择，因此，在其投资结束时没有这一环节。

除了公司注册证书中包含的传统的条款和条件外，当投资者最终确定一项优先股投资时，优先股的条款和条件将加入到公司的注册证书中。有几种授予优先股股东的基本权利和特权，在公司注册证书中有详细的说明，包括：股利、清算优先权、表决权、转换权（包括对转换价格或反摊薄保护的调整）和赎回权。

股利

公司注册证书的股利部分可以包括表示没有被考虑支付的股利、当且仅当董事会宣布时以一特定的比率将支付的股利或不管董事会是否宣布以一特定的比率在优先股上累积的股利的条文。无论是否支付都会累积的股利称为累计股利。

当优先股带有可选择的股利支付条款时，对该可选择的做法的描述包括在公司注册证书中。选择性条款可能包括允许公司进行实物支付股利（PIK payments）的股利结构。PIK 支付简化了对公司的现金流要求，并可以由公司根据注册证书的条款加以选择。PIK 股利和累积股利的区别在 PIK 选择性方案中，公司根据股票的市场公允价值发行票据或股票。如果发行人是上市公司，股利的接受方可以其后卖出证券并获得股利属累积情况下不能当期支付股利的流动性。

清算优先权

优先股在其清算优先权方面获得优先的财务性质，在这一方面优先股是特别规定的普通优先股、可转换优先股或参与型优先股。在当前的融资环境下，在公司的初期投资中占有非常高的百分比的是参与型优先股。随着公司实力和成熟度的提升，该百分比逐渐减少，投资的主要工具是可转换优先股。

普通优先股的主要性质在于在获得回报之前股东获得优先股的原始投资额加上累计但未付的股利。

尽管这一部分被称为清算，但公司注册证书包括要求公司把合并收购及公司所有资产或大部分资产的出售或租赁视为清算的部分。在优先股股东确定清算的行为没有对其产生最大利益时，他们可以选择不这么做。

可转换优先股允许投资者考虑一项变现行为和评估在选择性的融资情况下投资潜在收益。这些选择性做法允许投资者通过取得原始投资额加上累计但未付的股利和将该数量与投资者根据假设转换的普通股数量在变现活动中按比例获得的所得部分进行比较所产生的收益。

参与型优先股在投资者选择两种对于可转换股东可行的方案时将为投资者带来最高的回报，这些回报包括相当于原始投资额加上累计但未付的股利的部分，以及在似转换普通股的情况下相当于股东按股份比例所得的部分。

表决权

在大多数早期风险投资和私人股权投资中，优先股被赋予表决权。处于发展后期的公司中，尤其是公开上市交易的公司，优先股不再有表决权。

优先股股东有资格获得的表决权数量等于优先股可转换成普通股的数量，优先股可以被赋予选出一定数量的公司董事会董事的独立权利。这些权利常常在投资者在公司处于少数股东地位情况下协商取得。在没有特别的公司注册证书条文的情况下，投资者将不能够选举任何董事会成员。在选出指定的董事会成员后，优先股可以与其余普通股股东为董事会的平衡的选举进行表决。

表决权还包括投资者协议要求作为条款清单组成部分的保护性条文的说明，这些保护性条文包括在公司注册证书中，以让其余所有人注意到公司在没有获得优先股股东的同意下不可以采取特定的行动。这些要求获得优先股同意的行动包括公司的清算、对公司章程的修订、创造新的优先于优先股的一类证券、股票的赎回、股利、超过一定数量的借款，以及董事会成员规模的增加或减少。这一被限制项目的清单某些情况下会较长，但上述这些活动被认为对优先股股东的利益非常重要。

转换

转换（conversion）权通常分为两类：自愿转换和强制转换。自愿转换可由优先股股东在任意时候选择，强制转换由两个主要的活动引发——公司首次公开募股（IPO）或多数优先股股东对转股进行表决。IPO 引发强制转股是因为引荐公司上市的投资银行不想让公司的资本结构由于优先股股东的协议权利而变得复杂。这些权利被公众股东和机构认为太多的权力集中于少数人手里。结果，公开市场的进入和它们的流动性通常足以让优先股股东相信在 IPO 时的强制转股是与优先股权利损失相对等的考虑。

转股是投资者从类似债务的优先工具转变成普通股的过程，是为了获得并利用普通股的参与特征。投资者可获得的确定股份数量的因素称为转股价格。普通股的计算是简单的算术，全部的投资额除以转股价格可确定优先股股东将得到的普通股数量。

在该计算中，一个可以很大程度改变计算的变量是累计但未付的股利的认定方式。在早期或风险资本支持的交易中，尽管股利被说明成是累积的，但股利很少被宣布。由此，通常早期转股通常会采用原始购买价格并用没有做其他调整的转股价去除。当公司进入成熟期，投资者群体开始包括私人股权投资者或公开上市的公司，普通股数量的计算包括累计但未付的股利。在优先股已于年末转股的情况下，优先股股东所有权的初始百分比迅速攀升。

在涉及私人持股公司的多数情况下，转股价格是固定的，且仅仅在公司以低于优先股所支付的价格发行股票时才做调整。如果公司确实以较低的价格发行股票，调整机制将被引发，优先股可以转换的普通股数量将增加。在调整转股价格方面存在两种基本的机制：加权平均和股权比例反摊薄保护。这些机制在之前介绍条款清单的商订中已介绍。

当一家低市值的上市公司于一项私募投资中发行优先股时，许多情况下转股价格不是固定的，这种股权的发行也被称为私人投资公开股票（private investment in public equities investments，简称 PIPE），其转股价格根据投资者转股当日公司登记的股票价格浮动。对于资产负债表中表现出资金不足的公司而言，PIPE 具有很大的吸引力，资金可以很快筹集到，有着成千上万的投资者愿意用其资金投资于大额的购买，此种情况下投资可以快速变现。为了使投资能够变现，潜在的普通股股票必须予以登记，这通常是必须由公司在投资最终确定后立即开始的一个过程，为避免罚款，登记的过程必须在一段有限的时间内完成。

对于上市公司，经常出现的一个情况是死亡螺旋，该情况下优先股发行，在不相关的交易中投资者开始卖空上市的股票。这种卖空的过程给公司的股票价格带来了很大的向下压力，随着价格的下降，优先股可以转换的普通股数量直接根据股票价格下降的比例上升。随着与优先股转换相关的潜在的股票数量的增加，市场反映为减少每股的价值。现在，当向下的一般市场力量施加卖空过程中股份向下的压力时，股票价格连续下行。

为了反转这种螺旋式的下降趋势，发行股票的公司必须能够使用优先股发行所筹集的资金来支持销售和获得收入。然而，大多数情况下，这些小规模公司接受投资所得的资金被用于偿付现有债务，并没有用于公司发展的机会。因此，这些公司永远地被降至低价股地位，且不能够筹集额外的资金。对于许多这种市值低的股票来说唯一的办法是正式提出破产。

赎回

赎回条款为参与横向投资的投资者提供了适度的保护。这些条款包含在公司注册证书中，以向投资者提供公司不符合 IPO 条件和公司的经营阻止了一项以有吸引力的价格进行合并或收购情况下的潜在退出策略。赎回的定价是原始投资额加上累计但未付的股利，或相当于优先股可转换的普通股的市场公允价值的金额。在公司有足够现金情况下其必须以现金回收股票，在没有足够现金的情况下通常是在 3 年内分期支付。

投资者权利协议

投资者权利协议包括 4 种主要的赋予优先股投资者的权利，这些权利在没有获得多数优先股股东同意时不可以修改或减少。这些主要的权利是证券登记权、资讯取阅权、获得公司新发行证券的优先购买权，以及公司必须遵守的一组肯定和否定契约。

证券登记权

投资者权利协议中登记权部分包括三种授予投资者的权利：要求登记权、附带或背负（incidental or piggyback）的登记权和简式登记权。这些登记权所涵盖的股票称为可登记股票，投资者在这些证券发行中所产生的支出由公司来支付，但所有承销折扣或佣金从可向投资者支付的所得额中扣除。公司同意在其公开上市交易和投资者持有可登记股票的任何时候保留所有SEC 的文件和报告。

要求登记权在优先股购买时授予投资者，但该权利直到两段特定的时期中的较早一段时间过去之后才会授予。一名投资者获得两项这样的要求权是一个惯例，接管期或者是如 5 年这样的固定时期，或者是公司首次公开发行生效日的 180 天后。两项权利均带有最小额度的持股要求，为了取得登记权，这些股票必须发行用于出售。大多数股票最低持有额为 500 万美元，在早期的风险融资中 1 000 万美元的持有额是换取登记权的通常要求。要求登记权在投资者根据规则 144 在 90 天内毫无限制地卖出剩余股票的情况下通常会终止。

附带、背负或公司登记这些术语中的每一个都描述了依据投资者权利协议授予投资者同样的权利，该权利允许可登记股票的持有人向证券的发行增加股票以获得公司要求的现金，并有一定的例外情况。通常这种权利的例外情况是根据 SEC 规则 145 与可转换债务工具下证券相关的交易和登记中的与合并和收购相关的公司组合。公司有义务对可登记证券的持有人给出任何公司登记的提前告知，以及一定合理的时间来决定是否参与公开发行。如果持有人决定登记股票，该股票将在发行情况下得以变现。投资者通常被授予数量不限的公司登记权。

简式登记权为投资者提供了一个充分利用允许在公司使用已公开超过一年的 SEC 的 S－3 表格方面的精简高效的登记指导的 SEC 规则的机会。因为对 S－3 表格使用的限制与公司的证券发行相关，除了一年期的要求和及时提供所有定期报告的文件之外，使用 SEC 的 S－3 表格用于投资者证券登记对于许多小规模公司来说是高效且可获得的。投资者的全部最低投资额通常被限制在每份文件 100 万 ~500 万美元以及每年最多 1 ~2 次登记。

适用于 IPO 登记的条件包括所谓的锁定协议，该协议中投资者同意在公开发行生效日的 180 天内不卖出股票。关于公司登记和简式登记方面，所有投资者的权利受禁售期决定，在此期间，如果董事会善意明确公司继续进行登记是不利的，公司可以暂停登记声明。这种选择在公司相信在登记时期一项重大事件可能发生时实施；当公司确定披露可能对一些行动（如收购）不利，或因为披露过早且存在通过短期内维护信息保密所服务的一个合理的商业动机，公司还没有准备好披露这些情况时，也可实施这种选择。

资讯取阅权

因为许多投资者在他们的投资组合公司中占有少量的权益份额，他们没有表决权或董事职权来迫使公司向其提供当前的信息，除非该权利在投资完成过程中已协议确定。资讯取阅权属于这类权利，包括有这种协商确定的权利中的将是公司承担的提供月度和季度未审计财报、年度审计财报和会计年度开始前 30 天内递交的年度预算的义务。所有的财务报表要求按照 GAAP 准备，并持续应用于所涵盖的所有期间，唯一的例外只有月度和季度报表可能受正常年末调整的影响，财务报表可能不包含要求遵守 GAAP 的所有附注。

优先购买权

投资者权利协议通常包括向投资者提供保护投资者对应比例的公司所有权的条款，这种权利有着一系列的名称，包括第一拒绝权、优先谈判权、购买选择权或优先购买权。每一种情况下，公司必须通知投资者所有的证券发行，投资者可事先确定一些天数来选择购买发行的证券。如果发行被拒绝，公司可能随后在一段固定的时间内根据相同的条款将发行的证券卖给一个第三方，这段固定的时间通常不超过 90 天。如果该项提议的出售在规定的时间内没有最终完成或者公司变更提议的出售条款，公司必须再一次允许投资者获得一次购买所发行证券的机会。该权利标准的例外包括事先批准的期权计划下的发行、与 IPO 相关的证券发行，以及合并与收购情况下的证券发行。

契约

投资者协商要求的肯定契约包括公司一方承担的从雇员那里获得标准保密、非竞争和不得拉拢客户的协议。此外，公司通常同意其不会给予雇员期权，除非有事先确定的授权安排。

否定契约通常需要征得多数优先股股东的同意，然后公司才能从事一些具体的活动。这些活动包括向第三方提供贷款、为第三方债务提供担保、对第三方投资、超过事先约定和计划额度的贷款、与附属机构之间的交易、确定或变动高管人员的薪酬或出售、转让或质押公司的知识产权。

股东协议

股东协议包括两种，第一种协议赋予投资者和公司购买所有者希望出售的股票的权利；此外，该协议涵盖了所有者对其股票出售有着指定的购买者的情况，这种情况下所有者必须允许投资者按相应比例向指定的购买者出售股票。

第二种协议涉及表决权的问题。在一项表决权协议中，所有的公司所有者和投资者将同意按照协议条款对其拥有的股份行使表决权，这些条款包括一定的董事会规模和一定董事会成员数量的表决权，以及对所有者在公司多数股东同意一项收购情况下与投资者共同表决的要求。这种与收购相关的表决要求称为强制随售权。投资者确定强制随售权是为了避免和那些在此时或根据商订的条款不想出售公司的少数股东之间的冲突，强制随售权阻止了少数股东执行持异议者的权利。持异议者的权利为少数股东提供了通过第三方估值对收购价值提出质疑的机制。签署一项强制随售权消除了这种争议解决的机制，因为一旦执行持异议者的权利，其结果对交易的完成会构成破坏。

遵守证券法规

筹集资金需要金融市场和证券市场两方面的知识，公司不仅要遵守联邦证券法，还要遵守发行人发行证券所在州的证券法规。本节只介绍联邦证券法规部分。

私募基金

几乎所有的私人持股公司的筹资活动均涉及证券的销售。关于公司尝试通过设计用于逃避证券法规监管的工具来筹资的情况已经介绍过很多了，因此，管理人员应该认为向投资者发行债务或权益是在出售证券。根据这种假设，公司必须清楚适用于证券销售的监管要求。通常，在没有豁免的情况下，销售证券需要向 SEC 登记并遵从 SEC 的反欺诈条款。而这种表述可能让公司的经理人或所有者惴惴不安，登记豁免的范围涵盖大多数证券的销售，但所有证券的销售均需要应用 SEC 的反欺诈条款。

私人持股公司根据联邦证券法依赖两个主要的交易登记豁免，第一个登记豁免在 1933 年《证券法案》的 4（2）部分有说明，这一部分提供了发行人不涉及首次公开发行情况下证券销售的豁免。私人持股公司对于私募基金投资依靠所谓的 4（2）豁免，但该豁免不是一套已清楚定义的规则。发行人必须理解和依靠解释该法规的联邦案例法，但这些情况不断演化，因此发行人总是在努力明确最新的地方法规的解释。

相比较之下，第二个登记豁免由 SEC 所谓的监管条例 D 项颁布的一套规则提供解释，如果发行人遵循监管条例 D 项中详细说明的规定，则发行人被给予一个证券发行登记的避风港。应注意 4（2）部分和监管条例 D 项提供的交易豁免仍然要受 SEC 反欺诈条款的约束。

筹集资金的公司大多数情况下将努力遵守 D 项监管条例，这些规定简单且易于理解。D 项条例包括三种具体的交易豁免，最常用的豁免包含在 D 条例的 506 规则，根据这条规则，如果发行人遵守避风港的规定，公司就可以筹集数量不受限制的资金。

D 项条例中有一些针对努力遵守避风港规定的发行人的基本规定，第一条规定与参与的投资者的数量相关。按照 D 项条例，发行人可以向数量不限的官方认可的投资者和不超过 35 名非官方认可的投资者出售证券。在评估一名投资者的地位时，如果个人投资者的净值达 100 万美元或过去两年收入达 20 万美元及当年同样的收入总额有着合理的预期，则符合官方认可的投资者条件。如果企业资产超过 500 万美元或企业所有的所有者均为官方认可的投资者，则符合官方认可的投资者条件。

在 D 项条例 506 规则下的私募基金投资，对于必须提供给官方认可的投资者的信息没有具体的规定。如果证券是向非官方认可的投资者发行，D 项条例的 502 规则包含对于向非官方投资者提供的财务或非财务信息的种类和完整程度的具体指导。需要向非官方认可的投资者提供的信息完整程度因发行规模而异，一般的披露要求遵循对于使用 SEC 的表格 SB－1 或 SB－2 小规模的公开证券发行的指导准则。在任何情况下，发行人应该明智地遵守这些表格中提供的纲要，因为这些纲要是关于公司所有重大问题的全面的信息检查清单。这些文件通常用于公开发行备忘录或私募基金投资备忘录的披露。期望发行证券的公司应该准备一项正式的商业计划作为遵守任何所要求的披露的起点。合理的风险因素将会被列出并加入商业计划中，与此同时，这些资料形成了公司遵守任何适用的 D 项条例披露要求的基础。

D 项条例的 506 规则通常被认为是指向一项私募基金，因此 D 项条例禁止一般的拉扰客户和广告。这些规则不仅适用于公司，也适用于代表公司的任何个人。

在 D 项条例 506 规则下的证券销售方面，发行人被要求明确购买者为其自己的投资账户购买证券且没有考虑向第三方分配或立即再次出售证券。发行人将采取合理的步骤来确保通过对其发行的证券增加一个表明证券被限制和没有按照有效的交易豁免进行登记或转让的说明来遵守 D 项条例 506 规则。

在 D 项条例 506 规则下销售证券公司有资格支付佣金，然而大多数地方州政府限制了公司仅向登记的证券经纪自营商支付佣金的能力。

公司上市发行

在公司期望发行证券而不满足交易豁免条件，或者公司期望进入公开市场却受限的情况下，公司被要求进行登记的流程。这里不介绍公开上市的全面概况，大致了解一般的任务和时间点对于考虑公开发行的公司管理者来说可能更有意义。

在开始登记流程之前，公司必须准备一份详细的包括完整历史和预测的财务报表的商业计划。有了这些资料，公司就可以说服投资银行机构其符合一家上市公司运营的条件，开始其登记的过程。

一旦选定投资银行团队，一个工作小组就组建好了。工作小组通常在全体大会（all - hands meeting）上碰头，参与会议的有一个牵头的投资银行团队，来自其他投资银行的支持投资银行机构、会计师、为公司和投资银行机构服务的律师和公司管理人员。在全体大会中牵头投资银行提供一个完成公开上市交易的时间进度表。

公司发行上市的时间框架包括：

- 大约 60 天用来完成登记声明或公开说明书，用来介绍公司经营和财务状况。
- 向 SEC 递交文件，大约 30 天后收到 SEC 对公开说明书的内容提出的具体建议。
- 公司和 SEC 相互书面沟通，公司完成对公开说明书的修改，这大约需要 60 天。
- 在 SEC 确认公开说明书无误后，公司打印公开说明书，分发给各参与的投资银行，向机构投资者展示的过程中大约需要两周。在路演结束之后，公司和投资银行举行定价会议，以根据路演过程中产生的需求确定公司以什么样的价格发行以及是否圆满完成了公开发行。
- 定价之后，公司将在一天内交待投资银行在类似纽约股票交易所的交易场所或在 NASDAQ 柜台交易市场开始销售发行的证券；在这一时间，公司将完成公开上市的流程，对于大多数首次公开发行上市来说完成这个过程大约需要 6 个月。

已上市公司的其他形式的公开发行包括 S - 3 表格的发行方式，也称为简式发行。S - 3 表格由上市至少一年且已经及时向 SEC 提供所有要求的文件的公司使用，同时也供发行的 7 500 万美元的证券由公众和非内部人持有的公司使用。

S-4 表格由上市公司用于登记经营合并情况下发行的证券，该表格涵盖的交易包括大多数的合并和收购。S-4 表格中有对每个公司的分析和对合并后公司经营的描述。

S-8 表格是用于登记与上市公司员工计划相关的证券发行的表格。例如，上市公司登记 S-8 表格下的激励期权计划。当一家公司拥有此表格中登记的股票时，获得期权授予的员工可以行使期权授予并同时售出股票。上市公司通常与投资银行达成一些约定，允许最少书面工作要求的同时出售。一旦证券出售完成，承销商将按照期权行权价格的股票出售收入交给公司，同时将期权行权价格和股票市场公允价值之差交给员工。

交易结构和专业化发行

当公司寻找新的创新的融资技巧时，可用的方案日渐趋于唯一并主要关注于公司的资金需求。当投资银行、会计师和律师审查其组成公司的需求时，可供选择的用于满足这些需求的融资结构便形成了。尽管这些方案看起来是不受限制的，一些用于获得资金或由上市公司和私人公司使用的流动性的基本交易结构属于数量有限的通常类别，这类专业化交易结构和融资结构包括私人投资公开股票（PIPE），高收益证券的公开发行、反向合并公开上市的壳公司（reverse mergers into public shells）、公平听证（fairness hearings）和暂搁注册（shelf registrations）。

私人投资公开股票

私人投资公开股票（PIPE）越来越多地成为上市公司一种快捷、低成本的筹资方式。在传统的 PIPE 交易中，公司将选择一家在公司核心业务部分有经验的投资银行，该投资银行通常不仅熟悉公司的运营，而且还熟悉愿意投资于公司产业的投资者类型，因为使用这种融资技巧的公司已经上市，关于公司的公开领域有大量的可得信息。

当公司开始 PIPE 投资流程时，投资银行会帮助准备私募基金备忘录，该备忘录几乎包括所有用在公开发行披露方面的信息。在投资银行已到处找到潜在投资者集合后，公司管理者将准备一个用于与投资者私下会议上使用的公司介绍。这一会议形式上类似于首次公开发行中的路演，如果会议中有产生充足的兴趣，投资银行会开始编辑潜在购买者手册，如果投资者表明对公司可接受价格的充足兴趣，交易就将完成。这种交易的完成通常是符合 D 项条例 506 规则提供的交易豁免条件的私募基金。PIPE 交易中购买的证券可以是普通的或可转换的优先股，在完美的交易情况下，整个筹资过程可能少于 30 天。

在私募基金情况下，公司会书面承诺登记普通股或优先股可以转换的普通股。该书面承诺通常分为两个阶段：第一阶段是同意为所涵盖的证券登记在交易完成后的 30 ~90 天内向 SEC 提供文件；第二阶段是登记声明在交易完成的 6 个月内被宣布生效的承诺。若公司没有满足任一最低要求，将面临罚款。罚款通常表述成向投资者进行现金支付，罚款的金额不固定，通常为未达到最低要求的当月公开发行的 1% 以内。

对公司而言，PIPE 提供了接触大多数机构投资者的机会。与公开发行证券的 30% ~40% 卖给个人或零售投资者情况下的首次公开发行相反，PIPE 通常只将证券卖给机构投资者。

高收益证券的公开发行

上市公司或私人公司可能期望通过高收益证券的发行筹集资金。如果发行公司是已上市公司，这一流程可能会更快，因为之前公开发行上市所准备的资料可以在制作披露文件过程中用于参考。若公司为私人公司，该流程可能花费像首次公开发行权益证券一样长的时间，因为高收益票据的发行将使公司遵从于 1934 年《证券交易法》中对于文件的要求。此外，根据近期的法规，公开交易高收益债务的公司将在独立董事和审计委员会方面遵从《萨班斯—奥克斯利法案》的要求。

高收益证券的发行在首次证券发行限于特定的机构投资者方面与 PIPE 相似，这种性质的私募基金符合 144A 规则。参与的有资格的机构愿意投资于私人公司，但他们要求发行人在高收益证券交易完成的 6 个月内登记高收益票据。一旦公司登记完票据，它便要开始服从上市公司的报告要求。

在组织高收益证券交易中，投资银行将确定公司是否有能力在证券到期之前支付证券的利息。在高收益证券的存续期后期，高收益证券通常被安排成只付利息，在一段最短的时期内该证券通常可以不用偿还或赎回。无须预付的最短时间随交易不同而不同，但通常不少于3年。3年期结束后，大多数高收益证券发行有着某种与提早偿清相关联的预付罚款。

几乎所有的高收益证券发行都被建立成无担保贷款。为了简化这种证券的发行，大多数高收益证券发行交易被安排成向持股公司的贷款，发行人可以依其经营公司的水平发行无担保债务，保证优先贷款人在发行人资产具备的情况下提供其贷款。

高收益证券发行是债务发行，因此投资银行的费用低于权益的发行，尽管开始的交易被安排成私募基金，且由此公司可以比IPO过程中更快地取得发行的资金所得，但投资者对高收益证券的登记要求使得交易实际上在法律、会计和印刷费用上相当于首次公开发行股票。

反向合并公开上市的壳公司

私人公司在说明投资银行机构专门花时间和精力来评估公司上面临一个令人望而生畏的任务。假设已投入一定的时间来评估一家公司，投资银行派出团队来应对上市的挑战是一个更大的风险。不仅市场环境必须大体上合适，公司的产业部分也必须有利于实现成功的首次公开发行。在评估和公开登记的整个过程中，管理人员必须不断在登记的要求和维持公司符合投资银行赖以进行初步投资决策的预测的公司经营之间变换。如果公司经营在注册过程中表现不稳定，或如果市场环境经历不利的变化，成功发行的可能性都将大大降低。面对围绕着公司及处于公司和上市道路之间的所有这些风险，许多公司努力寻求其他方法也就不足为奇了。

将私人公司和一家公开上市的壳公司合并可以完成这个目标。公开上市的壳公司的存在缘于两个主要的计划，即公司出售或变现其经营的业务，只剩下了壳，或者公司的发起人将资源全部用于支持公司上市，并伴随运用公开注册形成期望尽快进入公开市场的私人公司很大的所有者权益的长期目标。

安排这样的交易导致出现了向在通常符合D项条例506规则下交易豁免

条件的交易中的私人公司发行股票的上市公司。两家公司的合并由上市公司产生一家全资拥有新的子公司的形式来完成。私人公司然后与子公司合并或并入子公司，该子公司使得私人公司成为上市公司的全资子公司，这种交易结构被称为反向三角合并。

尽管私人公司股东获得了受限制的股票且不能立即出售，其流动性可通过协商确定注册权或持有股票一年后根据 SEC 144 规则中的指导政策出售来实现。144 规则允许附属公司每 90 天卖出 1% 的公司发行在外的股票份额。

尽管反向三角合并避免了与公开上市过程相伴随的时间、成本和风险，除非上市壳公司已重新获得资金或在其首次注册过程中筹集到资金，否则私人公司最终的价值是微不足道的。也就是说，私人公司的所有者权益已被合并过程中一笔相当于让与公共股东的所有权百分比部分稀释，在目前所有权被稀释的情况下，合并后的公司如果需要额外的资金就必须重新回到市场中来。上市壳公司和私人公司合并后不立即进入市场融资的情况很少。

尽管对于私人公司的所有者来说反向合并策略成本较高，但通过与上市公司合并，私人公司股东可以获得一个更大的潜在投资者群体，该投资者群体需要公开注册过程提供的流动性并作为新组合成立的公司的投资者集合。这样做资金的成本会比较高，但资金可供合理的需要，这些投资者向许多公司提供当前没有创办资金情况下不会存在的大量现金。

公平听证

比较一项合并中上市公司发行的证券于 SEC 的 S－4 表格注册情况下大型企业的合并，由于 S－4 表格注册过程需要花费成本和时间，发行人会在一些较小规模的交易中寻找私募基金的豁免。尽管一些交易清楚地符合 D 项条例 506 规则下交易豁免的条件，但当目标公司有数量较多的股东时，遵守 35 或更少的非官方认可的投资者数量的限制可能很难做到。《证券法》的 3（a）（10）部分提供了涉及合并或收购中证券交换情况下的解决方案。

《证券法》的 3（a）（10）部分描述了合并或收购中证券可以发行且符合注册豁免条件的流程。与 D 项条例 506 规则的相关内容不同，目标公司的股东不获得受限制证券，如果收购方公开上市，目标股东可能立即出售在交易中获得的且受施加于附属公司的一定数量限制影响的股票。实际上，豁免相当于非附属公司的证券注册，其中非附属公司获得可自由买卖的股票。

为了符合交易豁免的条件，（1）证券必须于一项交易中取得，（2）一州政府机构必须有权批准交易的公平，（3）必须有一场听证会，其中政府机构证实了交易的公平，（4）听证会必须对公众公开。如果这些条件都满足，公平听证的程序提供了遵守证券监管法规和向目标股东提供无须按照 SEC 既费时又昂贵的注册过程进行立即变现的机会。

暂搁注册

SEC 的 415 规则涉及与暂搁注册相关的问题。暂搁注册是由发行人在其准备证券发行但在首次注册时不能明确地确认交易结构情况下拟订的注册声明。SEC 允许这种形式的注册以向公司提供在交易的时机已明确时进入公开市场的机会。在这一点上，通常的流程会需要公司明确其交易并开始向 SEC 的注册过程。尽管大的发行人可能在相对短的时期内完成该流程，但小的发行人在许多情况下需要重复考虑，这可能使得注册过程花费 60～90 天。

在一家公司需要快速行动，或需要圆满完成交易或筹资时，暂搁注册流程提供了一项解决方案。发行公司在完成注册流程后仅仅需要更新暂搁注册声明，证券便可以发行。这种做法用于允许公司在所谓的市场窗口开启时在更加精确的时机进入资本市场，以及在合并和收购情况下发行证券。

合并和收购相关情况下证券的发行在上市公司实施合并策略时非常有用。当实施公司合并时，上市公司在一个较短的时间内实施一系列并购，公司仅仅从其暂搁注册中拆出一定数量足以完成每个交易的股票来替代为每个交易注册股票，从而避免了注册过程中需要用于注册每项交易的成本和时间。

暂搁注册允许公司在一个两年的时期内随时使用已注册的股票，这给公司提供了大量的弹性。此外，公司可以提交所谓的未分配的暂搁注册声明文件，其允许公司一边等待一边观察市场环境，仅在交易完成的后期确定将要发行的证券数量和是否发行债务或权益或者两者的组合。这种融资弹性对处于资本密集行业中的公司来说越来越得到重要的应用。

第七章

专家支持——参与者及其角色定位

除了公司管理团队之外，还有许多人对制订和执行公司融资计划起着关键的作用，因此他们也是一家公司成功运营必不可少的要素。这些人包括律师、公司董事、投资银行、会计师和其他顾问。了解这些人的角色定位和对其的期望是本章的主题。

律师

律师是战略和融资规划团队中的一个关键成员。当管理人员考虑其融资方案和可能的行动时，需要清楚问题及其潜在的影响。律师应该在交易安排和证券法问题方面拥有丰富的经验，而且应该成为融资公司重视和信任其判断的人。在各种各样的公司融资活动中产生了许多问题，对于这些问题公司管理人员可能不会考虑，直到律师清楚地告知管理人员这些活动的结果。律师必须受人尊敬并且经验丰富，还要拥有帮助管理人员想方设法地完成不可避免会产生的预料之外的问题的技巧。律师所仔细考虑的交易结构和法律问题，对公司的 CEO 提供关于经营策略和战略要点的全面介绍非常有参考价值，这样的交易条款与业务和股东的长期目标是同步的。

律师必须是一个知己，在向董事会提供建议前，管理人员可以与其一同讨论观点、问题和策略。许多情况下，律师会是你与第三方律师谈判时的拥护者。拥有一名作为交易执行者的律师而不是交易破坏者很重要。交易执行者在观念上拥护公司的最大利益，重点放在思考交易和寻找方法完成交易上。在所有的交易中，都会有一些公司主要参与者在一些大的方面取得一致意见之后出现的障碍和情绪，具有创新思维的律师可以简化克服这些障碍的解决办法。

如果与你合作的工作小组聘用了专门的律师或变换律师，此时你要有所警惕。我们有时会看到新公司的目的是为了通过展示公司的技术实力和法律知识来给客户留下深刻印象，这些公司可能想要重新协商主要的交易条款，以证明他们是可增值的伙伴。这是一种你想要避免的情况，这些交易会花费更长时间，成本更高且更有争议。

如前所述，法律顾问（和其他顾问）需要拥有当前任务方面恰当的经验和背景，虽然你可能与一位私人律师保持着长期和成功合作的关系，该名律师可能在房地产、财产规划和其他方面擅长，但他可能不能胜任公司融资和交易方面的事务。以我们的经验来看，这些律师将重点关注错误的问题且花费大量的时间追赶进度，最终结果要么是没有做好的交易，要么是一项失败的交易。如果你发现你的私人律师缺乏你需要用来实现一项成功交易的技能，就让他帮你找到和评估拥有该技能的新的律师；先这样做，然后再开始融资或交易的流程，不要急于推进。拥有在执行交易和融资方面有专长的律师，在融资过程和增加你行动方案的可信性方面是极其重要的。

一些律师也有非凡的商业才智，但关键是要能够在没有获得所有的现实信息情况下平衡其作为法律顾问和商业顾问的角色，而不会不恰当地影响其客户做出某种决策。这种情况对于大多数第三方顾问是现实存在的。一位有经验的 CEO 将利用其特有的职位来平衡律师的建议和看法以及他自己对行业的了解和经验。一些律师事务所拥有从律师职业跨到非正式投资银行的合伙人，如果他们有营销技能、交易的直觉、经验和现有员工的工作时间，这样倒也不坏。但如果他们的角色定位既不清楚又不明确，就有问题了。

在费用方面，在开始一项流程之前，你要和你的律师讨论好聘用条款。律师费可能很贵，你要事先管理费用计划并制定合理的预算。你可以考虑共担交易成功风险的方式，根据交易的完成，通过前端的折扣率和后端的红利来实现，尤其是在你可以区别严格的法律服务和商业服务的情况下。我们建议为每一笔咨询费建立整体的预算，并订立一份费用的使用一旦达到一定百分比时可以检查和参照的协议，这个协议允许管理交易的成本和在必要的情况下纠正不恰当的做法。

董事会

本书的几位作者已累计供职于几十家企业和上市公司董事会，可以根据我们的个人经验提供一些观点。我们相信公司的CEO不仅会大大影响董事会的构成，而且还为董事会的职能运行奠定了基调。董事会如何构成，以及CEO期望董事会所行使的职能构成是很重要的，在我们曾供职过的一些公司中，其CEO在董事会中安排了他的一些朋友，而且讨论公司重大问题时仅停留在表面。签于此，我们发现董事会成员可以获得很好的报酬，但很少对公司运营提出质疑或建设性意见。这些CEO往往会避免批评和建议，希望从其他人那里获得让其感觉良好的赞许。尽管如此，董事会看上去仍是独立的且拥有有着影响力头衔的成员，但这些成员并非完全是出于公司的发展前景来聘用的。然而，随着《萨班斯—奥克斯利法案》为董事会独立、审计委员会，以及管理人员/董事长职责立法，这种形式的董事会将不会是未来的标准形式，甚至不适用《萨班斯—奥克斯利法案》的私人公司内也是这样。公司的CEO将不得不认真考虑董事会的构成并管理董事会。

一名CEO应如何组建董事会，应该期望董事会行使什么样的职能？董事会应该包括能够帮助公司获得潜在客户、投资者、零售商和商业伙伴等丰富网络的个人。拥有一个真正独立且由愿意开诚布公讨论公司重大问题的经验丰富的行业管理人员构成的董事会是非常有帮助的。许多董事会每季度碰头一次来回顾公司的经营，但这些会议的重点通常没有放在公司具体的经营问题上。董事会成员将重点关注在董事会会议上提出的问题，并对这些问题进行自由讨论，但是我们发现很多建议在本质上更多是一般性的和战略性的，而不是具体针对当前的公司状况。你必须提前考虑清楚想要从董事会上获得什么，以保证董事会成员就他们擅长的特定领域的问题进行发言。

举例来说，本书的一位作者曾供职于一家医疗器械公司，作为CEO，他想要把许多领域中特定的技能带到董事会上来讨论，他渴望获得一位客户，一位医院的管理者，另一位比他更有经验的医疗器械行业方面的CEO，一名制药公司的CEO（因为需要医疗器械检测治疗手段）、一名来自其分销伙伴的高管、一名来自其最大机构投资者的高级合伙人和一名之前做过投资银行的人员，之后，他又增加了一名之前做过会计师的人员来管理审计委员会。这种不同技能的人员组合对公司是非常有帮助的，且可以让各成员发挥各自的专长。在讨论销售问题时，有一名作为董事会成员的客户，其可以从医疗发展前景方面来讨论技术问题或公司关心的问题。分销伙伴来自一家大型机构，在董事会中拥有一个部门负责人的头衔赋予其对双方机构独特的视角，并可达成更好的沟通和规划。制药公司的CEO带来销售伙伴市场营销的观点和大量的联系人名单；医疗器械的CEO提供关于与产品开发和发展不同阶段相联系的潜在经营隐患。对于富有企业家精神的公司，总有关于融资和新的资金渠道的重大担忧，董事会中拥有一名曾就职于投资银行的人员和机构投资者，大大提高了关于新的投资时机、定价和渠道的讨论效果。

本书作者对董事会成员及其构成很满意，因为董事会整体经验丰富并且独立，每一名成员都拥有为其他成员所需要和认可的专业领域。因此，董事会在7年中几乎没有人员调整且一起工作得非常好。有趣的是，在加入这个董事会之前，没有哪两个董事会成员曾在一起共事过，实际上，在邀请两名成员加入董事会之前，他（CEO）仅仅是无意中认识了他们。问题的重点是找到拥有其专业领域丰富经验的最佳人选，董事会的构成策略（技能和经验的结合）指定了专业的种类和依此标准寻找的个人。

我们将我们的经历作为一个例子，很明显，每一个董事会都应该具备反映管理人员正在面对或即将面对的重大问题的必要的技能。花大量时间制定关于董事会构成的战略，是公司迈向成功和体现董事会有效性的关键。我们的经验是CEO常常在董事会中安排一些不具有重要的行业经验和能够帮助公司成长的人员，这是一个错误，因为这样CEO就不能指望董事会提出建议，也没有一些专家可求助。没有一个人知道全部的答案，尽管大型公司经常聘请顾问来补充公司的专业能力，但董事会才是公司最好的具备敏锐战略思维的专家集合。

以下是我们认为CEO应该考虑的注意事项：

- 董事会的角色定位是建立可以接受的公司经营标准，管理人员服务于董事会，他们不是好搭档，管理人员必须和董事会每位成员保持职业上的关系。不要忘了董事会成员是拿薪水来管理 CEO、公司经营和评价需要用于领导公司的管理技能的。我们看到当董事会对 CEO 的个人能力或组建团队的能力产生怀疑时，CEO 表现出反叛的情绪。建立董事会对管理人员的信任是 CEO 成功的关键。这一做法不总是存在负面影响，如果 CEO 把单个董事会成员作为无话不谈的朋友，那么他们要清楚该成员的道德品质、犹豫不决的时期数，以及可能与公司需求相矛盾的个人动机。尽管有着这些合理的表现，CEO 经常是自己亲自埋下公司失败的种子。
- 尽量不要向董事不加选择地提供日常的经营细节。董事会会议不是展示大量公司技术和产品的地方。记住，董事会建立经营绩效和战略问题，以及会上的发言，通常应围绕管理团队、公司战略、财务表现、资金信息或影响经营的重要问题展开。从概念上来看，就是要走出“杂草丛”，尽量关注大的“图景”，董事会应建立政策让管理人员来执行。在这种情况下，董事会如何影响公司整体状况，以及要用什么样的战略来保证公司经营的稳健，才是讨论的重点。
- 在每次会议之前清楚地列出需要董事会解决的问题，正确地引导会议。董事会会议议题应呈现一致的安排，阐述公司和部门的目标，给出恰当的细节信息和工具来建立和评估公司目标。在检查预算方面，提供支持之前战略决策的信息和历史财务信息。每一个部门的会上介绍应反映管理者的工作和评价，会上介绍的事务应付诸实践并加以评价分析，以保证实质性的内容及其清晰性。团队所做的介绍允许管理者获得一致的战略观点和提供可能的解决方案。董事会会议的准备工作可能要花大量的时间，因此要做好精心计划。
- 提供公平的报酬。好人都想要成为有用之人，但重要的是不要利用他们。在获得公平报酬时，董事会成员认为有责任为你公司的利益工作并考虑相关重大问题。可能的话提供股权激励和现金报酬，你的其他一些专家顾问可以提供行业的报酬标准，这样你就知道给出什么样的报酬是具有竞争力的。

- 提供给董事会的任何事务应由 CEO 事先批复，这是确保公司政策一致性，以及解释其他人所说的事情时董事会成员不会惊讶的关键。

如果一位 CEO 想要一个拥有符合公司需要的大量专业技能的独立董事会，CEO 就必须制订一项计划，积极主动地带来最好的人才。记住，好的管理者的标志是具备授权给下级管理人员的能力，以及利用作为对其补充的董事的知识和经验的能力。运用这些专业知识明确各个董事的角色，更好地保证和谐共处。在与董事所有的互动中要保持专业。

在第五章的风险资本部分，我们还讨论了风险投资商董事会的参与情况。

投资银行

投资银行是作为公司筹集资金或寻求战略交易的承销商或代理人的金融中介（非投资者）。许多投资银行保留有经纪自营业务，维护之前所发行的证券市场，提供市场分析和向投资者提供顾问服务。投资银行通常提供与并购、私募股权投资和公司重组相关的顾问服务。许多投资银行只提供一小部分上述服务，特别是那些规模小的业务相对单一的专业投资银行。2008 年，许多一流的投资银行增加了商业借贷服务，以应对华尔街投资银行业的巨大变革。

投资银行有几个梯队或层次，最大的是国际性的投资银行，常常是指大型的华尔街投资银行集团。2008 年之前，这些大型的投资银行集团包括雷曼兄弟（Lehman Brothers）、瑞士信贷公司（Credit Suisse）、美林证券（Merrill Lynch）、花旗集团（Citygroup）、摩根士丹利（Morgan Stanley）、摩根大通（JPMorgan Chase）、贝尔斯登（Bear Stearns & Co.）和高盛（Goldman Sachs），以及不被人熟悉的瑞银集团（UBS）、英国巴克莱投资银行（Barclays Capital）和德意志银行（Deutsche Bank AG）。在 2008 年信贷和次贷危机期间，美林证券被美国银行收购，贝尔斯登公司被摩根大通收购，雷曼兄弟破产后其投资银行业务并入了巴克莱投资银行，高盛和摩根士丹利成为银行控股公司。

第二梯队的投资银行通常是区域性的，其业务集中于某一区域或某一专业领域。这类投资银行包括杰富瑞投资银行（Jefferies & Company）、Houlihan Lokey、瑞德集团（Lazard，也称拉萨德投行）、William Blair & Co、Robert W. Braid & Co、Friedman Billings Ramsey、Piper Jaffray 和 Thomas Weisel。

第三梯队投资银行被称为小规模专业公司，专门在特定的市场空间运作。记住，投资银行所处的梯队不一定反映其所提供的服务质量，选择一家投资银行的关键因素是要适合公司的需要，且关注投资银行执行项目团队的能力和经验。在每一个梯队里都有高质量、表现优异的公司。

大多数新兴发展和中等规模的公司在其年收入达到 5 000 万 ~1 亿美元时，才由第二梯队和第三梯队的投资银行提供服务。实际上，大多数初创的和新兴成长期的公司因其潜在交易的规模小和有限的费用，将只能吸引第三梯队公司和销售代理公司的注意。

投资银行是公司金融和并购方面的专家、分析师，以及将和客户公司一道合作的承销专家。在小型公司中，在与客户公司的业务关系中，一小部分个人可以充当各种各样的投资银行角色，而在大公司中将由多个人一起承担上述的每一个职能。

一些投资银行家将投入他们公司的资金，以连接一项交易或充当为一项交易带来其他投资者的推动者。在其他情况下，他们经营和控制私募基金。作为中介和原则上的投资者的投资银行通常指商业银行机构。在与一名商业银行家会面交谈时，要清楚他是否关注你公司的经营目标，他是不是作为一个原则上的投资者在接近你并寻求机会做出投资，还是他正在寻求一种顾问关系？作为一个顾问，他应忠诚于你的公司；作为一个投资者，他应忠诚于他的公司。

IPO 之路

在公司可以聘用第一梯队或第二梯队的一家投资银行之前，它已经创造了相当大的市场价值。尽管存在一些例外（例如互联网公司和一些清洁技术公司)，大多数寻求投资银行帮助实现IPO的公司创造了已得到市场认可的产品、可观的收入和利润增长，且目前正寻求额外的发展资金，或通过IPO为其原始投资者寻求市场退出。另一种公司发展和融资策略是合并或收购，投资银行通常很精通收购和融资。投资银行是公司获得公共投资者和资金的通道。

我们曾说过创业资本投资者最好的朋友是投资银行家，一旦公司发展到可获得较高收入、利润，且在带有可防守性增长的市场中成熟的产品或服务上拥有领导地位时，创业资本可以考虑在公开市场上出售公司股权，可能退出其投资。对于创业资本投资者而言，IPO代表着潜在的发薪日。IPO后6个月，创业资本经理可以向其有限合伙人分配股票，然后有限合伙人可以卖出股票，很大程度上实现好的回报。在6个月的锁定期，创业资本投资者完全在冒市场环境的风险，除非为其投资设置了风险对冲。在拥有对冲的情况下，创业资本投资者通常会在其投资的公司可接受的定价位置的顶部和底部设置一个价格限制，该情况下价格区间的最高价受限制，最低价也受限制。过去几年的市场环境对IPO形成了挑战，一些IPO正在进行，但不是以在2001年美国经济下滑之前我们所看到的频率出现的。

从公司管理者的视角来看，上市有非常大的好处，但也有风险，这些都必须仔细研究和权衡。筹集公众资金伴随着很大的信托责任和报告要求，公司就像在一个玻璃房子内运营，所有重要的交易、事务和季度财务报表都要公开发布。公司必须向投资者提供财务指引，并符合预期要求。上市公司的运营不同于私人公司的运营之处在于，董事会通常代表着大多数所有者且其决策是保持静默的。为了上市，管理人员要承担许多责任。尽管看起来管理者在上市决策上很少有发言权，但在管理团队没有整体参与制定上市决策的情况下，很少有公司可以上市成功。由于市场或其他情况，寻求流动性的创业资本投资者可能认为IPO不是一个切实可行的方案，并且可能会寻求兼并或收购的市场退出策略。看到公司强劲增长潜力的创业投资经理可能不想在短期内卖掉公司股权，因此为了向公司投资者提供变现的时机，上市常常是一个更有吸引力的做法。

对于管理团队而言，上市意味着向新的投资者出售公司未来的发展前景。当公司上市时，对于投资者来说是一个非常好的日子，对管理者来说也是一个重要的时刻。在IPO交易结束当天庆祝宴之后，投资银行将继续运作下一个项目。早期进入的投资者希望公司在一段时期内维持其经营表现，允许他们进行投资变现和坐等数钱。但在许多情况下，管理者和早期进入的投资者在IPO之后很长一段时间处于交易被锁定状态，由此他们必须共担上市公司不断增加的成本风险，例如与法律报告和审计要求相关的成本。这些义务为进入公开市场的公司经营预算增加了大量的成本。

在公司发展成熟的过程中，投资银行发挥着关键的作用。了解投资银行以及哪一家投行有你所处行业的分析师非常重要。如果你的公司在申请IPO并且选好了投资银行，和你选择的投资银行快速交朋友是很容易的。公司的全部事务转到了以IPO交易为目标的投资银行办公室，尽管投资银行仍将努力根据他们的关系出售你公司的证券。直到20世纪90年代，投资银行在将好的交易带给投资者方面拥有良好的声誉，因此投资者常常根据投资银行的服务品质而不是对交易的理解来购买证券。公司重视与投资银行之间的关系，因为那些投行人士有能力使公司价值最大化，并通过他们的分析把客户公司销售给投资者。这是一个双赢的做法，双方均可从合作关系中受益。公司常常与一家特定的投资银行打交道，一些投资银行服务于中等规模的公司，一些投行只服务于500强公司，还有一些投资银行从事风险较大的交易。投资银行方面有一个地位排序，整个20世纪80年代和90年代部分时期，大多数技术公司都想让所谓的“四骑士”［罗伯逊·史蒂芬森（Robertson Stephens）、埃里克斯·布朗兄弟（Alex. Brown & Sons）、汉鼎投资（Hambrecht & Quist）和蒙哥马利证券（Montgomery Security）］之一来带他们上市，拥有一名带领公司上市的骑士是一家好公司的标志。

《格拉斯—斯蒂格尔法案》是大萧条时期的联邦法规，该法规在商业银行和投资银行之间竖立了一道墙。随着该法规的废除，许多知名的投资银行被收购，与投资银行的关系被破坏。合伙经营的投资银行机构迅速增加，而其他一些投资银行则保持在与其对应的商业银行制定的规则范围内开展工作。该行业发生了巨大变化，许多投资银行家离开了该行业或者开始创办新的投资公司。这显然是一个简化的历史，但我们所要表达的要点是公司及其投资银行之间的长期关系不再是个规定。因为人员发生了变动，投资银行被出售或者合并，该行业变得更加以交易为导向。被限制在商业银行经营范围内的投资银行期望用更多的融资服务大型客户，由此产生更大的利润空间。尽管投资公司在特定的行业和市场区域建立起了声誉，但他们被要求服务新的和大型的市场，这样在低于中等规模的市场中便形成了一个空白。

由于这种进展，选择一家投资银行时所要考虑的重要因素与几年前所要考虑的因素一样：

- 该投资银行是否服务于公司所在的市场和行业？
- 考虑到影响在同一公司框架下开展工作的银行机构和分析师之间关系的新规定，是否会有一名备受尊敬的行业分析师来服务我公司？
- 公司是否有稳定可靠的机构投资者关系？公司的观点是否受尊重？
- 公司是否有稳定的零售销售网络？

该流程建立在信任的基础上。投资银行通过支持公司向投资者销售自己的声誉，公司向新的投资者销售其自身，投资银行实际上通过其分析师的勤勉尽责证实了这样一个事实。作为一名投资者，一个机构越信任行业分析师及其工作，该投资者将越会为由该分析师支持的公司所接受。

一旦公司被一家投资银行选定（或者反过来也一样），即可完成 SEC 的登记流程，开始 IPO 路演（1～2 周在全国范围内四处接触机构投资者的销售之旅），公司在该流程中有很少的话语权。投资银行安排见面、寻求意向，并希望在事先商定的价格范围内完成交易。如果一切进展顺利，融资将会发生，投资银行将收到完成交易的行业标准佣金。上市股权交易通常向承销团支付发行所得的 7% 作为佣金，而私募交易通常将佣金定在融资额的 5%，债务交易的佣金定价在债务融资额的 2% 范围内。

精品投资银行

精品或填补市场缝隙的投资银行的服务与第一梯队中的投资银行相似，主要提供以下服务：

- 并购。
- 估值分析和公正意见。
- 私募股权和（或）债务安排。
- 公开股权发行。
- 反向合并。
- 短期过桥融资。
- 战略咨询。

规模较小的公司，比如软件或清洁技术公司，往往关注某些特定的服务和目标行业。这些小公司只关注私人债务和股权安排，以及并购顾问职能。这些公司定位于支持新兴发展和中小规模公司的融资需求和服务。一些这样的公司在执行尽职调查和把一些实力雄厚的客户公司介绍给投资者和买家方面有着很好的声誉，这些公司对客户公司来说非常重要，并向投资团体提供公司信用度的首次确认。还有一些小投资银行，它们仅仅是发现者或撮合者，向寻求融资的公司提供企业的基本情况或可信度。撮合者行使的职能有时也被称为私募代理人（但不总是这样）。

投资银行收取的服务费通常包括一笔预付费，该笔费用可能是一次性支付的，或是每月支付一次；另外还包括取决于交易顺利完成的交易成功费用。在某些情况下，你会发现一些规模较小的投资银行的经营所得单一地依赖这种或有费用。运用恰当的费用结构使投资银行的动机和公司目标达成一致是很重要的，大多数大型公司的收费模式已转向每月收取预付费加上仅取决于交易成功完成时的或有费用或成功交易费用。

选择小型的或专注于利基市场的投资银行的重要决定因素包括：

- 投资银行的市场声誉和信用状况。
- 与公司一起开展项目的投资银行的背景和经验。
- 投资银行是否有像其所说的明确的历史业绩记录（这在第一梯队和第二梯队的投资银行中通常不会被问及），通常投资银行的聘用被安排为“竭尽全力”的方式，交易成功没有十足保证，除非他们能够为项目融到资金。

- 投资银行是否在要求达到你公司目标的时间框架内有资源分配于你的项目？
- 投资银行在完成你公司的项目时是否愿意严格按照时间表开展各项工作？

融资过程中投资银行的角色

投资银行通常负责融资的过程及帮助向潜在投资者介绍和展示公司。投资银行的价值在于它与投资者的关系和可信度、对市场的理解和动力、引领和促使融资过程完成的能力。因为投资银行是金融中介，通常不是资金的提供者，所以一些公司管理者选择不用投资银行来执行交易以避免费用的发生。然而，一家有经验的、高质量的投资银行会为交易增加巨大价值，在提高完成交易的可能性的同时，可以带来数倍于所花费用的回报。

对于除了销售和交易的所有职能，投资银行提供的服务远不止做一些介绍或提供交易经纪服务。根据公司规模的大小和参与的投资银行，这些服务包括具体的行业及财务分析，公司和交易的估值，类似发行备忘录等相关文件的准备，管理层介绍和董事会发布会，协助进行尽职调查，提供公平意见，协商交易的条款，协调法律、会计和其他顾问，决策支持，以及在项目的所有阶段提供支持以保证交易的成功。

会计师

与其他的职业一样，注册会计师事务所也有不同的梯队或层次，其服务专注于特定的市场领域和客户需求。众所周知的四大会计师事务所分别是德勤、安永、毕马威和普华永道，每一家事务所都有全球性的经营机构。此外，像均富（Grant Thornton）、德豪国际（BDO Siedman）和 RSM McGladrey 等这样的会计师事务所在美国也很常见且拥有国际经营机构。还有许多区域性和本土的会计师事务所，其员工很多是早期曾在四大会计师事务所服务的专业人才。

会计师的职责很明确，主要从事各种完全不同种类的服务，包括审计、财务报告和税务咨询等。专业化领域下还有许多更细的划分。从审计角度来看，会计师的历史角色将给予投资者对公司财务报表的信任，并提供对公司财务状况的独立判断。

会计师的角色

作为与处于初创和早期发展阶段公司的关系的组成部分，会计师提供作为正式约定组成部分的服务以及非正式的建议和指导。这些非正式的服务实际上是一种希望维系长期关系的投资。传统的服务包括公司财务报表的编制、检查或审计以及纳税申报表的准备。提供非正式服务情况下，合伙人及公司其他高管检查公司商业计划并提供反馈意见和建议。许多情况下，会计师可以帮助完善融资计划的内容和形式，该融资计划支持公司的商业计划，并对公司的融资项目和商业模式进行非常重要的评价。会计师看过许多融资计划，能够对如何最好地展示公司和提供可信性提供建议，这可以避免公司管理者为公司财务展示发愁，还可以避免可能出现的窘境。经验丰富的会计师还可以出任战略顾问，在制订公司经营计划方面发挥着重要的作用。

从税务角度来看，会计师可以为公司和受税务规划问题困扰的创办人提供关键的指导。常见的税务规划问题包括：

- 保持净营业损失（net operating losses，简称 NOL）。
- 建立和保持研发税收抵免。
- 做出重要的税收选择，以保护创办人和公司的利益。
- 组织、陈述和分析薪金、股票期权、影子股票、有限制股票或股票增值权的税收影响，保证不会产生个人和公司收入方面的负面状况。

此外，会计师还在建立会计和控制政策上提供支持和建议，例如在收入确认、使新业务类型的收入模式具有法律效力，以及月末完成报表流程等方面提供指导。在可能拥有创新的或新的商业模式且可能导致会计处理复杂程度增加的初创公司中，会计师提供的这些指导非常重要。在公司拥有外部投资者或计划谋求公开发行时，会计师的指导也必不可少。财务报表需要遵守美国公认会计准则（GAAP），并尽可能符合证券交易委员会对会计准则做出的调整要求。

许多会计师事务所在它们经营的领域有着很好的联系，在市场上建立了客户和其他方面的网络，这个网络通常包括潜在的客户和合伙人，他们能够帮助公司加速发展并迈向成功。

对于中等规模的公司（取决于公司内部解决问题的能力和员工配备），会计师事务所提供的服务包括传统的审计、准备纳税申报表、对交易的税收处理提供建议，以及增加内部的分析要求。随着《萨班斯—奥克斯利法案》的颁布，会计师事务所可以提供的服务受到限制，在与《萨班斯—奥克斯利法案》不冲突的情况下，许多会计师事务所提供的其他潜在的咨询服务包括交易的尽职调查支持，估值工作，用于法庭的审计事务，灾难恢复计划的发展，风险评估，评估、推荐和应用信息技术系统等。有了这么多的服务项目，区分审计和非审计客户角色以消除利益冲突非常重要。

总而言之，拥有一项展示财务专长、控制和应承担责任的计划，是筹资活动所需要的。获得专业的会计师事务所和合伙人层次的帮助，将增强公司成功融资的能力。而成立时间不长的公司常常反对审计并选择自己检查公司财务以节省开支，我们的经验是在考虑一家公司的融资时，投资者想要看到经审计的历史财务报表。未经正式的审计会出现太多的没有答案的问题，这将导致不必要的麻烦并干扰融资过程，因此要做好每年一度的审计。

选择一家会计师事务所

如果你的公司已上市交易，你将需要聘用一家会计师事务所，允许其进行公开的审计工作。《萨班斯—奥克斯利法案》要求上市公司的审计师在上市公司会计监管委员会注册。2009 年 3 月，已注册的会计师事务所超过1 900家。

选择会计师事务所的两个关键因素是：与指定的合伙人的关系，以及保证可以接触到合伙人。合伙人层次的相互交流和关注是初创和新兴公司获得领导地位的关键。这种关系产生的价值的大部分是前面提到的非正式指导和服务。如果合伙人没有想法分享以促进公司发展，你就不会获得所需要的价值。在选择一家事务所之前，可以与支持你公司发展的团队多沟通。

第三个重要的决定因素是，事务所是否在你公司要求的经营领域和阶段拥有经验？之前的经验对于制定商业和战略规划以符合当前市场环境和当前竞争趋势的管理者来说可能是毫无价值的。

其他待问的问题：

- 事务所是否拥有行业经验，是否知道影响公司财务报表，使得你公司的财务报表可以与类似行业中其他公司报表可比的细微差异？
- 事务所是否有最有可能为你公司发展提供资金的投资者和贷款人类型方面的专长和经验？给定可能的融资的可能的交易结构，事务所是否明白其中的会计和税收问题？
- 事务所是否有员工住在公司经营所处的位置附近？
- 你的律师推荐什么样的事务所或合伙人？
- 什么样的事务所与潜在的投资者和贷款人有关系？
- 事务所是否正在扩张规模和寻求新的客户？事务所接手的工作是否已超负荷？

关系管理

与其他顾问机构关系一样，你所获得的会计师建议一定会与你分享的信息和细节一样好，分享公司愿景、商业计划、管理者的抱负、退出策略和考虑，以及股东目标，毫无保留地披露。与你的律师一样，会计师在主动防止一些问题出现上是非常有经验的。他们还可以帮助你在事后弥补一些错误，但那通常会非常痛苦。在维持信心、可信度和与支持你事业发展的专家坦诚相待方面，沟通的时机很重要。

根据公司的需要，寻求建立一种让你感到舒适的关系。事先建立对于每一个服务提供者位次排序的理解。大多数会计师和律师在被要求的情况下确实会帮助客户建立和管理一项预算。如果你在所描述的这些问题上存在困难，说明你可能没有找对会计师事务所。

最后，因为不诚实，没有告知全部的实际情况，对做正确的事情漠不关心，存在有冲突的约定，或由于不当行为导致被关注，你的公司都可能会被解除与会计师事务所的关系。董事会和管理者团队的道德行为是至关重要的！如果一家会计师事务所与你解除合作关系，你在投资者中的声誉将受损，这些情况将导致在与公司相关的第三方中产生可信度问题，继而对公司计划造成大的阻碍。使管理者的可信度恢复到良好的记录将花费大量时间并付出昂贵代价。有时候 CPA（注册会计师）退出服务将会突然导致公司 CEO 或 CFO 离开公司，甚至两人同时离开。

咨询公司/顾问

根据公司的规模和发展阶段，以及领导者团队的特定技能，咨询公司和顾问在谋求增长策略和寻求融资时可以提高和支持公司管理者。下面我们对这些咨询机构的主要类型及其提供的与融资过程相关的服务进行大概介绍。

咨询公司提供许多和投资银行同样的公司融资服务，但倾向于较少关注交易的方面。在许多实例中，他们根据时间和材料而不是交易的成功来提供服务。通过提供交易支持服务，他们的行动通常强调令公司成功的经营和营销战略。他们不承销证券的发行，不提供对所交易股票的分析，也不拥有交易席位。他们所提供的服务范围往往比投资银行所提供的服务更广泛。他们在融资过程的早期和交易结束后提供建议和支持，而大多数投资银行只关注融资交易本身。你会发现，一些咨询机构提供公司发展顾问服务、咨询的综合方法，投资银行则关注价值创造活动和重大事项。

对于本书的大多数读者来说，一件非常重要的事情是找到一个有适当行业或发展阶段背景的规模合适的公司。像投资银行一样，咨询公司也有几个层次的市场参与者，且重点放在某种类型或特定发展阶段的公司上。咨询公司的专业水平、背景以及与你公司一道开展工作的合作伙伴的声誉，是选择一家咨询公司时要考虑的重要问题。

大型会计师事务所的咨询团队提供与投资银行相竞争的顾问服务，其中一些咨询团队因为通过向全球范围内的中等规模公司提供全面完整的公司融资服务（并购、分拆出售和融资）而区别于其他机构。他们的交易通常低于全球性投资银行的目标规模。规模较小的区域性投行、经纪人和精品投行（与事务所不构成竞争）通常没有开展全球性的经营，并且不能提供全面服务的发行解决方案。这些整体服务包括会计、咨询和税收建议，使得他们可以进一步增加价值和解决不可避免的交易问题。他们的策略是提高大型投资银行业务搜寻下完成交易的可能性。此外，他们的全球分支机构和联系网络使得他们能够辨认出境外买家并解决交易问题；再者，以便与境外买家获得高比例交易的目标，这些买家经常愿意支付较高的价格，并且获得放弃所处现有结构的管理者的支持。这些公司将要进行的规模融资取决于他们特定的细化的专业能力和专业领域。有许多小型公司，它们愿意为初创企业编写商业计划和为其寻求风险资金，或仅根据时间和资料提供与精品投资银行服务一样的利基融资服务。再次强调，拥有这些条件的成功的关键是信用度，以及你的公司指定聘用的合伙人的经营网络。

还有其他一些专业服务公司，它们把独特的专长和融资过程的各个方面结合起来以提供一体化服务。其中一个例子是估值公司，这类公司拥有商业经营和资产估价方面的核心专长，它们主要向考虑战略选择的公司提供估值和顾问服务。其中一些公司把投资银行业务也融入进来，以提供广泛的公司融资服务。同样的概念对于提供临时项目管理的某些公司也成立。通常，你会发现许多在特定的行业、公司发展阶段或交易类型方面拥有优势和专长的公司。如果它是一家规模较小的公司，该公司主要管理者的背景和经验将推动建立它们的市场可信度。聘用大型的咨询公司对规模较小的公司来说不切实际，但有一些有经验的地方性的或区域性的咨询机构和顾问机构，可以以合理的成本提供非同一般的服务和价值。

总结

所有的公司都需要一组可胜任的、可信的顾问来支持和帮助实现管理者的愿景和抱负。我们建议你认真地访谈和组织拥有经营重点、专长、网络和客户意识的一组专家，以使公司管理者在考虑和执行融资过程时做出稳健的和切实可行的决策。这些专家不是同时全部需要，可按重要性排出优先级，列出聘用专业机构的成本和好处，以及提供支持的时机。这些专家及其公司的组合是公司管理者的可信度、公司支票簿金额的多少、公司发展阶段和所处行业，以及公司现实的增长机会共同作用的结果。

第八章

完成融资

流程自检

第一章和第二章勾勒了全部的融资流程，并给出了一个流程图(图1－1)来重点介绍资本形成的基本要素并提供用于讨论和分析的框架。我们阐述了了解公司当前财务状况和战略位置、商业计划、行业可比的经营业绩、预测和前瞻性战略的需求。没有一个清晰的战略图景和一个控制良好的商业计划，寻求融资的公司在寻找资金的过程中将处于相对劣势，具体操作时也是临时应付而不是积极主动的。此外，我们还介绍了用于建立公司估值的几个基本概念，在现实的估值方面我们强调了在股东之间确保认同的重要性。缺乏现实的估值常识，股东可能使得管理人员花费大量的时间和机构的资源，结果使得潜在的交易在中途就失败了。

第三章中我们介绍了收购过程的总体情况以及如何考虑公司的资本重组。第四章中我们提供了一个审视初创公司、新兴发展公司和中等规模公司的资本结构的框架，强调了公司筹资是由“当公司可以筹集资金时”而不是由“当公司需要资金时”推动的概念。我们提供了反映公司不同发展阶段对应主要融资类型的查找列表（见表4－2)。第五章和第六章介绍了许多资金来源以及债务和股权工具的使用方法。第七章中介绍了公司融资流程，给管理者和股东提供帮助的各类关键专业机构和人士。接下来我们介绍融资流程的最后阶段。

团队

理想情况下，管理者将聘用一组顾问团队或临时汇聚一些人才，以集中处理融资的实质部分工作和发挥他们专业领域内的支持作用。充分利用外部专业团队的资源，使公司领导者可以重点制定包括整体商业和战略规划在内的宏观战略。许多情况下，管理者先从现有的关系开始，然后逐渐扩大其资源网，直至交易团队有足够的知识和经验来完成此项交易。在初创和早期发展的公司中，管理者密切地参与融资过程的几乎每一步。

表 8－1 给出了公司不同发展阶段最有可能参与融资流程的团队成员。团队组成取决于实际环境和所参与个人的角色、公司的行业部门，以及筹集的资金的性质。介绍融资团队是为了使读者自觉地思考谁应该参与到完成资本构成的交易中来。

表 8－1　常见的融资团队

团队成员	初创公司（收入 0～100 万美元）	新兴成长型公司（收入 100 万～1000 万美元）	低于中等规模公司（收入 1000 万～5000 万美元）	中等规模公司（收入 5000 万～5 亿美元）
主要股东	需要	需要	有时需要	有时需要
主要董事会成员	需要	需要	需要	有时需要
公司总裁	需要	需要	需要	需要
财务总监	通常没有	需要，或者是控制人	需要	需要
其他关键的管理者*	需要	需要	需要	需要
律师	需要	需要	需要	有时需要
会计师	需要	需要	需要	需要
投资银行	通常没有	有时需要	有时需要	需要
咨询公司/顾问	有时需要	有时需要	有时需要	有时需要
临时领导者	有时需要	有时需要	有时需要	有时需要

* 可能包括一名技术创办人、首席技术主管、销售总监、营销总监或经营主管（或者是以上这些人员的组合），取决于企业的性质和团队成员对企业未来成功和业绩有多重要。

市场测试

一旦目标资本结构确定，或者想要的融资已明确，融资团队将从商业计划中摘录出公司经营概要，该概要包括公司简介，以及公司所寻求的融资的数额和类型（对于规模较小的债务交易，这一步骤可以忽略，或者潜在的贷款人可以仅要求一份申请表）。经营概要（有时也称为“棘手的难题”）是一个两三页的包括公司市场机会，主要管理人员背景，公司产品系列、服务或解决方案，财务信息摘要，以及融资所得资金用途描述的简要说明。

接下来，经营概要会寄给目标列表中的潜在贷款人或投资者，寻求需求信息。如果有投资银行、会计师或顾问参与公司的融资流程，经营概要将依照惯例有选择地由这些融资团队递交给目标融资途径，而不是直接由管理者发送。顾问团队在大多数成功的交易上发挥着关键的作用，许多情况下，目标融资渠道可能之前与顾问有过合作，由此，顾问与目标渠道先前的成功案例提升了公司的形象，或至少增加了目标渠道会花时间阅读经营概要的可能性。

披露文件

披露文件及相关信息经过编辑后会被递交给潜在的投资者和公司，根据所寻求融资的不同类型和潜在的读者，披露文件可以是非正式的商业计划，也可以是带有风险因素和证券监管免责声明的详细的、合法的发行备忘录。我们建议公司管理者、公司顾问团队和公司律师参与披露文件准备的所有方面。在宣传公司及其发展前景，以及遵守适用于寻求股权或债务融资公司的全部公平证券监管披露规定的法律要求之间，存在有待实现的平衡。

组织团队

因为公司与潜在投资者和贷款人之间不可避免地会有一些会议，为会议讨论做周全的准备是必不可少的。团队之间沟通和讨论融资或融资策略增加了感情投入和认同，并为公司管理者在准备访谈和正式会议时演练向友好的听众介绍公司的计划和发展历史创造了机会。团队成员之间的角色需要定义清晰，这样问题的反馈会是干脆和简洁的。形成融资计划的书面概要和商业计划，以及在访谈或会议之前与运营经理讨论计划，是很裨益的。团队对外发言传递的信息保持一致也很重要，为此要考虑指定团队中的一名成员作为发言人。

如果公司没有可以推动融资流程的内部人才，或不能够安排出专门用于该项目的人员，管理者应该和顾问或咨询人员订立合同来引领该融资流程。经验是确保融资流程进展顺利和代表股东的结果最大化的一个关键因素，拥有合适的可以加强和支持管理的团队，对资本筹集流程的成败起着决定性的作用。

时机

大多数融资交易有着自然的推进速度和时间进度表，这是融资交易涉及的人员、公司的需求和个人的需求、全部的机会，以及围绕公司状况的相对竞争环境的共同作用。一旦公司了解了可能的投资者和贷款人类型，就可以建立一个融资流程和时间表，以更好地控制结果。中间会有几次交易出现停顿，在某些时点上，公司必须做出决定以便融资继续按流程进行，我们支持的一个最重要的核心思想是继续执行有利于公司发展的事项，而不用去管交易是否有希望或获得承诺。尽管存在资源短缺，公司和管理者会找到或创造一些办法来实施他们的计划，他们通常比那些拥有好方法且等待最佳时机和别人行动的人更能控制自己的命运和融资流程的结果。

通过测试市场和了解不同参与方的利益，公司可以控制融资流程并形成动力，尤其是在有一些可以确立完成融资交易的需求、真正合乎常理的推动者时。其中一名不为公司利益着想的合乎情理的推动者花光了全部的现金，这可能传递错误的信息和下意识地驱赶走投资者或贷款人。一个有助益的推动者的例子是开发一个新产品线，受行业动力驱使在特定的时间进入一个特定的市场，在这种情况下，迎接某些短暂的机会可以给公司带来市场上的巨大优势。另一个例子是在交易时机由卖方公司控制，或在交易中你的公司可能在公司进行拍卖前买下公司的情况下的一个机会主义收购。其他较次要的项目推动力可能包括实现公司、投资者或贷款人年末的目标。如果投资者或贷款人是战略伙伴（相对融资而言），他们可能有某些内在的动力对公司有益，这些可以通过深入观察他们的计划来弄清楚。

有时管理者也会倾向于锁定一名单个潜在投资者或贷款人而排除其他人，投资者和贷款人期望竞争，一次与单一的一方讨论减少了竞争的动力，有时候在融资交易失败的情况下没能带给公司任何所需的资金。一个更好的做法是测试市场，并确定少量优先投资者或贷款人。

尽职调查

尽职调查是投资者或贷款人在考虑与公司的一项交易时执行的一个调查过程。执行尽职调查是为了评估公司的经营和财务状况。涉及公司出售时，尽职调查可能比传统的申请银行贷款时的调查更严格和细致。然而，尽职调查的持续时间和范围取决于公司假定的风险、交易类型、公司发展阶段，以及参与方的优先级。视交易类型和规模大小，尽职调查可能要持续几个月的时间，但一些投资者和贷款人可以很快地做出答复，并愿意在数周而不是几个月内完成交易。如之前所介绍的，如果公司能够全面控制融资流程，也会推动尽职调查的流程。

尽职调查的层次有时是一个协商点。在一些大规模的交易中，在贷款人或投资者不是竞争性流程的组成部分的情况下，尽职调查的性质和范围不可以协商。例如，向一家大公司出售一家中等规模的公司可能会遵循由大公司制定的模式。大公司通常有明确的流程和广泛的尽职调查要求。这些大公司通常将外部咨询公司和顾问与来自不同地方的目标公司的特定领域的专家的做法相结合。相对较小的目标公司的管理者可以很快接受，并且多数情况下明显人数占优势。小公司可以通过控制现场流程和限制一次访问者数量，减缓这种计划情况的潜在负面影响。

从投资者或贷款人的角度来看，开展尽职调查是在起草条款清单或承诺书时用来证实其所做的假设，包括对税收风险暴露、环境违约风险、产品保证问题、诉讼和许多其他范围内事项的未披露的债务或责任给予彻底的评估，以防止交易完成后出现意外。在尽职调查期间可能被揭示的关键的或具有重要影响的问题，需要在融资流程的早期明确，并采取纠正性的行动。

关于后勤方面，公司可以准备一间办公室、会议室或工作场所之外的地方作为资料室，这样任何投资者或贷款人需要的文件都可以在那里存档以便查阅和分析。虚拟的资料室越来越得到普及。在虚拟的资料室中，所有相关资料的数字版本保存于一个文件中，工作组的成员凭密码才可以进入该系统。虚拟的资料室常常比传统的资料室有优势，因为它们是可查找的，并能够为满足特定成员的需要而定制。

建议安排一个项目负责人，用来控制被查阅的文件和回应特定的问题。在对一些问题做出回应时，该负责人应紧扣问题的主题。存在一种倾向是把对问题的回答扩展到其他与问题不相关的领域，这源于想取悦其他一方和想表现友好的急切心情。为了获得尽可能多的关于目标的未过滤信息，与目标管理者建立和谐融洽的关系是所有尽职调查团队的目标。负责人可能会被无意识地拉入一场他没有事先准备的讨论中，提供一些不正确或片面的信息，或让别人注意到可能没有被强调的话题。最好的做法是关注原问题，并仅对对方询问的问题做出回应。

律师应该参与确定保存在资料室中的资料的性质和范围。许多情况下，资料室的资料与法律或财务问题相关，且应该只能由律师或公司财务官做出解释。律师或公司财务官应回答与资料室相关的问题，因为这些问题将由贷款人或投资者的律师准备。

谈判

这一部分总结了管理者在准备和参与融资交易谈判时应该考虑的一些概念。有许多在谈判、交易和可供选择的交易结构方面写得不错的书籍。你可以考虑阅读R·L·库恩（R. L. Kuhn）所著的《交易者：所有你需要知道的谈判技巧和秘密》（*Dealmaker*：*All the Negotiating Skills and Secrets Yon Need*）一书（Nightingale Conant 出版社，1992 年）。

在组建融资团队的早期，需确定团队中由谁来代表公司进行交易谈判。讨论并书面形成将指导关键决策的原则，并确保制定一些基本的规则。一旦确定交易的类型，最小的目标需要取得一致认同，这样团队就清楚了其容易取胜的点（有时候指“一项协议收购的最佳选择方案”，或简称 BATNA）。为了使交易能被公司接受，这些是必须要达到的最起码的条款、条件和价值。董事会和股东在开始谈判之前对这些概念的理解是非常关键的，因为这两组成员将被要求对谈判的交易投赞成票。

对于许多类型的融资来说，贷款人或投资者将向公司提供一份条款清单或承诺书。在任一情况下，清单或承诺书会给出宽泛的条款和条件，在这些条款和条件之下，投资者或贷款人愿意投资于公司或向公司提供贷款。在一些情况下，融资团队将选择接受一个宽泛的、一般的条款清单，然后再就具体的条款进行协商谈判，并将其作为最终交易文件的组成部分，这也被称作最终协议。在哪里完成交易是非常重要的，交易各方可直接去确定文件。这种做法在股权融资和并购中更为流行，与债务融资恰好相反。

从现实的角度来看，大多数初创和新兴发展的公司没有能力通过谈判获得一个优势地位，而且，这些处于发展早期的公司往往寻找资金太晚，导致其在最终找到融资渠道之前不能完成交易。后开始融资的公司的相对地位可以通过在交易实质条款的谈判上认真准备和积极创新而得到改善。记住，本书的前提是把公司从临时应对和劣势的谈判地位转向积极主动和相对优势的地位。

管理投资者和贷款人的关系

尽管交易终结是融资过程的终点，却也是公司与其融资伙伴持续关系的开始。

公司与其融资伙伴之间的关系中最重要的一点是持续的报告义务。在许多情况下，机构贷款人和投资者会提供报告所需内容，以履行其对合作伙伴、股东、金融市场或监管机构的义务。此外，他们还可以确定出席董事会会议的访问权、实际参加董事会，或委任一名或多名董事会成员。不管提供什么样的正式权利，运用“不必大惊小怪”观念进行定期沟通是很重要的，这意味着公司可以让其投资者和贷款人及时了解公司的发展情况，即使是坏消息。对公司消极表现的惊讶会破坏管理者的信誉，且可能迫使管理者相对其投资者处于被动或防御的地位。当发生重大不利事件时，管理者必须及时通知投资者和贷款人，并提供一个可实施的、合理的行动方案，作为对不利事件的响应。对于那些股票在公开市场交易的公司，报告义务受到法律的监管且可以给不重视报告义务的管理者制造麻烦。

结束语

对于不同规模的任何公司而言，建立一个恰当而更优的资本结构是一个不断磨合的过程。这个过程中有许多管理者必须处理的细节，以及许多在中间过程中可能改变获得资金方式的变量。没有一个管理团队可以否认筹资是一个既困难又耗时的过程。但是不管怎样，在计划、信誉和不懈的坚持下，公司获得用以发展业务的资金的机会可以得到增加。

如本书前面所介绍的，对于公司拥有一项切实可靠的商业计划和现实的愿景的理解，是投资一家公司发展所需资本组合的关键。该计划结合强有力的管理，是公司资本形成过程成功的保证。清晰的愿景和强有力的管理不会直接导致融资的成功，除非其与公司根据计划向其贷款人和投资者报告公司业绩的能力相适应。实现收入和费用预算逐渐建立信誉，有了信誉，金融市场上的成功就会随之而来。在有一些矛盾，而且我们都知道这些矛盾在某个时间点会产生的情况下，要及时提供关于未达到目标和用于纠正问题或事件的管理计划的信息，因为这在维护投资者或贷款人群体的信心方面是非常重要的。

投资者和贷款人参与融资业务，是为了运用资金获得合理和适当风险基础上的一定的回报。在当前的市场中，资金的供给远远超过高质量公司的数量，那些有着清晰愿景、强有力的管理者和可预测结果的公司将会找到愿意接受它的投资者。记住，快速的成功是例外情况，坚持和专注是成功构建公司资本结构并引领融资流程完成所必需的两个要素。

第二部分
案例研究

在这一部分中[①]，我们提供了一些公司的实际投资和贷款交易案例。为介绍的一致性，我们使用了统一的格式。除非另有说明，案例源自贷款人或投资者的口述。一共有 20 个案例，其中包括投资者或贷款人概况、案例概况、对投资者或贷款人策略和分析的深入观察、概括性的融资信息、交易细节、交易后的问题、所吸取的教训和供稿人的背景。

本书第二版在全球金融环境发生巨大变化期间得以更新，这次金融危机与美国经历的自 1929 年华尔街股灾以来任何一次经济危机均没有相似之处。这次危机是一次联合的信用危机，经济深度衰退并重新调整了金融体系的基础。这些状况在美国国内外许多大型企业中产生了恶劣的影响，尤其是在银行业和融资领域。紧随危机之后产生的财务困境已扩大到本书重点关注的新兴发展和中等规模的公司。

近期，商业银行业似乎将收紧其贷款要求，对许多获得信贷的公司产生了整体的不利影响。我们看到了这种推动需求的状况和对于资产抵押贷款人的机会及其他的融资渠道。看上去一些不符合银行贷款要求的公司或那些不能满足其优先贷款需求的公司可能要寻找某种形式的资产抵押融资。因此，在本书中我们增加了资产抵押贷款（ABL）案例数量，并重点关注那些实施起来较为棘手的交易。

表 P2－1 为你所感兴趣的特定领域的案例提供了相互参照。

表 P2－1　案例相互参照

案例编号	公司类型	公司	案例描述	案例	公司主营业务描述
1	AB	Crestmark 银行	应收账款融资	150 万美元的保理到信贷额度	数据存储媒介
2	AB	Greenfield 商业金融公司	高风险资产抵押贷款	400 万美元的贷款	生产商/组装商
3	AB	Greenfield 商业金融公司	债权人利益分配（为处于经营困境中的企业提供融资）	90 万美元贷款，管理者收购	包装材料
4	AB	Greenfield 商业金融公司	收购	300 万美元收购融资	小公司收购一家较大型公司
5	AB	Greenfield 商业金融公司	转亏融资	200 万美元	制造公司
6	AB	Greenfield 商业金融公司	发展融资	420 万美元	进口商

① 这些案例仅用于支持本书中的相关解释，并不代表其他一些企业或公司将或可能获得融资。某些信息可能做了相应修改。

（续表）

案例编号	公司类型	公司	案例描述	案例	公司主营业务描述
7	CF	国际投资集团(IIG)	贸易融资	保理、进口融资、存货和仓库融资和交易股权	制造、金属、合金、咖啡和生铁
8	AI	新墨西哥天使	首次融资和公司出售	MESO	燃料电池
9		River Cities Capital 基金	风险投资——早期发展股票	SalesHound. com 225 万美元	互联网；ASP
10	CF	Drug Royalty	基于资产的使用费	AVANIR——经营流动性	制药
11	SI	西门子	西门子和其他三个投资者	Monta Vista——发展股权	系统软件
12	VC	SJFVentures	社区发展融资	Ryla 200 万美元 Series B	B2B 远程服务
13	VC	VFG	带有收入分配的债务	Bortech 50 万美元	焊接设备
14	PE	Brookside 资本合伙公司	夹层投资	McKenzie 725 万美元，次级债务	体育产品
15	PE	Graham Partners	退出收购	Eldorado	建筑石材
16	PE	Plexus Capital	管理层收购/合伙人退出	TRS	医疗扫描服务
17	PE	Meriturn Partners	业务重组	Dunn 1000 万美元，优先股权；次级债务	专用纸
18	PE	Meriturn Partners	管理层参与的收购	Johnston 纺织品——从依据破产法第 11 章申请破产保护的公司收购资产	技术和装饰
19	PE	河畔公司(The Riverside Company)	公开到私下交易	Dwyer，家庭成员和管理者	特许权
20	MB	Veronis Suhler Stevenson	购买—建设战略	Hanley Wood投资	建筑产业传媒

案例1

资产抵押贷款人：应收账款融资

公司概况

Crestmark银行是一家企业对企业的贷款人，为小企业到中等规模的企业通过使用应收账款和存货等资产抵押提供贷款，并通过为国内或国际市场提供贴现和传统保理融资提供流动资金。Crestmark提供的多余现金流允许企业实现规模扩张、收购、扭亏、资本结构调整和/或债务重组等。其也向企业提供通过更好的支付条件或为大量采购快速付款以协商获得供应商的销售折扣的机会，以及在企业自身账户可能支付较慢时履行其财务义务，如发放工资。

一些公司可能已经用尽了他们在传统银行的融资选择，甚至可能被要求放弃其当前银行的融资项目。Crestmark的解决方案使公司无须放弃股份也可维持流动性，这些融资解决方案成本更低且比权益融资限制少，可以根据公司当前的财务状况和需求灵活调整。Crestmark为众多类型的企业提供了流动资金解决方案，但不为住宅/商业住房抵押贷款或建设贷款提供融资。通过对潜在客户的客户基础（或债务人）的信贷审批和可能由存货、设备或其他客户个人资产提供担保，Crestmark使用适当的控制措施和贷款管理减少了较高的融资风险。

Crestmark成立于1996年10月，是一家获得美国存款保险公司（FDIC）保护的在密歇根州注册的银行。鉴于此，在开展传统银行通常不选择参与的利基市场融资业务时，Crestmark 被要求严格执行商业银行的高标准。Crestmark 不保管现金，也不拥有柜员，而是单一地通过存款单吸收资金。随着规模的扩张，Crestmark 已进一步深化了其融资专长的基础，且已具备在交通融资、石油融资、制造业及所有类型的服务业（包括员工招聘、工程服务、物业管理和更多的方面）覆盖全国以扩大现有技能的能力。该机构中专家和受良好激励的员工拥有在几乎所有类型的流动资产融资方面的各种各样的从业背景。

Crestmark 由 W·戴维·塔尔（W. David Tull）发起，他是密歇根国家银行的前任执行副总裁兼财务总监，拥有 37 年丰富的银行业从业经验，他看到了公司在传统银行贷款标准之外寻求融资的需求。塔尔也想创建一个不与银行构成竞争的业务环境，作为向其客户提供额外服务的团队的组成部分。Crestmark 为其与传统银行共享的长期关系感到自豪，在该长期关系下，客户通常继续维持他们与传统银行的关系，每一个关系下都保留有银行所擅长的部分客户业务。

Crestmark 的经营模式是建立及时和具有成本效益的融资方式，并为客户有能力进入一个更加传统的银行业务关系缩小时间的差距。然而，一些客户仍选择与 Crestmark 保持业务关系并充分利用 Crestmark 所提供的支持服务，当需要 Crestmark 支持时，Crestmark 总会出现，客户感觉很安心。

案例概况

一家数据存储媒介产品的批发商通过其社区银行于 2004 年年初联系上了 Crestmark，该公司是一家成立于 2003 年年末的初创公司，公司管理者/所有者来自之前一家因破产而被出售的公司，那家公司的破产给批发媒介供应行业留下一个市场空白。新公司的净值为负且有大量要领取薪水的中层职员；公司已经收到一家风险投资公司投资的 25 万美元，现正在寻求另外 50 万美元作为流动资金。通过使用在该行业内拥有多年从业经验的多数所有者的个人担保和一个完善的对所有资产的第一担保利益，Crestmark 根据与公司签订的保理融资协议向公司提供融资。

Crestmark 在开展一项对公司尽职调查满意的审查、确立一项排除留有次优受偿权的媒介存货的清晰流程、取得所有担保人完整的财务报表和对客户发票 80% 预先融资的证明后，向公司提供了一笔 50 万美元具有完全控制权的完全追索的保理融资。该项融资支持是针对债务人的优势业务和业务性质及市场可行性。公司只有近期的应收账款账龄，所有账龄均不超过 90 天。

在清楚所有的发票均有订单和货运证明，以及公司最大风险敞口在 15% 的情况下，公司的债务人均经营稳定且较为分散，Crestmark 根据 80% 的放款比率对公司的发票金额提供融资。Crestmark 一定不会从被排除在外的媒介供应商那里购买不符合条件的发票，并会仔细检查退货政策，确定存在退货费政策且该类产品不会产生额外风险。

对于这种初创公司设计的以减少融资风险和向公司提供发展动力的控制和要求如下所示：

- 所有的发票都递交给 Crestmark；Crestmark 会通知公司将购买哪些发票。
- 应收账款债务人对发票的支付款直接存在 Crestmark 管理的托收账户中。
- 每月对债务人账户进行电话证实和确认。
- 定期现场检查。
- 高收益账户承诺。

由于公司销售额在前 6 ~ 12 个月内出现 70% 的快速增长和稳定的担保表现，Crestmark 在与公司建立融资关系的 8 个月后需要提高融资承诺至 150 万美元，且除此之外还提高了应收账款的担保比率，降低了利率定价，放松了对应收账款的管理。

与此同时，Crestmark 的信贷官积极与公司一起建立更强的会计控制，运用一项专属的可用性模型实施现金流规划，并指导公司辨识改善公司资产负债表和利润表的需求。出于很多原因，这种做法很重要，但最为迫切的是帮助管理者为所出现的快速增长做好规划并适应这种增长。此外，这些步骤会减少 Crestmark 对公司的控制（因此减少公司的成本），也可用于帮助公司在未来获得传统银行的贷款。

通过获得并使用这种信息，公司提高了其净值，偿还了债务以减少债务杠杆，然后允许 Crestmark 更改贷款和对账户的管理。在仅仅一年多的时间里，该贷款的安排从开始的直接购买发票到保理额度，然后再到一项资产抵押贷款。公司的成本也在 18 个月内由刚开始的 28% 降至 13% 。

部分由于获得 Crestmark 的融资支持，公司被评为 2005 年美国增长速度最快的初创公司之一，且销售额显著增加。销售额的增加使得公司可以偿还除风险投资之外的最初的贷款。到 2006 年 5 月之前，公司能够将融资转向传统的银行渠道。自那时开始，公司的年销售额逐步稳定增加超过 7 000 万美元，Crestmark 的贷款帮助公司实现了这一目标。

交易渠道和流程

该贷款交易通过一家社区银行推荐至 Crestmark，该社区银行对 Crestmark 较为熟悉，但它不能提供这类融资服务。在 Crestmark 业务发展部高层和公司一道填写了一份详细的贷款申请后，初次贷款意向在 3 个工作日内予以提供，在 15 天内尽职调查得以展开，融资款予以发放。

首次融资之后，公司遭到前雇主的起诉，在被起诉时 Crestmark 与律师仔细阅读了该项诉讼并检查了风险敞口，律师发现 Crestmark 将不会受到任何影响。

Crestmark 通过评价客户的经营获利能力来确定每项交易的风险。在通过经营获利能力评价之后，风险由对交易施加的管理和控制水平来控制。图 P2 – 1 描述了一名客户可能经历的管理控制的范围。我们所提供的案例研究是一个由“担保管理”箭头最左端开始的公司的极佳的例子，由于存在高风险，通常对这样的一家公司有着严格的控制，沿箭头方向由左向右控制逐渐减弱，当交易风险下降时，对公司施加的控制越来越少。

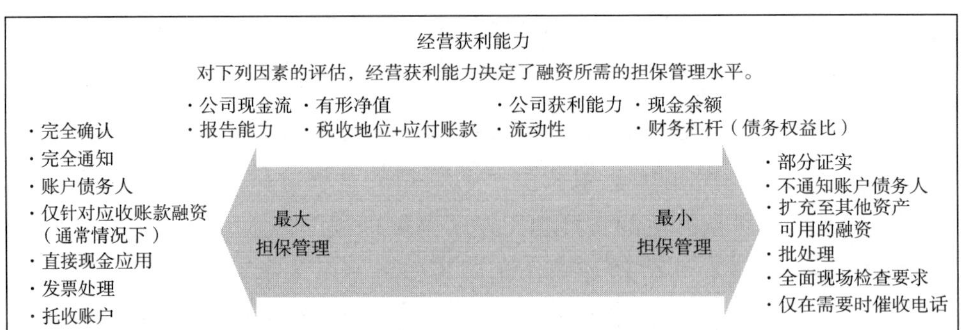

图 P2－1 Crestmark 担保管理范围

资料来源：**Crestmark Bank**

关于供稿人

马克·马西森（Mark Matheson）是 Crestmark 首任副总裁兼首席风险官，在 Crestmark 任职已有 5 年时间，在资产抵押和保理融资行业有 20 年的从业经历。他参与公司业务的所有方面，包括现场检查、承销新的贷款和投资组合管理，并担当各种各样的管理角色。在加入 Crestmark 之前，马克服务于一家大型的 Midwest 区域性银行和 GMAC 商业金融公司。

案例 2

资产抵押贷款人：高风险贷款

公司概况

格林菲尔德商业信贷公司（Greenfield Commercial Credit，简称 GCC）是一家高经营风险的资产抵押贷款人/保理商，它向在银行申请融资方面（被拒之门外的公司）有失败记录的公司、申请了破产保护的公司、高增长和高杠杆收购的公司提供贷款服务。客户在出现日常经营亏损、负净值、税收问题或大量逾期应付账款时，通常需要一个有一名激进的贷款人参与的可行计划。传统渠道如银行、其他利基贷款人或风险投资不是最佳选择，贷款的时间要求也是越快越好。

当出现危机时，处于困境中的公司需要流动资金来促进销售增长、支持新市场的开拓或进行其他为维持公司生存所必要的变革。处在经营困境中的公司需要集中精力于手头的问题和非绊网契约（not trip - wire covenants）、持续的短期展期，以及降低由现有贷款人导致的更高法律成本。GCC 的这种融资途径产生于对公司各种各样的资产组合如应收账款、存货、设备和/或不动产提供贷款和定单融资。其也在客户需要时提供一些夹层类融资。

GCC 的成立填补了银行和风险投资之间小规模至中等规模商业融资的空白。公司已成立 15 年，雇用了一名经验丰富的信贷官/执行官供职于关键的销售岗位（目前已工作了 11 年）以补充经验丰富的信贷管理团队，并专门处理年销售额在300万~1.25亿美元的目标公司的业务。

担保和潜在的贷款回收风险是贷款评价和批准的两项重要内容，公司必须拥有一项恢复其盈利能力的可行的计划、良好的会计控制尤其是对担保品的控制；如果必要的话，还包括强有力的咨询支持或领导力（如果缺乏的话）。公司扭亏为盈通常伴随着销售额的增加以及通过减少成本和应用更高效的生产流程所带来的生产力的提高。处于困境中的公司通常使用大量短期资金来争取时间以克服其所存在的问题（高速增长或现有贷款人可行要求的清算）。导致公司破产的首要原因不是资金的成本，而是缺少可获得充足融资的途径。

为补偿银行不愿接受的较高企业风险，GCC收取的利息通常为最优利率加上4%及其他费用，我们习惯于和国内税务总局一道在公司税款过期情况下提供/折中商议（解除留置权的协议）做法。我们已支付当前的税款以换得该项合作（以及让GCC保留最重要的第一优先的留置权）。我们已经历过现有贷款人（在贷款期结束未获全额偿还）重组其贷款，以避免比借款公司被清算情况下更大的损失。激进的贷款需要确定，不仅这些问题可以得到解决，而且应付账款也会得到足够的资金支持，以保持原材料或对客户提供服务的管道的持续畅通。

GCC不是投资者，不需要再有所有者加入，不需要提供一个董事会席位，也不需要支付额外股利或支付繁重的成功费用。GCC在贷款安排和担保品价值的快速的现场决策以及与此相伴的总部的立即行动，相当于对客户融资需求及时综合性的反馈。除此之外，我们还通过定单融资给予公司持续的信贷支持以促进其销售增长。持续的信贷支持对于客户公司长期改善其融资环境非常重要。

一旦客户能够恢复到稳定的经营状态，他们就返回到传统的贷款途径，或在获得GCC融资的两年内以一个正常的价格出售公司。GCC唯一的产品就是贷款，其持续服务客户而不考虑宏观经济周期，并且不像传统商业银行市场提供的信贷一样发生波动。当前一些拥有正的净值和利润的客户选择与GCC继续保持业务关系，不返回至银行关系的原因往往是GCC的灵活融资政策。比起银行高度结构化和不稳定的贷款政策，这些客户更加重视使销售最大化的能力和拥有灵活融资下的利润增长以及处理困境的能力，尽管存在融资成本的较大差异。

案例概况

GCC 于 2004 年春季发放了一笔 400 万美元的贷款，该项贷款包括应收账款和存货的贷款及对设备的 100 万美元定期贷款。定单融资在公司需要用于增加原材料以满足销售积压的订单时予以提供。从流程上来看，该贷款是一笔每月付息和 5 年分期还款的循环贷款。

由于亏损公司出现负的现金流，这就是许多其他贷款人不愿意提供定期贷款的主要原因。对应收账款的 85% 的较高担保放款比率和对存货的 40% 的担保比率为公司需要用来全额偿还当前的贷款人。GCC 依据设备的清算价值使用了 67% 的担保比率，银行不愿意接受任何贷款本金的注销和任意比例的还款的延迟，所以一项无担保或次级的说明不是好的选择。定期贷款提供的额外的流动资金对公司的未来发展发挥着关键的作用，GCC 使得公司能够偿还银行贷款，减少应付账款余额，解决税收的问题和提供促进销售增长的融资。

从 GCC 的角度来看，公司拥有以下一些优势：

- 由于客户对公司提出的非常及时的生产要求，公司拥有一个不易为海外制造商替代的重要的制造业细分领域。
- 最终产品尽管经常改变，但不会很快过时。
- 公司拥有授权管理者经营的唯一一位已创办企业 15 年的所有者。公司还在会计、制造和原材料采购等一些关键岗位上拥有管理者优势。
- 公司连续出现 24 个月的经营亏损，对于当时的整体行业来说是个普遍现象。
- 在关键的人员裁减和其他成本减少方面快速决策（从过去的情况来看）。现金流盈亏平衡点已下降 20%，每一笔额外销售都会产生更积极的影响。

- 过去在解决公司逾期应付账款问题上一直表现积极。

由于GCC的融资，公司能够通过获得一个作为公司转亏计划组成部分的稳定的融资渠道，做出更佳的决策。不可缺少的和激进的融资途径对公司的销售和获利能力产生了近乎立竿见影的效果。除此之外，公司也能够避免支付与持续的短期贷款展期和供应商诉讼相关的法律费用。公司现已能够实现不合适的融资所限制其获得的更高毛利且现金集中的销售。

有了GCC的融资，公司能够集中精力于运营，减少经营成本和增加销售（相比较之前的贷款人强行要求清算的情况）。一旦公司通过增加利润减少了经营风险，其最终将能够获得传统银行的融资。

交易渠道和流程

上面讨论的贷款交易渠道来自于公司之前的贷款人，该贷款人知道我们为陷入经营困境的企业融资的历史记录。公司于2003年12月第一次联系了GCC，在其区域经理收到一份详细的贷款申请文件的48小时内，GCC便出具了一份详细的书面贷款意向。该意向书包括一个详细的且带有完整担保比率及可行的成本收益分析的贷款安排。所有可能导致其他潜在贷款人拒绝的关键问题在出具贷款承诺书之前由公司与GCC的管理者一起进行讨论并获得GCC管理层的同意。由于GCC的定价模型，公司通常在做出决策时会犹豫，但当没有其他融资选择时，当前的贷款人在当公司选择接受GCC的融资方案时对公司的贷款要求逐渐增加限制，直到2004年的4月。在对公司担保品和财务记录进行审计后，一周之后GCC便向公司发放了贷款，在短短10天内即完成了资产抵押贷款交易，并且在短短5天内完成了保理融资交易。

报告要求

所有的资产抵押贷款人都有担保和财务报告要求。在提供担保品的基础上，以下报告在向处于经营困境中的企业融资的交易中是非常重要的：

- 持续的每周基本借款额证书，该证书详细说明了当前销售额和存放于安全的银行“锁箱”中的托收款。
- 月度应收账款和应付账款账龄，存货报告和财务报表。
- 季度担保品审计。
- GCC 员工的定期拜访。
- 根据需要更新的现金流预测。

这些报告也帮助 GCC 积极主动地预测客户不断变化的流动资金需求。

关于供稿人

唐纳德·M·鲁德尼克（Donald M. Rudnik）是 GCC 的一名区域销售经理，他拥有 33 年的贷款从业经历（在加入 GCC 新业务发展部之前曾供职于一家特殊资产/组合管理公司 22 年），主要从事经营困难的小型和中等规模企业的贷款业务。唐纳德在对经营困难的公司的融资和清算方面拥有大量的经验。他曾帮助重组信托公司（Resolution Trust Corporation）接管三家经营失败的储蓄贷款机构并出售他们的资产。他也曾为银行家和各种国内咨询机构讲授贷款、困境企业融资、信用分析、资产抵押贷款和其他相关主题的课程。唐纳德还在向困难企业贷款的行业杂志上发表了多篇文章，也是本书第一版的供稿人，亦是收购战略和融资的国内专家小组成员。

案例3

资产抵押贷款人：债权人的利益分配

公司概况

格林菲尔德商业信贷公司（以下简称GCC），请参考案例2中的“公司概况”。

案例概况

该公司创建于20世纪90年代中期，是一家包装材料的制造商和分销商，也是一家具有实际从业经验的私人持股公司。该公司所处行业已经发展成熟，公司业务结构中约一半属商品销售，另一半是有关新包装设备的专业性创造性生产（增值）。该公司是在许多新产品投放市场的技术热潮期成长起来的。通过服务于外部竞争，公司每年的收入都会增加到刚好7位数（即百万）。尽管如此，在此期间，其主要的客户经营失败并按照《破产法》第11章提交了破产保护。公司面临损失大部分净资产和1/3销售额的风险。经营失败的客户在750英里以外，而且他们可进入其他市场。于是公司决定收购该客户，希望增加33%~50%的新业务。该项并购是由现有贷款人和大银行的小企业放贷部门来融资的。该贷款使用交叉担保。合并后的公司年销售额约为1 000万美元。

并购后两年内，科技股泡沫破灭。公司很少有新产品投放市场（销售降低和产品毛利率较高）且经济整体开始减弱。美国“9·11”事件发生以来，很多新产品推迟入市。许多公司处于金融衰退期及后期，成本削减缓慢。尽管存在这些问题，供应商还是努力维持与企业的合作。所有者在履行付款承诺时的积极性可视为对其继续支持的一个原因。但该公司未能成功寻求投资者，前景一片惨淡。

银行对局势日益恶化的反应

现有银行也都意识到各种问题的存在。双方的损失共同导致了贷款分类从“满意”到“观察”再到“损失”的转变。在高度管制的金融行业，许多公司都在被“观察”的名单上，尤其是中小企业，很少会被留在或保持在同一家银行。尽管做出很大努力，但还是没有新的银行或合适的贷款人出现。

银行开始采取标准措施退出问题贷款。这些措施包括：拒绝更高信贷额度的申请，开始减少现有的信贷额度，提高利率（很多次），消除透支特权，以及出具一些（几个月以上的）季度贷款展期协议，并且要求相应费用和由此产生的法律费用。银行的目的很明显。

所有者（不像处于相同状况下的很多人）不会去否认这种状况。他们曾向银行提出一定额度的贷款核销，以允许向 GCC 再融资。作为高业务风险的贷款人，我们不能把条件放得太宽，以免超过现实的抵押范围。贷款的核销或次级化要求再融资，两种做法银行都不愿接受。对于次级贷款，在新的贷款人根据销售额进行周支付或月支付的基础上，银行保有在新贷款人之后的留置权。这将可能促进与银行合作来解决问题，因为只要公司存活，银行就可能完全收回贷款。

在贷款协商期间，贷款会从原来的小企业部转到特别资产管理部。任何银行的专项资产管理部门都不是为了保留贷款而设立的，新的贷款人如果不能与银行合作，那么他和银行的关系也不会有任何改善。如果贷款人计划好了下一步的行动，公司依然要给他提供当前的数据。银行最终会同意注销，但抵押品价值下降太低，以至于不能支持新的贷款数量需求，为公司的存活提供流动资金。

剩下可采取行动的时间就很有限了。由于预期的法律费用，《破产法》第 11 章不可执行，而且它不能解决债务水平和账目支付等相关问题。常被采用的具有较低重组成本的一种形式是债权人利益分配（assignment for benefit of creditors，简称 ABC）。在这种情况下，如果新贷款人成功进行资产竞价，那么他目前的所有权将由免除负债的管理层保留。那会是一个企业存活的好机会。

债权人利益分配融资

GCC 在购买应收款账（90 天以内的发票日期）时提供保理融资。运用应收款项时大约有 50 万美元可以作为资产。在利润第一的基础上，运用个人资产抵押的留置权可获得 40 万美元的定期贷款。这笔资金的运用包括：法律费用和管理费用 5 万美元，银行支付 50 万美元，以及总应付账款的 25%。

高风险融资的成本分成保理融资和定期贷款两部分。应收保付（购买）款项的费用是账目未清期间每 10 天 1%。托收期一般是 40 天，成本约占 4%。没有其他的费用和折扣。85% 的新销售额放款率将会提供流动资金。定期贷款的利率是优惠利率加上 8%。贷款使用交叉担保。每月的定期支付利息来源于保理融资所得。

报告要求

这里的报告要求最低。对于保理协议和只付息的定期贷款，GCC 要求提交常见的文件，包括：

- 用于保理的发票副本以及需要资金时的发货证明。
- 月度应付账款账龄、纳税证明以及财务报表。

管理层收购陷入财务困境的公司

在对陷入财务困境的公司进行重组时，有两种选择：一是申请破产保护，二是将公司资产出售给无关联的第三方（包括之前在公司没有所有权利益的管理团队或其他外部团队）。此项出售可以在破产时进行，通过取消抵押回赎权和销售，而在伊利诺伊州（美国），债权人利益分配可以通过使用普通法的方式来完成。

债权人利益分配的定义

该案例中的大部分信息是由总部位于芝加哥的咨询公司 Rally 提供的。Rally 公司的主要负责人也是本案例中的受托人。

在很多情况下，债权人利益分配可用于完成对处于经营困境中公司的资产清算，或者作为一种公司重组的方法。对于此例而言，ABC 作为公司重组技术的用途如下：

- 为清偿债务和支付委托者的债权人，自愿将资产转移给第三方（受托人）。公司签署一个叫作“债权人利益分配和信托协定”的文件，其中包括：委托人将资产转给独立第三方的唯一目的是通过清偿债务或其他形式的销售将资产转成现金。
- 受托人的角色是负责管理公司及资产并开始清偿债务。受托人要提醒债权人以防其进一步利用信任获得付款。

标价出售的受让人收益

公司名称

地址

资产出售

日期

________【受让人名称】________（不是个人，但仅仅作为受让人）将接受标价购买他的权利、物权以及________公司特定资产的权益，包括但不限于位于________（地址）的________（资产清单）。

对于一个现金价格________（中间大小的 6 位数）美元，包括________（5 位数低值到中间值）美元、________美元以及________美元管理费用。受让人保留争取更高竞标价格的权利，且要求下一轮竞标规定的金额________（中间大小的 5 位数）美元比总计更多。

法律通告

在伊利诺伊州，一个公众普遍接受的普通法任务，通常会在短期内连续两次被刊登。刊登销售通告的目的是：最大限度的宣传和引起普通公众的兴趣，以确保合理商业交易中资产的最高和最佳价格。各州对债权人利益分配的监管法律都不尽相同。此种描述只作为指导，不作为 GCC 或 Rally 资本的法律意见。

债权人利益分配在交易中有如下优势：

- 公司选择受人尊敬的受托人，通常以经验丰富的法律顾问为代表，使得债务人的持续经营成为长期关注点。
- 很少有法院的监督，因此会有一个更低成本且更快的交易流程。
- 由受托人发布的公共警告和详细的索赔书有一个积极的有关商业合理性的论证。
- 在 GCC 融资协议中部分支付款取消了贷款人留置权。

此类交易中一个潜在的负面因素是债权人不同意提议的解决方案，他们可能还会提出非自愿破产申请。但经过少数相关债权人的共同努力，潜在的清算交易没有出现。

总结

一个盈利的公司在科技股泡沫破灭时陷入衰退。“9・11” 事件使得局势更加复杂。公司遭受损失，而银行撤出贷款。保留所有权最好的办法以及使公司生存的一个现实因素是债权人利益分配。公司会出售给当前管理部门。其他的竞标从未实现。银行作为抵押贷款人有可能承担清算的风险和更多的损失。

使用该方法，对《破产法》第 11 章引致的时间和法律费用的高成本可能导致更多的重组。这需要公司供应商间的合作，而且由于他们积极的管理，合作也是可能实现的。一个高度胜任的受托人和其他代表将有能力带领公司走出困境。

随着新产品的开发，公司不断成长；销售和利润的复苏会比预期的更快。即使法律上没有要求，公司也会把全部货款支付给供应商。一个新的贷款人也会看到公司的发展潜力、良好的资产负债和收入以及商业贷款全部付清的情况。

公司采取必要的法律措施来保护它的业务并同意债权人利益分配。处于财务困境的公司找到了过渡贷款人，由此公司恢复了盈利能力。这不是教科书上的案例，而是实实在在的事情。

关于供稿人

唐纳德·M·鲁德尼克，请参考案例2中的相关信息。

案例 4

资产抵押贷款人：收购

公司概况

格林菲尔德商业信贷公司（以下简称 GCC），请参考案例 2 中的“公司概况”。

案例概况

GCC 安排了一笔 300 万美元的贷款给一家略有盈利的公司，以帮助他们完成对另一家更大但陷入财务困境的公司的收购。该贷款方案以采购订单实现融资支持，内容包括应收账款与存货信用额度，以满足收购后的资金需求。

这家年收入达 1 000 万美元的中西部专业制造公司将现金流的波动范围保持在 6 位数以内，目前处于稳健成长中。公司潜力已经完全发挥出来，进行收购的时机趋于成熟。初级产业的发展曲线是平缓下降的，不太可能显著增长。外资公司（成本较低）也追逐短期利益。长期的人员裁减并不在考虑之列。而在成本高企、现金流有限的情况下，想要通过使用新设备来提高效率也并不可行。这家公司有一个积极的但缺乏想象力的银行关系。除此之外，收购者在存款单中预留了 6 个点的资金，以支付交易完成的费用及与之相应的审计和律师费用。无论从公司层面还是个人层面而言，都没有无担保资产或被抵押资产。

来自本国咨询机构 HOE 公司的杰克·恩戈尔克（Jack Engelke）受雇于企业所有者或企业家，为他们处理目标收购的调查及谈判事宜。调查后期产生若干收购备选方案。那些由于销售额无法增长而很可能缓慢萎缩的公司绝不是好的选择。因此当有类似的较大竞争对手出现时，谈判从一开始就直奔主题。

为什么它是可行的？拥有收购对象的大型联合企业会基于以下原因将其出手：（相对企业集团总产出来说）无足轻重的份额，近期亏损，低增长率，以及产品不符合企业未来战略目标。为了增加储备未来收购所需资金，大型联合企业必须将其出售或清盘。

目标公司

大型联合企业下属的目标公司在几个州之外，销售额是收购方的 3 倍之多。亏损额在 7 个点的范围内波动。两者之间存在一些明显的差异。两家公司的顾客群是相似的。目标公司的销售量在减少。

目标公司拥有理想的设备，但是管理能力显得有所欠缺，这将影响收购者的未来目标。大型联合企业必须履行相关义务，保证交易时没有大量的银行负债或应付款项。

收购价是高昂的（在资产价值及所需夹层融资总和之上），更重要的是，卖方坚决拒绝考虑任何形式的卖方融资。在这种情况下，顾问的作用就是改变卖方心态，这很重要。

虽然面临很多难题，不过这次收购交易的成功概率似乎相当高。收购方签署了一份收购意向书，获得了长达 6 个月的独家权利。鉴于清盘是一个切实可行的选择，大型联合企业将收购期限明确化。

贷款及其他事宜

收购方的本地银行对其完全担保贷款非常满意。如前所述，在此次收购行为中不存在超限额贷款的可能性。同时，鉴于被收购的目标公司远在数州之外，银行看不出有什么必要批准新的贷款。和所有其他银行一样，这家银行希望获得此次交易 25% ~40% 的普通股，其中有少于 10% 的收购价值显示在上述存款单中。

因为大型联合企业在数年前收购了目标公司，因此银行和目标公司之间不存在借贷关系。假如没有大型联合企业的支持，本地银行只能通过远在千里之外的陌生的收购者获得微乎其微的利润和极其有限的普通股权益。

他们联系了一些本国的资产租赁人。两者之间的距离对交易来说不成问题，但是目标公司高昂的收购价、它的负净收入（因此没有夹层融资参与），以及没有卖方融资及减价，都导致贷款要求被拒。

风险投资及股权投资公司对此没有太大兴趣。由于缺乏独立收购或联合收购的高成长潜力，这种收购在许多风险投资公司将收入总额在 2 500 万美元以下的企业缩小规模之前就已发生。无论谁来投资，他们都将被迫提供额外的管理来弥补其中的不足，但是随之产生的额外费用将明显减少他们的边际利润。

两家潜在的贷款人要求提供审计财务报告（相关费用由收购方支付），只为了减少贷款额。6 个月的收购期限如今只剩下 3 个星期。顾问及收购者就为达成交易卖方融资的必要性已经讨论过多次。但是大型联合企业对此仍旧不以为然。交易的大体时间已确定，收购价格已确定。因为没有其他收购选择，目标公司的清盘越来越近了。

利基市场专业贷款机构

一项贷款申请被提交到 GCC。笔者已经认识该名顾问 25 年了，在过去曾参与过几次较棘手的再融资交易活动。

高风险利基贷款人接受了一些基本的事项：（1）两地之间的距离；（2）小公司收购大公司（大型联合企业灌输的企业文化）；（3）少量的股权。

最初的焦点是对可行担保及怎样快速消除亏损进行考察。GCC 作为提供收购资金的一方，总是发现当公司面临困境时，自己要么是第一个获利的人，要么是最后的救命稻草，具体取决于当时的时机和状况。GCC 的经验证明，他们拥有极佳的判断力和能力，可以和贷款人、卖方以及美国国税局在各种情况下共事。笔者确信收购者具有快速改变的能力，使目标公司扭亏。

只有某些部分的贷款作了担保。作为无股权的贷款人，我们知道自己的局限性。因为熟悉市场（以及自意向书签署之时起产生的变化），总体而言，我们确信大型联合企业将会改变主意，在原收购价的基础上，或者减少收购价，或者提供卖方融资。

GCC 认为大型联合企业对清盘价值有着不切实际的估算，经过适当的努力，他们可以将清盘价格大大降低。由此大型联合企业将很乐意商谈切实可行的销售条款。

因为对账簿及记录的审核很满意，在收购期限还剩 7 天时，GCC 拟定了一份贷款承诺函，大型联合企业接受了 GCC 的提案。

GCC 及收购者的收购后亏损削减战略如下：

- 根据市场价格及收益率支付目标公司的管理团队优厚的报酬。目标是：提高销售额，转变经营理念，以及提高运营效率/盈利能力，取消部分高薪的管理职位。
- 目标公司在大型联合企业账户中的向上投资的费用为中间大小的 6 位数。这一费用将在收购完成后不存在。
- 关闭一条生产线可以使总成本降低为中间大小的 6 位数。
- 收购后空置的设备将会在交易完成后立即出售，以换取额外的运营资本。出售设备的变现价值将远远小于卖方大型联合企业在出售该企业时设定的金额。
- 将目标公司大约 1/5 的生产转移至收购方所在地，收购方 1/3 的生产转移至目标公司所在地，转移完成后可以带来更高的边际收益。

与卖方的最后会议

GCC 的承诺函标价 300 万美元，而不是总价要求的 800 万美元。当前数据显示，公司的清盘价值远小于最初的设想（受一些市场条件及其他未知因素的影响）。

出乎意料的是，大型联合企业急于出手目标公司。收购价格不变。卖方勉强同意为收购价格提供部分卖方融资。

资金结构

所有者的股权大部分用来支付审计及律师费用以及交易完成后的运营资金。

GCC 承担着非银行风险，有着非银行的灵活性，执行着非银行的利率。最优惠利率为 8%，但所有其他的费用使总成本接近 18%，高于银行的利率。无论如何，银行对收购资金不感兴趣。应收账款的放款率为 85%，存货（包括停留在生产过程中的存货）的放款率为 50%。设备有一些备用的抵押价值，不足以更改借贷条款。在设定警戒线之外，还有一年期的条款如最小资本净值、最小运营资本及其他类似的限定。没有成交费，也没有在董事会获得一个席位的要求。

卖方提供前两年只付息、5 年分期偿还的贷款/气球贷款。

GCC	300 万美元，拥有 18% 或 6.75% 的股权
卖方	500 万美元，拥有 6% 或 3.75% 的股权
合计	800 万美元，混合利率为 10.5%（实际上为最优惠利率加上 2.5%）

基于 GCC 不能也不想提供全部贷款，买方获得了混合利率的好处。与风险投资公司不同，这其中既没有后端费用，也没有董事会席位要求。

在 GCC 看来，这家公司具有以下优势：

- 非常重要的专业制造市场，因为客户群苛刻的实时生产需要，公司不容易被海外的制造商所取代。
- 产品由两家公司制造（收购方及被收购方），短期内几乎没有被淘汰的风险。
- 单一的所有者，使得主要的运营变革都可以很轻易地实现。
- 没有交易完成所带来的较多税负和应付账款。
- 融资带来的成本削减及混合利率不会给盈利和现金流带来压力。

由于 GCC 的融资，这家公司作为企业兼并重组计划的一部分，可以在稳定的资金支持下做出更好的选择。这项可以预见的积极融资几乎立即对销售额及盈利能力产生了影响。

GCC 期望这家公司在两年内回到传统的银行融资行列中。

交易渠道及流程

上面讨论的贷款交易渠道是通过一名具有良好声誉且有与 GCC 合作经验的顾问获得的。区域经理在收到具体的贷款申请文件后的 3 天内，公司总部就已出具了一份详细的贷款说明书。我们习惯和卖方、美国国税局、银行业者（尤其是在交易完成的时候并不能得到完全回报的成员）还有应付款信用委员会一起处理艰难的事务。

自审计之日起算，GCC 在 10 天内就能完成资本为本的贷款交易，因子分解贷款交易则是 5 天内完成。

报告要求

所有的资产为本贷款人都有担保及融资的报告要求。以下是基于亏本出售的交易融资所需的一些主要报告：

- 每周实时的贷款抵押基数凭证，列明当前销售额及已收货款。
- 每月应收款项及应付款项账务处理、存货报告及财务报表。
- 每季度担保品审计及 GCC 定期到访。

这些报告同时也帮助 GCC 在对客户运营资金变化的预期方面握有主动权。

关于供稿人

唐纳德 · M · 鲁德尼克，请参考案例 2 中的相关信息。

案例 5

资产抵押贷款机构：扭亏为盈融资

公司概况

格林菲尔德商业信贷机构（以下简称 GCC），请参考案例 2 中的“公司概况”。

扭亏为盈

向一家有望扭亏为盈的企业融资是一件困难的事，银行受到严格的监管，所得毛利较低且通常缺乏弹性，或对公司的继续亏损容忍有限。处于困境中的借款人可把《破产法》第 11 章视作清算的唯一选择。《破产法》第 11 章中的企业破产流程在多数情况下耗时长且费用高。《破产法》的实施在近年得到了加强，债权人委员会更加活跃，法官发挥了更多积极的作用，对于借款人和贷款人均存在许多风险。

在公司面临清算时，经营困难的借款人与银行一道开展工作，有时候可以使用债权人利益转让。某些情况下，根据 ABC 的做法可能保留公司现有的所有权。

案例概况

GCC 通过使用各种各样的公司资产作为担保为一家制造企业提供了 200

万美元的贷款，使得该企业走出了《破产法》第 11 章所规定的破产境地和最终的清算。公司已连续 3 年经营亏损，并且还有其他的财务问题。银行把该笔贷款列入“关注”名单（较高违约风险的贷款）。公司对几家银行存在严重的违约情况，银行准备强制出售公司资产以收回贷款，即使这将导致贷款本金的全部损失。《破产法》第 11 章看起来是保护公司免于停业的唯一可行的选择。

关于公司

该公司是一家年收入 2 000 万美元的制造企业，且已经营数十年的时间。当前的公司管理者在制造业方面有丰富的经验并在 10 年前购买了这家企业。一家银行向其提供了 6 位数的定期贷款和金额稍小的循环贷款，公司在多个贷款契约上构成了违约，银行已多次为贷款合同做了展期，希望一个新的贷款人能找到公司并为其融资。没有一家地区性或全国性的银行对该公司融资感兴趣。银行出具了最后一次展期，准备采取所有可被允许的法律手段，在指定的贷款最后期限强行出售担保资产，公司面临着严重的国内税收不合规的问题和过期的应付账款，经营损失严重影响了公司的现金流。

公司位于一个小镇上，该镇产业规模较小。公司已走访了多个州和地方政府机构寻求融资以使经营持续，这样就可以保留工作岗位。这些机构均表达了同情但不能采取任何积极的行动。银行与这些机构之前曾有过合作，但是机构的贷款条件较严格，公司无法获得。

行业情况

公司具有极好的市场声誉和经验丰富的管理者，由于工厂设备陈旧导致生产效率低下，以及国外企业的竞争，迫使一些竞争者退出了该行业。产品的高质量和及时生产的声誉可以帮助企业扭亏。

为了让企业能生存，其生产成本必须降低，工厂的革新会消耗大量的时间、成本且存在风险，但不采取行动则意味着公司将在近期内倒闭。只要公司能够以接近其国外竞争者的价格进行生产，包括较高的境外运输成本，公司就能生存下来。公司对银行的一些贷款契约已构成违约，且公司有着越来越多的销售积压，需要一项合理的再融资方案。

其他贷款机构

公司管理者广泛地向其他贷款机构、银行和资产抵押贷款机构（ABL）寻求融资，但一无所获。公司损失太过严重，超出了国内税务局的要求和过期的应付账款问题，公司身陷困境，特别是银行的最后还款期限日益临近。

一名竞争者将该公司推荐给了本案例的作者，该名作者有着长期的专业资产管理背景和10年的GCC工作经历。这名竞争者收取了较低的利率但提出了较高的信贷要求，这两家贷款机构保持了良好的相互协作关系。使用了GCC融资资金的公司恢复到盈利的状态，该竞争者自然是其风险标准范围内的相匹配的新的贷款人。

国内税务总局

公司对美国国内税务总局（IRS）也构成了严重的违约，IRS同意协商确定一项和解协议（Offer in Compromise），但要求支付35%的拖欠税款，对余下金额进行展期。这是一个非常惊人的数字，是其他利基市场专业贷款机构所不能做到的。所有贷款机构根据《统一商法典》（Uniform Commercial Code）将要求第一留置权的地位，没有35%的部分还款，IRS拒绝合作。

在类似的情况下，GCC与IRS有过多次合作。这种情况下，提供给IRS的解决方案是GCC为所要求的35%的部分还款融资，不计算在循环贷款的借款基数内，只要各方均能满意接受正式确定下来的贷款，IRS将向GCC出具一份其留置权处于次级的文件。然后，GCC作为管理者而不是交易担保人（一个关键的法律上的区别），其将确保公司将安排向IRS每月支付约定的过期税款余额，IRS认为一个感兴趣的第三方提供税款支付融资以支持和解协议是一项积极的举措。

利基市场专业贷款机构

银行贷款的最后期限临近，没有其他的资产抵押贷款机构提供可行的融资解决方案。GCC 出具了一项定期贷款清单，提供了以应收账款和存货为担保的信贷额度，以及一笔以没有产权阻碍的设备为担保的定期贷款。这项方案提议取决于公司设备的审计和当前的估价，审计结果是让人满意的，但设备的估价低于期望的金额。设备的市场价值较低是因为行业内有其他的公司同样出现这种困难，市场上有大量的这种设备可用于出售。

GCC 提供的信贷额度是以符合条件的应收账款的 85% 和符合条件的存货（原材料和产成品）的 50% 担保比率确定。此外，还有一笔按设备清算价值 65% 确定的贷款，要求按 5 年期分期偿还。

作为一个经验丰富的高风险贷款机构，GCC 清楚在合理的风险边界内其可以提供多少贷款。融资的需求包括偿清银行贷款、支付 IRS 的过期税款的 35% 部分和一些对于公司主要供应商的过期应付账款的支付。这个案例中全部的应付金额超过了 GCC 贷款的额度，短缺的部分是一个处于中间的 6 位数，唯一可能的协商途径是和银行（公司最大的债权人）。

银行

银行在对贷款做出几次延期后，看到许多潜在的贷款机构表现出感兴趣，但最终所有有兴趣的银行都拒绝了任何融资方案。银行的选择是强制公司清算，列为定期贷款的损失，或者与 GCC 协商。与 GCC 一道协商意味着要么接受一个处于中间 6 位数的贷款损失（贷款减值，doan write - down），或者双方合作与公司共同制订一项新的贷款方案。一些银行选择接受贷款损失，不与利基市场专业贷款机构合作。银行所谓的贷款人疲倦（lender fatigue）和对公司恶化的状况的不信任导致了这些决策。

银行仔细看了 GCC 的贷款提议，一开始拒绝了该提议，在经过多次讨论后银行明白 GCC 提议的贷款额度不会超过一定的额度（我们评估了风险和担保品并清楚我们的不足)。银行决定不做贷款的减值，而是向公司增加了一笔尚缺的6位数的不动产担保贷款，贷款执行原始定价，而不是一个违约利率（通常高于非违约利率3%）。

银行将收到其贷款的较大一部分偿付，这便考虑到了公司从银行的关注名单上的去除，为之后的其他贷款让出空间。剩余贷款金额与GCC依法重组，银行将能够把剩余的贷款重新归类为一个让人满意的性质，贷款的可回收性得到明显的提高。

应付账款

拖欠主要供应商的应付账款的结算更为容易，因为现在有许多的资金来保障一项可行的计划，与其他欠有过期应付账款的供应商的合作也变得相对容易。

对公司的好处

首要的好处是公司能够继续经营，所给予公司的这笔融资同时也减少或消除了财务和一般的支出，并带来其他一些好处：

- 银行已经获得每个季度贷款展期的费用，其利息费用在一个更高的违约利率水平。费用最终消除，利率减少。
- 每一笔贷款续期需要支付法律咨询费用，这些费用也最终消除。
- 每一笔银行贷款的续期占用了管理者宝贵的从事企业经营的时间，与可能的贷款机构协商谈判也花费了管理者大量的时间。
- 处理供应商的过期应付账款也同样花费了管理者大量时间，公司与供应商的关系得到改善，关键原材料的采购不是依赖于货到付款的结算方式（cash on delivery，简称COD）。
- 渐渐地公司能够获得相对宽松的贷款，并相应改善了公司现金流。

GCC 对公司的观点

公司有着以下一些优势：

- 公司处于一个非常重要的制造专业细分市场，由于其具备提供高质量和及时生产的产品的能力，其不容易为境外的制造商所取代。
- 主要的产品尽管不时地更换，但过时的风险很小。
- 单一的所有者在行业内经验丰富。
- 在现金受到很大限制的情况下，设备更新是一个大胆的举措，但执行得相当好。
- 一些美国境内竞争者的关门为公司销售增长、毛利增加留有空间。

当 GCC 考察一家处于危机中的公司时，不仅要评估其担保品，也要考察其管理人员。GCC 认为，公司一旦解决了流动资金缺乏的问题，就会有一个好的未来发展前景，我们为其提供了融资供其解决该问题。

我们期望有了预计的获利能力，公司将在两年内找到银行融资渠道。

交易安排和流程

批复一项文件齐备的贷款申请的流程很快。作为一个有着很高程度专业资产管理背景的理性贷款机构，GCC 不会因经验不足导致的过失或资产抵押贷款人通常拥有纯粹的销售类型而浪费时间。任何关键的问题都立即与 GCC 总部进行讨论，因此避免了浪费时间，尤其是在客户处于危机时。一个具有良好成功前景的贷款条款清单经常取决于 3 ~ 5 天内的审计工作。

GCC 在短短的 10 天内已完成了几笔资产抵押贷款，包括担保品审计和其他尽职调查活动的时间。应收账款的保理融资从开始审计的 5 天内就已经完成，我们习惯于当机立断，如我们过去的行事风格那样。

贷款契约

GCC很少像银行那样建立一些操作性的契约，如公司净值对最小流动资金，或最高薪金和股息支出比率。

报告要求

所有的资产抵押贷款机构都有担保品和财务报表报告要求以及和员工与公司人事部门的接口。在任何融资情况下以下这些都是最基本的：

- 当前每周的详细列明当前销售额、回款和存货变动的借款基数证明。
- 每月应收账款和应付账款的账期列表、存货报告和月度或季度财务报表，我们很少要求审计的年度财务报表。
- 每季度由GCC员工进行现场审计，管理人员开展对公司的定期现场检查。

关于供稿人

唐纳德·M·鲁德尼克，请参考案例2中的相关信息。

案例 6

资产抵押贷款机构：增长融资

公司概况

格林菲尔德商业信贷（以下简称 GCC），请参考案例 2 中的“公司概况”。

介绍

随着来自低工资和低税收国家的进口和更加具有弹性的环境标准的持续增长，美国已经失去其庞大的制造业优势。美国的中小规模公司的企业主已经适应了进口更多的商品。由于贷款机构资产负债表不可避免地出现弱化，正承担更高的风险，贷款机构需要适应这种普遍的情况。GCC 提供这个案例作为在向不能获得银行贷款谋求发展的中小企业融资时的这种重要的环境适应的例子。

案例概况

GCC 向一家略高于盈亏平衡点的进口公司提供了一笔 420 万美元的资产抵押贷款/夹层融资以支持其发展，贷款安排如下：

- 通过转向一个较保守的保理融资（仅包括应收账款），GCC 提供的贷款资金足够偿还公司有担保的债务。

- 由于上述的保理，允许公司提前偿还贷款。
- 提供用于偿还拖欠的联邦预扣税的资金。
- 用于偿还过期应付账款的资金。

综合的400万美元的信贷额度包括以下内容：

- 应收账款：根据符合条件的账期不超过90天的应收账款余额的85%质押率计算的高达250万美元金额。
- 存货：根据没有过时的产成品库存的50%的抵押率确定的高达100万美元的贷款金额。
- 基本条款：一年或按要求，循环贷款，利率为基准利率加4%（和一些费用），每月仅支付利息。

对于剩余的20万美元的夹层融资，GCC提供了一笔现金流贷款，考虑到公司刚开始有所盈利，发放这笔现金流贷款并不容易。但考虑到公司与其主要客户有着非常好的关系且拥有良好的销售积压订单，在确定每月偿还2万美元加15%的利率的基本条款基础上，GCC承担了这种额外夹层融资的风险。

现有贷款

一家地方银行利用公司所有者个人资产作为担保向公司提供了一笔贷款，但有许多问题阻碍了该贷款的续期。此外，公司还需要一笔夹层融资贷款以提供高于资产抵押贷款的资金。公司大体情况如下：

- 在之前的会计年度，公司销售实际了增长但亏损仍在扩大。
- 由于成本的减少，公司在经历两年的亏损后在当前年度有盈利。
- 大约85%的销售针对一个客户，这位客户拥有良好的市场声誉，且与公司有良好的业务合作记录。
- 现金的捉襟见肘导致公司一段时期未付联邦预扣税款。
- 存在数额较大的应付供应商的账款。

资产抵押贷款

国内非银行贷款机构包括各种各样的资产抵押贷款机构（以下简称ABL）或保理商，他们在担保、贷款规模、行业和经营风险态度上有着各自不同的优势。贷款是 ABL 的唯一产品，因此其向客户收取的利息和其他费用真实地反映了风险或收益。

许多购买商业发票的保理公司不具备以下能力：

- 贷款超过 100 万美元。
- 不能根据高度集中的应收账款情况提供贷款（如本案例中的情形）。
- 根据存货贷款（如本案例中的情形）。
- 提供夹层融资（如本案例中的情形）。

当制造商、分销商、进口商销售迅速增长时，他们能够突破保理的能力来融资。如果保理商不能根据公司手头的存货提供额外融资，则公司的发展能力受到限制。

高速发展但仍保持不盈利的公司常常需要一个组合的融资方案来支持其发展。较小规模的公司依赖对于大公司的销售，没有足够的流动资金，就将存在错过向这些大公司发送货物的船期的显在风险。一些情况下因发货延迟不仅涉及罚款，而且这些重要订单的取消可能还会造成强制公司按照《破产法》第 11 章或第 7 章破产的后果。

每年都会有一些公司在获得 GCC 提供的贷款承诺后决定不再使用我们的融资来帮助公司快速发展和扭亏。由于流动资金的紧张，在船期延误的情况下大公司取消了定单，许多公司最终因此倒闭。

当一个客户超过 50% 的订货比例时，就要评估小公司与大公司业务关系的风险情况。通常会对每一个销售客户设定一个上限。了解这种全面的政策对于从资产抵押/保理机构获得贷款的潜在借款人非常重要。

保理对于高速发展的公司而言是个可行的非银行融资方式，它是基于终端客户的良好的信用状况的担保。

公司

借款公司是5年前购自一家银行出售的经营已达15年的不良资产，购买方包括3名个人：两名没有实际的特定行业经营经验的投资者，以及一名在从东南亚国家进口消费品方面具有丰富经验和国内零售经验的少数权益的所有者。

该项收购几乎全是用个人资金完成。随着销售额的上升，公司的流动资金由所有者个人资产担保的小银行贷款组合和来自带有交货证明证据的可授信账户的应收账款保理融资来提供。

通过几个主要的零售连锁店，公司能够增加其销售额。努力提高质量和压缩海外运营成本绝非易事，尽管销量增加但仍出现亏损。公司最终达到了一定的产品质量水平并有能力向主要客户提供商品，由于公司大量的过期税款和应付账款等开支造成的亏损使公司步入经营困境，公司需要一个更全面的融资安排来维持来之不易的销售，但由于公司近两年亏损，其整体风险上升。

不能给予帮助的股权公司

股权投资公司在公司收购或资本注入（以换取占多数的所有者权益）方面仅表现出一般的兴趣，债务再融资的意图将公司定位于未来的最终出售，经济上的必要性将通过获得2～3年稳定的销售增长和利润增加来扭转公司经营亏损的局面。

少数权益股东在进口和零售方面有着丰富的经验，因为通常由该类公司提供的管理经验对于发展该公司并非很重要，因此没有必要寻找一家股权投资公司。

利基市场专业贷款机构

贷款申请由一名从业经验丰富的中小规模企业的顾问带给GCC，贷款机构与该名顾问已相识 10 年，并且先后对该名顾问带给 GCC 有关收购和转亏融资交易出具一些建议书（但最终没有提供融资）。

从 GCC 的角度来看，公司具有以下一些优势：

- 具有在海外生产和对美国大型零售商进行销售的经验丰富的管理团队。
- 与大规模销售集中账户有着非常好的关系，并且是集中账户的一个单一的渠道（一个积极的渠道）。
- 公司的消费品没有技术过期的风险。
- 削减成本对公司具有重要意义且长期实践。
- 对于运输途中存货的现金放款率，根据拥有良好历史销售记录的产品确定且/或由公司订单提供支持。

由于 GCC 的融资，公司能够获得销售额的增长，超过了银行信贷额度可能支持并实现的销售额上限，同时融资的限制条件也少得多。如果公司能够在一个主要的客户之外再扩大其客户基础，我们期望该公司在两年后可以获得传统银行融资渠道。

交易渠道和流程

上面所讨论的贷款的交易渠道是来自一名具有很高声誉且之前与 GCC 有过多次合作的企业顾问。在 GCC 的区域经理收到公司详细贷款申请文件的 3 天内，GCC 公司总部就出具了一份详细的条款清单。

GCC 在短短的 10 天内就结束了该项资产抵押贷款交易，在从开始到尽职调查审计的短短 5 天内就完成了保理融资交易。

报告要求

所有的资产抵押贷款机构都有担保品和财务报表报告要求：

- 持续的每周借款基数证明，详细列明当前销售额、回款和存货变动。
- 每月应收账款和应付账款的账期列表、存货报告和财务报表。
- 每季度由 GCC 员工进行担保品审计和定期走访。

关于供稿人

唐纳德·M·鲁德尼克，请参考案例 2 中的相关信息。

案例7

商业金融，贸易融资

公司概况

总部位于纽约市，代表处遍布全球的IIG资产有限责任公司（以下简称IIG）是一家非银行金融机构，为全球的商品及服务贸易提供融资。IIG专注于为中等规模及小型公司提供短期融资方案，帮助他们获得在国际市场上的贸易资格及商业融资交易。IIG创新的融资方案可以独立地应用，尤其是当一般的融资方案不可行时，可以和传统的银行融资及资本增长联合使用或作为其补充。通过在商业销售活动中的实战经验，该公司具有了发展定制融资方案的知识和专业技能，这些方案包含相当多的目标及要求。自1997年创立以来，IIG已经在贸易融资交易中提供了超过40亿美元的资金。

IIG的贸易融资方法包括：

- **全球化的专业技能。**IIG的国际融资专家拥有在国际市场众多领域的实战经验。
- **关系导向。**IIG专注客户的需求。他的团队与客户进行一对一的交流以了解客户的业务。在此基础上设计融资方案，帮助客户提高他们的能力，最终达成交易目标并实现短期及长期的战略目标。
- **交易焦点。**IIG是以交易为导向的，致力于为交易及基础资产进行融资。当借方独立的信用风险不一定会被接受时，此类交易是可行的。
- **灵活性。**跳出固定思考，IIG可以很好地融入市场中完全不同的各个领域或融资结构，这可能是银行和其他贷款人所不擅长的。

- **无缝服务**。IIG 可以为客户定制覆盖整个贸易流程的信贷方案，满足公司从公司创立、制造采购订单、运输、存货，到销售的一系列资金需求。

以下内容是针对中等规模及小企业中的各种需求而运用的客户定制融资方案设计：

- **资产抵押贷款**。IIG 可以设计一项融资项目使客户资产发挥杠杆作用，从而有助实现经营目标。
- **应收账款融资及保理**。利用公司所持有的应收账款，IIG 可以通过单独为融资作担保或对客户合格的应收账款提供保理融资，通常还包括采购订单融资。
- **进出口融资**。当一项潜在的交易没有达到银行融资的最小规模要求时，IIG 可以作为贷款人为交易提供资金。
- **仓储及存货融资**。针对符合条件的商品，IIG 可以提供灵活的仓储及存货融资，以满足交易流的需要。
- **交易权益**。IIG 可以提供额外的股权以达到银行融资标准。为免和一般的银行产品产生冲突，作为银行融资的补充，公司可以通过联合使用这两项工具极大地提高他们的融资能力。交易权益是 IIG 的特色服务。
- **参股**。若融资公司没有足够的资金或受到内部披露条例的限制，IIG 可以提供额外所需的资金以促成可行的交易。

目标客户特征如下：

- 中等规模及小型企业，包括初创企业。
- 目标市场全球化，尤其是发展中国家及新兴市场国家。
- 行业多样化，从高科技行业到制造业、日用品行业。
- 优秀的管理团队。
- 融资金额从 250 万美元到 4 000 万美元不等。

- 应收账款：通常有大量的债务人，可能含有采购订单融资。
- 存货：有力的控制及存货系统提供支持。
- 特殊情形：流动资金融资需要根据市场形势协助客户进行资金核定，包括大宗采购、清算或者供应商折扣。

近期完成的交易

应收账款融资

IIG 发现了一个向拉丁美洲肉类加工企业提供融资的机会。这家企业向欧洲大型商家提供冷冻牛肉。虽然公司拥有广泛的销售渠道，但在该领域仍只是一家相对较小的商家，在不断扩大的综合市场中运行着。当时，围绕牲畜加工及消费的事项在欧洲公共政策中处于领先地位，相关的限制条款也迅速演变。

经过全面尽职调查，IIG 认定该公司的销售业绩表现良好，业务流程健全，与供应商的固定合作的关系为此提供了额外的保障。最后，IIG 直接为其提供了 600 万美元的贷款。后来因为借方还贷情况良好，这笔贷款增加至 1 080 万美元，合约期限延长至 36 个月。

采购订单融资

一家拉丁美洲水果生产商找到 IIG，寻求一笔短期的融资方案以弥补充足的采购订单与买方最后付款期限之间的时间间隔。此项交易中的初级产品——香蕉在拉丁美洲的两个国家种植，成品销往美国及欧洲——具有非常好的竞争优势，并且该领域的受管制程度极高。

因为借方在拉丁美洲三个国家运营，产品分销到全球多个国家，融资解决方案是复杂的。本地银行没有类似的基础融资工具可以支持国外的多方交易，同时该交易额太小了，不适用国际银行的投资组合产品。

进行例行的尽职调查之后，IIG 敲定了一项为期 3 年的采购订单融资方案。因为已有一笔来自采购方的定期支付款项，贷款的金额有所调整，新的融资方案进行了数次修改。由此 IIG 不仅因为和优秀的客户建立关系而获得丰厚回报，同时也在成熟的新兴市场中支持了农作物生产及分销。

进口融资

一家来自拉丁美洲的客户从全球许多国家进口建筑用的钢材设备用于该地区的商业开发。该客户 2006 年的销售总额达 1 600 万美元。他们来到 IIG 寻求一项融资方案，以弥补进口钢材成本上升及在达到最大采购量之前所产生的大量运输成本。

现实情况使得事情变得更加复杂，由于该客户所运营的新兴市场过于透明，以致许多投资者并不认为它具有投资价值。尽职调查完成后，IIG 为客户提供了一份总额为 300 万美元的一年期可自动续约贷款方案。应用这一方案，商品在抵达目的地前，将被储存在仓库中，并由第三方担保人进行管理。在仓库存放期间，该存货实际上归 IIG 所有。当有人从借方购买钢材时，款项支付给 IIG，钢材销出。

这一交易不仅让 IIG 在新兴市场中寻找到一条有效降低政治及市场风险的组织交易的新渠道，同时也使得其投资组合更加多元化，从而促进经济发展。

关于供稿人

马丁·斯利威（Martin Silver）和大卫·胡（David Hu）都是 IIG 的管理合伙人。

案例 8

天使投资者，初始融资和公司出售

公司概况

新墨西哥天使投资有限公司（以下简称 NMA，www. nmangels. com），其前身为新墨西哥私人投资公司，是经认可的私人投资投资者和风险投资公司的附属机构。他们共同合作，在特许、优先产品或流程的基础上投资于世界一流的有技术发展潜力的企业。在理想情况下，这些公司的估值在 5 年内将有可能超过 1 亿美元。

NMA 在结构上和硅谷的天使投资组合很相似，它与洛杉矶、奥润集（Orange country）和圣迭戈地区经营的科技海岸天使投资公司也有很多共同点。NMA 和西南区其他的天使投资集团形成一个网络，目的是在随后的融资中，要先于战略企业或风险资本投资提供第一轮投资。

案例概况

美塑燃料有限公司（Meso Fuel, Inc. ，以下简称 MFI）位于美国新墨西哥州中部城市阿尔布开克（Albuquerque）。它是从总部也位于新墨西哥的美塑系统有限公司（Meso Systems, Inc. ，以下简称 MSI）分离出来的独立公司。这样的话，MFI 由总部位于伦敦的智力能源有限公司（Intelligent Energy, Ltd. ，以下简称 IE）收购。IE 计划其在 AIM 市场首次公开募股（一个公共股票交易市场，和纳斯达克相似，但由伦敦股票交易市场运营）上市。预期它的首次公开募股会自独立起的两年内完成，为美塑燃料的投资商提供一个成功的变现。

查克·考（Chuck Call）博士于1998年在华盛顿州的西北太平洋实验室创建了MSI。该公司的科技水平可涉及空气微粒并且对可能存在的生物恐怖物质进行分析，而且很快就能向手持装置汇报分析结果。除了和燃料电池一起工作的制氢器技术外，MSI的这项及相关技术已经发展成熟。鉴于空气颗粒物和制氢器采用的技术明显不同，MSI创建了一个完全附属于它的MFI。这种安排适合短期。由于没有充足的收益和现金流量支持其集资，MSI在2002年秋季剥离出MFI以集中精力助其筹集更多资本。

1992年，奈德·戈德肖尔（Ned Godshall）博士离开了桑迪亚国家实验室，成为新墨西哥众多企业家之一。查克·考博士邀请戈德肖尔加入并且管理MFI。戈德肖尔博士在斯坦福材料科学的训练和他高尚的职业道德，在推进公司发展过程中发挥着举足轻重的作用。

虽然MSI已经资助了MFI的早期发展，但作为一个分拆独立的公司，MFI不得不独立寻求流动资金。早期融资来源于一家当地的风险资本投资公司，它为MFI提供不少于100万美元的可转换票据。另外的部分资金来自小企业创新研究基金（SBIR）和其他的科研补贴。一系列的风险投资补充了所缺的资金。可转换票据在一轮轮中被以一定折扣兑换。

戈德肖尔和几位早期投资者都是新墨西哥州私人投资公司（NMPI）的成员。NMPI的出现以及在其他几位投资天使的帮助下，MFI启动了。布莱克·里奇韦（Blake Ridgeway）拥有丰富的商业经验（包括新墨西哥州公共服务领域的新商业和企业活动）。他也加入了MFI的管理团队并助其增强了管理能力。MFI的策略是：和垂直市场（不包括手提电脑，手机和汽车）的许多燃料电池公司共同合作。大约有75家目标公司等待核查。

2003年年初，公司迈入正轨，且与几十家燃料电池公司建立合作伙伴关系，实际正在合作的约有12家。研究合同正处于进程中而且目标合理，但商业收益和样品有点落后。公司计划于2003年秋天增加额外资本，目标是新一轮的数百万美元的投资。由于资本市场依然疲软，很难找到愿意再一轮投资的投资者。尽管如此，管理却在不断推进。他们面临着经典的“第 22 条军规”的艰难局面：是应该先找到合适的燃料电池合作伙伴然后增加资本呢，还是其他解决方案呢？

2003 年年底，MFI 开始和一个拥有强大知识产权能力的燃料电池公司 IE 展开讨论。IE 也拥有创造性的市场营销方案。这两个在各自专业领域均有独特技术的公司结成联盟，形成了一个颇具潜力的强大团队。有强大管理团队和真正的燃料电池技术拥有者的 IE 提出商业合并。

MFI 相信 IE 的提议有非同一般的优势，公司于是立即行动，迅速和 IE 原则上达成协议。如果在合并过程中花费时间太多并且最终失败，这才是 MFI 所担心的风险。那将分散他们在燃料制造科技上的注意力，并且有碍于他们寻求其他融资渠道。

MFI 股东们勤勤恳恳地审阅无数的文件，和现有的投资者保持持续的沟通，并且谦虚低调以避开任何媒体或公众披露。MFI 的投资者寻求的是流动性。IE 已经认识到替代投资市场（AIM）的一个积极转变。独立于 MFI 之外，IE 正准备主动提出要在替代投资市场提供安全措施。能否达成协议是 IE 和 MFI 的共同压力。他们计划于 2004 年 6 月提供安全措施。MFI 支持 IE 的提议，但是双方在条款、投资信息的会议以及所有重要的符合英国和美国法律的细节方面仍需商议。

可以说，MFI 和 IE 完成了合并，但 IE 仍然在规划其首次公开发行。MFI 的投资事宜包括：

- 英镑对美元的交易价值是多少？
- 股票锁定期为多长？
- 怎样才能在英国出售股票？
- IE 公司是否会在美国市场注册美国存托凭证？

作为 IE 公司的一部分，MFI 投资商在退出投资时似乎处于更加有利的位置。虽然有良好的预期投资回报，但他们的实际收益将取决于实际售出股票的时机。

经验教训/交易过程中适用的经验

注意，交易并不是有意计划的，然而当遇到机会时，MFI 管理层决定，对于投资者而言，这是最有意义的。

关于供稿人

乔治·M·里士满（George M. Richmond）于 1967 年开始他的投资生涯，那时他加入了新墨西哥天使公司——其总部设在新墨西哥州的阿尔布开克，是一个天使投资公司的附属企业，同时也是投资于早期高科技公司的风投合作伙伴。

乔治·M·里士满于 1967 年开始他的投资生涯，那时他加入了作为投资分析师的 J·R·蒂明斯（J. R. Timmins）所在的纽约证券交易公司。他在投资行业不断发展直至今日。

他的专业背景包括：纽约证券分析师协会会员，费城、芝加哥和底特律专业协会会员。1974 年，他成为特许金融分析师（CFA）。由于他目前在私人投资界的各项活动，他于 1999 年辞去特许金融分析师一职。

里士满于 1978 年加入芝加哥北方信托公司，随后被任命为信托部投资研究处处长。在位时，他被要求对风险投资做出评论，不仅在双方伙伴关系方面，而且对银行某些家庭客户的个别公司投资也要做出评论。几年后，他调到了资本市场部以促进银行风险投资活动的发展。他的职责是：建成一个小的企业投资公司和北方资本公司，以及听取、审查并代表北方资本公司进行风险资本投资。

里士满后来创建了自己的投资公司——里士满企业服务有限公司。公司不仅为私人企业和企业家提供专业的商业服务，而且对私营高科技公司进行投资。里士满已经观察、评审、准备并分析私营公司的商业计划长达 15 年之久。

他获得了宾夕法尼亚州伊斯顿市的拉斐特学院的经济学文科学士，并从纽约大学的巴鲁克商学院金融和投资专业研究生毕业。他是 T/J 技术公司（美国密歇根州安阿伯市一家开发燃料电池、电池和超级电容器的公司）的董事会成员。他还任职于新墨西哥州立大学物理科学研究所（PSI），PSI 的任务是将大学学院开发的技术商品化。

此外，他曾经在韦恩州立大学的商学院、东密歇根大学、新墨西哥大学担任客座讲师。

案例9

风险投资，早期增长股权

公司概况

River Cities Capital Funds（以下简称 River Cities）是最活跃和最有经验的投资于美国中西部和东南部的风险投资基金之一。当前管理 3.9 亿美元的基金并且投资逾 14 年，超过 80 家公司，River Cities 在区域企业和更广泛的风险投资领域已确立了其作为优先合伙人的地位。

River Cities 的历史可追溯到 1978 年于辛辛那提成立的 Mayfield & Robinson 金融顾问公司，该公司在战略规划、寻求新的资金渠道和提供并购建议方面帮助了整个区域内的中小企业，作为合作一方帮助企业家建立企业的成功经验影响了其所做的每件事情，并使其成为更好的风险资本投资者。

River Cities 寻找并投资高成长的具有实质客户基础和接近盈利的信息科技和医疗保健企业，这些企业扩张阶段的机会给投资者提供了风险可控的高回报机会，这种通过三期的前期资金投入执行的策略已使公司成为区域内业绩突出和具有良好声誉的行业领导者。

River Cities 主要投资于美国中西部和东南部，公司与这两处有着较深的私交网络，给公司带来重要的、独有的和建立在关系基础上的交易流，可使公司积极参与到其组合投资公司中。River Cities 的高管奉献了所有的时间并不懈努力发掘最佳投资。

River Cities 作为一个值得信赖的伙伴，与公司管理人员一道提供资源和服务，以使他们所花的时间和努力能够创造最大价值。River Cities 首先试图成为商业伙伴，然后才是资金的提供者。

案例概况

布赖恩·汉德（Brian Hand），前风险投资家，于 1999 年创办了 SalesHound. com 公司（以下简称 SH），在公司发展期间，曾更名为 CrossMedia Services，最终名称确定为 ShopLocal LLC。

在公司初创阶段，SH 是一家目标网站，旨在寻求汇集来自小零售商店内的促销信息并把该信息发布于网上，提供给“想知道当地有什么商品在打折出售”的客户选择。他们确信该商业模式成本太高而不能规模化，他们通过转型为当地市场中的大的零售商发布促销信息来解决这个问题。实际上，公司拿到了一些印刷的宣传品和传单，使其能够使用于网上，并专门定制以适应特定的市场需求。这种商业模式实质上是作为一家应用服务提供商（ASP），向大的零售商提供智能宣传（SmartCircular）服务，以支持这些零售商的线上宣传与展示。目前，公司通过其 ShopLocal 网络的网站每月吸引了 4 000 万名网络访客。

投资机会和交易

公司最早由布赖恩创办，第一笔 200 万美元的机构融资是在 1999 年 8 月从 Trident Capital 和一些小的投资者那里获得的。1999 年 12 月，Trident Capital 和 Gabriel Venture Partners 共同投资了 525 万美元，2000 年 5 月又以 3 000 万美元的交易前估值对公司投资了 800 万美元。

2000 年，公司向 ASP 转型，寻求一些类似西尔斯（Sears）（2000 年 12 月签订合作协议，2001 年 5 月合作运行）、欧迪办公（Office Depot）和史泰博（Staples）（这两家公司均于 2001 年 10 月签订合作协议）等大的零售商客户。2001 年 9 月初，公司在寻找其下一轮的资金，现有投资者坚持吸收一名新的风险投资者加入以证实公司的估值。

布赖恩通过之前作为风险投资家的工作认识了许多投资者，他找到River Cities 寻求其参与公司的下一轮融资。River Cities 开始拒绝了这个机会，原因在于该商业模式还没有完全从吸引眼球的昂贵模式转变成目标，他们还没有表现出作为管控良好的服务提供商足够的动力。但他们发现一个令人信服的基本前提：零售商需要外包服务以支持本地网站促销，因为购买者大多数正使用网络来搜寻网络上展示的产品，仅仅在百货商店进行线下的购买。

2001 年年末，River Cities 同意提供一笔 22.5 万美元的小额过桥贷款，然后投资 200 万美元参与作为系列 E 融资轮中全部 500 万美元投资的一部分。这次融资是估值较低的一次融资，交易前估值为 500 万美元，低于前一轮交易后估值的 3 800 万美元。布赖恩吸收了这项稀释股权的投资并保持了员工的完整。这次融资的完成创造了一个新的种类的带有雇员 4 年保留退休金权利和 0.01 美元执行价格的普通股，这为员工团队提供了可观的股价上升潜在利益。

2002 年 6 月，公司更名为 CrossMedia 服务公司，以更好地反映公司智能宣传服务的业务重点——把印刷品推广转化为网络世界的应用。

投资后期和市场退出

2004 的 1 月，公司购买了一家规模较小的竞争对手，位于西雅图的 DS Retail。4 个月后，2004 年 5 月一家由 Tribune、Knight - Ridder（现名为 Mclatchey）和 Gannett 合资的公司以 7 500 万美元的战略估值购买了公司，在不到 3 年时间里为 River Cities 提供了 6 倍于其投资的回报。公司被收购后再次更名为 ShopLocal LLC。

Gannett 在 2008 年 7 月于独立交易中获得了其合伙公司 Tribune 和 McClatchy 公司对 ShopLocal LL 的所有权。

吸取的教训和适用的经验

在其作为董事（审计委员会和薪酬委员会）的代表角色上，River Cities

在帮助公司集中于核心业务和为管理中的关键变革提供支持方面发挥了重要的作用。River Cities 的部分重点是建立一支强有力的团队，带领公司实现其目标。

很大程度上由于 River Cities 的建议，公司将重点放在零售服务的提供上，并且小心翼翼地扩张进入唯一的一个新的相关临近行业部门。公司放弃了其对于更具冒险性的且有着更多大型网络媒体运营商的商业发展行动的计划投资，并结束了其作为商业发展管理者的角色。另一项价值增值是 River Cities 对评估竞争环境和制定战略框架方面的帮助。

布赖恩列举了从其作为公司创办人和 CEO 中吸取的三个关键教训：

- 坚持和毅力是关键！坚持你所相信的并拼命去做！
- 在商业模式上要有灵活性。我们最开始拥有正确的想法但策略是错误的。我们走进了正确的池塘，但在船的错误一边进行捕鱼，一旦我们的客户目标重新定位在从小的零售商到大的零售商，我们的事业就会腾飞，我们行动得太早而不能为小的零售商提供市场营销服务。
- 清楚你的竞争对手是很重要的，了解他们如何报价、如何考虑以及他们的个性，清楚他们的投资者。他们通过在会议上保持联系和在客户的场所碰面做到这些。

关于供稿人

赖克（Rik）是 River Cities 风险投资基金的高管，于 2004 加入 River Cities 风险投资基金，专注于信息技术、医疗科技和保健服务投资机会。他来到 River Cities 时拥有在高速发展公司中高超的战略和经营管理经验，负责寻找项目并评估新的投资机会，与作为投资组合的公司管理人员一道从事市场营销、产品开发和战略制定方面的事务。他在 Fullscope 和 Endochoice 的董事会任职，是 Pioneer Surgical Technology 的一名观察员，积极参与 Privaris 和 SciQuest 的事务。

在去杜克大学福库商学院之前，赖克与一家初创的风险投资公司一道在

Scient 战略集团一家全球性的电子商务咨询公司工作，获得了投资方面的经验。在 Scient 之前，赖克在艾森哲（Accenture）工作了 4 年，开始在医疗保健服务部门，后又在卓越网络中心（Internet Center of Excellence）工作，在那里他帮助启动了一些风险投资支持的初创企业。赖克毕业于范德比尔特大学，获得了机械工程专业的工学学士。

赖克曾在企业发展中心的董事会任职，这是美国国内一家大型的企业支持机构，有着代表 1 100 家公司的 4 000 多名正式会员。赖克后又继续服务于包括 EVCC 和私募股权俱乐部（Private Equity Club）等在内的杜克大学机构的董事会。

布赖恩·汉德目前是 LifeSnapz 公司的创办人和 CEO（www. lifesnapz. com 和 www. timelines. com）。在创办 SalesHound 之前，布赖恩在风险投资和投资银行领域的第一分析公司（First Analysis Corporation）拥有 16 年的从业经历。在第一分析公司（First Analysis）最后 3 年担任公司副主席期间，他负责共同管理公司投资研究、投资银行和风险投资的日常事务。他同时也负责确认、投资和管理作为公司 500 万美元投资基金中部分作为投资组合的公司。他之前曾任投资研究执行董事、公司金融部副总和研究分析师。在加入第一分析公司之前，他服务于 IBM，是一名机器人工程师。他在瑞塞勒理工学院（Rensselaer Polytecnic Institute）获得机械工程专业的理学学士和理科硕士，获得西北大学凯洛格研究生院（JL Kellogg Graduate School of Management，Northwestern University）的 MBA。

案例 10

特许使用费融资（提成费融资）

公司概况

药品特许使用费（Drug Royalty）向开发药品、诊疗或医疗装置的投资者、机构团体和生命科学公司提供了创新的基于特许使用费的融资渠道。Drug Royalty 对以下两种模式中的一种提供特许使用费融资：

1. 从专利认证机构购买现有的特许使用费流。
2. 通过提供资金形成新的特许使用费合同，以换得一定百分比的产品收入。

作为一家多专业领域的反应积极的且拥有灵活的经营方式的公司，Drug Royalty 拥有在科学和技术方面专业的深度和广度、估值和融资、药品营销和临床的发展。

案例概况

Avanir 制药公司（AVN）是一家位于加州的公共上市企业，创办于 1988 年，1990 年在美国股票交易所公开上市交易。

Avanir 是一家药品研究和开发公司，专门从事慢性疾病的新疗法研究。公司最高级的候选产品用于假性延髓情绪（pseudobulbar affect）治疗的 Neurodex 现处于第三阶段的临床开发，第二阶段的临床开发用于治疗神经性疼痛（neuropathic pain）。公司的第一个商业化产品 Abreva 由 GlaxoSmithKline 消费者医疗服务公司在北美销售，现已成为治疗唇疱疹（cold sores）的主要非处方药品。

Avanir 寻求额外资金用于其管道产品 Neurodex 的临床开发。当时股票市场特别不欢迎技术类股票，Avanir 选择将其部分 Abreva 销售的特许使用费权利变现。

Avanir 最后以 2 410 万美元向美国药品专利特许公司（Drug Royalty USA）出售一部分 Abreva 在北美销售的未来特许使用费现金流。Avanir 保留了所有在其他区域产品销售当前和未来特许使用费的权利，也保留了其他如 HSV2 和带状疱疹的潜在产品指标的权利。

与 Drug Royalty 签订的许可证购买合同的条款提供了一笔 2 050 万美元的首次支付，款项于 2004 年 12 月 24 日已收到。Avanir 保留了每年超过 6 200万美元的 Abreva 销售所得 50% 的特许使用费的权利。2003 年 5 月 1 日，Avanir 在准许 Avanir 的关键专利权延期的基础上从 Drug Royalty 获得了额外的 360 万美元。

这个投资机会是各当事人之间的私人资产出售，没有涉及任何中介机构。

投资或贷款机会的策略和分析

为避免破产的风险，Drug Royalty 通常追求此类交易下许可证的协议，包括直接支付的权利、审计和潜在许可证合同中的知识产权。此外，Drug Royalty 会获得潜在知识产权（intellectual property，简称 IP）上的保障利益。

该交易的预期内部收益率（IRR）在 15% ~25% 范围内。

融资

截至目前，Drug Royalty 已从各种各样的客户那里购买了超过 25 项相互独立的特许使用费现金流，这些客户包括投资者、学术团体、研究机构、生物科技公司和制药公司。

Avanir 交易所获的资金来源于其内部产生的现金流，以及由两家全球性融资机构提供的经营性信贷。

交易后的问题

特许使用费融资不会造成股权的稀释，且通常不涉及控制权，对公司的管理结构和公司治理不会产生任何变化。作为一项资产的购买，Abreva 特许使用费的变现丝毫不影响 Avanir 的股票所有权。

交易一完成，商业化的知识产权的货币化的特许使用费能提供即时的现金流，使市场退出的担忧最小化。进一步的退出策略包括特许使用费利益组合的证券化。

交易过程中的教训和适用的经验

作为一家上市的生物科技公司，Avanir 制药公司在交易期间有许多可用的资金筹集方式，选择将特许使用费现金流货币化为公司提供了非稀释股权的资本，资本又可以再投资于可行的发展项目。随着公司对以公平市场价值的资产有效出售交易的宣布，交易对于 Avanir 公司股票价格的影响是积极的。而且交易后 18 个月内宣布两次交易，Avanir 公司能够以超过当时普遍的价格筹资股权资金，因此使得现有股权的权益稀释最小化。

关于供稿人

大卫·麦克诺坦（David MacNaughtan）是 Drug Royalty 公司经营发展部的一位高级副总裁。在成为 Paladin Lab 公司经营发展部副总裁之后，他于 2002 年 10 月加入 Drug Royalty 公司。在 Paladin Lab 公司，他成功完成了一系列专利许可证出售交易。在加入 Paladin 公司之前，他是 Royal Bank Capital 公司的一名投资经理，期间他主要负责风险资金投资并担任许多生命科技公司董事会的董事或依职权的观察员。麦克诺坦的职业生涯开始于 Hemosol，一家加拿大生物科技公司，担任流程开发工程师。他先后获得了加拿大皇后大学的化学工程硕士学位和多伦多大学的 MBA 学位。

案例 11

风险资本、增长股权

公司概况

西门子风险投资股份有限公司（以下简称 SVC）隶属于西门子股份公司，是一家市值达 7 亿欧元的风险投资机构，为西门子全球业务提供服务，并在西门子全球创新网络中发挥着非常重要的作用。SVC 在德国慕尼黑、美国加州圣何塞城、马萨诸塞州波士顿设有办事处，在临近以色列特拉维夫市的罗斯哈因城开办了子公司——西门子以色列有限公司，它们都致力于具有潜力的新兴技术和服务的研发，从而不断扩大西门子的核心业务。

西门子股份公司位于德国慕尼黑，是一家拥有稳定的商业投资组合的跨国公司，主要专注于电子和电气工程。公司的业务范围包括信息和通信、自动化控制、电力、运输、医疗、照明以及融资和房地产。西门子股份公司最近一年的全球营业收入大约为 890 亿美元。

SVC 目前投资了超过 70 家新兴发展公司以及 30 家风险投资基金，它们主要集中在以下行业：信息和通信、自动化控制、医疗解决方案、运输系统、电力以及安全技术。

SVC 参与每一项投资。除了在资金上给予支持之外，SVC 在投资组合企业的成长方面也起着积极的作用，不仅为战略管理提供指导，更向其开放西门子遍布全球的内部及外部资源网络。

SVC 的投资伙伴都很乐意和投资组合公司建立牢固的关系。他们形成了这样一种合作文化：在其中可以和高管们一起亲密合作，共同测定启动阶段的进度，共同决定怎样才能最好地实现质量的提升和可持续发展。

在西门子全球性的力量和资源协助下，SVC 能使企业家们提高其市场的知名度并赢得信誉，最终为全球销售和服务渠道创造出更大的空间。

案例概况

MontaVista 软件公司是一家系统软件和开发工具领先的全球供应商，适用于智能连接的设备和相关的基础设施。MontaVista 提供商业级 Linux 作业系统（OS）以及通用开发平台。MontaVista 的产品针对软件开发人员的需求，应用范围从通信基础设施到消费电子产品。MontaVista 的总部设在加州桑尼维尔，它是一家私人公司，由一些机构投资者资助。

2004 年 4 月，MontaVista 宣布了 4 个新进投资者：西门子风险投资有限公司（SVC）、三星投资公司（美国）、英飞凌投资公司和中国台湾的中国开发工业银行。MontaVista 公司自成立以来的投资总额已有 7 200 万美元。

交易牵头者

投资计划源于 SVC 对许多新兴的 Linux 网络供应商的调研。在与西门子技术集团的密切合作下，SVC 确认 Linux 是一种新兴的技术，它将为西门子带来巨大的潜在收益。SVC 的调查发现 MontaVista 的经营战略与西门子的需求十分吻合，于是召集了若干西门子附属公司来对 MontaVista 进行评估。

MontaVista 也承认同时作为客户和潜在投资者的西门子公司的战略重要性。该公司与 SVC 几年来接触了多次，但在早期接触中，MontaVista 和 Linux 市场并没有使西门子对其产生足够的兴趣。

2004 年年初，时机成熟了，这是由市场趋势和 MontaVista 不断增长的力量汇合引起的。

谈判过程中所解决的关键问题

当 SVC 与 MontaVista 开始进行投资讨论时，MontaVista 很高兴有对话的机会。然而，投资前，MontaVista 的资本已经很充足，这导致该公司及其投资者会密切关注其潜在投资。同时 SVC 对价格很敏感，因此促使成功的谈判结果是 SVC 有说服力的战略价值（交易细节见表 P2－2）。

表 P2－2 交易细节

	投资前	投资后	特征/条款/类型
年收入	2 000 万美元		
年 EBIT	减少		
短期债务	无	无	
长期债务	无	无	
负债总额	小	小	基于 MontaVista 的可订购定价模型，主要负债是递延收入
期权/认股权证	无认股权证	无认股权证	公司具有一项职工优先认股权计划

资料来源：MontaVista Software，Inc.

投资策略和分析

2003 年 8 月，Gartner 公司报告，嵌入式软件工具的市场需求量接近 10 亿美元。2003 年，根据市场份额，风险开发公司（VDC）将 MontaVista 软件公司定为全球头号商业嵌入式 Linux 公司。2004 年 6 月，在一份最新报告中，VDC 给予 MontaVista 在嵌入式 Linux 市场的主导市场份额（仅仅不到 50%）。

中国开发工业银行的助理副总裁艾琳·希尔（Irene Shih）说："Monta-

Vista 软件公司提供了一个强大和高质量的产品，尤其在 Linux 已经成为发展最快的嵌入式操作系统（OS）的中国台湾地区和中国大陆，对此有真正的需求。此外，我们预料嵌入式 Linux 的需求将继续较快增长，而且我们相信 MontaVista 软件公司拥有一个可以成功抓住这个机会的管理团队。”

投资后的问题

自西门子对 MontaVista 的投资持续增长以来，MontaVista 在西门子内部的作用已明显增大。在西门子内部至少有一个业务部门要实现西门子风险投资和技术公司所确定的利益，且其他一些业务部门已经开始与 MontaVista 接洽。通过在西门子内部建立关系，以及提供在多个市场领域的专业知识和战略指导，SVC 与 MontaVista 的合作为 MontaVista 的增长做出了贡献。

SVC 投资 MontaVista 的目的是双重的。随着 MontaVista 的产品和服务的销售越来越依赖于西门子，西门子的一个主要目的是帮助 MontaVista 从资本充足的早期阶段公司发展到资本充足的盈利的大公司。同时西门子风险投资期望其投资有一个稳健的投资回报。

交易过程中的教训和适用的经验

迄今为止，从公司的成长及西门子对公司产品和服务的杠杆利用前景来看，这项投资似乎是成功的。西门子方面对时机的预期证明，此种情况下，在和 SVC 进行探索投资讨论之前，公司内部至少要有一个业务单位产生显著的利润。而 MontaVista 方面对时机的预期则证明，即使公司已经资本充足，但引进战略投资者有着巨大的商业利益。

关于供稿人

萨拜因·津德拉（Sabine Zindera）是西门子风险投资营销传播的副总裁。戴夫·沃纳（Dave Warner）是 MontaVista 软件的财务总监。

案例 12

社区发展金融，信托投资基金

公司概况

SJF 风险投资公司的前身是可持续职业基金（Sustainable Job Fund），由大卫·柯克帕特里克（David Kirkpatrick）和里克德·费欧（Rick Defieux）于 1999 年创建。自成立以来，它的创始人一直努力使其成为一个合格的社区发展金融机构（CDFI）。

社区发展风险投资（CDVC）的基本目标之一是为低收入者创造并保留高质量、高收入的工作。社区发展风险投资联盟（CDVCA）和社区发展风险投资贸易集团的使命是：加强风险投资在创造就业岗位、创业能力和财富方面的运用，以改善低收入人士的生活水平和促进社区经济发展。

到 2003 年，SJF 共有两个经营实体：一个是 SJF 风险投资 I－LP，是一家营利性股权投资机构。另外一个是 SJF 咨询服务机构，属联合非营利性质，它在人力资源开发、环境的可持续性和低收入工人资产发展方面给证券公司提供技术援助。到目前为止，SJF 已经投资了 14 家公司，并挑选了将近 2 000 个总交易流量和 24 个机构合伙投资人。与 SJF 投资时的净亏损状况相比，14 家证券公司中的 9 家已经在纯收入的基础上实现盈亏相抵或扭亏为盈。

此外，这些投资已经完成了 SJF 的公司使命。他们提供了 1 500 多个工作岗位，净增值超过 750。除一家公司外，其他所有公司都提供由雇主支付的某种形式的医疗保险，而且许多公司还提供劳动培训、401（k）计划、利润分享或员工股票期权。投资公司 3/4 的员工处于入门级或半熟练阶段，而且 77% 的公司地址和 64% 的员工都在贫民区。

2003 年，SJF 公司的可用资金几乎全部投了出去（包括储备资金）。SJF 公司准备开始努力为其 SJF 风险投资 II – LP 募集资金，目标金额是 2 500 万 ~5 000 万美元。正如先前的基金，风险投资 II 将投资于优先股和有认股权证的附属债务（有权以预定价格购买未来公司股票份额）。

直到 2004 年第二季度，SJF 才开始认真努力增加其第二项基金。现在看来，第一项基金所投的主要银行正面临着来自私人股本投资组合公司带来的令人失望的结果。这也导致了银行对 SJF 公司的再投资持观望态度。可以理解，他们是想看看 SJF 公司是否能够成功撤出资金，而对于基金来说，要想在仅仅 4 年时间内获得高额回报而撤出资金并非易事，仍需好几年时间。2004 年 4 月，SJF I 开始了它的首次溢价退出（3 × 两年内内部收益的 70%），并且给它的有限合伙人分发了 100 多万美元，占所投资本的 10%。该基金利用这个好消息开始为 SJF II 计划募集资金。但是，它给那些想继续投资的人反馈的信息是：资金撤出（和资金缺位，投资组合价值增加的证据，如：高估值情况下证券公司会获得外界的投资所引起）仍然是其再投资决策的关键因素。

SJF 公司于 2007 年第一季度停掉了 SJF II 的 2 800 万美元的基金。许多投资者包括前期 SJF I 的投资者（主要是商业银行社会发展机构）都是个人高净值身份的拥有者。

案例概况

Ryla 远程服务公司由马克 · 威尔逊（Mark Wilson）和他的妻子伊芙琳（Evelyn）于 2001 年创建。Ryla 是一个企业对企业的远程服务中心。

马克 · 威尔逊最初就职于埃尔皮斯集团（Elpis Group），协助其募集资金，之后不久成立了 Ryla 公司。很明显，他自己无法筹集足够资金使公司运作起来。埃尔皮斯集团的纳贾赫 · 阿德 · 德雷克斯（Najah Ade – Drakes）将

Ryla推荐给里克·拉尔森（Rick Larson）——SJF的常务董事之一，他们在亚特兰大的一次风险企业博览会上相识。

每小时8.5美元的起薪，是所有销售佣金中的优选，而且他们还给所有全职工作人员支付80%的医疗保险。虽然公司位于乔治亚州的伍德斯托克（Woodstock），是亚特兰大以北相对繁荣的社区，但它的员工却来自收入较低的城市北部地区。

2002年至2003年年初，SJF公司共投入70万美元用以资助Ryla的运作。2002年8月，在投资前估值是125万美元的基础上，SJF在A系列投资了50万美元用于参加优先股。2003年2月，在投资前估值为210万美元和股票价格提高10%的基础上，SJF在A系列第一轮投资中增加20万美元。A系列第一轮投资后，SJF公司在Ryla公司拥有36%的股份，而威尔逊的份额为55%，另外的9%是期权留存。

2003年夏天，里克·拉尔森对Ryla的表现感到满意。不仅是因为它做得很好，而且它创造了高质量的工作。由于劳动力的不断增长，Ryla公司能够为长期工人支付100%的健康保险保费，并且提供401（k）计划、广泛的培训机会以及其他许多优惠待遇。在一个易于获得高营业额的行业，Ryla的劳动力稳定、热情、参与性高并且高效。

Ryla拥有3个主要客户和100多名员工，并于2003年6月达到现金流平衡。当前，其中一个客户要给Ryla增加一倍的业务。马克·威尔逊新近聘请的业务发展专员对亚特兰大一些主要公司很感兴趣。为发展业务，公司正计划筹集200万美元的B轮融资作为次级债务。次级债务的作用就是使威尔逊保持51%的公司所有权，且继续获得少数企业（MBE）认证资格。马克·威尔逊认为，随着国内公司的兴起，少数企业资格认证将有助于Ryla在公共机构招标和多项目的私人部门企业中获取竞争优势。

公司分析和市场

远程服务公司（也称为呼叫中心）创造了大量低技术含量的就业岗位。前四名远程服务公司分别是西部公司、肯沃基公司、SITEL公司和电子科技公司，在 2002 年共雇用了 123 800 人，创造了近 50 亿美元的收入。据估计，2002 年美国的呼叫中心的雇佣量在 190 万～700 万人次，包括公司内部呼叫中心，其雇佣量难以确定。在外包呼叫中心服务的全球市场上，2001 年协议公司的客户联系活动产值达 35 亿美元，按照每年 21% 的增长速度，2006 会增加到 900 亿美元。

作为破坏全美无数人晚餐的远程服务实时影像却只涵盖了该行业的一小部分，整个行业包括从高科技公司到汽车制造商的客户服务的全部流程，其服务方式主要是通过更新企业对企业的财务记录和收集账单来实现的。

Ryla 远程公司是在呼叫中心利基市场的玩家。马克 · 威尔逊一开始只是作为 Dun & Bradstreet 公司（以下简称 D&B，纽约证券交易所代码：DNB）的一个呼叫中心联盟的负责人，但他不断开拓进取直至成为公司副总裁，管理整个呼叫中心。2000 年，D&B 决定外包其呼叫中心业务的一部分。威尔逊说："我建议，与其外包给不懂 D&B 文化和商业模式的人，倒不如外包给我。" D&B 同意，并且成为 Ryla 的第一个客户。

SJF I 已储备了后续资金，并愿意和新投资者一起投资，这样就可以有一个新的股票价格。（该 SJF 估值政策是：只有新的投资者对公司进行投资时，它才会给公司估值加价。）SJF I 只有在压倒性商业缘由（进攻的或防守型）的基础上，才可能会对 Ryla 再次投资。

控股/SJF 风险投资 I 的退出目标

至于在 Ryla 公司的投资，SJF 的优先股收购协议包含一个 5 年投入协定，它和 5 年内退出基金的投资目标保持一致。它在 Ryla 的投资退出方案包括呼叫中心由一个较大玩家所收购，或者 SJF 的股票由管理层收购。创建可以购买 SJF 的股票的员工持股计划（ESOP），可能使一个像 Ryla 这样的公司拥有可以创造 500 万美元收益的劳动力，并且有坚实的盈利能力和发展前景。

交易过程中的教训和适用的经验

SJF 公司和 Ryla 公司在寻求 200 万美元 B 系列融资过程中，约见了近 20 家风险投资公司和夹层投资人。而亚特兰大地区的一家风投公司表示对 Ryla 很感兴趣，其主要问题是对威尔逊的：“500 万美元你能做什么?”公司同意保持联系，并愿成为该公司的非正式顾问。早在 2004 年就对其感兴趣的一个夹层基金（有认股权证的附属债务）依然保持联系，但没有被认真审核对待。以下几个因素似乎对 Ryla B 系列融资计划不利：

- 小规模和融资轮的结构。风险基金一般寻求投入大额资金，且大部分不愿通过认股权证附属债务的结构进行投资。夹层贷款人倾向于寻找比 Ryla 公司拥有更多现金流的企业，这样的运作略高于盈亏平衡。
- Ryla 的企业年龄和工业部门。该公司仍然记录了其第一个获利年度和迅速增长的轨迹，这将不利于计算 EBITDA，并且会使公司利润率低于行业标准。由于公司在这一点的投资将可能作为 EBITDA 的倍数来计算（而不是作为收入的倍数，这是还没有获利时，SJF 对 Ryla 的投资而言的），公司可能不会下达要做 SJF 管理层可能喜欢的估价的命令。
- 对离岸外包和 2004 年年初引进的“谢绝来电登记处”（National Do Not Call Registry）的热潮，在投资者中引发了对客户服务行业的疑问。虽然 Ryla 的企业对企业（B2B）的业务没有受到“谢绝来电”事件的影响，但在传统上一直由低劳动力成本推动的主要产业中，它对国内劳动力高工资的承诺（相对于离岸工资率）却受到了限制。

发生在系列 B 的缓慢融资流程允许公司逐渐淡化对资金的需求。它不得不设法从企业内部通过管理应付账款和争取更多可用应收款项的方式募集现金。此外，它还通过寻求出价更高的融资方式，大规模地重新商定其他昂贵部分的应收款项。

2004 年以来的发展

通过 SJF 公司的咨询服务，帮助该公司的基金于 2004 年 8 月通过了一个有广泛基础的股票期权计划。除了给公司提供宣传和交流机会，里克·拉尔森依然活跃在提供战略咨询和业务咨询的舞台上，但 Ryla 的成长仍需要额外的资金。

2005 年年中，公司面临现金危机。2005 年 6 月，SJF 连同社区发展风险投资联盟（CDVCA）的中心投资和两个天使投资基金一起给 Ryla 投入 525 000美元可转换过桥票据中的 175 000 美元。2004 年，在 GTECH 公司（财富 500 强中遍及美国各地的国家彩票经营者）和罗德岛经济发展委员会的邀请下，Ryla 开设了普罗维登斯罗得岛卫星呼叫服务中心。尽管威尔逊成功地与 GTECH 公司重新谈判相关工作条款，但该中心却是导致公司财务和管理流失的原因。与此同时，新的商业机会则发展缓慢。

在此期间，为数不多的亮点之一是一次“灾难恢复”合同，是 Ryla 与一家大型金融服务公司签订的。当这家公司失去了一个包含社会保障号码和成千上万的客户账号信息的磁带时，Ryla 公司提供紧急呼叫中心服务。

结果，这样不好对付的工作最终却成为 Ryla 公司的业务，这说明雇用和快速培训新员工是机智灵活的。雇员的短期涌入证明是一种识别全职潜力员工的很好的方法。在 2005 年和 2006 年，该公司将不断增加其他灾难恢复项目和经常性的季节性业务，如母亲节越来越多的远程订花业务和每年一度的医疗福利申请程序。

2007 年年初，先锋资本是针对技术服务公司的风险投资公司，它已经对 Ryla 的发展观察了 18 个月，然后以每股 2.52 美元的价格对其投资了 500 万美元。这股资金的涌入使得马克和雪莉连他们的子女上大学的费用都有了。由于先锋资本的注入，威尔逊夫妇的所有权跌破 50%。但这最终还是没有成为公司的难题，因为其少数企业所有权的地位，公司已经赢得了少数几个重要合同。先锋投资给了 SJF 公司兑换其 175 万美元资本的机会，兑换了将近 70 万美元的股票份额，这是它原来 875 000 美元的两倍投资回报，同时还保留了10.5%的持股比例。

除了给Ryla注入自身成长所需要的资金，先锋投资也是一个非常有益的合作伙伴。将基金引入Ryla的是瓦霍维娅公司前首席执行官埃德·克拉奇（Ed Crutchfield），他后来成为马克·威尔逊的导师，同时也是公司较大的投资者。先锋投资与加拿大皇家银行（RBC）资本的对接成为帮助Ryla成长的债务融资的稳定来源。通过详细的分析，先锋投资认为由于Ryla的收入参差不齐，所以它可以摆脱不太有利的合同，在未满负荷情况下运作，而且这样仍然有利可图。

该公司销售周期较长，而且在开发新业务前仍需扩大规模，这样就加大了Ryla的现金压力。当时新的销售没有按照预期快速实现，所以对于销售人员、市场营销以及2008年毗邻公司的总部的第二座工厂的开办，这些成本导致了在2008年C轮融资的需求。尽管如此，该公司仍预计在2008年获利2 000万美元，如果2008年第三季度能与主要的电信企业达成交易，那么这个数字可能会大大增加。

2008年年中，公司长期工作人员达到340人以上。虽然Ryla是家不是很重要的小企业，但它从不拖欠员工工资。人们喜欢在那里工作，并愿意为得到一个全职工作而去先做兼职。这极大地促进了公司从其参差不齐的收益模式中获利。

截至2008年9月，虽然先锋资本借助其资源和专业技能的优势成为该公司现在重要的金融合作伙伴，但SJF仍与该公司保持紧密联系。

案例 13

收入共享的债务

公司概况

Vested for Growth（VfG 公司）位于新罕布什尔州，是通过非营利性组织新罕布什尔州社区贷款基金（NHCLF）提供资本的一个融资渠道。在过去的 20 年里，NHCLF 已经借出了 6 000 万美元，为新罕布什尔州的家庭提供高质量的住房、工作和推动经济发展机遇。VfG 通过分担经营公司的责任和共享利润，以长远发展的眼光和发展的责任支持创业者。为实现该目标，VfG 提供两种工具：（1）高达 50 万美元的资金投资（债务或股权形式）；（2）同行学习群体可帮助公司 CEO 们应用一种经营理念作为一种方式发展公司。

VfG 旨在扩大投资组合公司的经济优胜者的人群，包括那些中学之后没有获得再教育的人群。两个关注的领域是找到新的方法聘用员工推动公司业绩增长，以及开发可带来持续改善的质量体系。为鼓励达到这些目标，创业者建立年度任务目标，在目标实现的情况下，创业者就可以减少 VfG 的融资成本，这种做法提供了一个“良好驾驶”（good driver）的奖励优惠。

VfG 只投资于新罕布什尔州的公司，这些公司遵行着 VfG 的经营理念，提供了一个强劲增长的见解并提供了许多的工作机会，包括给予未获中学之后教育的个人工作岗位。VfG 主要投资于处于增长期或持续良好经营阶段初创公司。优先考虑的投资工具是带有收入参与的债务，但所有的投资工具范围，从债务到直接权益，其恰当的条件取决于投资的性质。投资额大约在 20

万~50万美元范围内。

案例概况

在1989年创办Bortech公司并运营10年之后，里斯·艾奇逊（Rees Acheson）和特德·本森（Tedd Benson）准备追求其他的兴趣，但他们想找一位买家，这位买家在能够将Bortech带入下一阶段的成功的同时，也能够保持公司在新罕布什尔州的工作岗位，并和公司员工一起投资和分享公司利润并参与公司决策。Bortech当前的CEO利奥·怀特（Leo White）是最佳人选。

Bortech公司生产一种被授予专利的洞焊机（bore welder），该洞焊机利用一种新的焊接技术可以将修补洞的时间由几个小时减少到一小时之内。这些洞是指一些孔，在其中插入一些针闩可使机器的组件在轴上转动或旋转。时间一长，针闩会将洞孔磨薄，因此洞壁必须加固，要么通过在洞内焊接，要么就是在洞内加入金属衬管（bushing）。洞焊机的便携性允许机器可在现场修理一些设备而不必在修理厂里，并且其自动化操作流程允许焊机可以接触到人手不能接触到的洞孔，从而带来之前所不能达到的焊接强度。

了解了Bortech公司的技术优势后，怀特开始寻找一家银行来为这项收购提供贷款。但是比起公司的要价（asking price），Bortech的有形资产非常少——主要包括获得专利的洞焊机，许多银行担心贷款的担保问题。Bortech看上去正出现资金缺口，债务融资风险太大，但对于风险投资公司规模太小。幸运的是，对Bortech公司来说，VfG一种新罕布什尔州社区贷款基金项目可为该州内的小公司提供高达50万美元的风险资金，可用于填补该公司融资缺口。怀特在VfG顾问委员会一成员的引荐下找到了VfG该项目。

在了解Bortech的发展潜力及过去的经营状况和致力于突出就业的做法后，VfG提供了表现为债务和收入参与形式的50万美元的资金（收入参与分配以50万美元10年期基础上每年9%另加全部销售收入的1.44%的形式确立）。有了这项融资，怀特于2002年11月接管了Bortech，从那时起公司的经营表现一直超过同行；在2003年机器和工具行业销售额下降18%的情况下，Bortech的销售额的下降幅度为10年来销售记录的5%以内。2004年半年间，公司的销售超过原销售额的 35%，由此，公司年度参与支付计划对于 VfG 的定价预测（pricing projection）运行良好，一年后给予 VfG 14.3% 的内部收益率，在第 10 年末可达到 20% 的弹道式增长的内部收益率。

VfG“良好驾驶”的奖励优惠与聘用雇员的新的行动相关的任务进展紧密相联，Bortech 按要求制订了一项利润分享计划，对所有的员工开展财务方面的培训，这样员工就可以明白他们的工作是怎样符合公司的最低要求的，使用一个民主的流程来编辑一本员工手册和建立一项正式的质量控制流程。因此，公司在第一年就赚取了 3 500 美元的“良好驾驶”优惠，并选择将该金额加入利润分享池。此外，公司还增加了两条新的装配线和技术支持岗位，允许公司雇用两名员工，其中一名员工只读到中学就结束了正式教育，另一名员工担任经营发展部经理。Bortech 还在全体员工的福利计划上增加了短期残疾抚恤金、401（K）计划和定期人寿保险。Bortech 公司在被接管后的前两年在社会责任和财务方面均获得了实际的回报。

投资策略和分析

Bortech 是第一家实际申请 VfG 融资交易的公司，公司拥有一项专利产品，垄断了其产品市场并拥有 10 年成功运营的记录。尽管里奥·怀特之前从来没有掌管过一家公司，但他的经营经历仍是让人折服的，并且他的价值与 VfG 所追求的一致——包括与跟他一起参与利润共享计划的员工分享公司的成功。

投资后期的问题

2004 年，Bortech 取得了超过之前年度 35% 的销售额，公司发展前景看好。公司聘用了一名新的销售员，有望取得进展实现公司目标。里奥·怀特取得了很大的个人进步，在短期内便获得了更多的信任度。

VfG 从 Bortech 取得每月的财务报表并定期开展现场访谈。约翰·汉密尔顿（John Hamilton）是 VfG 企业发展部的总经理，也是 Bortech 顾问董事会的成员，他和里奥·怀特每隔一个月就会碰面一次。

从交易流程中所吸引的教训

对于未来的融资交易，VfG 将寻求一些方法来减少交易前产生的律师费，这种融资交易涉及三方和三家律师事务所；此外，VfG 将试图安排每月或每季度支付参与公司的收入分配，而不是每年一次。

关于供稿人

该案例改写自里奥·怀特和约翰·汉密尔顿合写的文章《Bortech 公司，一家授予增长融资的投资组合公司》。

案例 14
夹层投资

公司概况

Brookside 资本合伙公司向美国境内的中小企业提供夹层资金融资服务，其每年收入至少 1 500 万美元，还有至少 300 万美元的 EBITDA。Brookside 的投资对象没有特定的行业限制，但其更偏好于制造业和服务业，其目标公司通常具有以下一些特征：

- 盈利的历史表现和可预测的财务表现。
- 可防御的市场地位或拥有专利技术。
- 能够可持续发展。
- 有优秀的公司管理团队。

Brookside 一般提供次级资本以满足下列资金需求：

- 现有公司的战略收购。
- 内外部管理团队的收购。
- 发展资金。
- 向股东提供流动性或代际财富转移的杠杆资本重组。

投资结构和能力

Brookside 的融资额通常为 300 万～750 万美元，而一些金额较大的交易可以通过与其隶属机构共同投资来承接。这种投资通常被安排成当前需要支付利息的债务加上购买股本的权证。

案例概况

Brookside 向 McKenzie 体育用品公司投入了一笔次级债务（位于北卡罗来纳州格拉尼特阔里），该公司是一家主要的动物标本剥制形式产品和供应给猎人及渔夫陈列使用的战利品的设计者和制造商，McKenzie 也是一家供射击手在练习和比赛中使用的仿真三维泡沫靶的主要设计者、制造商和供应商。

融资

2003 年 10 月 7 日，Brookside 与其隶属机构一道以次级债务加股本权证的形式投资 725 万美元，用于支持 RFE 投资伙伴公司收购 McKenzie 体育用品公司。

关于供稿人

大卫・D・巴托尔夫（David D. Buttolph）是 Brookside 的执行总经理，在加入 Brookside 之前，他是 Canterbury 资本合伙公司的两家夹层投资基金的合伙人，这两家夹层投资基金总额超过 4 亿美元。在 Canterbury 期间，他担任投资组合公司的董事会成员。在加入 Canterbury 之前，巴尔托夫是 LaSalle 商业信贷公司的一名高级副总裁，并在那里工作了 5 年；他同时也是 Barclays 商业信贷公司的区域经理和副总裁。他于 1979 年毕业于波士顿大学，1980 年于塞福克大学获得 MBA。他也曾在福特汉姆大学商业研究所担任并购、收购方面的兼职讲师。

案例 15

私募股权：通过收购退出

公司概况

坐落于费城郊区的格雷厄姆合伙公司是一家私募股权公司，主要致力于并购和投资中等规模的私人持股制造公司。自 1988 年成立以来，格雷厄姆公司已经完成了价值逾 30 亿美元的交易活动，包括收购、合并、融资以及业务剥离等，还直接投资了公司运营业务的一些特别制造部门。格雷厄姆目前管理着一家私募股权基金，有 26 名员工，其中包括 16 位投资专家及一些会计和行政方面的专业人士。

格雷厄姆不仅拥有独一无二的融资和运营资源组合，而且继承了家族式工业企业环境下所特有的商业传统。同样，为了创造企业价值的合理增值，公司也拥有在 4 ~7 年后与管理团队和家庭业主/经营者建立意义重大的合伙关系的能力。公司最初专注于家用品的制造业务，创造了 2 000 万 ~2.5 亿美元的营业收入，从而不仅获得了实质资产，更与客户、供应商、同行和关联投资者建立了长期合作关系。由此，公司拥有了追求投资机会多样化的广阔空间。

格雷厄姆合伙公司由格雷厄姆集团主办，这一私人持有关系始于1960 年，是工业和投资业务的组合。格雷厄姆的业务遍布全球近 60 个地区，为广阔的终端市场提供制造业消费者和工业产品。

案例概况

总部位于加利福尼亚州圣马科斯城的艾尔拉多矿石公司（以下简称艾尔拉多）是一家生产建筑用石层板的企业，为民用及商用建筑商提供辅助材料。它的发展非常迅猛。由于杰出的产品质量和特别的客户服务，艾尔拉多在它所处的利基行业市场中处于领先地位。艾尔拉多的产品由高效分布在美国内陆各处的多样化设施所生产，然后销往世界各处不断增加的客户群。格雷厄姆合伙公司与艾尔拉多的合作始于2001年2月。在格雷厄姆持有艾尔拉多股权的将近3年时间里，双方的管理团队一起合作，不断地将其供应产品本土化，巩固其杰出的连锁经营基础，将销售额提高了300%有余。

投资策略和分析

艾尔拉多是格雷厄姆合伙公司1999年十大最佳投资组合公司之一。格雷厄姆的策略是获得像艾尔拉多这样的交易，这类公司可以从他们的产业发展趋势中通过生产替代品和加工原材料获益。由此，格雷厄姆可以使其昂贵的运营资源、关系网络和专业技术的产出最大化，在持有该公司期间实现价值增值。具体到这一案例，通过对矿石这一传统的辅助材料，如天然矿石、砖块、泥灰、乙烯塑料等进行再加工，艾尔拉多成为变化的受益者。

退出

艾尔拉多于2004年6月被售出，这是一次完全通过现金实现交易的战略收购，企业价值2.02亿美元，加上经过调整后近800万美元的额外运营资金。交易的完成使格雷厄姆合伙公司为当初在1999年向杠杆收购基金投入资金的投资者赚得将近50%的回报。艾尔拉多的出售给格雷厄姆带来将近4.4倍的股权投资收益，以及57%的内部收益率。

案例 16

私募股权：管理收购/合伙人退出

企业概况

普莱克斯资本公司（以下简称普莱克斯）是一家市值达 8 500 万美元的私募股权基金，专注于投资（美国）东南部及大西洋中部的高效能中等规模公司。它在北卡罗来纳州的夏绿蒂和罗莉城都设有办事处。普莱克斯公司致力于将投资结构组建成次级债务和认股权证的组合，他们的资金大部分用于发展、并购、杠杆收购、管理层收购和股份回购。自 2005 年 12 月第一次建立基金以来，普莱克斯公司已经在 21 家公司中投入了超过 6 000 万美元，这些公司横跨各个行业，包括商业服务、消费者服务、卫生保健、制造业、增值分销、政府订单以及其他基础行业等。潜在的公司具有优秀的管理团队、正的现金流 EBITDA（未计利息、税项、折旧及摊销前的利润在 100 万美元以上）、大型的市场机会，同时需要资金来实施其商业计划。普莱克斯公司一直坚持与优秀的管理团队合作，这样不仅能够获得现金回报，同时在知识和经验积累方面也能有所收获。

案例概况

信息转录方案解决有限责任公司（以下简称 TRS）总部位于北卡罗来纳州的格林斯博罗城。这是一家医学行业的信息转录机构，提供具有特色的卫生保健信息服务。TRS 由玛丽·哈维（Mary Harvey）创建于 20 世纪 90 年代，为那些想提高家庭生活水平的人们提供了在家庭之外转录医学信息的途径。1999 年，鲍勃·哈维（Bob Harvey）接手了这一业务，并通过引入新的转录人员、发展新客户和商业机会来使 TRS 稳步成长。2002 年，TRS 开始超过其目前的市值。为了使公司继续保持上升的势头，哈维先生批准了最强信息公司向其注入 51% 的股权投资的方案（哈维仍旧持有 49% 的股份）。在新注入资本的推动下，TRS 在 2005 年间仍然保持了极大的增长。

交易

2005 年年中，哈维先生考虑买下最强信息公司的股份所有权，并与普莱克斯接触，将其视为潜在的投资者。在与哈维先生商谈并帮助他了解了各种可行的融资方案之后，普莱克斯公司和哈维先生共同签署了一份价值 215 万美元的次级债务条款说明书。该次级债务抵押对于哈维先生来说是非常具有吸引力的方案。它允许哈维充分利用资产负债表，并可重新收回对业务的完全所有权（在发展的基础上拥有 100% 的表决权）。2005 年年末，这项交易成功完成，普莱克斯注资 215 万美元次级债务同时获得独家授权，哈维先生用将近 35 万美元买下最强信息公司的全部普通股。通过次级债务产品，哈维先生用 35 万美元购回了超过 30% 的公司股份（在完全稀释的基础上），从而重新获得了对公司 100% 的控制权。在最强信息公司控股时，TRS 总部迁移到了北卡罗来纳州的莱克星顿城；而当哈维先生有了 100% 的表决权时，它又迁回了原来的格林斯博罗城。

普莱克斯对 TRS 的投资决策是基于该公司强大的管理团队，他们拥有成功的运营记录并渴望加强对公司的所有权控制。TRS 所在的行业拥有极大的市场机会，对他们服务的需求是稳定的，而且通常情况下不存在周期性。除此之外，TRS 为他的客户和雇员都提供了极大的选择余地，从而顾客和雇员的流失率都极低。

交易完成后的问题

交易完成后，普莱克斯的一个主要负责人加入了 TRS 的董事会，对其进行常规的监管并为引导公司的利润增长提供建议，同时倾听管理层的理念和关注点。需要普莱克斯和 TRS 共同完成的一项工作是改进公司的会计和财务功能，使其更具竞争力和更好的扩展性，从而实现无保留审计意见的目标。

2006 年，虽然一开始由于现金流入低于预期，加上新项目运行、人力成本、行政支持等方面的成本增加而使现金流有所减少，但 TRS 总体在持续增长。由于现金流减少，TRS 违反了几项财务契约条款，于是普莱克斯与公司密切合作，一起改善其运营状况直至符合所有条款规定。

2007 年年中，TRS 对新项目和人力的投资效果初显，收益和现金流都迅速增长，这其中部分要归功于巴巴多斯新分部及 TRS 学院计划的推动，后者是一项新的培训计划。

2007 年年末，TRS 开始接受潜在的收购者关于收购公司的咨询。普莱克斯和公司的管理团队一起研究，帮助引导他们通过所有程序并获得合理的估值。在经历几个月的谈判后，TRS 发现这项交易对它来说并不划算，因为公司的财务业绩始终优异，收益和现金流均得到大量增加，其中一部分被用于偿还普莱克斯的债务。

退出

由于盈利能力提高和负债余额的减少，TRS 在 2008 年 7 月终于获得了使用银行借贷工具的资格，这可以为普莱克斯的债务进行再筹资，赎回其担保品，从而鲍勃·哈维最终持有了公司的全部所有权。

综述

这一交易案例反映了普莱克斯资本公司可以为寻求发展但不想放弃太多

具有潜力的股权的小型企业主提供资金。如在前述案例中所提到的，哈维先生一开始拥有公司49%的股份，利用普莱克斯的次级债务将之增加至100%的表决控制权。普莱克斯允许哈维在公司进一步发展时将成本较高的次级债务替换为成本较低的优先债务。

在不到3年的时间里，TRS已经偿清了所有债务，并换回了普莱克斯持有的所有股份，于是哈维先生拥有了100%的完全稀释后的普通股。普莱克斯和哈维先生都为彼此在困难时期没有恐慌而感到自豪，而且双方在互相支持下最终都获得了回报。

关于供稿人

迈克尔·贝克是普莱克斯资本公司的主要负责人，在北卡罗来纳州的罗利城工作。2003～2004年，迈克尔因为在东南部投资中级市场公司而与三方资本合伙企业共事。迈克尔的职业生涯始于1997年的汤森·福陆公司，一家位于北卡罗来纳州达拉谟的精品店。随后以副总裁席身份与RBS新世纪资本市场公司共事。

麦克拥有工商管理学士及工商管理硕士学位，均从位于教堂山的北卡罗来纳州大学取得。

案例 17

私募股权：业务重组

公司概况

Meriturn Partners 是一家服务于中等规模企业业务重组和转亏的投资者和顾问。作为一名投资者，Meriturn 管理着 Meriturn Fund 有限合伙公司，该公司每笔投资高达 1 000 万美元，投资于中等规模企业的业务重组和转亏的市场机会。作为一名顾问，Meriturn 和其他贷款人、股东和管理团队一起合作来提高正处于经营或财务困境的公司的存续能力和改善公司发展。

Meriturn 的专家的整个职业生涯都致力于解决具有较大影响且复杂的公司问题，并已监管了超过 100 例价值超过 100 亿美元的业务重组、转亏和融资交易和战略策划的任务。

Meriturn 深入参与到企业业务重组和转亏流程的每个阶段。它代表了投资者和客户，犹如自己的企业一样，并提供唯一的投资集团与顾问服务公司相结合的协同服务。这种协同服务通过获得大量的业务重组经验、行业知识、资源、关系和用于解决公司复杂状况的资金，为客户和作为投资组合的公司提供诸多益处。

案例概况

Dunn 纸业公司是一家北美特色包装纸和机制光面纸的生产商，公司主要服务于弹性产品包装公司、礼品包装生产商、纸袋生产商、产品标签制造商和食品服务公司。公司基地位于密歇根的休伦港（Port Huron），创办于1924年，公司的网址是 www. dunnpaper. com。

交易日期：2003年10月9日

Meriturn 可以通过 Fleet Capital 联系，Fleet Capital 是前母公司 Curtis 纸业的资深贷款机构。Curtis 纸业公司已经出售，但在仔细审视该行业后，Meriturn 选择只集中经营位于休伦港的造纸厂。

Meriturn 曾是这家公司早期的出价者，但因价格没谈妥错过购买机会，在最早的出价者没能完成交易及工厂关闭两周后，Meriturn 再一次被带回到竞标的流程。最大的障碍是足够快地完结交易以防止之前贷款人和债权人委员会对公司资产执行清算，并重新启动工厂生产以避免失去客户，伤害公司未来的可行性。在交易前的12个月内公司存在250万美元 EBITDA。

Meriturn 是该交易仅有的股权发起者，该交易还包括 Dunn 公司一些管理人员的共同投资。

投资策略和分析

Meriturn 和一些管理者在一个非常紧张的时间表下完成了尽职调查、组织了融资并在一个15天的时间框架内完成了交易。Meriturn 组织安排了超过1 000万美元的优先股、可转换次级债务和两部分银行债务来完成该交易并提供公司发展资金。第一国民银行（Citizens First，Inc.，纳斯达克股票代码：CTZN）运用美国农业部提供的特定担保提供了银行贷款融资。

重大的转亏活动包括：

- 通过裁减人员、优化机器设备，以及通过电力合同、物业税及与供应商的价格谈判，公司成本减少了450万美元。
- 减少25%的产品系列，重新调整生产，只进行毛利最高和最有效率的产品生产。
- 重新协商确定工会合同以改善工作制度的弹性和纪律要求。

- 开始早该压缩成本的计划的升级和维护。
- 启动一项公司范围内的激励补偿计划，给员工提供好处。

交易后期的问题

在交易完成后的前两个季度，纸浆和能源的价格达到历史上的高点，压缩了公司的利润空间，延迟了公司财务上的转亏。然而，公司较低的成本结构使公司免于遭受造纸行业其余企业经历的重大损失，Dunn 纸业在这段时间内持续赚得利润。

收购完成后，Meriturn 对公司管理团队并未做任何变更。

Meriturn 合伙人公司的控制角色和 Dunn 纸业的报告关系

Meriturn 合伙人公司控制了超过 70% 的公司权益，拥有 3/4 的董事会席位，且 Meriturn 合伙人公司担任董事会主席。Meriturn 维持了密切的报告关系，每月召开董事会电话会议，每季度召开现场会议。此外，Meriturn 还收到了管理团队提供的包括经营效率、分产品销售情况、流动资金、债务余额和到期债务的详细报告。

持有或退出目标

Meriturn 合伙公司是公司转亏情况下的一个相对长期的买家，Meriturn 努力稳定公司经营、将公司扭亏，在卖掉公司之前继续运营和发展公司且保持 3 ~5 年的盈利状态。

收购过程中吸取的教训和适用的经验

Meriturn 在业务重组方面有 5 项规则：

- 企业转亏为盈往往比计划花费更多的时间和成本。
- 重新获得的增长决不会如你规划的那么多的项目那样来得快速。
- 你需要根据你的负面情况进行投资——让正面的情况成为现实。
- 当需要做出变革时，应该迅速和果断——犹豫不决是敌人。
- 结果必须可以衡量。

关于供稿人

富兰克林·斯坦利（Franklin Stanley）是 Meriturn 合伙公司位于旧金山加利福尼亚办事处的总经理，他重点从事公司的投资和顾问两项工作，通过其工作邮箱 franklin@ meriturn. com 可以联系上他。在加入 Meriturn 合伙公司之前，斯坦利从事了 10 年的财务、战略和管理工作。最近一次他担任过 Axcellis 公司负责战略的副总裁，该公司是一家安全警报和系统整合行业的服务提供商。在 Axcellis 公司期间，他负责所有的融资、财务管理和发展战略伙伴的工作。在加入 Axcellis 公司之前，他掌管 KKS 公司（一家垂直一体化的健康公司），在那里他实现了公司的转亏，在 9 个月内使公司的收入增加了 75%。作为该项业务重组的组成部分，他的团队将公司的发展努力集中放在更高利润空间的服务项目、与国内买方长期的销售合同和更多项目的销售上，而不是单一的零售经营。此外，他还彻底检查了 KKS 一家附属公司的账单、财务和市场营销活动。在加入 KKS 公司之前，他是 SG Cowen 证券公司技术团队的合伙人，专门从事为小资本规模和中等资本规模客户的 IPO、后续交易、私人股权投资和并购的业务。他曾是雷曼兄弟公司杠杆金融和业务重组部门的财务分析师以及 Chase Manhattan 公司的信用分析师。斯坦利还担任过 Allen P. 和 Josephine B. 绿色基地（Green Foundation）公司的董事长。他获得了肯尼恩学院（Kenyon College）经济学学士学位和达特茅斯大学艾莫斯塔克学院的 MBA。

案例 18

私募股权：管理层参与的收购

公司概况

Meriturn Partners 是一家服务于中等规模企业业务重组和转亏的投资者和顾问。作为一名投资者，Meriturn 管理着 Meriturn Fund 有限合伙公司，该公司每笔交易投资高达 1 000 万美元，投资于中等规模企业的业务重组和转亏的市场机会。作为一名顾问，Meriturn 和其他贷款人、股东和管理团队一起合作来提高正处于经营或财务困境的公司的存续能力和改善公司发展。

Meriturn 的专家的整个职业生涯都致力于解决具有较大影响且复杂的公司问题，并已监管了超过 100 例价值超过 100 亿美元的业务重组、转亏和融资交易和战略策划的任务。

Meriturn 深入参与到企业业务重组和转亏流程的每个阶段。它代表了投资者和客户，犹如自己的企业一样，并提供唯一的投资集团与顾问服务公司相结合的协同服务。这种协同服务通过获得大量的业务重组经验、行业知识、资源、关系和用于解决公司复杂状况的资金，为客户和作为投资组合的公司提供诸多的益处。

案例概况

Johnston 纺织公司是一家技术纺织和特色纺织的主要生产商，公司生产种类众多的行业认可的产品，卖向全世界范围内的工业、家居陈设和应用于迎宾需求的市场，如公司100%的纺聚酯纤维的纺织品用于桌布和工作服市场；被服等床上用品，阻燃的纺织品，座位垫纺织品，应用于橡胶、汽车和研磨产品的纺织品，以及雅卡尔提花和多臂提花纺织装饰纺织品。在惠灵顿西尔斯（Wellington Sears）、Interweave、Duration、Caress 和 Chef Check 等品牌下，公司的产品有着重要的品牌意识。Johnston 总部位于亚拉巴马的凤凰城（Phoenix City，Alabama），经营分别位于凤凰城、沃里（Valley）、奥普（Opp）三处的现代化纺织制造基地。公司还在亚拉巴马州的沃里设有销售、市场宣传和设计中心，在沃里经营 ISO 认证的纺织品检测中心（TexTest）。

交易日期：2003 年 12 月 5 日

交易机会源于 Meriturn 和 Congress Financial's 融资方案组的关系，Congress 是 Johnston 工业（公司前身）的主要债权人。

Meriturn 合伙公司是该项交易唯一的权益发起人，交易还包括 Johnston 一些管理人员的共同投资，在实施收购时公司实体名称变更为 Johnston 纺织公司。

在关于剩余破产财产的养老金、医疗保障和其他遗留的债务的协商期间，一些重大的问题得到克服，此外也需要实施一些经营上的变革（激励计划、寻找关键供应商和工厂关闭等）。

投资策略和分析

由于不断高企的成本、同类商品的境外竞争、高企的债务负担和养老金债务，Johnston 工业公司于 2003 年 1 月 31 日按照《破产法》第 11 章提交了破产申请文件寻求破产保护。公司开始了业务重组，但其贷款机构选择按照《破产法》第 363 项条款强制出售公司的主要经营部门（纺织品、纤维和复合材料）以变现其所持有的债务。

2003 年 10 月 Meriturn 对纺织部门的资产进行出价，被选为“掩护竞拍”

(stalking horse) 的竞标人，2003 年纺织品部门的 EBITDA 为负的 680 万美元。

Meriturn 走完了《破产法》第 363 项条款的全部流程，于 2003 年12 月5 日完成了收购，Meriturn 为此项资金安排了超过 3 100 万美元的优先股权和银行债务，Fleet Capital 公司提供了用于收购和公司发展的流动资金债务融资。

在公司重组的流程中，管理团队：

- 重新合理调整了产品线并结束了一些商品经营。
- 关闭了两处高成本的产品制造中心。
- 提高了产品质量和服务。
- 开启了一项公司范围内的激励补偿计划，给所有员工提供福利。
- 提高了产品价格。
- 重新开始产品开发以求进一步发展。

随着 Meriturn 资金的注入，新公司的资产负债表表现良好，且有着较低的成本结构及能够维持世界级的设计者、制造商、技术和特色纺织产品的供应商的融资渠道。

投资后期的问题

为及时获得更好的信息以做出更有规划的管理决策的需求，使得公司开始应用某种信息系统项目（IS）。公司也在各级管理人员之间进行了人员的裁减，以形成一个更加扁平化的组织结构并减少支出。

Meriturn 合伙公司的控制角色和 Johnston 纺织公司的报告关系

Meriturn 合伙人公司控制了超过 70% 的公司权益，拥有 3/4 的董事会席位，且 Meriturn 合伙人公司担任董事会主席。Meriturn 维持了密切的报告关系，每月召开董事会电话会议，每季度召开现场会议。此外，Meriturn 还收到了管理团队提供的包括经营效率、分产品销售情况、流动资金、债务余额和到期债务的详细报告。

持有或退出目标

Meriturn 合伙公司是公司转亏情况下的一个相对长期的买家，Meriturn 努力稳定公司经营、将公司扭亏，在卖掉公司之前继续运营和发展公司且保持 3~5 年的盈利状态。

收购过程中吸取的教训和适用的经验

Meriturn 在业务重组方面有 5 项规则：

- 企业转亏为盈往往比计划花费更多的时间和成本。
- 重新获得的增长决不会如你规划的那么多的项目那样来得快速。
- 你需要根据你的负面情况进行投资——让正面的情况成为现实。
- 当需要做出变革时，应该迅速和果断——犹豫不决是敌人。
- 结果必须可以衡量。

关于供稿人

维托·拉索（Vito Russo）是 Meriturn 合伙公司位于北卡罗来纳州雷利办事处的总经理，专门负责公司的投资和顾问工作。在加入 Meriturn 合伙公司之前，拉索在公司管理、企业运营恢复和会计岗位上拥有 13 年的工作经验。最近的职位是 Nortel 网络公司（纽约证券交易所代码：NT）软件运营部的总经理，期间他负责所有面向电信服务提供商（如 Sprint 和 Verizon 公司）软件产品的事务。在该职位上，他管理产品的开发、市场宣传、销售和客户服务。在他管理该事务期间，公司收入增加了 50%，EBITDA 翻倍。在 Nortel 公司期间，他带领和管理一支团队，制订和维护了超过 5 亿美元研发费用的一个新产品线的战略计划，并成为引入和推出声谱辅助模块（Spectrum Peripheral Module，第一年销售达 10 亿美元的产品）的开发团队的一员，开发和应用了改善无线 PCS 无线电波生成，每周生成量翻倍的一项计划。在加入 Nortel 之前，拉索在 Price Waterhouse 的洛杉矶分部工作，即现在的普华永道国际会计师事务所（PWC）。在 PWC 工作期间，他从事企业破产、财务舞弊案例和各种各样中等规模企业债务的咨询工作。拉索还是一名在加州和北卡罗来纳州取得执照的注册会计师（CPA），他还拥有位于洛杉矶的加州大学的经济商务学士学位和范德比尔特大学欧文管理研究院的 MBA 学位。

案例 19

私募股权：从公开交易到私人交易

企业概况

河畔公司（The Riverside Company）在纽约、克里夫兰市、达拉斯市、旧金山都有办事处，它是领先的私募股权投资公司，主要投资于中等规模中较小的一类企业。河畔公司拥有 10 亿美元的管理资金，而且已使其投资者在退出交易时赢得近 4 倍于原始现金投资的收益。除了 1995 年前完成的4 个并购交易，该公司于1995 年、1998 年、2000 年和2003 年分别向市场投放了河畔资本升值基金，以吸引来自养老基金、捐赠基金、基金中的基金、保险公司和银行的投资者。自 1988 年成立以来，河畔公司在各行业已开展了不止 85 项并购活动。

案例概况

德怀尔集团公司（The Dwyer Group，Inc.）通过以服务为基础的品牌特许经营在国际范围内提供多样化的专卖服务。该企业提供高质量的住宅和轻商业服务。专卖服务是增长最快的特许经营类别之一。

德怀尔集团公司目前拥有 6 项业务：彩虹国际、Mr. Rooter、Mr. Electric、Mr. Appliance、Glass Doctor 和 Aire Serv. 。德怀尔为在美国和加拿大境内约 750 个专营店提供服务。公司的国际大师持牌专营服务在 14 个国家约有 240 个专营店。德怀尔集团公司也为梦幻厨卫（DreamMaker Bath & Kitchen）这一联营公司提供服务，此公司在美国有 134 个加盟商，在其他 12 个国家有 129 个持牌专营店。

想了解德怀尔集团公司更多的信息和经营理念，请浏览公司网站 www. dwyergroup. com.

分析及市场

德怀尔集团是多元化专营理念行业中的领导者。其他的特许经营商很少能像它那样成功地管理旗下如此多的品牌。在德怀尔的每一个产品竞争领域中都有一个最知名的品牌，它相对竞争者拥有大量的市场份额。

德怀尔集团有一个由最好的管理团队领导的杰出的企业文化，该团队在业内享有很高的声誉，并且具有创造性和打造核心企业的积极性。德怀尔拥有稳固的专利制度基础，加盟商为此感到高兴，收入系统化地不断增长，每一项特许经营权和续约率都表现良好。

德怀尔集团的生产线不具周期性，财务状况取决于当前加盟商的业务是否成功。

投资的策略和分析

在 2003 年 10 月被河畔公司收购之前，德怀尔集团是一家在纳斯达克上市的公司，交易代码为 DWYR。其专卖服务对象超过 200 万个家庭，每年零售额超过 4 亿美元。在过去的 5 年中，德怀尔集团收益拥有 19% 的年复合增长率。

“我们一直在关注那些可能有收购吸引力的小型上市公司。”普通管理合伙人斯图尔特 · 科尔评价道，“对于河畔公司来说，我们希望德怀尔集团是众多私有化交易机会中的第一个。”

交易谈判过程中，双方都面临以下问题：

- 德怀尔集团的估价。河畔公司根据公司当前和预期收益对其进行估价。德怀尔代表方是由董事会和投资银行委派的一个特别、独立委员会。几次会议之后，该小组与河畔公司达成共识。
- 德怀尔公司某些股东和高级管理人员的展期投资。通常情况下，河畔公司寻求自愿将其部分销售收入投资到新的交易中的管理团队。该项投资强调了河畔公司与其管理团队之间的伙伴关系，更重要的是他们之间利益的平衡。
- 管理者期权。所有河畔公司的杠杆收购交易都有常规和重要的组成部分。河畔公司及其管理团队努力开发出以业绩为基础的期权方案和结构，此方案和结构将具有对优秀团队（比如德怀尔团队）的创造性进行公开透明的奖励功能。

评价一个杠杆收购时，河畔公司在高额回报和合理风险之间寻求最佳平衡。该公司旨在向投资者提供至少 20% 的内部收益率（IRR），不包括追加收购或通过增加公司 EBITDA 而得的多倍的套利（参考表 P2 – 3 的交易细节）。

表 P2 – 3　交易细节（百万美元）

	投资前	投资后	特征/条款/类型
年收入	27.4		
年 EBITDA	7.4		
短期债务	0.4	3.4	
长期债务	2.1	25.2	高级循环贷款和定期贷款以及次级债务
负债总额	6.1	36.9	
优先股	0.0	0.0	没有
普通股	22.1	30.9	Riverside，Dwyer 家庭以及管理层
资产总额	28.2	67.8	
期权/认股权证	3.0/1.1	15.0%/3.0%	投资前：在 2003 年 10 月 30 日实现的期权和认股权证的价值 投资后：次级债务上性能化的期权和认股权证作为股权投资的百分比

资料来源：河畔公司

交易时间：2003 年 10 月 30 日

德怀尔集团公司的收购是河畔公司在 2003 年的第 11 场交易。

德怀尔集团公司由唐·德怀尔创建于 1981 年，他认为这是一个帮助他人发展并实现他们创业梦想的好机会。德怀尔集团的成功是因为它注重给人提供一个发展的环境，它教导加盟商如何经营自己的企业以及独特的企业文化。1999 年 1 月，唐的女儿迪娜接任公司首席执行官。

1993 年，德怀尔集团公开上市。10 年后，成为由河畔公司和其他股东（包括德怀尔家庭成员和德怀尔集团高级管理人员）私人拥有的企业。河畔公司给没有参与管理买断的德怀尔公众持股人支付每股 6. 75 美元。管理者收购代表了：在 2003 年 5 月 9 日发布的买断管理消息前的最后交易日，超过收盘价每股 4. 25 美元约 59% 的股票溢价。

“德怀尔集团拥有业界领先的管理团队，它们已成功地开发出完善的特许经营系统，系统中专营公司逐年不断地促进业务发展。”河畔公司旧金山办事处的负责人洛伦·施拉克特解释说，“在未来几年内，我们预期消费者将继续重视供应商所提供的品牌、可靠性和专业服务，而德怀尔集团的定位与这一趋势完全相符。我们将继续支持德怀尔集团的有机发展，这一发展是通过对人的投资以及考虑作为现有品牌补充的收购或以家庭服务为目标的收购而实现的。”

“德怀尔集团一直致力于与赢家结盟，这无一例外。”德怀尔集团首席执行官迪娜·德怀尔说，“拥有河畔公司的支持是在特许经营和贸易服务行业对我们品牌实力的巨大肯定。这不仅完善了我们的团队，也使我们能够更加积极地追求我们在所有业务领域的大幅增长。加盟商将受益于我们品牌的快速扩张，而我们将继续为他们提供促进业务发展所需的支持。德怀尔集团的成功和加盟商的成功是成正比的。在德怀尔集团的投资，也是我们整个投资网络的一部分。”

投资后的问题

河畔公司与德怀尔集团公司的关系

在每笔交易中，河畔公司的目标都是在公司所有权阶段在管理上进行合作。由于许多管理团队（包括德怀尔）都和河畔公司共同出资，所以其利益和战略目标都与公司增值的目标相一致。河畔公司的投资管理理念是：以合作为基础，目标一致，有自主性（即让一个强大的管理团队继续做好份内的工作），并且在需要时提供经营资源援助。

与德怀尔的大股东一样，河畔公司在包括迪娜·德怀尔·欧文斯在内的董事会中也占有主导地位。河畔公司目前正与德怀尔·欧文斯女士一道共同任命两名董事会成员以外的成员，这两个成员将根据他们在专营或相关行业的经验提供对公司有战略价值的服务。

河畔公司将继续帮助德怀尔集团的发展，继续提供额外资金，并以有经验的业务伙伴或外部顾问的形式提供经营资源。

收购后产生的问题

河畔公司帮助其投资组合公司发展的最好的方式之一是通过明确和完成对公司业务形成补充或附加的收购。2004 年 1 月，河畔公司和德怀尔集团做出了该公司的第一个附加型收购——哈蒙玻璃公司与德怀尔的特许经营业务中的 Glass doctor 合并。

哈蒙既是一个汽车玻璃零售商，又是保险业第三方管理者，其 2003 年的净营业额是 1.86 亿美元，而且成为汽车玻璃更换行业中第三大企业。Glass doctor 对哈蒙的交易策略是将哈蒙公司拥有的玻璃店铺转化成 Glass doctor 的专营店，建立全美第二大汽车玻璃更换公司。

除了这笔交易和附加的收购机遇，河畔公司已与德怀尔集团公司共同参与管理，以确定德怀尔集团其他特许经营理念的有机发展。

控股或退出目标

河畔公司的目标是使其投资组合公司在企业的所有权时期发展壮大，变得更好。这通常相当于完成 1 个、2 个或 3 个附加（收购），而使投资组合公司的规模出现 2 ~ 3 倍的自然增长。这通常在完成并购后的 5 ~ 7 年内实现，并购时公司出售给那些可以保持其增长水平的买家。

截至 2008 年年底，河畔公司继续持有在德怀尔集团的投资。

经验教训/交易过程中适用的经验

河畔公司不断强调与模范管理团队保持一致的信念，这是使公司显著扩张并且为所有股东创造价值的必要条件。

在与德怀尔的并购过程中，河畔公司吸取了什么样的经验教训？

- 对特许经营商业模式的理解和承诺，这一模式是德怀尔公司业务中对当地商业最成功的方式。
- 买卖双方分享共同的价值观和文化的必要性。为了提供更好的参照对象，德怀尔集团以“价值模式”的杠杆理念生存，河畔公司则强调“主要合作伙伴”的杠杆收购理念。
- 为协助德怀尔强劲的自然增长而确定资产价值和完成附加收购。
- 德怀尔决定通过提供增值服务来支持加盟商并助他们实现自己的梦想。

关于供稿人

罗伯特 · B · 兰迪斯（Robert B. Landis）于 2002 年加入河畔公司。他拥有在德意志银行 Alex. Brown 和花旗银行超过 22 年的商业与投资银行经验。在德意志银行，他掌握了在消费、工业、交通、航空航天业和电信部门的专业知识，并且负责该公司的北美企业融资集团，当时它作为一个投资银行过渡形式。在花旗银行，他曾担任多国集团的副总裁。在此之前，他是美国军队的陆军少校，管理德国巴伐利亚州的分销业务并管理着 170 名工作人员。

他拥有科罗拉多大学的理学学士学位和美国国际管理研究生学院的国际管理 MBA 学位。

案例 20

私募股权：收购和发展策略

企业概况

VSS 是一家专注于媒体、通信及资讯行业的商业银行。自 1981 年成立以来，VSS 已经完成了超过 630 项交易。公司以商业顾问的形式为媒体行业的所有领域提供服务，包括商业杂志及贸易展示、消费者杂志、广播电视、有线频道及无线电、报纸、商业信息服务、娱乐以及互联网等。VSS 为媒体所有者提供全面的服务，包括各种企业并购和公司融资交易咨询、私募股权融资、夹层贷款，以及对通信行业的深度调查等。VSS 的高级专家们拥有数十年的从业经验，他们一方面以媒体所有者及高级执行官的身份管理并购战略，另一方面像投资银行那样给媒体公司提出建议。

自 1987 年成立以来，VSS 基金管理有限责任公司已经管理了 4 家私人资本基金会，总价值约为 15 亿美元，目前旗下有超过 33 家投资组合公司，进行 153 项针对媒体、通信及资讯行业的联合并购。VSS 管理的第三家私人资本基金，VS&A Ⅲ通信有限合伙公司（以下简称 VS&A Ⅲ）拥有超过 10 亿美元的资金，是只投资媒体行业的最大的私人资本基金之一。加上 VS&A Ⅲ之前的收购基金及夹层贷款有限责任公司，这些投资的账面和实际企业价值都接近 70 亿美元。

建立 VSS 的是来自媒体行业的运营高管，而非银行业从业者。其中有一半员工出身于媒体公司，另一半则来自华尔街的媒体集团。在 VSS，专业体现在各个方面。关键是要首先开展业务及发展公司，其次是交易。这与很多投资银行的观点是对立的，由此也可以看出投资银行与商业银行的不同心态。

案例概况

汉雷·伍德有限责任公司（以下简称汉雷·伍德）是较早成立的面向企业的为北美民居和商用建筑提供媒体联网服务的公司。它在5个运营地区提供一流的杂志及网页、滚动式贸易展览及活动展示、丰富的数据、客户营销方案。该公司也是北美地区家庭计划的领先服务商。自1976年成立以来，汉雷·伍德已经成为一家市值达到2亿美元的公司，隶属于媒体行业商业银行VSS下属的子公司VS&A Ⅲ。

经过20年的发展，1999年，汉雷·伍德的创立股东之一决定退出。股东们确信直接出售是变现其所有者权益的最好方式，尽管他们非常留恋这家公司。一家投资银行被聘来执行拍卖活动，并邀请VSS参与拍卖流程。这一案例很特殊，因为VSS已经熟知这家公司及其管理团队超过15年，所以VSS实际上通过直接联络和关系网创造了投资机会。因此，VSS可以快速、可靠地赢得拍卖。当1999年被出售时，汉雷·伍德已经拥有了1亿美元的稳定现金流收益。

由于VSS的投资，汉雷·伍德完成了21项联合收购，极大地巩固了市场地位，增加了盈利渠道，扩大了市场份额。截至2001年9月11日，尽管遭遇了严重的媒体行业衰退和相关事件，公司收益仍高于预期，EBITDA是原来的3倍。2002年，VSS重组了投资结构，引入了部分夹层融资，以使公司在困难的融资形势下可以继续购买并运行新的生产线。

2005年，VSS成功退出了该项投资。

投资战略及分析

汉雷·伍德由于拥有显著的市场份额及强大的管理能力，以及有助于未来增长及并购的良好平台，所以适用 VSS 的媒体行业投资模式。交易完成后，管理者和先前的所有者持有该业务及 VSS 13% 的价值份额，有限责任投资者们持有其余的部分。

VSS 看到了协助汉雷 · 伍德的机会，与管理者一起确定目标，发展战略规划，识别并购项目，以及构建交易并为其融资。VSS 视自己为管理团队的伙伴，通过投入他们的经营及融资专业技能，VSS 和汉雷 · 伍德管理团队共同分享怎样在提高经营绩效的过程中创造价值、锁定战略并购机会。

投资后事宜

交易完成后，一名所有者退出投资，其他人被公司的优异业绩所吸引都留了下来。随着汉雷 · 伍德的发展，它原本已经十分优秀的管理团队在某些方面更加强大了。

经验教训/增长过程中适用的经验

在投资期间所学到的首要一课就是，要重点避免因为同意一项收购方案和有利于公司运营的联合成本下降而影响到对良性发展计划的追求。汉雷 · 伍德管理团队来自 VSS 收购基金会，是经验丰富的并购专家，具有良好的成功并购记录。与 VSS 合作后，项目的发展空间就大大增加了，要求有与之相当的债务资金来支持。当融资紧张而收购机会增多时，最简单的方法就是推迟或停止新产品生产及品牌扩张，从而使收购底线最大化。

经过 2000 年及 2001 年两年的成功并购，VSS 的主席及联席首席执行官杰弗瑞 · 史蒂文森试图将管理目标设定为将公司的良性发展成果翻番，同时保持在收购方面的努力。结果是业绩获得明显增长，公司在接下来的 3 年获利 1 000 万美元。这一新的收益流和其他收入一起并不仅用于支持收购项目，同时也用于构建促进未来发展的基金——当公司被出售时就变成了高效退出方案的关键部分。

关于供稿人

艾瑞克·凡·尔特（Eric Van Ert）是VSS的私募股权总监。他于2001年加入VSS，凡·尔特的职责包括寻找新的投资机会、组建投资结构、评估及财务分析、尽职调查，以及监管投资组合公司。他是汉雷·伍德及黄金洲塔公司的董事之一。在2001年加入VSS之前，凡·尔特是汉雷·伍德的企业发展总监，洛克黑德·马丁公司的财务分析员。他持有美洲大学的工商管理硕士学位，圣丁·麦克学院的荣誉理学士学位，也是注册金融分析师。

詹姆斯·P·路德福（James P. Rutherfurd）是私募股权公司有限合伙通信公司的执行副主席及执行董事。自1999年加入VSS后，他一方面以VSS投资银行领导的身份参与公司的投资银行业务，另一方面以VS&A Ⅲ的高管身份进行私募股权投资。在VSS期间他经手了大约30亿美元的交易，涉及包括报纸、广播、消费者杂志及营销服务在内的多个媒体领域。他同时也是（美国）全国证券交易商协会的主要负责人之一。在加入VSS前，路德福是企业并购集团的执行董事及JP·摩根集团的联席负责人。他曾经是第一波士顿公司媒体集团的总监，罗杰和威尔士公司的企业律师。路德福经手了大约280亿美元的媒体行业交易，包括咨询约定、股权及债务保险、股权置换以及联合银行贷款。他的客户遍布媒体行业的各个领域，如报纸、电视、有线频道、杂志、无线电台、资讯服务、互联网服务及娱乐等。

路德福拥有弗吉尼亚大学法学院的法学博士学位以及普林斯顿大学的文学士学位。

附录

附录 A
公司金融基础知识

该附录来自阿斯沃斯·达莫拉（Aswath Damodaran）所著的《应用金融学》（*Applied Corporate Finance*）一书的摘要（John Wiley & Sons 出版社，1999 年，在 2006 年第二版中已予更新）。

达莫拉在书中一开始就表明了他的一些偏见，他认为理论及由此产生的模型应该给我们提供理解、分析和解决问题的工具，模型或理论的检验不应该建立在外表优雅精致的基础上，而是建立在解决问题的实用性上面。其次，在他的观点中，公司金融的核心原则是常识，很少随时间变化而变化，这并不奇怪。作为一门学科，公司金融仅有几十年的发展历史，而人们从事商业活动已有成千上万年的历史。我们过度地自以为是地认为那些从事公司经营的人们一直在黑暗中摸索，直到公司理论家出现并告诉他们如何去做。

他的书是在讲一个故事，该故事重点总结了公司金融的全球性观点，书中将公司做出的所有决策归类为三组（见图 A－1）：公司所筹集的资金投向何处的决策（投资决策）、在哪里和如何筹集到投资所需的资金的决策（融资决策），以及向资金所有者返还多少资金和以何种形式返还的决策（股利决策）。本书的作者与达莫拉的观点一致，因此选择并提供下列公司金融基础知识。

基础

公司做出的每一项决策都有其金融方面的含义，且每一项涉及货币使用的决策都是公司金融的决策。从广义上来说，企业所从事的所有事情都在公

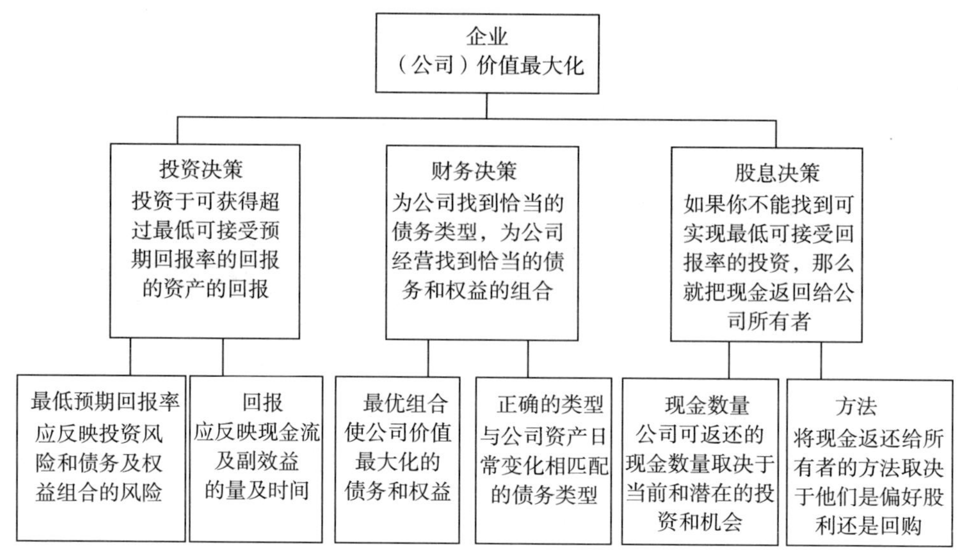

图 A-1 三种决策

资料来源：阿斯沃斯·达莫拉应用金融学（第二版）. John Wiley & Sons，2006

司金融的范围之内。实际上，不幸的是我们甚至称其为公司金融，因为它建议许多观察者关注大的企业如何做出融资决策，从其字面的范围来看像是排除了小企业和私人企业。本书一个更合适的名称应该是企业金融，因为基本的原理保持不变，而不管一个人关注的是大型的、公开上市企业还是小型的私人企业。所有的企业都必须对其资源做出理性投资，找到一个好的为投资所筹集资金的融资组合，并在没有足够好的投资的情况下将资金返还给其所有者。

公司的目标

如果脱离一个统一的目标功能，没有一门学科能够完整地发展。公司金融理论的发展可追溯到其对于单一目标的选择和围绕该目标所建立的模型的发展。当做决策时传统公司金融的目标是企业或公司的价值最大化，因此，任何可以增加公司价值的决策都是好的（投资、融资或股息分配），而减少公司价值的决策是坏的决策。

关于公司金融的一些基本见解

本书贯穿了一些我们将反复进行的基本的争论：

- 公司金融存在一个内部的统一，源于最大化公司价值的选择，并作为公司唯一的目标功能和依赖于一些基础稳固的原理：风险必须有收益补偿，现金流比会计收入意义更重大、市场不容易被愚弄，公司做出的每一项决策都会对其价值产生影响。
- 公司金融必须视为一个相互紧密联系的整体，而不是一系列独立的决策。投资决策通常会影响融资决策，反之亦然；融资决策通常会影响股利决策，反之也一样。尽管存在一些情况，在这些情况下这些决策可能是相互独立的，但这种情况很少见。因此零星地处理问题的公司不可能解决这些问题，如一家公司投资效益差，其可能很快发现还存在股利分配（没有足够的资金支付股利）和融资问题（因为收益的下降可能使其支付利息有困难）。
- 公司金融关系到每个人。对一个企业做出的几乎每一项决策都有公司金融的一个方面，尽管不是每个人都能发现公司金融所有组成方面的用途，但每个人都会发现其中的部分用途。市场营销经理、公司战略策划师、人力资源经理和信息技术经理每天都会做出公司金融方面的决策，却常常意识不到。了解公司金融会帮助他们做出更好的决策。
- 公司金融是有趣的。这可能看起来是所有论调中最高的。毕竟大多数人把公司金融与数字、会计报表和冷静的分析联系在一起，尽管公司金融在其关注的焦点上是数量化的，但在涉及找出企业可能遇到的金融问题的解决方案时，也存在创新思维。金融市场成为创新和变革的温床不是一种巧合。
- 学习公司金融最好的方法是通过应用其模型和理论来解释现实问题。尽管过去几十年所发展的理论深入人心，但理论的最终检验是靠应用。正如我们在本书中所介绍的，尽管我们必须对理论进行折中考虑并在应用过程中做出假设，但多数理论可以应用于现实的公司，而不仅仅是抽象的例子。

传统的目标

在公司金融理论家当中存在一个一般的认识，那就是在企业做决策时其目标是使价值最大化。在公司目标是否是股东股份价值最大化或整个企业（公司）价值最大化上存在一些分歧，在企业价值最大化方面除了股东外还包括其他一些在财务上具有要求权的持有人（债务持有人、优先股东等），而且，即使在那些主张股东财富最大化的人群当中，也存在着一个关于这种观点是否可以理解成股票价格最大化的问题。从所需要的假设来看，三种目标中对假设的限制最小的是公司价值的最大化，限制性条件最多的是股票价格最大化。

价值最大化的潜在副成本

如果公司决策的目标是使公司价值最大化，则存在一种可能性：对公司有利的可能对社会不利。换句话说，对公司有利的决策，当其增加公司价值时，可能产生一些社会成本。如果这些成本较大，我们会发现社会为公司价值最大化支付了很高的代价，因此该决策目标必须改变以考虑这些社会成本。然而为了公平，这是一个可能持续出现于私人企业体系内且是价值最大化所独有的问题。在类似出现于许多大型上市公司中的所有权和经营权相分享的情况下，价值最大化的目标可能也会面临一些障碍，当经营者作为所有者（股东）的代理人时，便存在股东和管理者之间产生利益冲突的可能性，这种情况反过来会导致管理层花费股东的利益使其更富有的决策。

当根据股东财富阐述目标功能时，股东和债券持有人之间相互冲突的利益必须得到调和，因为股东是决策者，而债券持有人通常不能从这些决策的副作用中得到完全的保护，股东财富最大化的一种方式是采取一些从债券持有人那里掠走财富的行动，尽管这样的行动可能减少公司的财富。

最后，当公司决策目标进一步缩窄至其中的股东价格最大化，金融市场的低效可以导致资源的不当配置和错误的决策。比如，股票价格不反映公司决策的长期效果，而像一些批评家所说的反映短期的收益效果，增加股东财富的一项决策（其反映长期的收益能力）可能减少股票价格，反之，减少股东财富但增加近期收益的决策可能增加股票价格。

公司与金融市场

维持集中关注股东财富或公司财富而不是股票价格或公司的市场价值有一个好处，因为其不需要一些关于金融市场效率或其他方面的假设。不利的方面是股东或公司的财富不容易衡量，难以建立目标成功或失败的清晰的标准，因为一个好的目标的重要特征是其伴随着一个清晰且明确的度量机制，转而关注市场价格目标的优势是显而易见的。公司成功或失败的度量有着明确的指标，我们都可以看得到。成功的经理人努力提高公司的股票价格，而不成功的经理人则降低股票价格。

在金融市场有效和使用可以做出对未来现金流和风险精确且公正估计的信息的情况下，市场价格反映真实的价值。在这样的市场环境下，衡量和被衡量的双方都会接受市场价格作为判断成败的合理的机制。

对此有两个潜在的阻碍因素。首先，信息是通畅的且能够使市场有效，在该信息被隐藏、延误或产生误导的情况下，市场价格将偏离真实的价值，即使是在一个有效率的市场情况下。其次，在学术和实践中有许多人认为市场是缺乏效率的，即使信息可以自由获得。在这两种情况下，使股票价格最大化的决策可能与长期价值最大化目标不一致。

投资决策

投资于可获得超过最低可接受的预期回报率（hurdle rate）的资产。

- 最低预期回报率应反映投资的风险程度，以及债务和股权的组合比例。
- 回报应反映现金流及所有副作用的程度和时机。

风险的基础

风险从传统意义上来说被看作一个负面的因素。《韦伯辞典》中把风险定义为“暴露于危险或危害当中”；中文的“危机”二字对风险给出了一个更好的描述：“危”字表示“危险”，“机”字表示“机会”，使得风险成为危险和机会的结合体。这两个字非常清楚地描述了每一个投资者和公司必须在新的机会潜在带来的“更高的回报”和由于危险所必须承担的“更高的风险”之间进行权衡。金融方面关键的考验是当一名投资者面临风险时，他或她会为承担此风险得到合理的补偿。另一个观点认为风险是偏离于预期结果的潜在变动程度。

良好的风险收益模型的组成要素

有必要回顾一下一个良好的风险和收益模型的 5 个特征。

1. 模型应该给出适用于所有资产而不仅是一些资产的风险度量方法。

2. 模型应该清晰地描绘出哪些类型的风险可以获得补偿，哪些不能获得补偿，并为该描绘提供一个理论基础。

3. 模型应该提出一个标准化的风险度量方法，换句话说，面临对一项独立资产进行风险度量的投资者应该能够得出有关资产是高于平均风险还是低于平均风险的结论。

4. 模型应该把风险的度量表示为投资者需要用来作为承担风险补偿的回报率。

5. 模型不仅应该能够很好地解释过去的回报，而且还能很好地预测未来的预期回报。

度量风险

购买一项资产的投资者期望在其持有资产的投资期内获得回报，在这段时期内投资者所获得的实际回报可能不同于预期回报，这就是风险所在。

有报酬风险和无报酬风险

如我们在前面所定义的，风险源于实际回报与预期回报的偏差，然而这种偏差可由许多原因导致，这些原因可以归为两类——对正在考虑的投资特定的风险（称为公司特有的风险）以及那些适合于所有投资的风险（市场风险）。

风险的构成

当一家公司投资于一项新资产或新项目时，该项投资的收益可受一些变量的影响，这些变量多数不受公司的直接控制。有一些风险直接来自投资，一部分来源于市场竞争，一些来源于产业的转移，一些来源于汇率的变化，还有一些宏观经济因素。然而一部分风险可由公司通过多样化投资来消除，而另一部分风险可通过投资者持有多样化的投资组合来消除，我们认为风险不能消除但可以改善。

- 项目风险：仅仅影响考虑中的项目的风险或可能来自项目特定方面或由于估计错误造成的风险，它也包括经营或执行的风险。
- 竞争风险：竞争者的行动对项目现金流造成的预料之外的影响，这些影响可以是正面的也可以是负面的。
- 行业特定的风险：行业内技术的变革、法律的变动或商品价格的变化给项目现金流带来的意外影响。
- 国际风险：这是由于汇率的意外变化和国外市场政治风险造成的项目现金流方面的不确定性。
- 市场风险：指的是由在不同程度上影响所有项目和所有公司的利率、通货膨胀率和经济方面的变动造成的项目现金流的非预期变化。

为什么多样化可减少或消除公司特定的风险

多样化是持有多种投资组合的过程，要么是通过持有相同的资产类别

（如股票），要么是通过持有不同的资产类别（如不动产、债券）。

为什么我们要区别不同种类的风险？被我们归为企业特定风险的风险将影响一家或多家企业，可以通过投资者基于两个原因持有更加多样化的投资组合来减少或消除。

1. 多样化投资组合中的每一项投资都占投资组合较小的百分比，这样任何增加或减少该项投资或一小组投资价值的行动都将对整体投资组合仅产生小的影响。

2. 公司特定的行动对投资组合中个别资产价格的影响在其持有的任意期间内可以是积极的或是消极的，这样在一些大的投资组合中，可以合理地认为这种风险将会被相互平均为零，便不会对投资组合的整体价值构成影响。

通过比较，影响绝大多数或全部市场中资产的风险将持续存在于大的多样化的投资组合中。例如，在其他方面相同的情况下，利率的升高会降低投资组合中大多数资产的价值。

尽管持有不同种类的资产可以减少彼此的影响，但程度更深的多样化不会因此消除风险。

Fidelity Magellan 基金拥有一项由增长股或价值股构成的多样化投资组合。作为参照，注意在 2004 年 2 月，整体投资组合由 95% 的股票构成，持有的前 10 种资产占全部资产的 28%，最高的公司股票投资占全部资产的 4.6%，该共同基金一直保持类似于 2004 年 2 月的投资组合的多样化投资。

Magellan 的多样化投资并没有阻止基金受到 2000 年第三季度至 2002 年第四季度股票市场走低的影响，在这一时期，该基金单位价值由 140 美元降到了 70 美元左右。

该基金的价格到 2006 年年初得到恢复，大约为每单位 115 美元，几个月后一轮新的股票市场的下滑把其单位价值重又带到了 82 美元。在经历了股票市场起伏之后，2007 年年末基金单位价值上升到 105 美元，2008 年的经济危机使其基金单位价值于 11 月份降到接近 36 美元。

为什么边际投资者被认为要多样化投资

我们可以很容易地认为投资者可以减少他们的风险暴露，金融学当中的风险收益模型对此有更多的探讨。有人认为为投资设定价格的边际投资者（Marginal Investor）做到了很好的多样化投资，这样将被定价的唯一风险作为边际投资者的认知风险。提供的合理解释很简单。对于未多样化的投资者，一项投资的风险总是被认为高于多样化的投资者，因为后者没有考虑任何公司所处行业的行业特定风险。如果两类投资者对一项资产的未来收益和现金流有着相同的预测，多样化的投资者会因其风险认识愿意为该资产支付更高的价格，结果，资产最终将被多样化投资者持有。

尽管这种观点对于具有流动性且小规模交易的股票和其他资产是有说明力的，但对于那些大的且缺乏流动性的投资则表现为较差的说明力。大多数国家的不动产仍由那些未实行多样化的且在这些投资中拥有大量财富的投资者持有，多样化的益处足够明显，然而那些类似不动产投资信托和抵押支持债券的证券被创造出来允许投资者投资于不动产，并同时保持多样化。

市场风险的度量

尽管大多数在公司金融中使用的风险收益模型在该流程的前两个步骤上是一致的，也就是说，风险来源于实际收益在预期收益周边的分布，并应从做到良好多样化的边际投资者角度来衡量，但这些边际投资者在如何衡量未多样化的风险或市场风险上分道扬镳。在接下来的内容中，我们将提供每个基本模型［包括资本资产定价模型（CAMP）、套利定价模型（APM）、多因素模型以及风险代理模型］如何衡量市场风险问题的方法的一些常识。

资本资产定价模型

使用时间最久且仍为大多数实际分析所采纳的标准的风险收益模型是资本资产定价模型（CAMP），尽管这些年来遭到一些合理的批评，它仍为我们讨论风险收益模型提供了一个有用的起点。

假设多样化投资策略在减少投资者公司特定风险暴露上具有吸引力，但大多数投资者限制其多样化策略以持有相对较少的资产，甚至一些大的共同基金也不愿持有超过几十种股票，他们多数持有 10～20 种股票。这种不情愿有两个原因，第一个原因是随着投资组合多样化程度加深，多样化投资的边际收益降低——增加的第 21 项资产通常比增加的第 5 项资产提供更小的公司特定风险的下降，并且可能不会覆盖多样化的边际成本，该边际成本包括交易和持续观察的成本。第二个原因是许多投资者（和基金）认为他们可以找到价值被低估的资产，并选择放弃那些他们认为没有正确估价或价值被高估的资产。

CAMP 假定没有交易成本，所有的资产可以自由专卖，投资无限可分（例如你可以购买任意部分的资产单位）。它还假定不存在私有信息（private information）以及投资者因此不能找到市场中价值被低估或高估的资产。通过做出这些假设，CAMP 模型消除了使投资者停止多样化的因素。有了这些假设，多样化的理论极限（end limit）是在你的投资组合中按照市场价值比例持有所有的可交易风险资产（股票、债券和实际资产），市场中这种包括每一项可交易风险资产的组合称为市场投资组合（market portfolio）。

对投资者的暗示　如果市场中每一位投资者都持有相同的市场投资组合，投资者如何确切地反映其对于投资的风险厌恶？在 CAMP 模型中，投资者根据其风险偏好调整其投资分配决策，他们决定在一项收益有保障的资产（无风险资产）中投资多少，以及投资多少于有风险资产（市场投资组合）。风险厌恶型的投资者可能选择将其财富多投资于甚至全部投资于无风险资产。想要承担更多风险的投资者将其大部分财富或全部财富投资于市场投资组合。将所有财富投资于市场投资组合和仍想要承担更多风险的那些投资者，会通过以无风险利率借入资金和像其他人一样投资于同样的市场组合来完成投资。

这些结果在两个额外的假设基础上可以预测。第一，存在一项无风险资产；第二，投资者可以以无风险利率贷出和借入资产来实现他们的最佳资源配置。存在一些 CAPM 模型的变化，允许这些假设条件的松动，且仍然会得出与模型一致的结论。

衡量单个资产的市场风险　对于投资者来说，一项资产的风险是由该资产对于投资者整体投资组合增加的风险。在 CAPM 的模型中，所有的投资者持有市场投资组合，对于投资者来说，一项单个资产的风险将会是该资产增加于市场投资组合之上的风险。根据直觉，更多随市场投资组合变动的资产往往会比那些变动程度小的资产风险更高，因为与市场投资组合不相关的变动会被一定程度上抵消影响。

获得预期回报 每一位投资者持有某些无风险资产和市场投资组合的资产组合的情况导致了另一个结论，即一项资产的预期收益与资产的贝塔系数（β）线性相关。

套利定价模型

CAPM 模型中限制性的假设及其对市场投资组合的依赖长时间以来在理论界和实际操作中遭到质疑。在 20 世纪 70 年代末，一个用于度量风险的替代模型——套利定价模型（APM）——出现了。

假设 APM 建立在简单的前提条件下，即两项具有同样风险暴露的投资应该按照赚取同样的预期收益来定价。换一种说法就是，如果两种组合有着同样的风险暴露，但提供不同的预期收益，则投资者会购买预期收益高的组合而卖掉预期收益低的组合，直到两种投资预期收益持平。

与 CAPM 模型一样，APM 也是首先把风险分为两种构成，第一种是公司特定的并且涵盖主要影响公司的信息；第二种是影响所有投资的市场风险，包括一些经济变量的非预期变化，如国内生产总值（GNP）、通货膨胀和利率。

市场风险的来源 CAPM 和 APM 都对公司特定的风险和市场风险做出了明确区分，但它们在何时涉及衡量市场风险方面截然不同。CAPM 假定所有的市场风险均包含在市场投资组合中，而 APM 则考虑到市场风险的多种来源和衡量一项带有贝塔系数来源的投资的敏感性。

多样化投资的效果 多样化投资的好处在我们介绍 CAPM 模型时已予广泛讨论，讨论的主要观点是组合投资中的多样化消除了公司特定的风险。APM 有着同样的观点，且得出一个结论，即投资组合的回报不包含非预期回报的公司特定的组成部分。

预期回报和贝塔系数 一项投资组合的贝塔系数是组合中所有资产贝塔系数的加权平均，同时不存在套利的情况，这两个条件导致了期望收益应与贝塔系数线性相关的结论。

APM 的实际应用 除了无风险利率之外，APM 需要对每一项贝塔系数和风险溢价因素做出估计。实际上，这些因素通常通过使用股票收益的历史数据和称为因素分析的统计技术来估计。直觉上，因素分析检验了寻找影响大范围股票（而不仅仅是一个部门或一些股票）一般形式的历史数据。

风险报酬的多因素模型

从统计的角度来看，APM 不能辨认模型中每一个具体因素可能是个优势，但从直觉的角度来看，这是一个明显的不足，解释方法看起来很简单：用具体的经济因素替代不确定的统计因素，由此形成的模型应该是直观的且保留 APM 的多数优点。这就是多因素模型所要起的具体作用。

代理模型（Proxy Models）

到目前为止，所有讨论的模型都是先考虑经济方面的市场风险，然后再建立经济模型以提供最佳解释。然而，所有这些模型都是通过观察历史数据抽取出一些风险参数。有一种风险收益模型，其先从个股的过去收益情况分析着手，然后通过尝试解释使用获得这些收益的公司的可观测特征长时期内收益差异来向后推演。换句话说，这些模型试图找到过去获得更高收益的公司共有的特征，并明确这些特征作为市场风险的代表。

权益成本

权益成本是投资于一家公司股权的投资者需要获得的收益率。

在给定的风险情况下，对一家公司的股权投资的预期收益率对公司股权投资者和公司管理者都有着一些确切的含义。对于股权投资者，该预期收益率是他们投资于公司为其承担的市场（或非多样化的）风险要求的补偿。在对一家公司股票进行分析之后，他们认为他们不能获得该项回报，便不会购买。反之，如果确定可以获得较高的投资回报，他们便会进行该项投资。对于公司的管理者而言，投资者需要获得以维持其股权投资盈亏平衡的回报，使其成为公司管理者努力要实现和提供以防止这些投资者投资决心动荡和反叛的回报。这样，其便成为管理者在根据其股权投资收益要求在每个项目中必须要实现的回报率，换句话说，这也是公司的权益成本。

从权益成本到资本成本

权益对于每一家企业的融资组合来说无疑是一个重要且不可缺少的组成部分，但它仅仅是其中的一项构成。大多数公司使用债务或股权和债务的混合来为其一些或大多数的经营项目融资，这些融资途径的成本通常较股权成本有着很大差异，一个项目最低可接受的预期回报率也将反映其成本，与其在融资组合中所使用融资方式成比例。直观上看，资本成本是不同融资部分的加权平均成本——包括债务、权益和混合证券（Hybrid Securities）——公司在投资其财务要求上使用。

债务成本

债务成本衡量为项目借入资金的公司的当前成本，从一般意义上而言，该债务成本由下列变量决定：

1. 当前利率所处的水平。当利率上升时，公司的债务成本也将上升。
2. 公司的违约风险。当公司的违约风险上升时，借款的成本也将上升。
3. 与债务相关的税收优势。因为利息可抵扣税收，税后的债务成本是税率的一个函数，支付利息方面增加的税收好处使得债务的税后成本低于税前的成本，而且，该好处随税率的升高而增加。

计算优先股的成本

优先股带有债务的一些特征：优先股的股利在发行时已事先明确并在普通股股利之前支付；还带有股权的一些特点：优先股股利的支付不能抵扣税收。

计算其他混合证券的成本

一般来说，混合证券分别带有债务和股权的一些特点。一个很好的例子是可转换债券，它可以被认为是直接债券（债务）和转换期权（Conversion Option）（股权）的组合。这些混合证券的成本可以通过分割为债务和权益两部分分别计算，而不是单一地计算。

衡量投资收益

关于这个主题的一些基础问题如下：

- 什么是项目？尤其是，投资的定义有多广，以及公司做出的不同类型的投资决策有哪些？
- 在衡量一个项目的收益时，我们应该看该项目产生的现金流还是会计利润？
- 如果项目的收益在各期内分布不均，我们如何看待（或者我们是否应该不考虑）不同期间的收益差别？

什么是项目？

投资分析关系到公司应该接受和否定哪些项目，因此，什么是项目这个问题很重要。资本预算中分析的常规的项目有三个标准：一笔大额的事先支出的成本；对应特定时期的现金流；投资期结束时的伴有残值（Salvage Value），即项目结束时可从项目资产中收到的价值。尽管这些项目毫无疑问地构成了投资决策的重要部分，尤其是对于制造公司，但认为投资决策分析仅停留于此则是一个错误。如果一个项目定义得更加广泛，包括所有导致使用稀缺的企业资源的决策，那么类似于在一项建筑物内使用哪一种空调系统这样的从方案的获得到决策的所有事情都属于项目的范围。

衡量收益：一些选择

在刚刚介绍的所有投资决策上，我们必须在衡量投资收益的各种方案之间做出选择。我们以三个步骤来说明我们对于收益衡量的观点：第一，我们比较会计利润和现金流，并认为现金流是衡量投资真实收益的更好的措施。

第二，我们注意到全部的现金流和递增的现金流之间的差异，并介绍使用递增现金流衡量收益的情况。第三，我们认为产生于项目早期的现金流应比产生于项目后期的现金流得到更多的重视，投资收益应使用根据时间加权的现金流来衡量。

会计利润 vs 现金流

在衡量收益时我们必须做出的最先的和最基本的选择，是介于使用会计准则和标准于会计报表中衡量的项目收入的会计方法，以及衡量作为各期现金流入和流出之间差异的项目所产生的现金流。

经营性支出与资本性支出 会计师在仅在当期或几个时期产生收益的支出（如制造企业的劳动力和原材料支出）和在多个时期产生收益的支出（如土地、建筑物和长期设备）之间做出明确区别。前一种支出称为经营性支出，从计算会计收入的收入中抵减；而后者为资本性支出，不从当期所取得的收入中抵减，而是支出分布于多个期间，并在每一个期间抵减作为各期支出。这些支出称为折旧（如果资产是像建筑物一样的有形资产）或摊销（如果资产是类似专利或商标的无形资产）。

尽管资本性支出在项目开始时已经发生，常常是最大的一部分投资，但许多项目仍需要在其项目期内发生一些资本性支出，这些资本性支出会减少每一期间的可用现金。

非付现费用 会计师在经营性支出和资本性支出之间做出的区分导致许多会计支出，如折旧和摊销，这些都是非付现费用。这些非付现费用尽管降低了会计收入，但不会减少现金流。实际上，如果这些非付现费用减少了公司的税收，将对现金流产生重大的积极影响。一些非付现费用减少应税收入和公司应付的税收，这些费用中最重要的是折旧。折旧尽管减少了应税收入和净收入，但它不会导致现金流出。实际上，折旧和摊销被加回到净收入中得到项目的现金流。

权责发生制（Accrual）vs 现金收入及支出 会计中的权责发生制使得在销售完成后收入即被确认，而不是当客户为商品或服务付费时才确认收入。因此，应计收入出于三方面原因与现金收入可能存在很大差别：第一，前段时期购买商品或服务的客户可能在当期付款；第二，当期购买商品和服务的一些客户（因此也表现为当期收入的一部分）可能将支付延至未来某个时期；第三，购买商品或服务的客户可能不付款（坏账）。在一些情况下，客户可能为产品或服务提前付款，而商品或服务到未来某个时期才被送至客户那里。

在费用方面也可以做出类似的判断。应计费用与向第三方支付相关，将不同于现金费用，因为为购买原材料和服务的付款在前期发生，且因为当期购买的一些原材料和服务直到未来某个时期才被支付，应计税费也恰是出于同样的原因区别于现金税费。

当原材料被用于生产一件产品或提供一项服务时，就会有一个额外的考虑。一些被使用的原材料可能在前期获得，并被计入当期的存货，而一些当期购买的原材料可能被计入下一期的存货。

会计师将流动资金定义为流动资产（如存货和应收账款）与流动负债（如应付账款和应交税款）之差。应计收入和现金收入之差在不存在非付现费用情况下可以由净流动资金的变动得到，非付现流动资金的下降会增加现金流，而其升高则将减少现金流。

全部现金流和增量现金流

在分析一个项目时，目的是回答这样一个问题：选择这个项目会使整个公司或企业更有价值吗？因此，在进行投资分析时我们应该关注的现金流是公司或企业所考虑的项目所产生的现金流，我们称这些为增量现金流。

沉没成本（Sunk Costs） 在项目分析完成之前有一些与项目相关的费用被累加，一个例子是与在进行一项成熟的投资分析之前为使一种产品进入潜在市场而进行的试售（test－market）相关的费用，这样的支出被称为沉没成本，因为如果项目被放弃，这些支出将不会被收回。沉没成本不会增加，因此不应被当成投资分析的一部分，这种比较及其在会计报表中的处理不会清楚地区别已经发生的支出和将要发生的支出。

属于项目分析中沉没成本一栏的一类支出是研发费用，其在产品被考虑引入之前就已发生。在研发方面花费大量成本的公司努力适应这些支出的分析通常发生在事后的事实，而此时对这些支出已无所作为。

分摊的成本 用于确保经营各方承担其公平的成本份额所形成的会计方法称为分摊（Allocation），由此不直接追溯至个别产品或部门所产生的收入的成本根据收入、利润或资产在各单位之间进行分摊。尽管这种分摊的目的可能是合理公平，但其对投资分析产生的影响必须依据其是否产生增量现金流来考虑。在项目被分析或没有分析的情况下存在的分摊的成本不包括在投资分析中。

可追溯到项目中的管理成本或员工成本的增加是一项累加的成本并包括在分析中，估计这些成本递增部分的一种方法是根据成本是否是固定的或是可变的进行拆分，如果成本是可变的，则它们是什么的函数。这样一部分管理成本可能与收入相关，一个新项目的收入预测可以用来估计将要分摊加进其中的管理成本。

在分析投资时很容易造成短视和关注于手头的项目或投资，好像这些活动的目标是使得单个投资价值最大化一样开展行动。也存在一个要求项目涵盖所有其会给公司带来的成本的趋势，并有着极好的事后觉悟，即使这些成本在放弃项目的情况下不能收回。投资分析的目标是使得进行投资的企业或公司的价值最大化，因此，一项投资在未来给企业增加的是现金流，也就是我们应该关注的增量现金流。

时间加权现金流和名义现金流 很少有长投资期的项目在其投资期内产生均匀的利润或现金流，在出现如电信等有着大额基础实施投资的行业部门，利润和现金流在其转为正数的一段很长的时期（10～20 年）内可能是负的，在其他一些行业部门，利润可能在投资早期就会产生，不管这种现金流不平均的原因如何，在衡量收益时必须要说明的一个基本问题是这些情况是否应反映现金流的发生时机，我们认为这些情况应该反映，并且在计算收益时早期实现的现金流比项目后期实现的现金流更重要。

为什么跨时期的现金流不具可比性？ 有三个原因可解释为什么跨时期的现金流不可比较，未来的现金流比当前数量相近的现金流价值要低：

1. 个人偏好当前消费胜过未来消费。人们为放弃当前消费必须在未来被给予更多，这被称为实际回报率。

2. 实际回报率越高，当前现金流和未来相同数量的现金流之间的价值差异越大。

3. 当存在通货膨胀时，货币的价值逐渐下降，通货膨胀率越高，当前现金流和未来现金流之间的价值差异就越大。

任何与未来现金流相关的不确定性（风险）都将减少现金流的价值。与现金流相关的不确定性程度越高，获得当前现金流和获得未来等额现金流之间的差异就会越大。

未来现金流经调整反映这些因素的过程被称为贴现，这些因素的作用程度反映在贴现率上。

时间加权回报的情况 如果我们接受现金流比利润衡量回报更精确，以及增量现金流比全部现金流估计回报更精确的观点，我们应该合理地通过运用贴现现金流（如时间加权回报）而不是名义现金流了解以下两个原因：

1. 名义现金流在不同的时间点上不可比，不能加总得到回报额。比较之下，贴现现金流将项目所有的现金流转化在当前的时期下，允许我们更加一致地计算投资回报。

2. 如果投资分析的目标是使开展投资的企业的价值最大化，我们应该重视早期产生的现金流而不是后期产生的现金流，因为公司的投资者也会这么做。

投资决策规则

会计收入为基础的决策规则

许多古老的和广获认同的投资决策规则已从会计报表特别是从会计收入计量中抽取出来，这些规则基于对于权益投资者和营业收入上的其他人的收入（如净收入）。

资金回报

一个项目的资金回报可衡量公司在该项目的全部投资中赚取的回报，因此它是对公司所有具有要求权的在其共同投资项目基础上的回报。

现金流为基础的决策规则

投资回收期 项目的投资回收期度量的是项目产生的现金流有多快可以覆盖初始投资额。至于其他度量方法，投资回收期可以为所有项目投资者用于估计或仅为权益投资者使用。为估计整个公司的项目回收期，累加公司的现金流直到总额超过全部的初始投资额。为估计仅对于权益投资者的投资回收期，累计权益现金流直到总额超过项目的初始权益投资额。

贴现现金流度量方法

基于贴现现金流的投资决策规则不仅用现金流替代了会计收入，而且还明确地用货币时间价值因数替代会计收入。两个最为广泛使用的贴现现金流规则是净现值（NPV）和内部收益率（IRR）。

净现值 项目的净现值是发生于项目周期内预期现金流现值的总和——正值或负值。

内部收益率 内部收益率建立在贴现现金流的基础之上，与净现值不同，内部收益率考虑到了项目规模，它是对于会计收益率的贴现现金流的类似方法。而且，一般而言，内部收益率是使得项目净现值等于零的贴现率。

内部收益率的一个优点是其甚至在最低预期回报率不清楚的情况下也可以计算。尽管对于内部收益率的计算是正确的，但在决策者必须使用内部收益率来决策是否投资于一个项目时，该方法不适用。在流程中的这个阶段，内部收益率必须和最低预期回报率进行比较。如果内部收益率高于最低预期回报率，该项目就是一个好的项目；如果不是，该项目应予以放弃。

收购的作用

当公司发展成熟和规模上升时，常常面临着一个窘境。公司不是缺乏现金和项目丰富，而是其现有的产品比其可投资的项目产生更多的现金，这种情况可部分归因于规模和竞争。当公司面对现金富余但投资机会有限的新情况时，收购其他有着现成的高回报项目的公司看上去是个有吸引力的选择，但存在潜在的不利的一面。如果这些公司是上市公司，市场价格已经反映了现有项目或预期未来项目的预期较高的回报。

项目的副成本

机会成本

当一种资源存在当前可选择的用途时，其机会成本最容易估计，我们可以估计通过将该资源使用于项目上所失去的现金流。当该资源没有确定的当前用途但有潜在的未来用途时，其机会成本的估算变得更加复杂，这种情况下，我们必须估算这些未来用途所放弃的现金流以估算其机会成本。

有当前可选择用途的资源　分析机会成本一般的框架是由询问目前资源是否有其他用途开始，换句话说，如果考虑使用该资源的项目没有被接受，资源可用于的其他用途是什么？由此会产生怎样的现金流？

- 资源可以租出去，这种情况下失去的租赁收入是该资源的机会成本。例如，如果项目考虑使用公司所有的一栋空的建筑物，出租该建筑物的潜在收入将是机会成本。
- 资源可以被出售，该情况下出售价格，税收负债的净得和失去的税收收益的减值会是该资源的机会成本。
- 资源可以用于公司任何地方，在该情况下替代该资源的成本即是机会成本，这样，有经验的员工从运营稳定、良好的部门转到一个新项目上将给这些部门带来机会成本，这必须作为决策的一个考虑因素。

有时候，决策者必须确定机会成本是否将根据失去的租赁收入、放弃的销售价格或资源替代的成本来估算。当必须做出这样一个选择时，机会成本是最高的成本——也就是放弃的最佳的方案应被考虑为机会成本。

产品替换（Product Cannibalization）　产品替换指的是一种现象，该现象下公司引入的一种新产品与公司现有的产品相互竞争并减少现有产品的销售收入，在一个水平上，这可以被认为是新产品的一个负面的增值效应（incremental effect），且现有产品失去的现金流或利润应当视作在分析是否引入该产品时的成本。这样做便带来了新产品将被拒绝的可能性。然而，一旦这种情况发生，竞争对手现在会利用这种引入一种新产品的良机来填补新产品应有的细分市场，并因此侵蚀公司现有产品的销售，所有可能情况中最糟糕的一种由此产生——公司相对竞争者失去了其产品销售而不是相对其自身。

这样，是否在由产品替换所产生的销售损失中加强公司竞争的决策，将取决于竞争对手引入一个公司所考虑的新产品的近似替代品的潜在可能性。

融资决策

选择一项可以使公司所选择并与获得融资的资产相匹配的项目价值最大化的融资组合。

- 融资组合：包括债务和权益，可以影响最低预期回报率和现金流。
- 融资类型：应该尽可能地与获得融资支持的资产接近。

债务和权益之间的连续体

尽管债务和权益之间的区别常常依照债券和股票来阐述，但其根源在于对每一种融资类型的现金流要求权的性质。第一个区别是一项债务要求权使债务持有人享有合同约定的一系列现金流（通常为利息和本金的支付），而权益要求权赋予其持有人在满足所有其他承诺的要求权之后的剩余现金流，这是最根本的区别。但部分由于税法（Tax Code）和法律发展的结果，也产生了其他一些区别。

第二个区别，作为现金流要求权性质的一个正常发展的结果，是债务拥有对公司各期现金流（利息和本金支付）和公司资产（在清算的情况下）的优先要求权；第三，税法通常在债务持有人增加的利息支出的处理上有很大不同，并常常较对待权益所增加的股利或现金流的做法更有利。例如在美国利息支出对于纳税实体来说是可抵税的，这样就形成了税收节减，而股利必须用税后的现金流来支付；第四，债务通常有着固定到期日，在该时点债务本金到期，而股权的期限通常是无限的；第五，权益投资者凭借其对于公司剩余现金流的要求权，通常被给予公司管理大量的或全部的控制权。相比之下，债务投资者在公司管理、执行和至多对于公司重大融资决策的否决权上发挥着更加消极的作用。兼有债务和权益两种融资方式特征的证券为混合证券。

公司如何选择其资本结构

我们已提出公司通过牺牲借款的好处换取成本的优势应选择债务和权益的组合融资方式，但在公司如何选择融资组合上有三种可供选择的观点。第一个观点是选择债务和权益由公司所处的发展周期来决定，高速发展的公司往往比较成熟的公司利用更少的债务。第二个观点是公司通过参考行业内其他公司的一项融资政策来选择其融资组合。第三个观点是公司对于某种融资方式有着强烈的偏好——换句话说，存在一个融资等级制度（financing hierarchy）——当公司没有选择余地时他们会偏离这些偏好。我们认为在每一种方法中，公司仍然会无形中在成本和利益之间做出权衡，尽管每一种方法起作用所需的假设是不同的。

遵循融资等级制度

有一些证据表明公司在遵循一项融资等级制度：留存收益对融资而言是最受欢迎的选择，其次是债务、新的股权、普通股、优先股；可转换优先股是排在最后的选择。

这种融资等级存在的一个原因是管理者重视灵活性和控制力，在外部融资减少未来融资的灵活性（尤其是当未来融资为债务时）和控制力的情况下（债券有着一些契约；新的股权吸引新的股东参与到公司中来，并可能减少表现为所有持股份额一个百分比的内部持股比例），管理者更愿意采取留存收益作为资金的一个来源。另一个原因是就使用留存收益而言公司不花费任何成本，而使用外部债务和更多的使用外部权益公司将花费更多成本。

营业收入法

营业收入法是确定公司可承担多少借款的最简单和最直观的方法，我们使用一家公司最大可接受的违约可能性作为我们的起点，根据营业收入和现金流的分配，然后再估计该公司可以承受的债务数量。

资金成本法

我们将资金成本定义为由不同融资组成，包括债务、股权和混合证券，公司用来为其资金需要提供资金的加权平均成本。通过改变不同融资组成的权重，公司可能实现改变其资金成本。

加权平均资金成本的定义

加权平均资金成本（WACC）定义为公司采用的由不同融资方式组成的加权平均成本。

资金成本在投资分析和估值中的作用

公司的价值是其现金流和资金成本的函数，在当债务比率改变时公司现金流不受影响的特定情况下，公司的价值随资金成本的下降而增加。如果选择公司融资组合的目标是公司价值的最大化，该目标在该种情况下通过使资金成本最小化可以实现。在公司现金流随公司债务比率同时变动得更加普遍的情况下，最优的融资组合是使公司价值最大化的做法。

资本结构变化的框架

实际债务比率较其最优债务比率存在很大差异的公司有几种选择。第一，其必须决定是否要向最优债务比率靠近或维持现状。第二，一旦公司决定向最优债务比率靠近，公司必须在快速改变其杠杆或更谨慎地靠近最优债务比率之间做出选择。这种决策可能也受到外部资金渠道的压力如失去耐心的股东或债券评级机构的担忧的控制。第三，如果公司决定逐渐向最优债务比率靠近，其必须决定是否使用新的融资来投资于新项目，或改变现有项目的融资组合。

渐进改变和立即改变

许多公司试图渐渐地向最优债务比率靠近，或是立即向最优债务比率靠近。立即转向最优债务比率的好处是公司同时获得最优杠杆的好处，包括较低的资金成本和较高的公司估值。债务杠杆立即变化的不利之处是它可能突然改变管理者决策的方式和决策做出的环境。如果没能正确地估计最优债务比率，债务比率突然的变化可能也会增加公司必须原路折回和反转其融资决策的风险。

低债务杠杆公司的渐进改变和立即改变

对于低债务杠杆的公司，迅速或渐进地提高债务比率至最优比率的决策由下面 4 个因素决定：

1. 对最优杠杆估计的信任程度。最优债务比率估计中可能的错误越多，公司将越有可能选择渐进地向最优债务比率靠近。

2. 对行业的适应性。当公司的最优债务比率明显异于公司所属行业的最优债务比率时，分析师和评级机构可能不看好这种变化，公司也就更不可能快速转向该最优债务比率。

3. 接管的可能性。对收购活动中目标公司特征的实证研究发现，低杠杆公司比过度利用债务杠杆的公司被收购的可能性更大。通常，收购活动至少部分由目标公司运用未使用的债务融资能力来融资，因此，拥有过多债务融资能力并在借款上耽搁的公司面临着被接管的风险。这种风险越大，公司选择快速接受额外债务的可能性就越大。

4. 融资弹性的需求。有时，公司可能需要更强的债务融资能力来为无法预料的资金需求做准备，或是保留现有项目或是投资于新项目。需求融资弹性和重视该融资弹性的公司较少可能快速转向最佳负债比率和用完其过剩的债务融资能力。

股利政策

尽管股利传统上被认为是上市公司向其股东返还现金或资金的主要方法，但其仅包括许多可行方式中的一种用于实现该目标。特别是，公司可以通过股权回购（equity repurchase）向股东返回现金，而这种情况下该现金是用于购回公司的股票，并减少剩余股票的数量。此外，公司可以以分立（spin－offs）和子公司股票换母公司股票的形式向其股东返回一些资产。

分析股利政策的框架

在应用一个用于分析股利政策的合理框架上，公司将试图回答以下两个问题：

1. 在满足资本性支出和用于维持公司未来发展的流动资金需求之外，公司还有多少现金可供分配股利？

2. 公司可从事的项目有多好？

一般来说，拥有好项目的公司在股利政策方面有着更多的选择余地，因为股东希望公司积累的现金投资于这些项目并最终赚取高额回报。比较之下，没有好项目的公司将发现其自身面临将其所有或大部分现金用于支付股利的压力。

股利决策

如果你不能找到可获最低可接受利率的投资，那么就要向公司的所有者返回现金。

- 你可返还多少现金取决于当前和潜在的投资机会。
- 选择向公司所有者如何返还现金将取决于他们是否偏好股利或股份回购。

分拆出售、分立、完全析产分股和子股换母股

分拆出售、分立、完全析产分股和子股换母股是向股东返还非现金资产的其他一些选择。考虑一家经营多条业务线的公司，其中一些业务线系统上估值不足，因此整个公司价值低于其多个业务部分，该公司有四个选择：

1. 分拆出估值不足的业务并支付清算的股利。公司可以处理其困境的一种方式是通过分拆，涉及出售被市场低估低于真实市场价值的业务部分，并以股权回购或股利的形式向股东支付现金。

2. 分立价值低估的业务线。一种方案是分立价值低估的业务线或创立一类新的股票并向现有股东分配这些股票。因为股票按现有股东的所有权比例来分配，故不会改变公司的所有权比例。

3. 拆分整个公司。在完全析产分股的做法中，公司将其拆分为多个不同的业务线，将这些股票按公司最先的所有权比例向原始股东分配，然后公司停止经营，不复存在。

4. 剥离价值低估的业务线。子股换母股类似于分立，由此在价值低估的业务线中形成一些新的股票。该情况下，现有股东被赋予将其所持母公司股票换成新股票的选择权，改变了新的公司结构中的所有权比例。

股票股息和股票拆分

股票股息涉及以零成本向公司现有股东发行额外股票，由此，在一个5%股票股息支付方案下，公司每一名现有股东将获得相当于当前拥有的股票数量5%的新股票。许多公司使用股票股息作为现金股息的补充，很多人认为这是一个替代。股票拆分在某种形式上也只是一项数额较大的股票股息，因为它也增加了公司股票余额的数量，但它实现该效果是通过一个更大的因素，这样公司可以实行2∶1的股票拆分（由1股变2股），由此公司的股票数量翻番。

股息的历史证据

在对美国过去 50 年中公司实行的股息政策进行研究后，发现了一些有趣的结果。第一，股息往往滞后于利益，也就是收益增加，股息便会增加，收益减少股票相应减少。第二，公司通常不愿意改变股息，当涉及减少股息，趋向粘性的股息政策时，公司这种犹豫的态度被放大。第三，股息往往比收益行走在一条更平滑的路径上。第四，受增长率变化、现金流和项目可行性的作用，在公司生命周期中股息政策存在显著的差异。

机构投资者

大约有 2/3 的上市股权由机构持有而非个人，这些机构包括共同基金、养老基金和法人团体，每一种机构投资者所获的股息缴纳的税收存在差别。

管理者利益和股息政策

在审视公司债务政策时，我们注意到接受更多债务的一个原因是诱使管理者在其项目选择上更加自律。如果留给公司管理者自由利用，这个自由现金流参数隐含的是积累的现金将浪费在一些差的项目上的假设。如果这是事实，我们可以认为强制一家公司做出支付股息的承诺通过减少可被自由支配的现金，提供了迫使管理者在项目选择上审慎自律的一种可供选择的方法。

如果这是股东想要管理者保证支付较高股息的原因，在这种情况下所有权与管理权之间存在明显分离的公司应比那些有着大量内部所有者和参与管理决策的公司支付更多的股息。

附录 B 财务报表

有三种基本的财务报表：核算公司收入和支出的利润表、报告公司资产和负债情况的资产负债表，以及详细表现公司现金来源和使用情况的现金流量表。

利润表

利润表提供了关于公司一个特定的时期内经营活动的信息。公司的净收入等于收入减去支出，而收入产生于销售商品或服务，支出核算与产生这些收入相关的成本。

分类——一个典型的利润表

既然收入可以产生于许多不同的来源，一般公认会计准则（GAAP）要求利润表分成 4 个部分：持续经营收入、非持续经营收入（discontinued operation）、非常损益和会计准则变更的调整。一个典型的利润表从收入开始，对销售的商品的成本、用于产生收入的资产折旧和销售或管理费用进行调整，得到营业利润。营业利润在减去支出后得到应纳税收入，其在扣减税收后得到净收入。

权责发生制和收付实现制——利润表

公司常常花费一些资源用于在一段时期购买原材料或制造商品，但直到下一期才卖出，或者他们常常在一段时期提供产品或服务，但直到下一段时期才会得到付款。在权责发生制的会计中，来自销售商品或服务的收入在商品已售出或服务已提供（整体或大部分）的期间确认。在使费用与收入相配比的费用方面做出相应的努力。在收付实现制的会计体系下，收入在付款已收到时才被确认，而费用在支出的时候才记录。因为存在收入和费用之间的配比，GAAP 要求公司在编制利润表时使用权责发生制会计核算方法。

利润表（损益表）

收入

–销售产品的成本

–折旧

–销售费用

–管理费用

=息税前利润

–利息支出

=税前利润

–税收

=非经常项目前净利润

+非持续性经营活动的收益（或损失）

+非经常性收益（或损失）

+会计方法变化导致的净利润变化

=非经常性项目后净利润

–优先股股息

=普通股股东利润

一般公认会计准则——确认收入

一般公认会计准则（GAAP）要求在公司出售的商品或服务全部或大部分已交付或提供，且公司已收到可看得见的和可计量的现金或列为应收账款时确认收入。对那些与收入产生直接相关的费用（如劳动力和原材料），在收入确认的同期确认。与收入产生不直接相关的费用，在公司使用完这些服务的期间确认。

权责发生制会计在生产并销售商品的公司中易于理解，也有一些特殊情况，权责发生制会计因提供的产品或服务的性质而变得复杂。

长期合同

长期合同持续几个会计期间，随着合同的进展客户常常进行定期付款（如：一栋新住宅或商业建筑物）。当一项长期合同与一名买方形成了事先约定价格的合同关系，项目建设期间所产生的收入根据合同完成的百分比来确认。因为收入按照完工百分比来确认，对应部分的费用也予以确认。另一种方法是等到合同全部完成再确认全部的收入和费用。因为这种方法会延迟所得税的缴纳，在国内税收法规（Internal Revenue Code）中有关税收方面是不被允许的。

现金回收的不确定性

当对于商品或服务的买方付款能力存在较大的不确定性时，提供商品或服务的公司可以仅仅在其根据分期付款方法下收回部分销售价格时确认收入。虽然这类似于现金法下的收入确认方法，分期付款方法下的费用也仅在现金收回时确认，尽管该款项可能在首次销售期已经支付。这种做法的另一种选择是首先收回成本法（cost - recovery - first），该方法下现金收据和支出每笔金额相符（这样就不产生利润），直到所有的费用支出收回，此后任何多出部分的收入均计为利润。

资产负债表

与核算一定时期流量的利润表不同，资产负债表提供了在一个特定的时点上公司所拥有的资产和所欠贷款人及其股权投资者负债的大概情况。资产负债表围绕以下等式建立：

$$资产 = 负债 + 股东权益$$

资产和负债可以进一步分为流动和非流动部分。

资产

流动资产：

现金和可供出售的有价证券

应收账款

存货

其他流动资产

投资

房产、厂房和设备（固定资产）

无形资产

负债和权益

流动负债

应付账款

短期借款

其他流动负债

长期负债

其他非流动负债

股东权益

优先股

普通股

留存收益

库存股（Treasury Stock）

资产

资产是可能产生未来现金流入或减少未来现金流出的资源。对于一项可成为资产的资源，一家公司必须在之前的交易中已取得并能够合理地预测、量化其未来收益。资产可以根据几个标准进行分类——固定资产和流动资产、货币资产（如现金和应收票据）和非货币资产。GAAP 的计价原则因资产不同而各异。

固定资产

几乎所有国家的一般公认会计准则都要求对固定资产以历史成本计价，根据资产的折旧费用进行调整。这种做法常用的理论基础是：

- 对于大多数资产，因为不存在一个活跃的二级市场，其账面价值比市场价值更容易获得。
- 账面价值比市场价值可以更客观地计量，较不可能被公司操控以达到某些目的。
- 账面价值较市场价值是对资产真实价值更加保守的估计。

所有的这些论据公开接受质疑，且许多固定资产的账面价值很少接近于其市场价值，这一点相当明显。

既然固定资产以账面价值计量和按折旧部分进行调整，一项固定资产的价值很大程度上受其折旧年限和所采取的折旧方法影响。因为是公司估计资产的折旧年限，延长资产的折旧年限可以增加报告期的利润，其向公司提供了管理报告期利润的一个机会。公司也被提供一个通过选择不同的折旧方法来管理利润的机会，因为GAAP允许公司使用直线折旧法（折旧额平均分布于资产的使用年限）或加速折旧法（开始的年度提取较多的折旧额，以后越来越少）。大多数美国公司在财务报告中使用直线折旧法，而在用于税收方面使用加速折旧法，这样至少在资产取得之后的一些年度中，公司利用前一方法可以得到更多的利润。比较之下，日本和德国的公司常常在税收和财务报告两个方面使用加速折旧法，由此导致其收入相对低于美国的公司。

存货

有三种GAAP允许的存货计价的基本方法：

- 先进先出法（FIFO）。在先进先出法下，售出商品的成本根据该期间最早购入的原材料成本计量，而存货的成本根据年末购入的原材料成本计量。这导致存货以接近当前替代成本来计价。在通货膨胀发生期间，在三种方法中，采用先进先出法将导致售出商品的成本估计最低，净利润最高。

- 后进先出法（LIFO）。该方法下，售出商品的成本根据接近期末的购入原材料成本计量，导致成本大致接近当前成本。存货以年初购入的原材料成本计价。在通货膨胀发生期间，采用后进先出法会导致售出商品的成本估计最高，净利润最低。
- 加权平均法。在加权平均法下，存货和售出商品都根据期间购入的所有单位的平均成本来计量。

在通货膨胀水平较高期间，公司常常采用后进先出法获得税收方面的好处。研究表明拥有下列特征的公司更可能采取后进先出法：原材料和劳动力价格不断上升、存货增长更容易变动、缺少其他的税损移后抵免（tax loss carry - forwards）和规模大。当公司在核算存货上由先进先出法转为后进先出法，可能会出现净利润下降，同时现金流增加（因为税收节减），当公司由后进先出法转向先进先出法时，相反的情况也会出现。

给定存货计价方法的收入和现金流效应，比较使用不同存货计价方法公司的利润常常很困难。但对于这些差异有一种调整方法，选择使用后进先出法的公司必须在财务报表的脚注中详细说明先进先出法和后进先出法存货计价之间的差异，这种差异专门有一个术语为后进先出法准备（LIFO reserve），该准备可以用来调整期初和期末存货，也因此调整了售出商品的成本，并重述了先进先出法基础上的公司利润。

无形资产

无形资产包括各种没有实物形式的资产，范围涵盖专利权、商标和商誉等。GAAP 要求无形资产以下列方式进行解释：

- 开发无形资产发生的成本列为当期费用，即使该无形资产的使用年限可能跨几年会计期间。因此，形成专利（无形资产）的研究和开发支出仍然列入支出发生期的费用。
- 当一项无形资产从公司外部获得时，发生的支出被视为一项资产，与公司内部开发相同资产发生的支出处理方式相反。

- 无形资产根据其性质必须在其预计的使用年限内摊销，标准的做法是使用直线摊销法。但在用于税收方面，公司被禁止摊销商誉和其他没有确切使用寿命的无形资产。

无形资产常常是企业收购活动的副产品。当一家公司收购另一家公司时，购买价格首先分配于有形资产，超出的价格部分再分配给类似专利权或商标的无形资产，剩余的金额部分为商誉。会计准则建议商誉获得所有无法明确说明的无形资产的价值，实际上是资产账面价值及其市场价值之间差异的反映。

负债

一项义务若要确认为负债，必须符合三个要求：它必须预期会导致未来现金流出或在某个特定的或可确定的时点未来现金流入的损失，公司不能逃避该义务，产生该义务的交易已经发生。

确信的程度

负债在其产生未来义务的程度上有所变化。在一个极端情况下，普通债券（straight bond）形成一项在固定的日期进行固定支付、特定且明确的义务。在另一极端情况中，公司签订的期权合约（option contract）只产生一项或有义务，并且在或有义务情况下义务的金额和时机不明确。根据会计的连续性，GAAP把那些产生未来支付、可量化、发生时间明确的义务定义为会计上的负债，即使金额和时机必须由公司来估计。GAAP没有把购买或聘用承诺或者或有的合同当作负债。

当公司进入一个越来越复杂的安排来管理其融资和营运风险时，许多灰色地带便会出现，而GAAP没有对公司该选择哪种路径提供充分的指导说明。一个例子是公司使用混合证券，该混合证券拥有一部分债务属性和一部分权益属性，将其归类为负债和股权权益者都很难。另一个例子是公司使用表外融资的情况，该情况下负债产生但没有被确认。对此现象不断发展的态度是公司必须披露关于其采用的融资工具或签订的协议的表外风险的信息。

租赁的处理

公司常常出于各种原因选择租赁长期资产而不购买，例如，租赁对于出租人的税收利益大于对于承租人的税收利益，租赁提供了在适应技术变革和能力需求方面更多的弹性。租赁费用的按期支付产生与债务所产生的利息支付相同种类的义务，必须以类似的态度对待。如果公司被允许租入很大一部分资产，并记录在财务报表之外，阅读其财务报表将产生对于公司财务状况的一个非常具有误导性的判断。因此，必须制订相应的会计规则以强制公司揭示其账面上租赁义务的范围。

对于租赁有两种会计处理方法。在经营性租赁中，出租人（所有者）仅将资产的使用权让渡给承租人，在租赁期末，承租人将租入的资产还给出租人。因为承租人不承担所有权的风险，租赁支出被视为利润表中的营业费用，租赁业务不影响资产负债表。在资本化租赁中，承租人承担了一部分所有权风险并享受了相应的一些利益，因此，当租赁合同签订时，该项租赁便被当作资产负债表中的一项资产和负债（对于租赁费用的固定支付）。公司每年开始提取租入资产的折旧，同时也每年扣除租赁费用支付中的利息费用部分。一般来说，资本化租赁能够比相应的经营性租赁更快地确认费用。

既然一些公司喜欢将租赁业务置于表外，有时候更喜欢推迟费用的确认，公司本身在将所有的租赁报告为经营性租赁上有一个强烈的激励，因此财务会计准则委员会（Financial Accounting Standards Board，简称 FASB）做出规定，如果一项租赁业务符合下列四个条件之一就应视为资本化租赁：

1. 租赁期超过资产寿命的 75%。

2. 在租赁期结束时存在向承租人转移资产所有权。

3. 租赁期满时存在以优惠价格购买该租赁资产的选择权。

4. 以合理的贴现率贴现计算出来的租赁费用的现值超过租赁资产市场公允价值的 90%。

出租人运用同样的标准来确定租赁为资本化租赁还是经营性租赁，并据此核算。如果是资本化租赁，出租人记录未来现金流的现值为收入并确认费用。租赁应收款（lease receivable）也于资产负债表中表示为资产，并在支付租赁费用的期间确认利息收入。

从税收的角度来看，仅当租赁为经营性租赁时，出租人可以对出租的资产要求税收利益（如折旧），尽管税法使用略微不同的标准来确定该租赁是否为经营性租赁。

员工福利

企业主向其员工提供养老金和医疗保健福利。在许多情况下，这些福利所形成的义务是广泛的，公司没有足额地支付这些义务需要在财务报表中予以揭示。

养老金计划 在一项养老金计划中，公司同意通过明确一项确定的供款（每年由企业主向该计划提供金额固定的支付，对计划中提供的福利并未做出任何承诺）或一项清晰的福利（企业主承诺向员工支付一定的福利）向其员工提供某些福利。在后一种情况下，企业主必须在每一期向该计划中存入足够的现金，这样养老金再投资后的金额足够满足确定的福利。

在确定的贷款计划下，公司一旦向该计划中提供事先确定的付款就完成了义务。在确定的福利计划中，公司义务的估计要困难得多，因为它们由诸多变量决定，包括：（1）员工有权获得的福利，其随工资和就业状况（employment status）的变化而变化；（2）雇主之前支付的供款和供款已实现的收益；（3）雇主期望在当前供款计划中获得的预期回报率。随着这些变量的变化，养老基金资产的价值可以超过、低于或等于养老基金负债（其包括承诺福利的现值）。资产超过负债的养老基金是一项超额计划（overfunded），而资产少于负债的养老基金则是一项不足额计划（underfunded），这种结果的披露必须包括在财务报表中，通常包括在脚注中。

当一项养老金计划是一项超额计划时，公司有几个选择：它可以从该基金提取超额资产；也可以停止对计划的出资；或者在假设超额融资是一个暂时现象，未来一段时期会消失的基础上继续出资。当一项养老金计划是一项不足额计划时，公司产生负债，尽管 FASB 规则要求只有在资产负债表中的养老基金负债超过养老基金资产时公司才进行说明。

医疗保健福利 公司可以以两种方式中的一种提供医疗保健福利：通过

向医疗保健计划支付固定的供款，但不承诺确定的福利（类似于确定的供款计划）；或者通过承诺确定的健康福利，专门拨付资金以提供这些福利（类似于确定的福利计划）。医疗保健福利的会计处理方法与养老金义务的会计处理方法非常类似，这两者之间关键的区别是公司不必在资产负债表中将医疗保健支付义务超过医疗保健基金资产的剩余部分记录为负债，尽管关于该情况的脚注说明要加到财务报表中。

所得税

公司经常出于税收和财务报表的目的使用不同的会计方法，这导致了如何报告税收负债的问题。由于使用加速折旧以及出于税收会计目的的有利的存货计价方法，导致了延期纳税，财务报表中报告的收入税收将比实际支付的税款多得多。

是否递延所得税负债实际为一项负债是一个有趣的问题，公司不欠有任何实体被归类为递延税收的金额，把其视为一项负债使公司看起来比其实际更有风险。

财务报表中的准备金

准备金可以以资产扣除、负债或股东权益的减少的形式出现在财务报表中。在美国，准备金有特殊的用途，德国和日本的公司允许创建总储备金以均衡不同时期的收入。创建准备金账户至少基于以下两个原因：

1. 匹配费用和福利。一家公司可以创建准备金作为预期会从当前活动中产生的费用，并通过费用减少目前的收入。当费用实际发生时，准备金数量上减少了，而未来时期的净收入通过费用并未受到影响。因此，一家预期其 1% 贷款会不可收回的银行可能会在发放贷款期间为坏账创建准备金，这一时期的收费收入将资金转移至储备金。任何随后的贷款违约金将被收取至准备金。

2. 使费用不进入收入报表。公司可以通过创建准备金来支付费用的方法直接减少股东权益，从而使一些费用不进入收入报表。股东权益的净效应与费用在收入报表中的表现相同，它导致这一时期净收入的夸大。

准备金的不同用途，以及不同国家中与准备金相关的多样的、广泛的会计准则，表明分析师在用不同的会计准则比较不同国家的公司的盈利能力时，应该把准备金的因素考虑进去。

现金流量表

现金流量表建立在将资产与负债相联系的基本方程式的变形基础上：

资产 = 负债 + 股东权益

如果这些变量中的每一个都以变化量来计算（Δ），该方程可改写为：

Δ资产 = Δ负债 + Δ股东权益

如果资产根据是否为现金资产或非现金资产划分，可得出：

Δ现金 + Δ非现金资产 = Δ负债 + Δ股东权益

整理等式得到：

Δ现金 = Δ负债 + Δ股东权益 − Δ非现金资产

现金流的变化可以是下列一些原因：

- 非现金资产的增加会减少现金流；流动资产（如存货和应收账款）、金融资产（通过购买证券形成）和固定资产（通过资本性支出）将形成现金流的流出通道。
- 净利润会增加现金流，如果存在非付现费用（如折旧和摊销），该现金流会进一步增加。
- 支付股息或股票回购会减少现金流，就好比偿还债务本金一样；发行股票或债务将增加现金流。

现金流量变动表将所有的变动归为以下三类：经营、投资和融资活动。编制现金流量变动表的最后一步是将负债、股东权益和非现金资产中的变动归入这三类，尽管一些项目不是很容易符合这些类别。一旦分好类别，现金流量表便提供了整个期间内现金余额变化的分析。

附录 C

贴现率

本附录涉及新兴成长和中等规模中规模相对较小的私人控股公司的估值，估值所使用的贴现率源于为私人公司调整的资本资产定价模型（CAPM）的应用，我们称之为调整后的资本资产定价模型（ACAPM）。贴现率被定义为投资者需要被促使投资于被贴现的现金流的回报率，且投资者获得现金流的风险是给定的。贴现率受市场状况影响，随时间发生变化，取决于贴现的对象，必须依风险做出调整，基于可替代的投资的收益率，并且根据通货膨胀情况进行调整。

假如该模型作为一个利息支出后的盈利措施来应用，那么你最有可能对公司的部分股权进行估价。但如果该模型应用在利息前的现金流，那么你在对企业作估价时，正如我们前面所描述的，应考虑股票和公司的附息债务。所设定的贴现率将适用于企业估值。首先，我们运用以下 ACAPM 的公式计算企业股权的预期收益率。这实际上是贴现率或股权的资本成本，我们称之为 r_e。

目标企业修正的 ACAPM 公式为[①]：

$$r_e = rf + B_i\ (M_{rh} - rf) + (SCM_{rh} - M_{rh}) + SCR$$

其中：r_e = 企业股权的贴现率或预期收益率。

rf = 当前中期国债利率。

M_{rh} = 标准普尔（S&P）500 指数市场的历史预期收益率（11% ~14%）。

① 贴现率适用于净收益或净现金流量。

SCM_{rh} = 微型股市场的历史收益率，根据 Ibbotson 小股票溢价确定平均市值。$SCM_{rh} - M_{rh}$项是超过标准普尔（S&P）500 指数正常收益率的微型股市场的溢价。

B_i = 目标公司的行业或同业公司组的贝塔值。如果值为 1，意味着这个群体相比整个市场具有平均风险。行业贝塔值应该作进一步调整（提升），就像目标公司一样，群体应拥有相同的资本结构。

SCR = 与微型公司比较的目标的特有企业风险（在可比微型企业风险之上或之下增加风险），包括：

- 关键人物。
- 管理深度。
- 客户、产品、市场和地点的集中度。
- 不利的历史表现：绝对规模和行业情况。

SCR 的特殊范围列于表 C－1。

表 C－1　特定企业风险的典型范围

目标公司净值（万美元）	目标公司销售（万美元）	特定企业风险
<50	<200	10%～15%
50～200	200～1 000	2%～10%
200～500	1 000～5 000	1%～6%
>500	>5 000	－3%～2%

通过修正 CAPM，该模型解释了小型私企的经营和财务风险。另外还应该考虑的是，估值究竟是为了少数权益还是控股权益。假如想对预期收入报表进行控制权的调整，尽管很多估价人员认为这是一个控股权益，CAPM 公式最初还是适用于上市公司的少数权益。另外，为一个控股买家对公司进行估价时，需考虑溢价。

一旦有了 r_e值，就可以利用以下公式计算加权平均资本成本（WACC），并且可以在目标公司实际使用的权益类型基础上进行修正：

$$WACC = r_e\ (V_e/\ V_t)\ +\ r_d\ (1\ -\ t)\ (V_d/\ V_t)$$

其中：$WACC$ = 加权平均资本成本。

r_e = 股权的预期收益率，在本附录的前面内容中已提及。

V_e = 私企的股东权益价值。

V_t = 股东权益总值和企业的付息债。

r_d = 该企业付息债的实际利率。

V_d = 未偿还的付息债价值。

t =该企业的边际税率。

WACC 是用来贴现公司的未来现金流，未计利息，在计算中确定企业的价值。

附录 D

贵公司能担负多快的增长?

所有人都知道，创立一家企业需要资金，但是要使企业成长，则需要更多的资金——用于支付流动资金、机器及设备，还有营业支出。不过只有很少人知道，若一家盈利的公司企图过快成长也会使现金耗尽——即使它的产品十分成功。对所有涉及成长的管理者来说，一个关键的挑战是要保持资金消耗与资金积累的适度平衡。如果不能维持这个平衡，无论再兴旺的公司都会很快发现自己破产了，成了企业成功的牺牲品。

幸运的是，有一种简单的方法可以计算公司当前运营状况所能承受的增长率；与之相对应，也可以计算在哪一个点上需要调整运营状况或者寻求新的资金来支持公司发展。在这里，我们将会展示管理增长的框架，这一框架会考虑三个关键因素：

1. 公司的流动现金循环——在收到产品和服务的销售款之前，资金被存货和其他流动资产占用的时间总和。

2. 每 1 美元销售额所需投入的现金总和，包括流动资金和营业支出。

3. 每 1 美元销售额所能带来的现金总和。

这三个因素共同决定了所谓的自我融资增长率（Self - Financeable Growth，简称 SFG），即一家公司不必恳求投资者而创造的收入所能够保持的成长速率。

这个框架的有用性超出了一个可持续的增长率的计算。它同样也能给管理者提供实际的应用，以让他们看到其运行的效果，利润率是怎样影响他们提高成长速度的能力，以及哪些行业可能会成为比较有吸引力的投资目标。

增长的三个杠杆

首先，我们要展示一下自我融资增长率是怎样算出来的，我们以一个假设的简化名为曲林斯经销商（Chullins Distributors）的公司为例。然后，我们再证明这三个因素是怎样作为杠杆被操作来增强曲林斯由内部创造的资金引起增长的能力的。要想决定自我融资增长率，我们必须先计算出这三个因素各自的组成部分。

经营性现金周期

每一个企业都有一个经营性现金周期（Operationg Cash Cycle，简称OCC），它实质上就是指一个公司的现金被固定用于流动资金中直至顾客为该公司卖出的产品或提供的服务付款后资金又得到返还的时间长度。那些存货较少和由客户即时支付现金的公司，像许多服务公司，有一个相对较短的经营性现金周期。但是那些一方面需要把资金用于部件和存货，另一方面又等着收取应收账款的公司，则有一个相对较长的经营性现金周期。在其他条件相同的情况下，经营性现金周期越短，一个公司就能越快重新调动它的现金和从内部资源中得到增长（见图 D－1）。

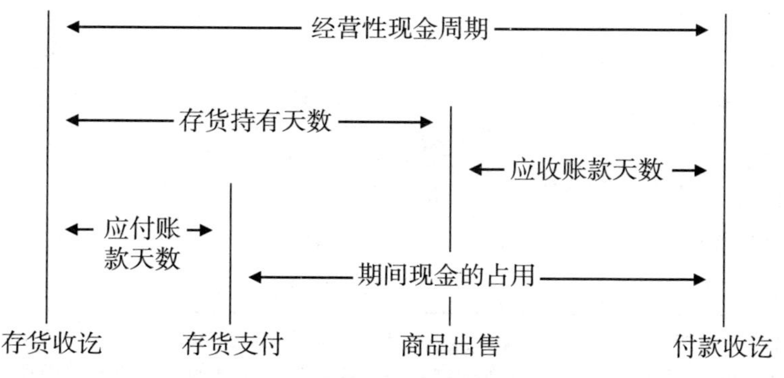

图 D－1　经营性现金周期的构成

资料来源：经哈佛商业评论允许转载，2001 年 5 月，由 Neil C. Churchil 和 John W. Mullins 所著的“How fast can your company afford to grow?”著作权属哈佛商业学院出版公司，其所有权利保留

要计算出曲林斯公司的经营性现金周期，看一下表 D－1，表中显示了公司最近的利润表和资产负债表。在资产负债表的右边，我们看见客户在 70 天之内支付发货单，并且存货时间在出货前的平均时间是 80 天。因此，曲林斯公司在流动资金中的投资要被固定在整整 150 天。这就是曲林斯公司的经营性现金周期。

表 D－1　曲林斯经销商的财务报表

利润表（千美元）			
销售	$2 000		100.0%
销售成本	1 200		60.0
毛利	800		40.0
经营费用	700		35.0
净利润	$100		5.0%
资产负债表（千美元）			
现金	$10		
应收账款	384		70 天*
存货	263		80 天
流动资产总额		$657	
厂房和设备	$25		
资产总额			**$682**
应收账款	$99		30 天
应付银行货款	50		
流动负债总额		$149	
实缴资本	$350		
位分配利润	183		
所有者权益总股		$533	
权益总额		**$682**	

＊天数的计算如下：对于应收账款，除以每天销售（$2 000÷365）金额（$384）。对于存货和应付账款，除以每天销售成本（$1 200÷365）金额（$263 和 $99）。经哈佛商业评论允许转载，2001 年 5 月，由 Neil C. Churchil 和 John W. Mullins 所著的 "How fast can your company afford to grow?" 著作权属哈佛商业学院出版公司，其所有权利保留

幸运的是，曲林斯公司的现金并没有真正地被用在整个经营性现金周期中，我们还要考虑从曲林斯接收到物资到付款这之间的间隔。正如图 D－1 所示，该公司正处在与其供应商的一个 30 天的信用期限中，因此实际上现金完全耗尽在存货上并不是在存货到达之际，而是在 30 天之后付款给供货商之际。这将现金用于存货和应收账款上的时间（因此，最后考虑到销售成本）缩短到了 120 天，或者说是 150 天周期的 80%。

当然，除了流动资金，我们还需要对日常经营性支出所需的现金（工资支出、营销和销售成本、工具等）做出解释。在周期过程中要不时地支付这些开支，它们所需的现金可能被占用在从周期第一天（因为账单要在第一天支付）到周期最后一天（因为发票要在该公司收到客户现金的当天支付）中间的任何时间。尽管如此，我们仍然要假设账单差不多是在整个周期过程中均匀支付的，未偿贷款在半个周期或 75 天过程中平均也是这样的。在表 D－2 中有对曲林斯公司的现金被占用在销售成本和经营性支出的时间的一个总结；对第一个例子的简单概述就是在经营性支出中我们包括了所得税但是忽略了折旧费。

表 D－2　曲林斯经销商的经营性现金周期

	基础案例
期间现金的占用（天）	
应收账款	70
存货	80
经营性现金周期	**150**
应付账款	30
销售成本	120
经营费用	75
利润表（美元）	
销售	1 000
销售收入	0. 600
经营费用	0. 350

（续表）

	基础案例	
总成本	0. 950	
利润（现金）	0. 050	
每销售 1 美元的现金额（美元）		
销售成本	0. 600 ×（120/150）=0. 480	
业务操作	0. 350 ×（75/150）=0. 175	
每个经营性现金周期的现金需求		0. 655
每销售 1 美元产生的现金		0. 050
自我融资率计算		
经营性现金周期的自我融资率	0. 050/0. 655 = **7. 63%**	
每年经营性现金周期的自我融资率	365/150 = 2. 433	
年自我融资率	7. 63% ×2. 433 = **18. 58%**	
复合的年自我融资率	$(1+0.0763)^{2.433}-1$ = **19. 60%**	

资料来源：经哈佛商业评论允许转载，2001 年 5 月，由 Neil C. Churchil 和 John W. Mullins 所著的"How fast can your company afford to grow?"著作权属哈佛商业学院出版公司，其所有权利保留

每个周期中占用的现金数量

现在我们已知道了曲林斯公司现金被占用的时间长度，接下来我们要计算出有多少现金被占用了。利润表表明要赚得 1 美元的销售额，曲林斯要花费 60 美分的销售成本，这就是曲林斯所要投入到流动资金中的钱，即我们决定要把它占用在 150 天周期中的 80% 的时间的钱。因此，整个周期过程中销售成本所需要现金的平均数量就是 60 美分的 80%，或者说是每 1 美元销售额中的 48 美分。

利润表同样还显示，要支付周期过程中的经营性支出的话，曲林斯要在每 1 美元销售额中投资 35 美分。由于我们已经计算出这笔现金是均匀占用在半个周期或者说是 75 天之内，那么整个周期过程中的经营性支出所需的平均现金量就是每 1 美元 17. 5 美分。所以总而言之，曲林斯在每个经营性现金周期中必须要每 1 美元投资总共 65. 5 美分。

每个周期中的现金流入量

值得高兴的是，曲林斯是一家蒸蒸日上赚钱的公司：在把每 1 美元中的 60 美分作为流动资金来支撑销售成本及另外的 35 美分作为经营性支出之后，在每个周期结束后它都能收获整整 1 美元。为了要负担在周期中处于同一销售水平上的另外一项现金支出，它需要把那 1 美元中的 95 美分用来重新投资，其中 60 美分作为销售成本，另 35 美分作为经营性支出。那么每 1 美元中赚得的剩余的 5 美分可以作为另外的流动资金和经营性支出的投资来使下个周期产生更多的收益。可以多产生多少收益呢？简单计算一下我们就能得出这个数字——每个周期的自我融资增长率。

最高的自我融资增长率

假设曲林斯决定把这全部的 5 美分投资到流动资金和经营性支出中来融资另外的销售量。假定这个公司有生产能力和营销能力来产生另外的销售的话，把这 5 美分加到那已经投入的 65.5 美分中将会使它的每个周期的投资额增长 7.63%，这将会直接导致下个周期的销售量增加 7.63%。

如果曲林斯每 150 天能成长 7.63% 的话，那它每年会成长多少呢？因为在有 365 天的一年中有 2.433 个这样的 150 天的周期，那么在它本身销售产生的资金的基础上，这个公司每年能够达到 7.63% 的 2.433 倍的增长率，也就是 18.58% 的增长率。

当然，在随后的每个周期中，曲林斯会越赚越多，这个计算还没有把复利效应考虑在内。如果把这个也考虑在内，它的自我融资增长率将会是 19.60%。显然这是个实际的问题，除非你的营运现金周期非常短——差不多比 100 天还要短——那么简单的连续相乘就足够了。因为我们的框架是设想一个公司的过去经营状况是它将来经营状况的一个准确的预测，大多数管理者们也都知道这顶多算是一个不太实际的设想，因此，采用更为保守的自我融资增长率就为意料之外的经营失误提供了一定程度的保护。

那么，那个 18.58% 的数字告诉了我们什么呢？如果曲林斯的增长速度低于 18.58% 的话（假设所有的变量都保持不变），将会产生比它增长所需要的更多的现金。但是如果曲林斯试图让每年的增长率超过 18.58% 的话，它必须得从经营中腾出更多的现金或是找到另外的资金。否则的话，它将会发现自己陷于资金短缺的困境中。

拉动杠杆

曲林斯或许会看见一个增长率超过 18.58% 的市场机遇，而且有可能出于多种原因而想要通过内部的或外部的融资来为此做出投资。曲林斯可以通过操控决定自我融资增长率三个杠杆中的任何一个来加快自己的成长。我们的框架显示了这些决定是如何分别改变曲林斯通过自我融资来达到的最大增长率的。

杠杆 1：加快现金流动

假设曲林斯的应收账款的管理者们能够使客户的付款速度加快，从而使收款时间从 70 天缩短到 66 天。我们同样还假设通过管理还能提高存货周转的速度，或许是通过好一点的预测，因此就使现金占用的时间从 80 天减少到 74 天。这些变化使现金营运周期从 150 天缩短到 140 天。但曲林斯仍然需要为每 1 美元的存货支付 60 美分，而且仍然处在 30 天的期限中。

既然这 60 美分只是被占用在 140 天的 110 天里，整个周期过程中存货所需要的现金就从 48 美分减少到了 47.1 美分（见表 D－3 关于杠杆 1，由表 D－2中同样方法计算得到）。经营性支出仍然是 35 美分，并且仍然被占用在现金营运周期的一半的时间里，所以每个周期需要 17.5 美分的经营性支出。因此，在每个周期中该公司需要 64.6 美分的现金来产生 1 美元的销售额。它仍然产生 5 美分的利润，所以每个周期中这额外的 5 美分会产生 7.73% 的销售额（由 64.6 除 5 得到）。现在每年有生产周期 2.607 个，而不是 2.433 个，因此每个周期中略微的增长就得到了 20.17% 的年自我融资增长率。这个框架很清楚地显示了通过稍稍减少存货周转（7.5%）和回收应收账款的时间（5.7%）这一较好的经营管理带来的效果：曲林斯使自己的增长率增加了略大于 1.5 个百分点。

很多企业家对有效的流动资金管理只有一般性的了解。采用了本文介绍的工具之后，他们就能计算出流动资金的任何变动对增长率会带来的真正影响。

表 D－3　拉动三个杠杆管理现金增长

	杠杆 1 加快现金流	杠杆 2 降低成本	杠杆 3 提高价格		拉动 多个杠杆
应收账款	66	70	70		66
存货	74	80	80		74
经营性现金周期	**140**	**150**	**150**		140
应付账款	30	30	30		30
销售成本	110	120	120		110
经营费用	70	75	75		70
利润表（美元）			**未调整**	**调整的**	
销售	1.000	1.000	1.015	1.0000	1.000
销售成本	0.600	0.590	0.600	0.5911	0.590
经营费用	0.350	0.345	0.350	0.3448	0.345
总成本	0.950	0.935	0.950	0.9360	0.935
利润（现金）	0.050	0.065	0.065	0.0640	0.065
每销售 1 美元的现金数额（美元）					
销售成本	0.471	0.4720	0.4729		0.4636
业务操作	0.175	0.1725	0.1724		0.1725
	0.646	0.6445	0.6453		0.6361
	0.050	0.065	0.064		0.065
自我融资增长率的计算					
经营性观念周期自我融资	**7.73%**	**10.09%**	**9.92%**		**10.22%**

（续表）

	杠杆 1 加快现金流	杠杆 2 降低成本	杠杆 3 提高价格	拉动 多个杠杆
自我融资增长率的计算				
经营性现金周期的自我融资增长率	2.607	2.433	2.433	2.607
年自我融资增长率	**20.17%**	**24.54%**	**24.15%**	**26.64%**
	21.44%	**26.34%**	**25.89%**	**28.87%**

资料来源：经哈佛商业评论允许转载，2001 年 5 月，由 Neil C. Churchil 和 John W. Mullins 所著的“How fast can your company afford to grow?”著作权属哈佛商业学院出版公司，其所有权利保留

杠杆 2：降低成本

管理可以试图减少曲林斯所需要投入的现金量，但不能加快资金周转速度。假设曲林斯的管理者们能在主要的供货商那里得到一个较好的价位，从而使销售成本从 60% 降低到 59%。假设他们同样能把经营性支出削减半个百分点，从销售额的 35% 减少到 34.5%。这将会使下一个周期需要融资的现金从 65.5% 减少到 64.45%，也就是每 1 美元中节省了 1.05 美分。如果曲林斯在保持其利润幅度为 5% 的状态下把这笔节省传递给它的顾客，那么这笔节省对它进一步的融资能力将无多大影响，因为它的自我融资增长率只会极微小地从 18.58% 增长到 18.88%。

但是如果价格保持不变的话，那么每个周期中产生的额外的现金将会从每 1 美元 5 美分增长到 6.5 美分。现在，在每个周期中只需要 64.45 美分来产生 1 美元的销售额，且每 1 美元可获得 6.5 美分的利润，曲林斯在下一个周期中每 1 美元可多产生 10.09% 的销售额，年自我融资增长率为 24.54%。

看看利润率的力量吧。净利润率增长 1.5 个百分点带动了曲林斯的增长率在原来 18.58% 的基础上增长了 6 个百分点——这即是自我融资增长率增长了 32%。具有巨额利润的公司，例如许多软件公司（只需花几美元就可以生产出的 CD 售出价却可能是几百美元）能够如此快地成长，是因为他们需要占用在存货上的现金相对来说很少且他们的高额利润率产生了大量的增长现金。

杠杆 3：提高价格

曲林斯是通过提高价格（假设市场能承受这个价格）而不是减少成本来达到这本质上相同的结果。假定管理部门认为它可以提高 1.5% 的价格而不影响需求。这也使利润从 5 美分提高到 6.5 美分。如果所有的成本保持不变，价格越高的话，由此产生的销售成本和经营性支出就会越低。这样带来的结果是曲林斯将能够保持一个 24.15% 的增长率，比它保持价格不变而减少成本所能获得的增长率稍微低一些，因为那样的话，周期中就要投入稍多一点的现金。

拉动多个杠杆

当然，没有什么能阻止管理层同时采用不止一个杠杆。如果曲林斯能够使它的资金流动和减少成本的速度都加快的话，它将能够保持 26.64% 的年增长率——比原来的增长率大了 43%，且没有启动外部资本。

增加框架的复杂性

到目前为止，我们已经考虑一个简单的情况：经营性现金周期包含了所有的现金流，涉及实现销售以及没有非现金开支，因此利润等于在每个周期结束时的现金。我们在经营性支出项目中还增加了所得税，但忽略了折旧。然而，实际上税金和折旧的影响比这更复杂，我们可以在框架内对此做出解释。

所得税

关于所得税，大多数公司存在这样两个通病：税金在每个经营性现金周期内不是统一支付（比如在美国，是一季度付一次），而且税金的计算还包括进了非现金支出，比如折旧费。

让我们假设所得税中 40% 的税前利润是每季度付一次。我们将用处理经营性支出的方法处理所得税，犹如我们在整个 90 天一季中均匀地支付税金，这样用来付税的现金将有 45 天被占用，另增加 45 天。为了让这个例子有可比性，我们要调整一些数字以让曲林斯在税后而不是税前从经营中获得 5% 的利润（通过把销售额中的税前利润提高到 8.3%）。销售成本和经营性支出所需现金仍保持不变，但是我们现在还必须把所得税所需的现金也包括在内（150 天周期中的 105 天的 3.3%，因为如果还没有纳税，我们要减去这 45 天）。按照这种精确的处理，曲林斯的成长能力是 18.39%，比我们原来的例子中的 18.58% 略微少一点点。这是因为占用在所得税中的现金相对于销售成本和营运开支所需的现金量来讲，只是很小的一笔。

折旧费用和资产重置

在大多数公司中，所有的或大部分折旧费用被用于维持资产基数。要想维持一个公司现有的销售利率，设备需要重置，设施也要更新，诸如此类还有许多。总结这些成本，我们将用到曲林斯过去在它的利润表中所列的折旧数字（销售额的 1%），还要用到我们对于该公司以往的资产重置的假设。

如果曲林斯不需要将现金投入到升级资产中（短期内可能是这样），它的自我融资增长率将会升到 19.94%。那是因为折旧的提取节省了税款，在营运当中产生了更多的现金（是销售额的 5.4%，而不是 5%）；但是如果我们假设公司把它所有的计提折旧都花在资产重置上以维持现有的销售水平，它的自我融资增长率将会跌至 16.25%。这是说得通的，因为在资产重置中所投入的现金超过了所得税减免中产生的现金。

调整税款、折旧以及资产重置将会非常烦琐，而且因为它们对自我融资增长率的影响极小，所以我们建议在开始时的粗略计划时，管理人员要省掉这些因素。在做电子表格的数据分析时，计算会相对简单，在后面的比较中，为了更精确一点，我们会把它们考虑在内。

在多个周期中投资

到目前为止，我们已经假设了曲林斯经销商有足够的能力在不增加固定资产的前提下使销售额有所增长；我们也假设了所有的市场和研发费用在销售额中所占比例能够维持在以往的水平。

然而，在某些时候，对于几乎所有的公司来说，这些假设是不能成立的。工厂或许能日以继夜地工作；可能曲林斯的仓库也要爆满了；或者该公司需要着手开展一个大促销或者是在研发上投资重金。在这些情况下，每个经营性现金周期中产生的现金的一部分必须要留起来，用于资助那些跨越几个周期的支出。

投资更多的固定资产

一个公司投资于它的固定资产的过程对于其增长能力有相当大的影响，也许多数的管理者们会想到这一点。如果在销售额为 100 万美元的某年中曲林斯需要 40 万美元来扩充它的设备，那么它就需要在每 1 美元中留出 4 美分用于这个扩充（也就是说，在曲林斯 150 天的周期中每 1 美元需要 4 美分的现金）。扣除这个量然后再从它的 5.4% 的利润中扣除重置资产所需的 1 美分就剩下了 0.4 美分来资助下个周期的成长，那么自我融资增长率就跌到了只有 1.48%。因此，曲林斯在扩充之前或许就不能为潜在的新客户服务，尽管它在设施到位之后可以重新回到一个更快的增长率。

但是如果这 40 万美元的搁置时间要花上两年时间的话会怎样呢? 那么年销售额的每 1 美元都要为这每 1 美元销售额有 2.4 美分的增长而提供现金了，因为在每一个 150 天的周期中每 1 美元销售额只有 2 美分要被留存用于扩张。在融资期间，曲林斯的耐心将会允许一个更高的自我融资增长率——8.86%。

在有了新的生产能力之后，假设它的营业资本和流动资金能够保持原先的水平不变，曲林斯可以再回归到它先前的自我融资增长最大速度。但是，如果新的投资减少了销售成本和经营性支出的话，这是有可能的，曲林斯的增长率将会增加。当然，公司可能会选择租入另外的设施，来避免一开始就把所有的现金都支出。这样做能避免使它的增长率在 1 ~ 2 年内下滑，就像在前面的例子中那样，但是在租赁期会增加成本。预测额外的成本以及把它们与新设施产生的任何另外的现金作比较，将帮助曲林斯计算出此项方案的自我融资增长率。

在研发和市场上投资

假设该公司在研发和市场上投入重磅的40万美元，并且在一年以来支付均匀。那笔开支是如何记账的，对曲林斯未来的成长提供资金的能力有非常重要的影响。如果把这笔投资当作资本支出来对待的话，它将会成为购买固定资产的等同物，自我融资增长率就会同样跌至1.48%。但在本年度的投资如何将税金费用化？这将会使应税所得从7.3%减少到3.3%。如此一来，税款节省意味着经营现金将会降低2.4%而不是4%。对于流动资金，曲林斯每个周期现在需要66.8美分而不是65.9美分去投资较高水平的经营费用。因此，考虑到税款节省，曲林斯现在可以以每1美元销售额2美分的比率来产生现金，在此期间自我融资增长率为7.29%，其中在研发或营销上产生了4%的额外费用。

同一企业中的不同生产线

不同的生产线，不同的客户，不同的企业单位等经常会表现出不同的现金和经营特点。比如说，一些客户可能需要货款延期，从而需要对流动资金做出更大的投资。其他的客户可能还要求数量折扣。我们给出曲林斯的两条生产线来说明，对于它们的成长潜力，怎样用这个框架来做出决定。

产品A是原来的生产线，其净利润率为4%。产品B的净利润率为7%，它是一个高利润的订制产品，卖给一些需要货款延期的大客户。当我们按照通常的方法计算出这两个产品的自我融资增长率时，我们发现虽然产品的利润率低，它的现金周期却要短得多（92天与271天比较），以至于该公司的自我融资增长率达到了27.08%，差不多是利润率为13.65%的B产品的两倍。如果我们假设两个产品的成长前景是同等的，那么从长远来看，若追求利润率低的产品A，曲林斯将会成长得更快。因为它的年自我融资增长率是产品B的两倍，用于致力于发展产品A的1美元现金将会比投入产品B（13.65%的另外的销售额将会多产出0.96%的净利润）的1美元能获得略多一点的净利润（27.08%的另外的销售额的4%的利润将会多产出1.08%的净利润)。由于销售额相互妥协，产品 A 对于产品 B 的优势只会越来越明显。与人们的直觉相悖的是，为需求同样多的新的大客户服务，即使是一个更高的利润率，也不一定是成长的最佳途径。

把经营与资产管理相结合

经营管理决议（通常注重于利润表）以及资产管理决议（一般注重于资产负债表）通常是由一个组织里的不同的管理者做出的。我们的框架提供了一种方法：把这些各种各样的决议和管理的观点集合到一起，这个方法就是对各种不同的经营和金融策略以及它们对于一个公司为其自身增长提供资金的能力的影响做出共同的探讨。

这个合作不仅限于公司范围的决议。自我融资增长率计算可以适用于任何规模的公司、企业单位或是细分市场。他们可以从以往的财务数据中计算出来或者是从计划好的未来表现设想中推测，以促进假设性分析的计划。同样，自我融资增长率能够成为一个更新颖的、更全面的和更强大的理解管理性决议效果的来源。

最具潜力的增长源泉

为简单起见，我们用一家分销公司作为例子。不同类型的业务在经由内部积累资金来获得发展的能力是不同的。我们的框架则可以证明他们之间有什么不同。

制造业公司

假如曲林斯公司是零售商或制造公司而不是分销商，情况会怎样？事实上，由于从本质上来说这些业务所涉及的变量都是相同的，无论曲林斯公司是零售商还是制造商，结果都大同小异。不过经营现金循环并不包括经营性支出，为此制造商加入了计算周期稍短的人力成本因素，从而只导致细微的自我融资增长率差异。如果考虑所有可比较的变量（现在还加上了人力成本），曲林斯制造公司可以承担16.35%的自我融资增长率；曲林斯分销公司则是16.25%（经过税收、折旧及资产报废账目处理）。假定所有的折旧免税额都用于处理资产报废，制造业公司更高的资本密集度对此并没有实质的影响。但是由于条例规定固定资产必须列入增长，自我融资增长率将会降低。事实上，除非是像软件公司那样毛利率特别高的公司，否则制造业和其他行业相比，自我融资增长率不可能很高，因为它的销售增长必须通过提高生产能力才能实现。

直销商及进口商

对于此类公司来说，除了存货和应收账款，流动资金可以被占用。举个例子，在商品装运之前，进口商一般必须提供信用证，在收到货物前30~45天就要支付货款。直销商则要邮寄商品目录，或者在进行销售的很早以前就要购买媒体广告时间来传递商品信息；而不论是邮寄服务还是电视台都不可能增加贸易信用。在这种情况下，经营性现金周期就大大提高了。但这并不一定会削减一个公司融资成长的能力，即使将曲林斯制造公司变成曲林斯进口公司也一样。

公司决定开始从亚洲进口所有存货而非从国内购买。商品要经过40天的航行才能横跨太平洋，然后通过海关，最后抵达曲林斯在国内的仓库。在此之前，以曲林斯的现金作后盾，供应商要求提供信用证。这一要求将公司的营运现金周期从150天增长到190天。不仅如此，因为不再从供应商处获得贸易信贷，销售成本所需的现金现在都被用在那整整190天的周期中，而不是曲林斯经销商的120天中。仅仅那些改变将会让曲林斯的自我融资增长率大大下降。

不过，我们要考虑转换供应商的因素，他们存在的理由就是为了减少总体的商品成本。所以可以假设，除去额外的运输成本，总体成本将减少10%，使得销售成本由60%降至50%。如果曲林斯的营业支出仍旧是销售额的31.7%，那么税前利润率将提高10%；而在制造业的例子中则是17.3%，达到每年28.09%的财务增长，这是很显著的效果。

正因为如此，虽然曲林斯进口公司在58%的时间里（120~190天）都必须将现金用在存货上，但利润率的增长潜力为它的发展注入了相当大的能量。所以，有这么多制造业务转移到低成本地区也就不足为奇了。

现在，我们假设曲林斯进口公司计划成为直销商，将原来的名字改为曲林斯配件商，然后开始用电视上的夜间和周末时段的商业广告宣传它的产品。我们假定作为直销商，曲林斯很好地关注了它的生产线，使得存货周期由原来的 80 天降至仅仅 35 天，应收账款支付周期缩短至 5 天，由于客户是用信用卡支付的，它必须提前 90 天预付广告费用来获取最佳频道的最佳播放时间。曲林斯配件商的经营性现金周期从它支付广告费用那一刻就开始了，直至获取信用卡收益。这一过程只要 95 天，远远少于曲林斯进口公司的 190 天。

假设相当于销售额 15% 的资金将从营业成本中提取出来，用于媒体费用——这反映出从零售商或分销商到直销商的转变。这个转换使曲林斯配件商的利润率与曲林斯进口商的利润率持平。假定其他数据不变，曲林斯配件商的增长率是 57. 84% ，是它作为进口商时的速率的两倍还要多。

为什么曲林斯配件商可以发展得如此之快？一方面是因为大部分应收账款的支付期限令运营现金循环的周期大大缩短；另一方面，因为 95 天有 80% 的时间曲林斯将现金用于支付媒体广告费用，而这和它的存货和信用证投资是同时发生的，因此不会导致更长的循环周期。一个 95 天的经营性现金周期令公司有能力加快现金循环，从而使直销商能够获取更高的增长率。

服务公司

从自我融资增长率的角度看，服务公司——除了资本雄厚的企业，像酒店和远程通讯公司——是有优势的。它们的存货少，有些公司，比如美发店，是在服务提供时即获付款。其他的如航空公司，甚至是在服务被提供较长一段时间之前就获付款。但是让我们假设我们的服务公司，曲林斯设施管理公司，仍然需要等待 70 天客户才会付款。让我们同样假设它通常提供服务 10 天后给雇员支付工资，并且基本上没有存货。这将它的经营性现金周期缩短至它等待付款的时间，或者说是 70 天，这让它拥有一个 33. 59% 的融资增长率，达不到曲林斯配件商的速率，因为它跟不上直接销售的高利润率。

为了对服务型企业做进一步分析，现在让我们把曲林斯置身于流行的发型设计企业中。当服务被提供时曲林斯就接收到现金支付，因此应收账款只有5天没有支付（也就是将现金拿到银行然后清除支票和赊账）。如果像从前一样，在服务被提供10天以后付款给雇员，曲林斯发廊可以用客户的现金去支付工资和经营性支出以及交税，所以它需要占用在一个营运性现金周期中的现金实际上是负的：每个周期实际上是在为流动资金和业务操作产生现金。这个发廊仍然产生原先的5.4%的操作中的现金，这可以用来成长，现在它的业务操作在每个5天周期中另外贡献出67.6%的超额现金。那意味着理论上曲林斯的自我融资成长能力是没有限度的，除了投资于更多的固定资产带来的限制外，比如增加新美发店或者是进行大规模的营销活动。

那么当前很多高速成长的企业都是服务型这一现象也就不足为奇了。他们的增长限制是由他们的生产能力、他们吸引和训练服务提供者的能力，以及他们的商业精神而不是他们的现金所带来的。

附录 E

初创公司的说明

在这里，我们对创业实践提出一些意见和建议，尤其是那些想自我融资或没有机构投资者资助的人，这些投资者往往会施加一定的约束条件。

现金流

第一次创业的企业家最经常犯的一个错误是对业务现金流循环有所误解。现金收入通常在现金支出后发生。大多数情况下，现金支出从一开始就产生了。新企业一般不能立即从供应商处获得赊账条款。许多创业者会用信用卡购买原材料和服务，但是与业务需要的资金相比，信用卡的额度显然较低。一般情况下，现金收入在更大的潜力出现之前，会一直处于上升状态，最好的情况下这一过程可能持续几个月或几年。如果需要购买生产设备和电脑，现金支出将会更多。而开发产品或服务所需的时间、测试产品以令其达到销售标准所需的时间，都会推迟现金收入的实现时间。

现金流循环如下：（1）现金支出，短期费用如支付雇员工资、采购设备；（2）现金流入，随着赊销账目的积累，在输出产品或提供服务后的30～45天收回。现金流出与现金流入之间的缺口，通常决定了公司维持正常运营所需的资金。

诱惑与谬误（一个真实的案例）

投资者会普遍发现这样一个诱惑：当他们参与到公司运作时，企业的法律条文显示承担风险的资金金额受限于公司类型：C 类、S 类公司或有限责任公司。

在一大帮朋友或家庭成员的资金支持下，启动阶段的企业往往成功在握。这些人的共同点是他们可以从他们的专业技术或贸易获得可自行处理的收入，加上继承的财产，或者可以轻易获得的家庭贷款。当这一投资组合是由数笔个体资金组成时，由此产生的低风险感尤为明显。与他们的个人净资产相比，这些个体投资的资金价值相当少。

公司实体可以与他们的贸易或商业背景相同或类似，也可以是高科技或互联网公司，或者和投资者的业务一点都不相干。无论如何，投资者不会积极参与每天的日常运营。他们忙于他们的专门业务或交易业务。他们以为只要向创业者提供的创业方案投资一些钱，就成为潜在的大赢家了。在许多情况下，公司创业者的管理团队是指定的。而在其他情况下，管理团队听命于无经验的管理者，这个管理者只是（投资者）低薪雇用的代理人。这种投资从一开始就不牵涉管理。

这些投资者大多数不具有商业经验，也不懂得要求事先对现金流规划进行评估。他们阅读了一些文档和图表还有商业计划书，从简练而相当浮夸的陈述到各种不同层次的复杂介绍都有。

通常情况下，企业开始经营后很快或者稍晚一点（甚至在那些从一开始就有现金流入逐步产生的案例中），资金不足的情况就显现出来。企业总是需要一定的流动资金和设备。

试想一下，10 位专业人士被邀请每人投资 3 万美元——这相对他们可以自行处理的收入来说，并不算是很大的风险。他们被告知根据公司的法律结构，只有每人所投资的 3 万美元是需要承担风险的——在公司是 C 类型、S 类型或者有限责任公司时，这是实际存在的。

以这 30 万美元为基础，公司开始运营了。几个月后，启动阶段的负现金流开始产生效果，业务状况明显显示流动资金不足。业务经理向商业银行申请一笔贷款。资产负债表变得较弱。最初的 30 万美元已经几乎被远远超过现金收入的现金开支所消耗。银行职员指出银行将批准一系列的信贷给股东或合伙人（即投资者），他们必须同意用他们的房屋和个人资产做抵押的个人担保。同样的情形在管理者与租赁公司接触以便获得他们的设备和电脑时再次发生。租赁公司将要求股东或合伙人将他们的房屋及个人资产作担保。

当投资者将他们的个人资产作保以支持企业的银行贷款和设备租赁时，有限的货币风险诱惑就变成了谬见。

不仅如此，因为没有完全意识到这一点，当公司实体失控时，有限风险变成了无限风险，房产、银行账户以及投资者名下的投资项目将全部陷入危险境地。企业的亏损有可能迫使企业破产，（美国）联邦破产法第 11 章（主要关于破产保护）仅仅涉及部分小型的无担保负债。主要负债以银行抵押贷款和租赁为首。

在这种情形下，投资者将会发现他们不仅失去了最初的 3 万美元，一些大额资产也必须一起放弃，以满足银行及租赁公司的支付需要，因为公司已经没有任何现金和资产了。

更明智的替代方案

对只提供启动阶段资金的投资者来说，一个更好的方案是这样的：获取可靠的现金流部分，对所需资金——至少是整个启动阶段所需的流动资金——进行合理的测定，包括雇用经验丰富的管理者的成本。在对风险有了全面认识之后，处理提前的资金需求和进行投资就比较容易了。

也许最初的投资需求是每阶段 8 万美元。或许有些投资者会以为这 8 万美元是回不来了。可是一旦他们认为这笔钱必须花得值，他们将会在适当的地方设置机关，最终提高公司的成功概率。

缴纳所得税

在企业结构中，作为每年为投资者带来回报的企业利润流量，成功的企业会使投资者陷入进退两难的境地。虽然投资者拥有分享利润的权利，但企业的成功是不确定的，这就意味着并不一定会有现金流回报给投资者。为了让公司持续发展，所有的现金都要用来支持它的扩张。

投资者收到大笔的账面利润分配，这使得他们需要缴税的收入增加了，向美国国税局和财政收入部门缴纳的所得税也随之增加。投资者没有其他选择，只好用手中持有的资源或者通过贷款来缴纳所得税。到了这个地步，投资者将增加对公司的投资，从而享受不用支付所得税的好处。公司于是拥有了更多的可用现金，投资者则持有更少的可用现金。

投资者可以决定从公司取出现金来补偿缴纳所得税的金额。作为交换，公司要缩减扩张规模或者争取额外的外部资金来支撑它的发展。

监控公司的法律架构是可取的。S 型企业或者合伙公司可能是处于早期发展的企业最好的选择，但当达到一个给定的成功水平时，将法律架构转化成 C 类型则更好。要就这一问题及时咨询你的顾问和会计师。

早期成功的风险

早期的企业成功总是伴随着风险，尤其是那些缺乏来自机构投资者外部约束的独立企业和公司。在创业初期，创业者对费用及现金流的控制都很严格。而某些时候，当企业由早期奋斗向稳定的优良业绩、积极的现金流过渡时，创业者改变了做法，由节俭刻薄变成随心所欲。

没有什么能够保证早期的成功是永恒的。竞争和一般的经济状况可以令公司止步不前，将业绩表现拖入不同程度的混乱境地。不遵守规矩，又无法保持对管理及增长的关注的创业者将不可避免地陷入绝境。

豪华车租赁、租用昂贵的办公场地（或建造花俏的新办公室）、采购最高级的设备、批准要价过高的场外会议和豪华旅行，这些都是明智的管理决策所要避免的。要保持一定的节制，盯紧业绩表现及必要费用，直至早期的成功在一定时期得以巩固。当早期的成功显而易见时，管理者要保证成本支出和资本支出都确实用于计划，并最终有助于改善经营绩效和提高企业价值。

附录 F

会计原理——GAAP 和 IFRS

一般公认的会计准则

会计准则多年以来一直指导着会计专业人员、投资者、放款人和其他利益相关团体去规范地理解财务报表。在美国，这些规则被称为一般公认会计准则（GAAP）。这些准则的用法被称作 GAAP 会计，且被所有的上市公司强制实行。许多私人公司都自愿遵守 GAAP 会计，是因为它加强了他们对业主、银行和其他放款人的数据以及他们的经营决策的管理的认识。

这本书的好几个章节中有很多段落在解释各种各样的企业遵从的重要性时提到了公认会计准则。在美国，会计和公司团体在他们日复一日的商业行为中把 GAAP 会计牢记在心。

相类似的，在欧洲和其他国家，在编制财务报表时也有一套套一般公认的会计准则。许多准则同美国和全世界都是一样的，但是也有一些不同的准则，为全世界的公司制造了另外的会计工作。比如，在欧洲有子公司的美国公司是按照国际会计准则来编制财务报表。为了在年度报告中陈述美国的统一的财务报表，为了他们与美国证券交易委员会的文件，这些公司需要调整欧洲的财务报表以确保遵守了公认的会计准则。

趋于一致是指要努力确保上市公司遵守同样的一般公认会计准则。最终公认会计准则将不会再存在，全球上市企业将会采用国际财务报告准则（IFRS）。

趋同

下面这篇文章，《上升的一切：即将到来的国际标准的趋同》，作者为贝尔卡特 & 荷兰、马克 · 内尔森，对这个话题的相关问题做了一个总结。他们说一生中只有两件事是确定的——死亡和纳税。现在可能还有第三件事了，尽管没有那么的引人注目——国际财务报告准则（IFRS）。没错，就是国际财务报告准则。

全球市场正慢慢归结为会计产业，这是国际会计准则理事会（IASB）——负责制定国际标准的团体——的好意。国际会计准则理事会一直以来与美国的标准设定团体，财务会计标准委员会（FASB），在合作一个“趋同”项目。尽管一般很容易认为只有上市公司才应该与国际财务报告准则（IFRS）相关，实际上私人公司也是需要学习国际财务报告准则的，并且还要重点学习趋同项目。

趋同，作为术语，暗示着对差异性的消除和聚合，并且它现在已经成为财务会计标准委员会和国际会计准则理事会议事日程上的一个重要事项。然而美国公认会计准则和国际财务报告标准之间的许多差异也存在于此，暗示着两个公认会计准则仍然在各说各话。这些明显的差异让很多人不禁想问差异性到底在哪里，它们为什么会存在或者说它们为什么不能被消除掉。

尽管美国和国际的标准有这些差异性，但两者间的一般原则、概念框架和会计结果通常是相同或相似的，即使趋同的领域似乎是不成比例地遮盖了这些相似之处。任何差异的存在和它们对一个实体的财务报表的重要性取决于一系列特定的因素，包括实体的种类，它对比较普遍的国际财务报告标准原则的理解，它的产业实践和它对两个一般公认会计准则选项的会计方阵选举。

美国一般公认会计准则和国际财务报告准则在理解过程中出现了很多差异。国际财务报告准则标准要更加宽泛和基于有限解释的指导原则。美国的一般公认会计标准包含更多的由强有力的控制性的合法环境所造成的深层原则，这产生了一个更规约性的途径、一个更全面的实施指南和产业理解。

美国一般公认会计准则与国际一般公认会计准则的一些大的种类的差异包括：

- 财务报表陈述
- 合并报表
- 企业合并
- 存货
- 无形资产
- 长期资产
- 资产减值
- 租赁
- 金融工具
- 外汇交易
- 所得税
- 准备金和临时费
- 收入确认
- 股票补偿
- 其他职工福利
- 分部财务报告
- 每股收益
- 中期财务报告
- 财务报表编制后发生的事项

在这些种类中，有些比较重要的渗透在趋同项目中的差异是按照国际一般公认会计准则对财务报表和存货处理的安排——不同于美国一般公认会计准则的是这两者是完全不同的。例如，依照后进先出法来解释存货清单是不被国际一般公认准则所允许的。存货的账面价值的故意降低能够被逆转，而在美国一般公认会计准则下，存货的账面价值的故意降低则是不能被逆转的。国际一般公认会计准则下的或有考虑是在采集日期经过验证的，然而美国一般公认会计准则下的或有考虑却是要直到付款时才经过验证。对信誉损伤的衡量在两个一般公认会计准则下是不同的。这仅仅是所存在差异的一些而已。

实质上，美国的企业主需要问的问题是：IFRS 来了，他们的公司是否已经准备好执行。促进会计专业教育的过程以及帮助企业主进行跟踪趋同项目，美国的注册会计师学会已建立了一个网上资源 www. ifrs. com。

蓝图

证券交易委员会（SEC）宣告了美国会计准则的终结，同时从 2008 年 8 月 27 日（星期三）开始执行一项新制度，最终要求所有美国公开上市公司遵循国际模式。

这一变化分两步走，最终可以使公司降低成本并使交叉投资的实施更加顺利。与此同时，投资者们担心它会造成混乱，尤其是在交易中。其他的评论家则担忧与美国准则更加精确的规定相比，国际系统为公司提供了太多回旋余地，

SEC 的提议将允许一些大型的跨国公司自 2010 年起依据国际会计准则汇报收入。SEC 估计至少有 110 家美国公司仅仅基于市值便会获得批准而无须考虑其他因素。代理机构也列出了蓝图，根据这张蓝图，以运行了数十年的会计师指引——美国公认会计准则的终止为代价，美国公司将逐步转换到 2014 年开始执行的国际财务报告准则（即 IFRS）。

致谢

除了那些帮助完成融资增长手册第一本已列名的人员外，我们非常感谢 Mike Saber 和 John（Buddy） Howard 所提供最近期的支持和录入工作。多谢帮助我们增加和更新最新案例研究的 Donald Rudnik、Rick Larson、Lisa Beattie、MarkMatheson、Rik Vandevenne、Brian Hand 和 Michael Becker。

从第一版建立这种反复不断的基础以来，我们由衷地感谢本书的贡献者和支持者，我们要特别提到 Aswath Damodaran、Verne Harnish、Peter Pflasterer、Donald Rudnik、Andy Burch、Tom Holder、Buddy Howard、Roy Simerly、Ira Edelson、Robert Winter、Matt Emerson、Frank Buckless、David Buttolph、Bruce Kasson、Bob Calcaterra、Linda Knopp、Campbell R. Harvey 和 Neil Churchill。

我们非常感谢达特默斯塔克商业院私人股权和企业家精神塔克中心提供的支持，和 Michael Horvath、Colin Blaydon、Fred Wainwright、Andrew Waldeck、Jonathan Olsen 和 Salvatore Gagliano 多位教授，以及风险投资专家公司的 Ross Barrett、Bizstats. com 的 Patrick O'Rourke，他们为我们提供了其作品和本书的一些内容。

我们感激本书案例研究的贡献者：David MacNaughtan，Robert Newbold，Robert B. Landis，David Warner，Sabine Zindera，Franklin Staley，Vito Russo，Donald Rudnik，George M. Richmond，James Rutherfurd，Leo White，John Hamilton，Valerie Raad，Rick Larson，Mark Wilson，Meg Barnette 和 David D. Buttolph。Janine Hamlin 在第一版书中的图表制作提供了非常大的支持。

我们感谢 John Wiley&Sons 出版社的编辑主任 Pamela van Giessen 和副编辑 Jennifer MacDonald，他们为本书的完成所付出的持续的指导、信任、支持和耐心。

最后，特别感谢帮我们与 Pamela 联系的 Frank J. Fabozzi。